DE VOLTA AO JOGO

Ariane Abdallah

DE VOLTA AO JOGO

A história de sucesso, dramas
e viradas do BTG Pactual

1ª reimpressão

PORTFOLIO
PENGUIN

Copyright © 2025 by Ariane Abdallah

Todos os direitos reservados. Nenhuma parte deste livro pode ser reproduzida ou transmitida em qualquer formato ou por qualquer meio, eletrônico ou mecânico, incluindo fotocópia, gravação ou qualquer sistema de armazenamento e recuperação de informações, sem permissão por escrito da editora.

A Portfolio-Penguin é uma divisão da Editora Schwarcz s.a.

PORTFOLIO and the pictorial representation of the javelin thrower are trademarks of Penguin Group (USA) Inc. and are used under license. PENGUIN is a trademark of Penguin Books Limited and is used under license.

Grafia atualizada segundo o Acordo Ortográfico da Língua Portuguesa de 1990, que entrou em vigor no Brasil em 2009.

CAPA E CADERNO DE IMAGENS Violaine Cadinot
PREPARAÇÃO Leny Cordeiro
CHECAGEM Érico Melo
ÍNDICE REMISSIVO Luciano Marchiori
REVISÃO Huendel Viana, Jane Pessoa, Clara Diament, Angela das Neves, Carmen T. S. Costa

---

Dados Internacionais de Catalogação na Publicação (CIP)
(Câmara Brasileira do Livro, SP, Brasil)

Abdallah, Ariane
De volta ao jogo : A história de sucesso, dramas e viradas do BTG Pactual / Ariane Abdallah. — 1ª ed. — São Paulo : Portfolio-Penguin, 2025.

ISBN 978-65-5424-045-1

1. Bancos – Brasil – História 2. BTG Pactual – História 3. Investimentos I. Título.

25-259856   CDD-330

Índice para catálogo sistemático:
1. BTG Pactual : História   330

Aline Graziele Benitez - Bibliotecária - CRB- 1/3129

Todos os direitos desta edição reservados à
EDITORA SCHWARCZ S.A.
Rua Bandeira Paulista, 702, cj. 32
04532-002 — São Paulo — SP
Telefone: (11) 3707-3500
www.portfolio-penguin.com.br
atendimentoaoleitor@portfoliopenguin.com.br

Ao meu filho, Vittorio Naan

SUMÁRIO

Prólogo: "Quebrei" 9

1. "Me deu poder, então já viu" 19
2. "Vocês estão doidos? Isso não vai funcionar" 37
3. "Meu filho, você vai acreditar em banqueiro?" 60
4. "Um dinheiro enterrado nas letras miúdas" 72
5. "Procuram-se cérebros" 88
6. "Se aconteceu com ele, por que não com a gente?" 105
7. "Preciso de liquidez" 118
8. "Isso aqui é o *Titanic*. Quem estiver dentro vai afundar com ele" 130
9. "Um bando de americano burocrata e complicado" 148
10. "Cartas de amor" 162
11. "*Habemus* contrato!" 174
12. "Ou nossa vida será um inferno, ou vai ser uma maravilha" 189
13. "Estou cansado" 204
14. "Back to the Game" (ou "Better than Goldman") 219
15. "Vai mudar a nossa responsabilidade" 234

16. "O Esteves entende a política" 254
17. "Vamos tirar meu amigo de lá" 270
18. "O evento" 291
19. "O André é amigo de todo mundo" 309
20. "Aqui a gente não personaliza" 324

    Epílogo: "André Esteves produziu uma notícia boa" 341

Agradecimentos 345
Fontes 347
Créditos das imagens 405
Índice onomástico 407

PRÓLOGO
"Quebrei"

LUIZ CEZAR FERNANDES PRECISAVA DE AJUDA — e dessa vez estava disposto a aceitá-la. Não via outra saída a não ser recorrer a seus sucessores no banco que havia criado quase três décadas antes. Então passara semanas tentando marcar uma reunião com André Esteves, o ex-estagiário da área de tecnologia que, como tantos jovens promissores, ele havia contratado nos primórdios da Pactual, a distribuidora de valores mobiliários que se tornaria o banco de mesmo nome presidido por Luiz Cezar. O negócio fora criado em 1983 — depois de Cezar deixar o banco Garantia, que cofundara ao lado de Jorge Paulo Lemann —, já no arrojado modelo de *partnership*, em que os funcionários com melhor desempenho têm a chance de se tornarem sócios. Cezar acreditava que o crescimento dependia de formar pessoas com potencial de se tornar melhores que ele e os demais sócios da primeira geração: Paulo Guedes, André Jakurski, Renato Bromfman. Só não imaginava que o plano daria tão certo. Esteves, o garoto magricela e agitado, estudioso e afeito a testar limites, acabaria se tornando, em 2010, o principal acionista individual e controlador do então mais ativo banco de investimentos da América Latina, e um dos homens mais ricos do país.

Esteves bem poderia ter despistado o ex-chefe e evitado a reunião que ele solicitava. Quatro anos antes, Cezar havia dito em uma entrevista que sempre soubera que Esteves "venderia a mãe para ter o poder", declaração da qual se arrependeria mais tarde, alegando ter sido mal interpretado. E, em ocasiões recentes, apresentara propostas de parceria com o banco que soaram mirabolantes para seus interlocutores. Mas depois de insistir bastante em e-mails e telefonemas a Lucilene Carvalho, assistente de Esteves desde 1996 (e funcionária do banco desde 1992), Cezar foi finalmente atendido: primeiro ao telefone, em seguida numa reunião presencial.

O encontro aconteceu no início de abril, na então sede do BTG Pactual, no nono andar de uma torre corporativa na avenida Brigadeiro Faria Lima, a meca do mercado financeiro nacional, em São Paulo. Esteves chegou acompanhado de Renato Santos, sócio responsável pela tesouraria e pelas áreas de renda fixa, câmbio e commodities do banco. Enquanto caminhavam até a sala em que eram aguardados, Esteves pediu a Renato que permanecesse na reunião a despeito do que Cezar falasse. Queria recorrer a seu conhecimento técnico para delicadamente negar qualquer proposta que parecesse não fazer sentido. Afinal, Cezar era conhecido por não se abalar diante de negativas e insistir, sem mudar o tom da voz — baixa, rouca e anasalada —, até conseguir o que queria. Esteves sabia que ele não desistiria fácil, fosse qual fosse o tema da reunião.

Os primeiros quarenta minutos do encontro versaram sobre amenidades: conjuntura econômica, tendências políticas, cenário global. Mas Cezar tinha um tema em mente — do qual não queria falar diante de Renato. Esteves insistiu que não havia problema em discutir qualquer assunto na presença do sócio. Com seu sotaque carioca e seu jeito despachado, de gestos expansivos, tentou arrancar logo o que Cezar tinha a dizer. Renato seguia mudo ao seu lado. Mas após o terceiro pedido para ficarem a sós, julgou desrespeitoso ignorá-lo. Liberou Renato. E logo viu a aflição no rosto do antigo chefe.

Foi com constrangimento que Cezar tirou do bolso da camisa um recorte dobrado do jornal *O Globo*, especificamente da coluna de Ancelmo Gois, e o dispôs sobre a mesa, empurrando-o na direção de Esteves.

PRÓLOGO

Com a voz embargada, explicou laconicamente: a nota falava do leilão de sua casa, que aconteceria dali a três dias. O preço mínimo era de 12 milhões de reais.

Não se tratava de uma casa qualquer, mas da Fazenda Marambaia, uma propriedade de 2,5 milhões de metros quadrados em Petrópolis, cidade serrana do Rio de Janeiro. Cezar vivia ali com a mulher Cecília desde 1987, numa imponente mansão neoclássica construída nos anos 1940 e rodeada pelos suntuosos jardins tropicais projetados por Burle Marx — um marco do paisagismo moderno brasileiro, que contribuiu para a consagração do artista no Brasil e no exterior. Muitos foram os paisagistas e arquitetos estrangeiros a visitar a fazenda nas décadas seguintes. Em 1954, o renomado Walter Gropius, fundador da escola alemã Bauhaus, saiu de lá maravilhado.

Aquele era o símbolo máximo do sucesso e do poder que Cezar conquistara ao longo de uma carreira brilhante, sempre visto como "empreendedor" e "visionário". Quando o mercado de capitais ainda engatinhava no Brasil e a internet era coisa do futuro, costumava prever que logo a realidade seria "uma tela de computador na frente de cada pessoa". Sonhava em fundar um banco de varejo digital quando nem se sabia ao certo o que isso queria dizer. Investia em atração e retenção de talentos muito antes de a gestão de pessoas ser reconhecida como crucial para uma estratégia de negócios. Sua visão foi fundamental para a criação da bem-sucedida cultura de negócios do Pactual, que fez dele um dos empresários mais reconhecidos do Brasil. A casa era a fachada visível do ícone.

Depois de adquiri-la e entregar o restauro e a manutenção dos jardins a Burle Marx, Cezar fez da propriedade cenário de míticas festas de réveillon, com cenografias dignas de cinema que levavam quase um semestre de preparo. Em uma ocasião, o tema foram os filmes dos anos 1950; em outra, fantasias de circo. Depois adotou-se traje a rigor. O regabofe começava às nove da noite e durava até as nove da manhã, quando o café era servido. Nos primeiros anos, ser convidado para aquelas festas na fazenda era sinal de status, de que se chegara ao seleto grupo dos que ganhariam muito dinheiro nos anos seguintes e que levariam a outro patamar a história do mercado financeiro no Brasil. Depois, todos os funcionários e parceiros do banco — da pessoa que servia o café ao cliente mais rico — passaram a ser convidados, com direito a acompanhante, o que não diminuiu a importância do convite.

Agora esse passado faustuoso estava prestes a ficar para trás. Quem faria o leilão da Fazenda Marambaia, em abril de 2010, era o banco BBM (antigo Banco da Bahia), que pertencia à família Mariani. A propriedade havia sido dada em garantia a um empréstimo de 6 milhões de reais que Cezar fizera para comprar as operações brasileiras do banco alemão Dresdner. Era sua tentativa de voltar a ser banqueiro depois de ter saído do Pactual em 1999, na esteira de conflitos com Esteves e outras jovens lideranças. Mas Cezar não conseguiu um sócio e, alguns meses mais tarde, em setembro de 2010, o Dresdner seria vendido para o canadense Scotiabank. O empresário precisava pagar o empréstimo ao BBM, mas já não tinha recursos. Desde sua saída do Pactual, tinha feito uma série de investimentos que deram errado, drenando sua fortuna acumulada.

Foi para impedir que a última lembrança das glórias passadas escorresse também pelos dedos que Cezar engoliu o orgulho, estendeu o recorte de jornal anunciando a venda de sua casa e pediu ajuda ao ex-estagiário. A conversa que se seguiu com Esteves foi breve, mas emotiva. O encontro era uma oportunidade de reparar e ressignificar uma longa e desgastada relação, que andava dormente nos últimos tempos, mas carregava sempre certa tensão, dado o histórico de feridas abertas, decisões difíceis e quebra de confiança dos dois lados.

Esteves pegou o papelzinho de Cezar, leu com atenção, e deixou o interlocutor falar, observando-o com a cabeça baixa e o olhar atento, as sobrancelhas levemente erguidas. Então processou as informações que recebeu, previu as possibilidades, calculou os riscos, pensou rápido, porém muito. E por fim deu seu parecer. "Tudo bem, Cezar. Fique tranquilo. Vamos resolver. Vamos comprar o crédito, você pode continuar morando lá." O ex-banqueiro suspirou, soltou o choro aliviado, e os dois se abraçaram por longos segundos. Ao final do encontro, ainda segurando o ombro de Esteves e olhando em seus olhos, Cezar agradeceu, sorriu e não disse mais nada.

Após a reunião, Esteves refletiu profundamente. Subindo as escadas em direção à sua mesa, tentava encontrar mentalmente as palavras para comunicar a decisão que tinha acabado de tomar, sozinho, com o dinheiro que pertencia ao banco. Chamou seus principais sócios, certo de que levaria uma vaia. Nenhum dos que agora se sentavam ao seu lado tinha vivido o que ele vivera com Cezar no passado. Faziam parte de gerações posteriores no banco. Não enxergariam, acreditava, a importância de socorrer o fundador do negócio, agora fora de jogo.

Ao seu lado estavam Antônio Carlos Canto Porto, o Totó, Roberto Sallouti, Marcelo Kalim, Persio Arida e Renato Santos, que deixara a reunião no início. Então, Esteves anunciou, ressabiado: "Turma, acabei de queimar 6 milhões de reais da *partnership*. Mas acho que por uma causa justa". Para surpresa de Esteves, quando explicou os detalhes da história, ninguém se manifestou contra. Com maior ou menor entusiasmo, concordaram que era o que devia ser feito numa situação como aquela. Assim que souberam da decisão dos principais líderes do banco, alguns ex-sócios, sobretudo da segunda geração, ligaram e se ofereceram para contribuir com a operação.

Naquele mesmo dia, Esteves telefonou para Pedro Henrique Mariani, então presidente do BBM, acertou a compra do crédito e o leilão foi cancelado. Cezar continuaria morando na fazenda, ao menos pelos cinco anos seguintes. Os sócios do banco o ajudaram a organizar as finanças pessoais e de seus negócios, cujas dívidas tinham virado uma bola de neve, incluindo processos trabalhistas, problemas judiciais e outras pendências. E ele conseguiu, assim, um respiro para continuar nos negócios.

Tudo a perder

Aquela não era a primeira vez que Cezar precisava de ajuda. Desde os anos 1980, enquanto enriquecia com o sucesso de seu banco, suas despesas pessoais também aumentavam de modo desenfreado. Como presidente do Pactual, ele comprara um helicóptero, depois outro, e esse passou a ser seu meio de transporte diário da Fazenda Marambaia para o escritório, na região central do Rio de Janeiro. Depois de alguns anos, começou a criar ovelhas Santa Inês e a participar de leilões de animais. Investia sem economias nas festas de réveillon. Seu apetite por gastos e investimentos paralelos crescia na mesma proporção da prosperidade do banco.

Mas o sucesso e o poder começaram a ruir ainda nos anos 1990. Em meio a conflitos de gestão e divergências estratégicas, Cezar foi se isolando gradualmente dentro da instituição que fundara. Sua insistência em transformar o Pactual em um banco de varejo, competindo com gigantes como Bradesco e Itaú, somada a sua postura intransigente na condução da sociedade, acabaram por afastar os demais fundadores da empresa. Primeiro Cezar forçou a saída do quarto sócio, Renato Bromfman, em 1995, depois viu Guedes e Jakurski reduzirem suas participações a 1% em 1997, enquanto uma nova geração de executivos assumia o comando operacional do banco. Seu distanciamento do dia a dia dos negócios e sua obstinação por projetos considerados irrealistas pelos demais sócios sinalizavam o início de uma série de problemas que afetariam não só sua posição no banco como também sua vida pessoal.

Em 1997 aconteceu o primeiro tombo de fato. Em paralelo aos dilemas administrativos da empresa, a situação financeira de Cezar beirava uma crise da qual seus sócios tinham apenas um vago conhecimento, por meio de ligações que recebiam de concorrentes como Garantia, Bozano, Icatu, Matrix, Banco da Bahia e Bradesco. Quem atendia era Eduardo Plass, engenheiro responsável pela área administrativo-financeira do Pactual. Invariavelmente, a intenção dos interlocutores era sondar se Cezar tinha condições de honrar os empréstimos que havia feito. Plass abreviava as conversas, reforçando que as dívidas pessoais do banqueiro nada tinham a ver com a instituição. Ainda não se fazia ideia da dimensão que o problema estava tomando.

No entanto, não era segredo para ninguém da diretoria que seis anos antes, em 1991, Cezar constituíra outro negócio, primeiro chamado de WestHem Industrial e, mais tarde,* de Latinpart Investimentos, por

---

* Foi em dezembro de 1995 que a WestHem Industrial mudou sua razão social para Latinpart Investimentos após sociedade com Luiz Francisco Novelli Viana. A comunicação oficial da troca apareceu nos jornais em janeiro de 1996.

PRÓLOGO

meio do qual vinha adquirindo participações em diversas companhias. Os lances se inspiravam no caminho trilhado por seus antigos sócios no Garantia, que, em 1982, haviam adquirido o controle das Lojas Americanas e, em 1989, da cervejaria Brahma (que dez anos mais tarde, junto com sua principal concorrente, Antarctica, daria origem à Ambev). Os sócios de Cezar no Pactual eram contrários à estratégia, pelo mesmo motivo que não queriam comprar um banco de varejo: preferiam focar suas especialidades financeiras, sem desviar esforços para negócios de outra natureza.

Em 1997, a Latinpart detinha participações nas empresas Teba, da indústria têxtil, Overprint, fabricante de embalagens, e CTM Citrus, produtora de suco de laranja, além das marcas de roupas Benetton (no Brasil) e Fiorucci, e da locadora de automóveis Hertz. Mas estava cheia de dívidas. As companhias sofriam com problemas de gestão, o que Cezar só acompanhava de longe. Passava o dia no banco, raramente visitava as empresas, e a situação foi saindo de controle. Suas decisões levaram a uma conjuntura inimaginável: todo o patrimônio que ele tinha fora do banco — estimado, em seu ápice, em cerca de 400 milhões de dólares em valores da época — foi dilapidado, primeiro tentando desenvolver os negócios, depois buscando salvá-los da falência, sem êxito.

O primeiro sócio a quem Cezar comunicou o desarranjo foi Eduardo Plass. Ligou para ele numa sexta-feira e pediu que pegasse um avião do Rio de Janeiro, onde Plass morava, para São Paulo, e o encontrasse no hotel Maksoud Plaza. "Venha o mais rápido possível. Estou com um problema", antecipou. Plass não se preocupou muito. O jovem sócio tinha um jeito direto e seco de se relacionar, uma abordagem prática e distanciada que muita gente via como fria. Encontrou Cezar no café do hotel. Estava com a esposa, Cecília, e mantinha os olhos baixos, os ombros encolhidos, postura que não condizia com seu jeito habitual, que, embora contido, costumava ser animado e otimista. "Quebrei", Cezar anunciou de repente. Plass, porém, não se abalou. Sorriu, minimizando o que ouvia. "Quebrei", repetiu Cezar, com mais ênfase. "Bom, você pode ter quebrado na física", disse Plass, "mas te garanto que pobre você não vai ficar."

O idealizador do Pactual detinha quase 30% das ações do banco, então, fosse qual fosse o tamanho do problema, haveria solução, acreditava Plass. Mas tão logo Cezar começou a explicar a situação, com frases objetivas, mas soltas, que exigiam de Plass um esforço para conectar as ideias e dar sentido à história, ficou claro que o cenário era complexo. Ainda assim, Plass começou a arquitetar uma estratégia para encerrar aqueles negócios — que, para ele e os demais acionistas do Pactual, nunca deveriam ter começado —, e junto aquele capítulo triste da trajetória de Cezar. "Não se preocupe", disse, buscando concluir a conversa para partir logo para a ação. O banco tinha uma experiência relevante em reestruturações de empresas e a usaria agora para socorrer seu fundador. Seria montado um pequeno grupo, formado pelos jovens sócios Paulo Bilyk e Marcelo Serfaty e pelo advogado da confiança de Cezar, Edson Macedo, especialista em reestruturação de crédito, para entrar nas empresas da Latinpart, mapear as complicações, fazer as contas e organizar o passo a passo para resolver os problemas.

Como controlador do banco, Cezar não podia tomar um empréstimo da instituição, o que é proibido por lei. Diante da crise, os novos sócios cogitaram até o retorno dos cofundadores, Guedes e Jakurski, para capitalizar a empresa, com a aquisição de parte das ações de Cezar. Foi preciso insistir para que aceitassem a proposta — sob a condição de que o fundador abrisse mão do controle do banco, o que ele resistia em fazer. Em julho de 1998, porém, após uma reunião tensa em que Cezar recuou de um acordo já negociado, Guedes e Jakurski desistiram de voltar à instituição, venderam sua participação residual e partiram para fundar a própria gestora. O rompimento estava consumado.

A partir de então, num ambiente desgastado por mágoas e ressentimentos mútuos, as negociações no Pactual seguiram exclusivamente entre Cezar e a terceira geração de sócios. Mas Cezar já não participava das decisões e falava mal dos associados nos corredores do próprio banco e para a imprensa. Frequentava a instituição, mas quase não interagia com ninguém. Tinha se tornado uma figura dissociada daquele ambiente.

Em janeiro de 1999, enfraquecido diante do grupo, Cezar aceitou reduzir sua participação na sociedade para 14% e formalizou a transferência de controle, até então apenas prometida. Nos meses seguintes, sua participação chegou a apenas 8%. Eduardo Plass assumiu como

CEO, num ambiente que oscilava entre o luto e a expectativa de renovação. Em setembro de 1999, após o banco dobrar de patrimônio com operações bem-sucedidas e um desempenho excepcional durante a crise na Ásia, Cezar finalmente concordou em se desfazer de sua participação restante. A venda dos 8% lhe rendeu cerca de 60 milhões de dólares — o que lhe permitiria recomeçar com tranquilidade.

Mas não foi o que aconteceu. Cezar continuou financiando e investindo em negócios de maneira desmedida. No começo dos anos 2000, já fora do Pactual, criou empresas de internet por rádio e de voz sobre IP — tecnologias que ainda não eram usadas em grande escala —, em uma tentativa de montar um polo tecnológico no Brasil, como explicaria mais tarde. Os 180 funcionários das empresas, todas sediadas em sua fazenda — ele chegou a reunir ali vinte negócios —, faziam as refeições numa cantina com o cardápio de um sofisticado restaurante. Parte da equipe que cuidava da manutenção do lugar tinha casas construídas dentro da propriedade, feitas com "tudo de primeira", segundo Cezar, como azulejos pintados à mão e piso de madeira nos quartos e salas. Os negócios não floresceram, e, até 2010, Cezar perdeu toda a riqueza acumulada na vida até então.

Em 2015, Cezar deixou a fazenda, mudando-se para um apartamento no Rio de Janeiro — no tradicional bairro do Flamengo, de frente para o Pão de Açúcar, uma das vistas mais emblemáticas da cidade —, que o banco também financiou. E, em 2020, após um período de abandono, a antiga Fazenda Marambaia renasceria como um sofisticado empreendimento hoteleiro, patrocinado pela empresa agora chamada BTG Pactual em parceria com especialistas do setor — o que, para Cezar, era uma ironia do destino, já que ele havia tentado, sem sucesso, diversificar seus investimentos para além do mercado financeiro. Os jardins de Burle Marx voltariam a florescer, e a mansão neoclássica seria restaurada com parte do mobiliário original, mas seu antigo dono nunca mais pisaria ali.

O lugar que simbolizara o sucesso do idealizador do Pactual guardava agora as lições de uma trajetória singular no mercado financeiro brasileiro: a do homem que apostou alto e certo na capacidade de formar talentos melhores que ele próprio — transformando um pequeno banco carioca na mais relevante escola de finanças do país, mesclando generosidade quase paternal a uma agressividade ímpar no mercado —, uma húbris que o fez imprudente em seus negócios pessoais. Cezar anteviu o futuro digital do sistema bancário quando a internet ainda era novidade, mas se deixou inebriar pelo poder e sucumbiu ao apetite por riscos, numa mistura explosiva de visão e impetuosidade. Em sua última batalha antes de deixar o banco, tentaria ainda destruir aquele que seria seu sucessor natural e mais talentoso pupilo, uma versão refinada do mestre: André Esteves.

Como costuma ocorrer nas sucessões empresariais, o banco que se consolidou após a saída de seu fundador carregava marcas indeléveis de sua passagem — da meritocracia à sede por riscos; do tino para identificar talentos e oportunidades à audácia nos negócios. A instituição preservou a ambição e o pragmatismo que fizeram sua força, mas desenvolveu mecanismos mais rigorosos de gestão e controle. Era como se as lições dos tempos de Cezar, com suas glórias e excessos, tivessem sido destiladas em uma nova fórmula que mesclava agora ousadia e disciplina.

Sob o comando de Esteves — que anos depois evitaria a ruína completa de seu antigo mentor —, o BTG Pactual se tornaria o maior banco de investimentos da América Latina, gerindo quase 2 trilhões de reais. No entanto, a trajetória da instituição — e de seu novo protagonista — traria controvérsias, escândalos e desafios que testariam não apenas sua solidez financeira, mas também os limites entre negócios e poder.

1
"Me deu poder, então já viu"

MERITOCRACIA É HOJE UM CONCEITO NO MÍNIMO CONTESTADO. Usado com frequência no ambiente corporativo para atrair e motivar jovens talentosos e com gana de crescer na carreira, o termo é difícil de defender a partir de uma argumentação objetiva. O discurso afirma que qualquer um pode ter sucesso, construir patrimônio e mudar de patamar financeiro desde que se esforce. Avançar na carreira dependeria apenas do mérito próprio. Mas essa é uma ideia fácil de refutar quando se discute equidade de oportunidades num país tão desigual quanto o Brasil. Como falar em mérito pessoal se quem conquista as posições no topo das empresas, em geral, parte de um privilégio que vem de berço — com trajetórias que pouco variam entre si, mas se distanciam tanto da realidade da maioria da população? São pessoas que geralmente frequentaram as mais caras e conceituadas escolas de elite, muitas vezes complementando sua formação nos Estados Unidos e na Europa, com acesso a conhecimentos e bagagem cultural além do comum e relacionamentos na alta sociedade que, com frequência, garantiram sua indicação às posições mais desejadas do mercado. Na prática, a oportunidade do mérito está restrita a um seleto grupo de pessoas favorecidas na largada, e por isso mais bem preparadas para os poucos cargos executivos capazes de aumentar substancialmente a riqueza que já têm. Via de regra, os ricos são os únicos que têm a oportunidade "meritocrática" de ficarem mais ricos, sobretudo se tiverem um pouco de sorte — estando no lugar certo, na hora certa, cercados das pessoas certas, para então serem os escolhidos da vez. Mas existem exceções.

Entre as histórias que mais fogem à regra dos predestinados no mundo empresarial brasileiro estão as de dois ícones que, cada um a seu tempo, personificaram o banco hoje conhecido como BTG Pactual: Luiz Cezar Fernandes e André Esteves. Ambos nasceram em famílias que, longe de poderem ser consideradas pobres num país como o Brasil, faziam parte da classe média baixa, e galgaram o próprio caminho até se tornarem, em poucas décadas, controladores de um grande banco de investimento, poderosas figuras do mercado financeiro e dois dos homens mais ricos do país.

A trajetória de Cezar, em particular, se desdobra em histórias tão extraordinárias quanto controvertidas, repletas de elementos-surpresa que desencadeiam reviravoltas de difícil comprovação, por falta de testemunhas ou registros. Em meio a detalhes precisos, algumas das passagens narradas por ele soam fantásticas, mudando conforme a ocasião. Não é raro ele falar de um episódio incluindo uma cena que, em outro momento, desaparece ou se transforma. Sua saída do Pactual em 1999 ilustra bem essa característica: em alguns relatos, ele descreve uma ruptura dolorosa marcada pela traição da geração mais jovem; em outros, conta uma transição natural e planejada desde a concepção do banco. Nenhuma dessas versões é exatamente inverídica. Tampouco alguma delas esgota a complexidade dos fatos. Quem conhece Cezar de longa data afirma que ele sempre foi afeito a exageros, deixando a imaginação fértil rolar entre uma verdade e outra.

Nascido em 1945 na cidade de Santa Rita do Passa Quatro, interior do estado de São Paulo, Luiz Cezar Fernandes é o segundo de oito filhos de um auditor da Caixa Econômica estadual e de uma dona de casa, católica fervorosa. Passou parte da infância em Botucatu, também no interior, e suas lembranças o descrevem como um menino levado, afeito à natureza, sempre subindo em árvores e quebrando ossos com tal frequência a ponto de se tornar conhecido no hospital da região.

Algumas vezes os passatempos envolviam transgressões — que cometia sem pesar. A um quarteirão de sua casa havia um campo de futebol onde as crianças se reuniam. Certa vez estava sentado no meio-fio, acompanhando alguns colegas que andavam de bicicleta, e foi ficando irritado. Não tinha uma para participar dos passeios, mas queria pedalar também. Até que, num rompante, empurrou para longe um dos garotos, pegou sua bicicleta e saiu pedalando, deixando o menino no chão. Chegou em casa horas depois, suado e exausto. "O que aconteceu?", perguntou a mãe, reconhecendo o semblante esquivo do filho. "Nada", respondeu. Então ela viu a bicicleta do lado de fora. Não brigou, não o fez devolver. "Pode andar, mas não conta pro seu pai."

Apesar das traquinagens, Cezar acordava todo dia às cinco da manhã para ir à missa. Era coroinha e estudava a Bíblia, mas só o mínimo necessário para participar dos eventos da igreja, nos quais tinha papel de destaque. A liderança que sentia exercer sobre as demais crianças lhe agradava, e aos sete anos declarou que queria ser padre. Em 1955, ao completar dez anos, a idade mínima exigida, entrou para o seminário. Ficou pouco mais de dois anos, durante os quais liderou atividades controversas nas horas vagas, que logo se mostraram incompatíveis com as normas rígidas da instituição.

Cezar passou a adolescência na capital paulista. Com a transferência do pai a vida melhorara: a família construiu uma boa casa no próspero bairro do Brooklin e, mais tarde, comprou um sítio a cerca de quinze quilômetros da capital. Ali frequentavam a igreja mais próxima, o que reacendeu no garoto a vocação de seguir a vida religiosa. O pai não apoiava nem recriminava o anseio do filho. Já a mãe ficava orgulhosa. Cezar não ligava para as gozações dos colegas da escola Meninópolis, onde passara a estudar, quando andava pela rua vestido de anjo durante as procissões. O que importava era estar em evidência.

Ao mesmo tempo, ele já gostava de festas e ocasionalmente, sem comunicar aos pais, participava de alguma. Certa vez o evento, planejado pela turma de amigos, ocorreu no sítio da família. Batizaram de Festa do Cabide, pois os convidados deveriam deixar a roupa pendurada na entrada, seguindo apenas de calcinha, sutiã e cueca. Cezar tinha doze anos. Após algumas horas, um vizinho chamou a polícia, que apareceu de madrugada. As meninas foram embora, mas os meninos continuaram depois da saída dos oficiais. Cezar chegou em casa no dia seguinte, por volta de oito da manhã. Seu pai o esperava na porta com o cinto na mão. "Você não vai me bater", enfrentou Cezar. Ele já havia apanhado outras vezes, mas agora se sentia crescido o bastante para não deixar aquilo se repetir. "Na minha casa, eu bato", prosseguiu o pai. "Então vou embora. Nunca mais você vai me bater. Se não, eu te bato." Cezar pegou uma trouxa de roupas e não voltou mais para casa, indo morar com uma das meninas da turma, que vivia numa quitinete, no centro da cidade, e trabalhava até alta madrugada. Ele a esperava chegar dormindo na escada do edifício. Logo entendeu que se tratava de uma garota de programa, o que não abalou a relação dos dois.

Vivendo sozinho, fora da escola (que largou de vez na sexta série do antigo ginasial), e já tendo desistido de virar padre, ele precisava arrumar um sustento. Buscou aqui e ali até ouvir que a Prefeitura de São Paulo oferecia um serviço para menores de idade, uma espécie de jovem aprendiz dos dias de hoje. O candidato era indicado para uma empresa, onde servia café e fazia trabalhos de escritório, sem poder sair à rua. Cezar foi designado para o Club Paulistano e lá ficou por alguns meses, até bater boca com um diretor e perder a função. Foi então até o trabalho de seu pai, na Caixa, pedir que ele o indicasse. Apesar do atrito passado, o pai o ajudou, e o rapaz começou a servir café no escritório do banco, por um valor equivalente à metade de um salário mínimo.

Cezar sempre tivera, desde pequeno, uma habilidade natural para se relacionar com as pessoas. Sem esforço, influenciava os outros em qualquer grupo de que fazia parte, apreciando o poder que isso lhe dava. Muitas vezes se via em embates com figuras de autoridade, o que, apesar da formação católica, não lhe despertava culpa, vergonha ou arrependimento. Deixava os desafetos pelo caminho e seguia em frente. Nem sempre ganhava a afeição e a confiança das pessoas, mas conhecia cada vez mais gente, aprendia de tudo e, aos poucos, ia forjando o próprio caminho.

Aos dezesseis, em 1961, dois anos depois de ingressar na Caixa, ouviu falar que no Bradesco (à época, um dos nove maiores bancos privados do país, que se tornaria o maior no fim da década de 1960) os funcionários podiam crescer na hierarquia, e dava para ganhar 25% a mais de remuneração como contínuo — ou seja, o mesmo meio salário mínimo que recebia na Caixa, somado a um quarto, que era o salário-base de um bancário. Conseguiu a vaga.

Era seu primeiro emprego com carteira assinada. Cezar trabalhava meio período como office boy em uma agência na esquina das avenidas Paulista e Brigadeiro Luís Antônio. Passava parte do tempo envelopando os extratos dos clientes e depois os entregava em suas casas, a pé, usando calça jeans, camiseta básica e botas feitas de pneu usado compradas na rua Vinte e Cinco de Março.

Enquanto fechava envelopes, contemplava, à mesa da frente, uma menina que achava bonita — especialmente os fios de cabelo colados à nuca sob o rabo de cavalo. O trabalho era mecânico, repetitivo e monótono, o que lhe dava tempo para observar e refletir. Começou então a ler com mais atenção as correspondências que embalava, comparando-as ao longo dos meses. Constatou que alguns extratos seguiam idênticos, o que significava que aqueles clientes não movimentavam suas contas. Indignou-se. Achava um absurdo que seu trabalho fosse entregar correspondências que provavelmente nunca seriam lidas. Decidiu então abrir espaço em seus dias para aprender novas atividades, aumentando as chances de crescer no escritório. Seu objetivo passou a ser entregar as correspondências o mais rápido possível, para poder voltar logo ao banco e observar o trabalho da colega da mesa da frente. Para isso, decidiu filtrar os extratos que traziam novidades e que, portanto, seriam lidos, do resto. Os primeiros eram entregues por ele. Os demais, picotava e levava para descarte num viaduto no centro, onde um exaustor espalhava os papeizinhos, impedindo que fossem identificados.

Prestando atenção na garota, percebeu que ela trabalhava na seção de cobranças. Algumas semanas depois, ela saiu de férias e seu trabalho passou a ser feito pelo gerente administrativo da agência, que era contador. O funcionário agora fazia o trabalho dele e o dela, e Cezar viu que estava visivelmente sobrecarregado. Então lhe ofereceu ajuda.

"Eu sei fazer", disse, sentando-se ao seu lado. Não sabia, mas se mostrou confiante. O rapaz aceitou a ajuda, e na primeira tentativa Cezar cometeu um erro. E depois outro. E outro. "Se você quiser crescer, não vai ser assim, você tem que aprender primeiro", afirmou o colega. Cezar aquiesceu, e pediu que o outro lhe ensinasse tudo o que se fazia na agência. Passou a trabalhar período integral, infringindo a regra do banco para alguém de sua idade. E como naquele tempo cada agência funcionava de modo independente, com serviços descentralizados, aprendeu praticamente todas as atividades de um banco.

Durante esse período, emergiu um problema burocrático na agência, que impedia que os funcionários encerrassem contas-correntes. Cezar se engajou na busca de uma solução e passou dias trabalhando tanto que acabava dormindo no trabalho. Um dia, vestindo sua camisa de flanela, foi flagrado acordando por outro funcionário, que chegou às oito da manhã e concluiu que aquela camisa era seu pijama. A brincadeira se espalhou e durou meses.

Cerca de seis meses depois de ter começado a trabalhar em período integral, seu mentor informal foi demitido por causa de um erro. Com a vaga aberta, a liderança de Cezar entre os colegas ficou evidente. Todos o apontaram como o mais bem preparado para assumir como gerente, e ele recebeu a promoção. Até que uma inspeção realizada no departamento pessoal da agência descobriu que Cezar tinha apenas dezesseis anos. O inspetor o chamou e o repreendeu. Sem se abalar, o jovem alegou que o haviam mandado assumir o cargo — apenas cumprira a ordem recebida. Como ele já tinha assinado uma série de documentos em nome da empresa, a chefia aceitou a exceção e ainda lhe deu mais uma promoção, o que o levou a ocupar um posto da área administrativa no complexo de prédios do banco chamado Cidade de Deus, em Osasco (SP).

Foi nesse período, nos anos 1960, que ele conheceu o Cérebro Eletrônico, como era chamado o primeiro computador do banco. Era o início da digitalização das informações bancárias, e seu trabalho consistia em transmitir os dados de cada agência para a central, viajando pelo país e virando noites para concluir as tarefas. Ao fim de alguns meses, Cezar liderou uma greve, mas seus colegas renunciaram na última hora, deixando-o sozinho. Mas ele não voltou atrás: nessa e em ocasiões futuras, ficaria conhecido por falar a verdade sem rodeios para as lideranças. Às vezes tinha certeza de que seria demitido, mas não era — antes o contrário. Pois junto com sua petulância havia a coragem de se responsabilizar pelo que acreditava ser o melhor para a empresa. Depois das broncas, vinham novas oportunidades de crescimento, em geral em agências com problemas ainda maiores. Cezar foi ficando especialista em resolvê-los, sempre com seu jeito pouco ortodoxo.

Quando foi transferido para o Rio de Janeiro, cerca de um ano depois de entrar no banco, autorizou a reforma do telhado de uma agência após uma tempestade destruir parte da construção, sem falar com os superiores. Chamado a São Paulo pelos chefes, e mais uma vez repreendido pela atitude, argumentou que precisava resolver a situação e que não havia tempo para seguir protocolos. Episódios como esse são frequentes na trajetória de Cezar e revelam uma postura desde sempre empreendedora — de quem primeiro resolve o problema para só em seguida, se solicitado, explicar por que fez o que fez.

Mais tarde, as relações que foi conquistando no mercado também seriam cruciais em seu método intempestivo de resolução de problemas. Uma conversa, uma insistência, às vezes um exagero no relato eram recursos usados para acelerar processos e tangenciar a burocracia. Certa vez, seu chefe cobrou o depósito compulsório de um cheque que deveria ser feito no Banco do Brasil — até a criação do Banco Central (BC), que só aconteceria em 1964, o BB exercia funções de autoridade monetária e fiscalização bancária no país, junto com a Superintendência da Moeda e do Crédito (Sumoc) e o Ministério da Fazenda. "Que depósito?", Cezar perguntou, sem saber do que falavam. O chefe insistiu que havia mandado um telex (antecessor do fax). Cezar repetia que não havia recebido informação nenhuma. Mesmo assim, correu ao Banco do Brasil e implorou ao gerente para que o depósito fosse feito após o horário regular. Com base na lábia e na simpatia, conseguiu. E ainda ficou amigo do gerente, como aconteceria com tantos outros interlocutores que conheceu no período.

A certa altura, Cezar foi impelido a agir de maneira política para favorecer um colega dentro do banco. Não topou. Mais tarde, sofreria represália por isso, sendo enviado para uma agência de menor relevância e mal localizada. Embora frustrado, aceitou o desafio e atuou com seu estilo habitual. A capacidade de resolver os problemas, mais uma vez, lhe rendeu uma promoção. Dessa vez, no entanto, ele não quis.

Trabalhava então na agência de Madureira, bairro suburbano do Rio, onde o calor é intenso. Foi chamado a São Paulo e recebido por quatro pessoas de nível superior. "Nós temos aqui outra coisa para você", começaram, em tom positivo. "Você será promovido, vamos dobrar o seu salário, você vai para Belo Horizonte e vamos lhe dar residência." A agência mineira do Bradesco enfrentava dificuldades, que demandavam as habilidades já conhecidas de Cezar. Seu sucesso ao resolver os problemas anteriores, disseram, não deixava dúvidas sobre a escolha de seu nome. "Ah, é? Posso usar a máquina de escrever?", perguntou Cezar, em tom irônico. "Gostaria de redigir meu pedido de demissão." "Você está maluco?", perguntou um dos superiores. "Não estou entendendo." O argumento de Cezar havia sido premeditado: no dia em que fosse reconhecido, sairia do banco. Recusava-se a sair por baixo, enquanto se sentia injustiçado. "Para mim, o Bradesco acabou aqui", disse, deixando a instituição.

Recém-casado com Maria do Carmo Motta do Amaral, sua primeira mulher, voltou ao Rio, passou pelo escritório, pegou a escova de dentes e foi para a casa do sogro, onde morava, começar um novo capítulo de sua vida.

Mercado aberto no Brasil

Cezar, porém, saiu pelas ruas cabisbaixo. Embora tivesse planejado a demissão, não tinha ideia de quando ela aconteceria. Agora estava sem emprego e sem perspectivas profissionais. De repente, deu de cara com um primo, que também trabalhava no setor. "Como você está, meu banqueiro?", brincou o parente. "Desempregado", respondeu. Ao que o primo disse: "Então vou lhe apresentar um amigo".

Alguns passos depois, Cezar já tinha um novo emprego em vista, como subgerente de uma agência do Banco Industrial de Campina Grande, no bairro de classe média da Tijuca, zona norte do Rio. E logo foi contratado pelo fundador do banco, João Rique Ferreira, designado para uma função que renderia pouco prestígio com os outros funcionários, mas traria o reconhecimento da alta liderança: ser o responsável por diminuir drasticamente as equipes e, em alguns casos, encerrar as operações de agências. Bastava ele chegar para se instalar uma atmosfera de pânico. Ao final de um ano, o total de funcionários do banco foi de 1400 para seiscentos. Rique então lhe cedeu uma sala, uma secretária e a responsabilidade de cuidar das operações especiais do banco, longe das outras pessoas, até a indisposição em relação a ele se dissolver.

A primeira operação especial que caiu em suas mãos não parava em pé. Era um pedido do então presidente da República, Costa e Silva, para que o banco emprestasse dinheiro a uma empresa de tecidos de Minas Gerais. O problema era que a companhia oferecia garantias frágeis, que não seriam aceitas pelos reguladores, concluiu Cezar. "Vamos assumir o risco como nosso. Veja o que consegue como garantia", pediu Rique. Foi, então, ao Banco Central, onde encontrou um dos diretores que já conhecia. Numa breve conversa, convenceu-o a endossar o empréstimo. Como ele previra, mais tarde, a empresa de fato não conseguiria honrar o pagamento, tendo seus bens tomados.

Sempre inquieto, Cezar começou a fuçar outras áreas do banco. Analisou o passivo trabalhista da instituição e concluiu que era maior que seus ativos, uma situação no mínimo delicada. Avisou então Newton Rique, filho de João e presidente da empresa, que lhe deu carta branca para resolver o problema. "Me deu poder, então já viu", comentaria Cezar anos mais tarde, ao relembrar o episódio. Visitou agência por agência e tomou todas as medidas administrativas necessárias para equilibrar a situação.

Só não conseguiu acesso a uma, por resistência do gerente, que acabou saindo do banco meses depois de o trabalho ser concluído. Cezar então pediu para assumir como gerente daquela unidade específica. O movimento representava um *downgrade* em sua carreira, mas ele não estava preocupado com isso. Pensava mais longe, sabia o que fazia. Após alguns meses, conhecendo cada detalhe da operação da empresa e com a disposição para abraçar os problemas que espantavam outros profissionais, se tornou gerente financeiro geral do banco.

Num tempo em que os processos ainda eram feitos manualmente, parte de seu trabalho consistia em garantir que cada agência depositasse o valor do caixa no fim do dia no Banco Central.* Os bancos já eram proibidos de finalizar o expediente com o saldo negativo. Na prática, o gerente deveria contar o dinheiro em caixa, depositar no Banco do Brasil, que então o direcionava para a conta reserva do Campina Grande. "Mas alguns gerentes não contavam o dinheiro e não mandavam", afirma Cezar. Em algumas agências, o saldo era menor do que o que precisavam depositar no Banco Central — por má gestão ou má-fé. Era preciso, então, pedir ajuda ao BC, que avaliava a possibilidade de um empréstimo em troca de títulos de crédito de empresas clientes do banco. O sistema financeiro ainda estava lançando suas bases no Brasil, então havia lacunas na regulamentação que permitiam interpretações subjetivas. Nesses casos, os relacionamentos de Cezar vinham a calhar. Seu trânsito com os interlocutores do setor aumentava as chances de sucesso dos pedidos, sempre acompanhados de insistentes argumentações.

Foi justamente em uma dessas conversas com o Banco Central, em 1968, que Cezar identificou uma oportunidade nascente no país. Pressionado pelo saldo negativo em uma das agências de seu banco, perguntou ao diretor do BC que o atendia se poderia oferecer em garantia um cheque de cliente do Banco do Brasil, depositado no Campina Grande, para cobrir a conta reserva do banco. Sim, respondeu o diretor. A partir daquele dia, passou a depositar no Banco Central o máximo possível de cheques BB (como eram chamados, em referência ao Banco do Brasil). Em geral, eram de clientes importantes, como representantes das grandes construtoras do país.

---

* Cada banco comercial tem uma conta reserva no Banco Central, o que é parte do Sistema de Transferência de Reservas (STR). Este, por sua vez, é o coração do Sistema de Pagamentos Brasileiro (SPB), em que ocorre a liquidação final de todas as obrigações financeiras no país. A transferência de fundos no STR garante que o saldo nunca ficará negativo, pois para "desfazer" uma transação é preciso fazer outra equivalente no sentido contrário. Naquela época, o Banco Central não tinha estrutura para fazer a liquidação, então o processo de conta reserva era feito pelo Banco do Brasil para o BC.

Logo Cezar se viu em vantagem, negociando os cheques mesmo quando tinha caixa nas agências. Com a sacada, começou a sobrar dinheiro no Campina Grande. Instigado pelo que lhe parecia uma oportunidade de ganhar mais dinheiro, Cezar consultou um diretor do banco sobre o assunto. "Eu vi no jornal que o Banco Central está recebendo depósito por um ou dois dias. Vai ver o que é isso, quem sabe a gente deposita lá", respondeu o colega. De fato, a informação foi confirmada. "Você vê quanto tem no caixa, manda o cheque pra mim por um dia. Se quiser renovar, faz de novo. E vamos fazendo assim", disse um diretor do BC.

Nesse período, o Brasil sofria com uma inflação que chegou a superar 90% ao ano, em função do desequilíbrio nas contas públicas devido à política de expansão de gastos que vinha desde o governo Juscelino Kubitschek (de 1956 a 1961). Por isso, os bancos começaram a experimentar acordos com prazos mais curtos em relação ao que era comum com títulos do governo, com vencimento para 180, 120, noventa ou sessenta dias. Aquela era uma semente das operações de overnight, que ainda não tinham esse nome — trata-se de uma operação de compra ou venda de títulos públicos em um dia, para liquidação dos mesmos ativos no dia seguinte. Durante a noite, os preços podem oscilar, valorizando ou desvalorizando o investimento.

A transação se dava no open market, o mercado de compra e venda de títulos públicos e privados recém-iniciado no Brasil. Até então, as instituições financeiras não costumavam aceitar títulos públicos como garantia. Agora, a economia do Brasil começava a crescer principalmente a partir da intervenção do governo, com a criação de empresas estatais, o incentivo a exportações e projetos financiados pela dívida externa. Aos poucos, os títulos do Tesouro foram ganhando valor no mercado. A partir de 1965, uma nova lei permitiu ao sistema financeiro operar com vários tipos de títulos e depósitos, alguns novos, todos protegidos contra a desvalorização da moeda. Desde então, foram regulamentados os certificados de depósitos bancários (CDBs), as letras de câmbio (LCs) e o uso da correção monetária nos empréstimos.

Nos meses seguintes, Cezar passou a testar operações mais arrojadas. Se o Banco Central pagasse, por exemplo, apenas 1% de juros sobre o valor que ele depositava em cheque BB, talvez ele conseguisse uma rentabilidade maior com outro banco comercial. O primeiro que experimentou foi o Banco Mineiro do Oeste, que sabia não estar em seus melhores dias. Ele ofereceu "trocar reserva": o Campina Grande aplicaria o cheque BB de um cliente no Mineiro do Oeste (como vinha fazendo com o BC) e, em troca do fôlego financeiro que ganharia até o dia seguinte, o Mineiro do Oeste pagaria um pouco mais que o BC no dia seguinte. Por exemplo, 2%. Deu certo. "Comecei a transacionar o cheque BB. Em vez de ganhar durante a noite pelo Banco Central, eu vendia no mercado", diz Cezar. O nome técnico dessa operação era acordo de recompra no mercado, algo que se popularizaria nos anos seguintes.

Mas foi em 1969, na corretora Escritório Levy, com atuação em São Paulo e Rio de Janeiro, que Cezar aprimorou a habilidade de operar no mercado aberto. Ao perceber que o Banco Industrial de Campina Grande não andava bem (acabaria vendido em 1972 para o Banco Mercantil de Minas Gerais), ele aceitou a oferta de um conhecido para ganhar menos e deixou o banco. Na Levy, aprendeu a operar novos títulos do governo em ascensão: as Letras do Tesouro Nacional (LTNs) — títulos de dívida pública que serviriam para arrecadar recursos junto a investidores, pagando dividendos com vencimentos em 91 ou 182 dias —, criadas em 1970, durante o governo Médici, quando Delfim Netto era o ministro da Fazenda. As LTNs logo se tornariam o veículo preferencial de negociações que a partir de então expandiram o open market no Brasil. Assim, o governo buscava controlar também a quantidade de moeda presente na economia.

No início dos anos 1970, Cezar foi se tornando uma figura conhecida no mercado financeiro brasileiro, então em crescimento acelerado. A rede de relações que havia construído, a disposição a trabalhar duro para resolver problemas e, mais recentemente, a capacidade de operar no open market destacavam-no. Se sua formação teórica era precária, sua prática arrojada compensava. "Todo mundo achava que eu era espada. Eu ligava para um, pegava um preço, perguntava 'quanto é que deu aí'?, ele respondia, por exemplo, dez. Eu ligava para outro, pegava o preço, ele dizia 'onze', 'então vai ser você!', eu dizia. Eu mesmo não sabia nada", resume Cezar. Em poucos meses, tornou a Escritório Levy uma das maiores negociadoras de títulos do Banco Central.

Foi graças a seus talentos que Cezar atraiu a atenção de outro jovem ambicioso que conhecia do mercado: Jorge Paulo Lemann. Ao contrário dele, Lemann nascera numa família abastada e tivera uma formação sofisticada. Carioca, filho de mãe brasileira e pai suíço, foi tenista profissional, estudou na Escola Americana no Rio de Janeiro e em Harvard, num tempo em que raros eram os brasileiros a pisar na prestigiosa universidade. Entrou no mercado financeiro com a ambição de ganhar dinheiro (sua família tinha posses, mas não liquidez). Em 1967, começou a trabalhar na corretora Libra, da família Ribeiro Coutinho, especializada na venda de câmbio. O controle da Libra era exercido pelo Banco Aliança, também da família, liderado por João Úrsulo Ribeiro Coutinho. Ele queria expandir as frentes de atuação da empresa e para isso convidou Lemann e José Carlos Ramos da Silva, um economista conhecido no mercado financeiro pelo apelido de Jaguatirica. Quatro anos depois, em 1971, Lemann convidou Cezar para trabalhar com ele. O convite foi aceito.

Mas a temporada de Lemann na Libra não durou muito. Estava insatisfeito porque, apesar de sócio da corretora, sua participação não aumentava junto com o lucro que ele gerava para a instituição — e sempre acreditara no modelo de sociedade por meritocracia. Propôs então comprar a corretora da família Ribeiro Coutinho. Mas sua proposta não foi aceita. Em vez disso, teve de vender sua participação e sair da empresa.

Em 1971, aos 31 anos e com 200 mil dólares de capital,* Lemann decidiu começar seu próprio negócio, focado principalmente no aquecido mercado de ações e seguindo o modelo de *partnership* em que acreditava — inspirado na gestora americana Goldman Sachs, que naquela época já havia construído uma forte cultura baseada em atração e avaliação de profissionais, remuneração competitiva e oportunidade de participação societária, em que os funcionários com melhor desempenho tinham a oportunidade de se tornar sócios do negócio, comprando cotas por meio dos bônus. O plano incluía os dois colegas que já estavam ao seu lado: José Carlos Ramos e Luiz Cezar Fernandes.

---

* O equivalente a cerca de 1,6 milhão de dólares em 2025.

A primeira tentativa de Lemann foi comprar a Vésper, uma distribuidora de valores da construtora Metropolitana, instituição que negociava ações e outros títulos financeiros no mercado. Mas o cearense Adolfo Gentil, ex-deputado federal, dono do banco carioca Operador e cliente de Lemann, ficou sabendo do projeto e interveio. "Vocês estão malucos de sair de uma corretora e comprar uma distribuidora?", perguntou. O problema é que o trio não tinha capital para comprar nem 10% de uma corretora. Gentil resolveu então participar do negócio. Convidou ainda o amigo Guilherme Arinos Barroso Franco, advogado que fora assessor do ex-presidente Getúlio Vargas, e juntos publicaram um anúncio no jornal: COMPRA-SE CORRETORA. Em agosto de 1971 foi concretizada a aquisição da Garantia por 800 mil dólares. Lemann e Ramos da Silva ficaram com 51% de participação, divididos entre si em partes iguais; Gentil ficou com 39%; Arinos, com 10%. Em seguida, Gentil venderia uma pequena parte de sua fatia para Cezar e Hersias Lutterbach, um dos antigos sócios da corretora que quis permanecer. Cezar havia investido suas economias no novo negócio e estava animado para empreender, sem vislumbrar que o efervescente mercado de ações brasileiro estava prestes a enfrentar uma reviravolta.

Sofisticando o mercado

A partir de meados dos anos 1960, o mercado de capitais se expandiu rapidamente no Brasil, durante o período batizado de "milagre econômico" — marcado por crescimento do Produto Interno Bruto (PIB) superior a 10% ao ano, fortes investimentos em infraestrutura, grandes obras, como a usina nuclear Angra 1, a ponte Rio-Niterói e a rodovia Transamazônica, além de inflação relativamente baixa, controlada sobretudo por meio de arrochos salariais. As bolsas de valores, em especial as de São Paulo e Rio de Janeiro, passaram a atrair cidadãos comuns, integrantes do governo e generais do alto escalão do Exército, muitos deles interessados no recém-criado fundo 157, que permitia aos contribuintes do imposto de renda aplicar em ações até 12% do que deveria ser pago em tributos. De repente, investidores institucionais vendiam ações em massa, muitas vezes a descoberto,* e aberturas de capital ou IPOs se davam aos montes, com o número de empresas com ações listadas na Bolsa** passando de 26, em 1967, para 92, em abril de 1971. Em menos de um ano, o índice da Bolsa do Rio subiu mais de 300%. Formava-se, assim, uma das maiores bolhas especulativas do país. Em 14 de junho de 1971, a Bolsa do Rio atingiu seu ápice e, em seguida, começou a cair, dando origem ao episódio que ficou conhecido como crash da Bolsa de 1971. Não havia ainda estrutura nem regulamentação suficientes no mercado para acompanhar essa expansão (a Comissão de Valores Mobiliários, CVM, só surgiria em 1976), assim os sinais que mais tarde seriam claros passaram então despercebidos.

O tombo não aconteceu de uma vez. Logo depois da compra da Garantia por Lemann e seus sócios, houve uma crise de liquidez no mercado: os negócios praticamente cessaram e os preços foram caindo pelos dois anos seguintes, até 1973. As ações do Banco do Brasil, por exemplo, que haviam atingido o valor de 55 cruzeiros, eram vendidas a 26 cruzeiros em 1972. Entre julho de 1971 e julho de 1972, o índice da Bolsa se desvalorizou em 55%. Em dezoito meses, o índice despencou 61%.

Com a crise na Bolsa, Lemann e seus sócios concentraram as apostas no open market, que agora parecia o investimento mais promissor. Era importante ter no time pessoas do tipo mão na massa, práticas, flexíveis, criativas e com bom trânsito nas entidades reguladoras — e Cezar despontou como protagonista natural, tanto pela experiência acumulada nesse tipo de negociação quanto pelo perfil relacional e despojado.

Por meio de seus relacionamentos, Lemann conseguiu organizar duas viagens de Cezar aos Estados Unidos, para breves estágios no JPMorgan e na Goldman Sachs. Como não falava inglês, Cezar levou consigo um estagiário recém-contratado, Marcel Telles (que precisara aguardar nove horas até ser finalmente entrevistado para a função).

---

* Venda a descoberto (em inglês, *short-selling*) é uma prática financeira que consiste na venda de um ativo ou derivativo, esperando que o preço caia para então comprá-lo de volta e lucrar com a diferença.
** Nas Bolsas de São Paulo e Rio de Janeiro, que eram as principais.

A visita à Goldman Sachs era uma maneira de Cezar absorver um pouco mais da cultura que inspirara o Garantia, onde ficaria até 1982. Em uma das conversas na Goldman, por exemplo, um diretor comentou que, no fim do dia, quando sua posição de caixa não fechava, ele fazia uma operação overnight para se cobrir. "O que é isso?", perguntou Cezar. A resposta o animou: eram justamente as operações de recompra que ele vinha fazendo no Garantia — e agora sabia que nome usar. De volta ao país, ele e os sócios passaram a operar dessa forma com mais conhecimento e segurança, popularizando o conceito no Brasil. Em pouco tempo, o Garantia já se destacava como o maior tomador de risco do mercado em função das negociações com as recém-criadas LTNs e a prática do overnight. "Todo mundo tinha mania de comprar um título do Tesouro e guardar no cofre. Nós comprávamos um e vendíamos, comprávamos outro e vendíamos... A gente aprendeu a girar e fazer lucro. E ninguém naquela época girava. Ou girava um pouquinho aqui, um pouquinho ali", afirma Cezar.

Seu período de estágio nos bancos norte-americanos suscitaria ações marcantes, não só para o Garantia, mas para o Brasil. Um exemplo foi a criação da taxa Selic. A inspiração foi a tesouraria do JPMorgan — local que nem sequer estava incluído entre os que ele e Marcel Telles deveriam visitar na ocasião. "O único lugar aonde vocês não podem ir é a tesouraria e a custódia", teria dito o funcionário que os ciceroneou na ocasião. "Fomos para a tesouraria e a custódia. Arrumamos um jeito. Vimos todo o sistema. Quando saímos de lá, eu falei: 'precisamos fazer esse sistema no Brasil'", afirma Cezar. O que eles viram foi basicamente um sistema informatizado de compra e custódia de títulos públicos, o que tornaria o mercado muito mais dinâmico e eficiente. O banqueiro contou o que viu aos conhecidos do Banco Central. O instrumento só seria lançado no Brasil em 1979, com o nome de Sistema Especial de Liquidação e Custódia (Selic).

Cezar almejava uma taxa de negociação de títulos públicos e privados, mas, no dia da criação, o Banco Central comunicou que ela abarcaria apenas os títulos públicos. Cinco anos depois, em 1984, seria criada a Central de Custódia e Liquidação Financeira de Títulos Privados (Cetip), com a mesma finalidade da Selic, mas agora para os títulos privados.

A Selic se tornou um dos principais responsáveis por dinamizar o open market no país. Antes, a custódia dos títulos públicos no Brasil era feita por um processo que ia desde o arquivamento pela instituição até a movimentação física nos cofres dos bancos, com grande risco de fraude e de extravio dos papéis. Com a Selic, títulos de dívida físicos, registros manuais e cheques foram substituídos por registros eletrônicos, gerando ganhos de eficiência e agilidade na compra e custódia de títulos públicos, já que as operações passaram a ser fechadas no mesmo dia em que são realizadas.

O fim de um ciclo

Nos anos 1970, o sistema financeiro ainda era um projeto em construção no Brasil. Sem a tecnologia que tornaria o mundo exponencialmente mais ágil e conectado a partir do século seguinte, o mercado era muito menos desenvolvido e regulado. Qualquer nova empresa logo deparava com um sem-número de áreas cinzentas e perguntas sem respostas. Cada lacuna era uma oportunidade. As relações pessoais, em muitos casos, eram mais relevantes do que regras que ainda não haviam sido formuladas. Cezar, com seu jeitão mais prático que teórico, mais resolvedor que politicamente correto, teve assim um papel crucial no sucesso do Garantia durante os primeiros anos do banco no mercado.

Apesar de ser um sócio relevante, Cezar foi diminuindo sua frequência no banco. Seu bom relacionamento e seu trânsito em órgãos reguladores passaram a ser vistos com desconfiança. Ex-sócios contam que ele fazia aos clientes promessas exageradas, que depois não cumpria, criando situações embaraçosas. E entrava em embates frequentes com Telles e Beto Sicupira, este último conhecido por sua personalidade forte e sua comunicação dura. Cezar sugeria negócios que para os demais soavam como desvios de rota, criando um clima de tensão e atrito no banco. Enquanto Telles e Sicupira cresciam velozmente, cada vez mais próximos de Lemann e da tomada de decisões, Cezar adotava um comportamento encolhido e aparentemente depressivo. "Eu sentia o que todo ser humano sente. Nada diferente." Rejeição? Ciúmes? "É. Todo ser humano é igual."

Em setembro de 1982, Cezar decidiu tirar uma licença de três meses para refletir. Aproveitou e fez uma viagem que sempre quisera fazer: foi para uma reunião do Fundo Monetário Internacional (FMI), em Washington, nos Estados Unidos. "Eu não tinha nada em mente, apenas fui." Quando chegou lá, encontrou dois conhecidos do mercado: o economista Paulo Guedes e o diretor do Credibanco Renato Bromfman. E os dois não estavam preparados para a ideia que ele trazia no bolso.

2
"Vocês estão doidos? Isso não vai funcionar"

"TENHO UMA PROPOSTA PRA VOCÊS. Vamos comprar o Credibanco", disparou Cezar para Guedes e o incrédulo Bromfman, que era casado com uma herdeira da instituição e tinha lá um cargo de destaque. O susto foi grande. Embora conhecesse Cezar da Associação Nacional dos Bancos de Investimento (Anbid),* e logo sua fama, ele nunca havia testemunhado a dimensão de sua audácia. E aquela era provavelmente a ideia mais ousada que o colega de mercado jamais falara em voz alta: afinal, eles não tinham dinheiro para comprar um banco. Mas Bromfman logo entenderia que aquilo não era um empecilho para Cezar planejar um empreendimento.

Os ares de Washington pareciam ter espantado os maus bofes que Cezar trazia de seu desentendimento com os sócios. A figura que andava sumida e deprimida no Garantia dera lugar outra vez ao sonhador com o qual estavam acostumados os que o conheciam. Cezar chegou ao

---

* Que depois se fundiria com a Associação Nacional das Instituições do Mercado Financeiro (Andima), formando a Associação Brasileira das Entidades dos Mercados Financeiro e de Capitais (Anbima).

encontro do FMI com o astral renovado, puxando assunto com quem cruzava seu caminho. Tinha decidido que na volta deixaria o banco, e desejava comprar outro, do qual seria o controlador, ao lado de novos sócios. Depois de um período duro, em que se sentira desencaixado no Garantia e distante dos demais acionistas, agora estava empolgado e cheio de ideias para o recomeço.

Antes de encontrar Guedes e Bromfman, Cezar chegara a sondar três economistas, mais experientes e conhecidos, para se associarem a ele: Antônio Carlos Lemgruber e Roberto Castello Branco — que haviam se tornado referências como professores e pesquisadores na Fundação Getulio Vargas (FGV) —, além de Sergio Lucena. No período em que esteve no Garantia, Cezar desenvolveu um olhar afiado para ler as pessoas, e acreditava que o mais importante, em qualquer negócio, era escolher bem quem estaria ao seu lado. No mundo empresarial, essa abordagem seria uma das marcas registradas de Jorge Paulo Lemann — e de fato é —, mas Cezar também se destacava no quesito "gente". Tinha obsessão por se cercar das melhores pessoas que pudesse encontrar — e era vocal quanto a isso. Não demonstrava receio de atrair alguém mais preparado que ele, buscando inclusive suprir as próprias deficiências.

Por isso, para sua nova empreitada, considerava fundamental ter na equipe um economista de qualidade e com visão internacional, ainda mais em um momento turbulento do Brasil, que ingressava na chamada "década perdida" — após o México declarar moratória de sua dívida externa, em 1982, a América Latina entrou em crise. O Brasil passou a sofrer com inflação galopante, aumento do desemprego e queda de renda. A euforia recente do "milagre econômico" nos anos 1970 dera lugar ao pessimismo.

Com o horizonte incerto, nenhum dos três economistas consultados por Cezar topou o risco de começar um banco do zero. Quando viu Guedes no evento do FMI (a conversa depois incluiria Bromfman), foi direto na abordagem. "Sim, é isso mesmo, gostaria de convidar você para fazermos um negócio juntos." Guedes, que não tinha interesse no mundo empresarial, foi logo recusando o convite. Explicou que gostava da vida acadêmica. Cezar, então, lançou argumentos persuasivos, em tom de provocação. "Você fica por aí dando entrevista para jornais, falando tudo o que vai acontecer, acerta todas, e não ganha nada com isso. Todo mundo te chama para almoço, jantar, conversas com uma porção de gente, você fala tudo o que vai acontecer nos próximos dois anos, as pessoas ganham um dinheirão com isso, e você mesmo continua duro. Por que não abre um negócio conosco, fala pra gente o que vai acontecer, transformamos em dinheiro, e você finalmente também ganha com suas visões?"

Cezar tinha um bom ponto. Nascido no Rio de Janeiro, Paulo Guedes estava em ascensão. Aos 33 anos, tinha uma instrução rara para a época. Formado em economia pela Universidade Federal de Minas Gerais (UFMG), mestre pela FGV e ph.D. pela Universidade de Chicago, havia sido professor da Pontifícia Universidade Católica do Rio de Janeiro (PUC-Rio), da FGV e do Instituto de Matemática Pura e Aplicada (Impa) e era vice-presidente do Instituto Brasileiro de Mercado de Capitais (Ibmec), fundado em 1970. Chamava a atenção por falar sem cerimônias sobre o que vislumbrava para a economia, fazendo previsões que frequentemente se concretizavam.

No entanto, ex-alunos e colegas da PUC-Rio do início dos anos 1980 guardam lembranças nem sempre róseas de Guedes como professor e economista. No mestrado em matemática, costumava faltar às aulas, e as listas de exercícios que passava raramente eram corrigidas. Um grupo de estudantes, liderado pelos melhores da turma, solicitou seu afastamento da disciplina. Quando questionado sobre as ausências, Guedes argumentava que precisava trabalhar em outros lugares por não ter uma posição em tempo integral na universidade — transparecendo certo ressentimento e a sensação de ser incompreendido pelo establishment acadêmico, um traço que o acompanharia ao longo da carreira. Anos mais tarde, o economista Edmar Bacha contestaria a versão de que Guedes não teria tido melhores oportunidades na academia: "Ele nunca nem sequer tentou o tempo integral. Até porque, para isso, precisaria publicar artigos, escrever textos para discussão, e ele não demonstrou disposição". Com o passar do tempo, Guedes adotaria uma retórica combativa contra economistas que ocuparam cargos nos governos de José Sarney e Fernando Henrique Cardoso, especialmente aqueles ligados à PUC-Rio.

O que fez Guedes dizer "sim", mais tarde, à proposta de Cezar foi um conselho de seu ex-professor Mário Henrique Simonsen, um dos mais respeitados economistas brasileiros, que fora ministro da Fazenda no governo Geisel,* ministro do Planejamento no governo Figueiredo** e cofundador e sócio do Banco Bozano, Simonsen, criado por iniciativa do amigo Júlio Bozano, em 1961.*** Ponderando sobre a ideia de Cezar, Guedes recorreu a Simonsen, que lhe respondeu com o que considerava uma receita para o sucesso a longo prazo: "No primeiro terço da vida, dedique-se a adquirir conhecimento, estude muito. Isso você já fez. No segundo terço, busque independência, conforto, fique rico. No último terço, você leva sua experiência para ajudar o país. Faça como os americanos: conhecimento; independência; e ajudar a comunidade. Agora está na hora de buscar a independência financeira". Foi seguindo o mesmo conselho que Guedes alega ter aceitado, décadas depois, ser ministro da Economia no governo de Jair Bolsonaro, entre 2019 e 2022 — o que intensificaria seu embate com os colegas oriundos da PUC, entre eles sua ex-aluna Elena Landau, que seria coordenadora do programa econômico de Simone Tebet quando esta concorreu com Bolsonaro à Presidência, em 2022.

Alguns meses antes da reunião do FMI na qual cruzara com Cezar, em uma palestra para a Anbid, Guedes havia defendido, com seu jeito sincero e despojado, o fim das cartas patentes — autorizações do Banco Central para o funcionamento de instituições financeiras no país. Aquele era um instrumento controverso, que limitava muitas vezes o desenvolvimento do mercado. Quando o BC não emitia novas cartas, valorizavam-se as existentes, que precisavam ser adquiridas por instituições interessadas em entrar no mercado, o que elevava os preços de negociação. Na ocasião, André Jakurski, então diretor-executivo do Unibanco, não gostou do que ouviu e foi tirar satisfações com Guedes.

---

* De 1975 a 1979.
** De março a agosto de 1979.
*** O banco encerrou suas atividades em 2000, depois de ser incorporado ao espanhol Santander.

Como representante de um grande banco comercial, ele não tinha interesse em simplificar a entrada de novos concorrentes. Os dois bateram boca, sem perder o respeito.

Assim como Guedes, Jakurski tinha uma formação impressionante. Graduara-se em engenharia mecânica pela puc-Rio e obtivera, com louvor, um mba pela Harvard Business School, em 1973. Trabalhava havia nove anos no Unibanco, onde fora pioneiro no Brasil na área de leasing,* e passara por diversos setores, até se tornar diretor do banco de investimento e do banco comercial, responsável também por clientes internacionais. Nas horas vagas, como *trader*, comprava e vendia ações na Bolsa, e logo ficou claro que levava jeito — seus resultados eram consistentemente positivos. Era de alguém assim que Cezar precisava para complementar seu time de sócios. E não havia muitos como ele no Brasil.

Cezar e Jakurski também se conheciam da Anbid. O *trader* era uma das pessoas com quem Cezar se aconselhava sobre contratos prestes a fechar, não só devido a seu conhecimento das empresas e seu olhar afiado para ações que tendiam a se valorizar, mas também porque Jakurski era detalhista, "corrigia vírgula, parágrafo, tudo". Para o novo projeto que queria começar, concluiu Cezar, "a gente precisava de alguém assim".

Renato Bromfman havia trabalhado com Jakurski no Unibanco, no Rio de Janeiro. Nascido em Curitiba (pr), deixou a capital fluminense para fazer um mestrado no International Institute for Management Development (imd), na Suíça. Na volta, a família de sua esposa o chamou para trabalhar no Credibanco, e ele se mudou para São Paulo, onde ficava a sede da empresa. Como diretor-executivo, era quem tocava o negócio. Seu papel exigia diplomacia, para transitar entre executivos do Banco Francês e Brasileiro** e os membros da família, com quem compartilhava a gestão. E isso ele tinha de sobra.

---

* Operação que funciona como um aluguel entre duas partes, o proprietário (arrendador) e o arrendatário, que paga uma parcela para uso de um bem durante a vigência do contrato.
** Vendido ao Itaú em 1995.

Pela posição que Bromfman ocupava na instituição, Cezar concluíra que o Credibanco seria o melhor alvo para começar seu negócio. Bromfman era um executivo de confiança da família e podia, em nome dos futuros sócios, negociar a compra da instituição.

Quando voltou de Washington, Cezar fez a proposta a Jakurski. Mas ele não se interessou pela ideia de comprar o Credibanco. Respondeu que só cogitaria um negócio em que tivesse uma fatia expressiva e de cujo comando pudesse participar. Bromfman também declinou da potencial sociedade, pois a família da mulher, inicialmente aberta a uma possível negociação para a venda do banco, voltou atrás e lhe fez uma oferta para permanecer como executivo na empresa, o que ele acabou aceitando. Sua participação acionária em uma nova empreitada com Cezar seria muito pequena, pois o único que teria algum capital relevante para financiar a aquisição de uma companhia era Cezar, após vender suas ações do Garantia. O plano de comprar um banco foi então descartado.

Ainda em setembro de 1983, Cezar comunicou sua saída do negócio que fundara com Lemann. Dois meses depois, ao lado de Guedes e Jakurski, dava entrada nos documentos de uma distribuidora de títulos e valores mobiliários (DTVM), que era a maneira mais simples de começar o novo negócio. O nome escolhido pelo trio de fundadores foi Mutual. Porém, em 30 de dezembro, último dia do ano para registro da instituição, um diretor do Banco Central ligou para Cezar avisando que precisariam de outro nome, pois já havia uma companhia com aquele. Em meio à inflação galopante, se o ano virasse, o capital mínimo para começarem se multiplicaria, o que talvez inviabilizasse a empreitada. Os três então descomplicaram: juntaram "P" de Paulo, "A" de André, "C" de Cezar e mantiveram o mesmo final: tual. Assim nascia a distribuidora de valores mobiliários Pactual, com capital social de 300 mil dólares, distribuídos da seguinte forma: 55% de Cezar, que tinha o controle da empresa (e o objetivo de ir vendendo cotas à medida que novos sócios fossem entrando); 25% de André Jakurski; e 20% de Paulo Guedes. O acordo, proposto por Cezar, é que ele financiaria a metade das ações integralizadas pelos sócios. Estes pagariam o controlador do banco com seus bônus, à medida que a companhia crescesse, seguindo os passos da Goldman Sachs e do Garantia.

"VOCÊS ESTÃO DOIDOS? ISSO NÃO VAI FUNCIONAR"

A primeira sede da Pactual estava localizada no 14º andar do número 71 da rua Sete de Setembro, num edifício estreito no centro do Rio de Janeiro (que também abrigava o escritório de representação da Bovespa), a apenas três quadras do número 52 da avenida Almirante Barroso, onde ficava a sede do Garantia. O espaço era apertado, a ponto de a mesa da secretária ter que ser colocada do lado de fora da sala todo dia quando ela chegava. Eles mantiveram a mesma decoração decadente da empresa anterior, uma distribuidora de valores que havia falido: na única sala de reunião, um sofá sujo com um furo de cigarro; na outra sala, envidraçada como um aquário, ficavam os quatro principais sócios, cada um em uma mesa; e no espaço aberto, uma mesa grande, que seria a mesa de operações. "Era horroroso, mal-ajambrado. Tudo muito mambembe", descreve um ex-sócio. O motivo desse cenário era uma das heranças institucionais do Garantia: manter os custos enxutos, gastando quase nada com o que não fosse prioridade para o negócio funcionar. Mas logo aquele andar ficaria pequeno para a empresa, que alugaria o 15º, depois o 13º, o sétimo e oitavo andares do mesmo prédio.

"O que queremos?" Os sócios improváveis

Antes de assinarem o contrato social da empresa, Cezar convidou os sócios à sua casa, no bairro carioca de São Conrado, para se conhecerem melhor. No jardim, Cezar apresentou aos dois a visão que tinha para o novo negócio: um banco de investimento que, assim como o Garantia, seria baseado no modelo de *partnership* da Goldman Sachs. Em seguida, pôs na mesa um questionário contendo três afirmações. Eram respostas para a pergunta "O que queremos?", que os futuros sócios deveriam hierarquizar segundo suas prioridades. As opções eram: a) ganhar muito dinheiro, enriquecer é nosso maior objetivo; b) atingir a excelência no que fazemos, melhorando todo o tempo; c) nos divertir fazendo o que gostamos. Guedes elencou suas prioridades na ordem inversa à que se apresentaram. Sua conclusão foi: "Nos divertindo fazendo o que gostamos, atingiríamos a excelência e o enriquecimento seria consequência.

Assim, tentaríamos melhorar sempre e dar um sentido construtivo às nossas experiências de vida. Teríamos uma trajetória virtuosa, no sentido grego ou romano; e generosa, no sentido humanista ou cristão".

Cezar seria o CEO da operação, que começou, de fato, a funcionar a partir de março de 1984 (três meses depois de ser fundada). Concebera o negócio, mas não cuidava de nenhuma área específica e vivia circulando, dentro e fora do banco, conversando com pessoas do mercado, identificando tendências e trazendo as ideias para dentro de casa. Entrevistava os novos funcionários — em sua maioria jovens bem formados, como no Garantia —, preocupado em transmitir a cultura da *partnership*; valorizava a área administrativa, que considerava fundamental para a empresa; e concedia entrevistas à imprensa. Nos fins de semana, recebia os sócios em sua casa para discutirem os próximos passos do negócio.

Durante os primeiros anos de empresa, Cezar foi sem dúvida um empreendedor. A ideia de criar um banco tinha nascido contaminada pelo sentimento de rejeição que o acompanhara nos últimos anos no Garantia e, ao mesmo tempo, pelo desejo de emular o sucesso de Jorge Paulo Lemann. Tinha "sangue nos olhos", e costumava dizer que a empresa deveria parecer bem maior do que era para poder crescer — deixando a equipe constrangida ao ter que inflar os números para a imprensa e os próprios clientes.

Cezar não tinha formação acadêmica sólida nem era delicado no trato com as pessoas. Paulo Bilyk, ex-sócio que seria contratado por ele no início dos anos 1990, o define como alguém com "uma capacidade fabulosa de entender o mundo sem falar inglês. Um homem que passava a sensação de um quase caipira, porque era muito simples de alma, uma pessoa muito boa". Ao mesmo tempo, tinha "uma sensibilidade para o mundo muito à frente de seu tempo". Nunca se destacara por habilidades técnicas, pela escrita ou por operações matemáticas. Sua sabedoria consistia em, de modo consciente ou intuitivo, reconhecer os próprios limites e buscar sócios que os complementassem. Seus pontos fortes eram o faro, o instinto, a coragem de agir antes mesmo de entender o que fazia — de ver algo que ainda não era realidade e acreditar no que via, e convencer outras pessoas a apostarem alto com ele. Talvez tenha sido este seu maior legado para o futuro da empresa:

amealhar o time inicial, que imprimiria suas marcas num modelo de cultura e gestão autêntico e bem-sucedido a longo prazo.

Os sócios escolhidos por Cezar, ao contrário dele, eram reconhecidos pela consistente formação acadêmica e pelas especialidades técnicas. Paulo Guedes nunca esqueceria uma frase estampada em um estojo escolar que ganhara do pai na infância: "O estudo é a luz da vida". Nos primeiros anos da Pactual, era comum vê-lo falar com os jovens recém-chegados como se palestrasse. Por volta das cinco da tarde, quando o mercado de capitais encerrava suas operações, as pessoas iam se aglomerando em volta dele. Guedes fazia previsões, análises, proferia frases de efeito. Havia uma poética e um ar de pregação em seus discursos informais.

André Jakurski, ao contrário de Guedes, sempre foi conhecido por jogar sozinho. Era uma figura peculiar, que almoçava a mesma coisa todo dia (linguado com legumes), não sorria ou puxava assunto com as pessoas ao redor e, quando solicitado, muitas vezes respondia com aspereza. Era duro nas críticas, inspirando medo nos mais jovens. Em compensação, sua capacidade técnica sempre despertou admiração. Era famoso por corrigir detalhes de números e textos, até mesmo a pontuação nos relatórios desenvolvidos pela equipe, assim como fazia com os contratos. Acompanhava sempre o que ocorria no exterior, por meio de um Telex que emitia uma tira de papel contínua com as informações fornecidas pelas agências de notícias. Num período pré-globalização, estava sempre inteirado do cenário internacional. As operações que fazia eram recorrentemente bem-sucedidas. Porém, os que faziam parte de seu time na mesa de operações o consideravam centralizador, e a convivência era difícil, como se não fossem integrantes do mesmo grupo. Conversavam, trocavam visões sobre o cenário e a tendência das ações, mas depois cada um fazia as apostas que quisesse no mercado de capitais. As compras e vendas de papéis ficavam registradas em nome de quem executou, e tinham influência direta no bônus individual distribuído a cada semestre. Não havia um resultado do grupo.

Jakurski ficou responsável pela mesa de operações e tesouraria — o que, naquele início, era praticamente a mesma área, já que a compra e a venda de ações eram feitas com o patrimônio dos sócios. Ainda não havia clientes para gestão de recursos. Jakurski estava acostumado a operar para si e logo se destacaria nas operações que fazia, revelando uma preferência e um talento por investimentos de curto prazo. Ele e Guedes trocavam muitas ideias, e se tornaram grandes amigos. Guedes previa acontecimentos ou direções, e Jakurski transformava a visão do sócio em decisões de compra e venda de títulos públicos no mercado aberto e ações de empresas na Bolsa, gerando receita para a Pactual.

Logo que a empresa começou a operar, em março de 1984, Renato Bromfman estava pronto para deixar o banco da família e empreender com o trio. Teve o apoio da esposa para trocar o emprego seguro por uma sociedade que lhe daria apenas um quinto da antiga remuneração. Tornou-se, assim, o quarto sócio da Pactual, com 15% de participação. Foi o mais conservador dos quatro: adquiriu apenas 7,5% com seus fundos, e teve o restante financiado por Cezar, assim como os demais. Cezar passou a deter, então, 40% e o controle do capital votante. Com sua experiência em uma grande corporação e no relacionamento com os clientes, Bromfman ficou responsável pelo que inicialmente chamavam de *advisory* e mais tarde evoluiria para uma área comercial. Na prática, aproveitava o trânsito entre grandes bancos e companhias para oferecer operações inovadoras que viriam a idealizar. Bromfman, por outro lado, fazia um contraponto ao despojamento de Cezar, com seu ar refinado e cordial no trato com as pessoas. Com o passar dos anos, as diferenças de personalidade começariam a gerar atrito entre eles, sobretudo do ponto de vista de Cezar, que se indisporia com Bromfman no futuro.

Nesse início, a Pactual teria ainda mais um sócio: o advogado Caio Aragão, que mais tarde seria diretor superintendente da empresa norte-americana Xerox no Brasil. Na época, ele atendia Cezar pessoalmente; o banqueiro considerava importante ter um jurista na equipe para avaliar o aspecto legal de suas ideias arrojadas, em um mercado ainda pouco explorado e cheio de zonas cinzentas. Sua passagem, no entanto, não durou mais que algumas semanas.

Embora com perfis diferentes e, em alguns aspectos, opostos, todos os sócios dessa primeira fase da Pactual tinham em comum uma abordagem objetiva dos temas, evitando rodeios, sem se preocupar com a possibilidade de ofender alguém. Eram diretos e, em alguns casos, rudes. Falavam palavrão com frequência. Aragão, porém, tinha um jeito formal e não gostava de embates calorosos. Em uma das primeiras reuniões, chamou a atenção para um detalhe legal que irritou André Jakurski. "Ah, Caio, vá à merda, não enche o saco", teria dito o *trader*. "Olha, assim, nesse ambiente, eu não fico. Se não me respeitar, eu saio", respondeu Caio. "Então sai, porra. Você é muito enrolado, já sai tarde", retrucou Jakurski. Aragão se levantou, saiu da reunião — e da empresa —, mas a reunião prosseguiu. O advogado continuaria atendendo alguns sócios em assuntos pessoais.

Dólar, ouro e pagamento da dívida externa

Os anos 1980 foram marcados no Brasil por planos econômicos que buscavam combater a inflação galopante no governo do presidente José Sarney: Plano Cruzado, em 1986; Plano Bresser, em 1987; e Plano Verão, em 1989, sempre com o protagonismo de seus ministros da Fazenda — respectivamente Dilson Funaro, Luiz Carlos Bresser-Pereira e Maílson da Nóbrega. As medidas propostas já não eram apenas aquelas ortodoxas, recomendadas pelo Fundo Monetário Internacional (como redução de despesas do Estado, redução e controle da quantidade de moeda em circulação, liberação de preços, taxa de juros e de câmbio). Medidas heterodoxas entraram no cardápio, como congelar os preços, manter baixa a taxa básica da economia (Selic) e também a de juros e congelar o câmbio. Havia uma convicção, entre os especialistas, de que a inflação era inercial, ou seja, de que muitos preços na economia brasileira embutiam um grau de indexação, reproduzindo a inflação passada. Assim, para interromper o ciclo, bastaria quebrar a inércia, congelando câmbio e preços. Embora no início da implementação de cada plano efeitos positivos fossem observados, logo a inflação voltava a subir — a cada tentativa, as vantagens eram cada vez mais efêmeras.

Nesse contexto, ao menos de início, os sócios da Pactual atuavam bastante em conjunto. Havia uma divisão de papéis e responsabilidades de acordo com o perfil e a experiência de cada um, mas na prática todos se uniam para encontrar fontes de receita para a empresa. A saída encontrada foi formular operações criativas e arrojadas demais para os grandes bancos. Os sócios visitavam companhias e instituições financeiras, ouviam suas dores e, de volta ao escritório, debruçavam-se sobre elas tentando identificar soluções inovadoras.

Uma das primeiras sacadas surgiu depois de uma visita dos sócios a Alcides Tápias, vice-presidente do Bradesco e muito amigo de Cezar. Os recém-fundadores da Pactual começaram a conversa dizendo que gostariam de saber como ele poderia ajudá-los naqueles primeiros passos. "Olha, não sei como posso ajudar vocês", disse. Mas durante a conversa logo surgiu um tema que chamou a atenção dos garotos: a linha de financiamento Regir, concedida pelo Banco Nacional da Habitação (BNH) a clientes do Bradesco que atuassem no setor de construção. O banco costumava oferecê-la para pequenos fabricantes do setor, como os de tijolo, portas ou carrinhos que levam material de construção numa obra. Os empréstimos eram geralmente baixos, na casa dos 80 mil dólares.

Tápias disse que eles não poderiam falar em nome do Bradesco, mas ganhariam uma comissão se encontrassem clientes do banco que se interessassem em tomar o empréstimo. O Bradesco não tinha nada a perder, e a Pactual tinha muito a ganhar. Ao sair de lá, os sócios bateram cabeça, até surgir uma ideia: e se oferecessem a oportunidade para gigantes do setor de construção? Era o tipo de iniciativa que pode soar óbvia depois de posta em ação, mas que estava fora do radar do Bradesco. Deu certo. Entre os grandes clientes que usaram o financiamento do BNH estavam duas gigantes produtoras de alumínio, a norte-americana Alcoa e a brasileira Alcan, que tomaram empréstimos de aproximadamente 5 milhões de dólares cada a taxas muito mais baixas do que aquelas com as quais estavam habituadas. Os acordos eram informais, sem documentos assinados, porque, como as empresas eram muito grandes, e a Pactual, em comparação, muito pequena, a burocracia não compensava: levaria tempo demais para que os executivos conseguissem cumprir todos os protocolos necessários para formalizar os financiamentos. Era mais fácil seguir sem contrato. A maioria dos clientes cumpria a palavra, mas certa vez uma companhia sueca deu o calote, e a empresa ficou sem a comissão.

Foi transitando entre grandes empresas de outros setores que os sócios da Pactual tiveram a ideia que ajudou o Banco Central a pagar parte da dívida externa brasileira. Em meio à crise econômica, o BC não tinha dinheiro para honrar seus compromissos com outros países, o que afetava as empresas brasileiras que haviam concedido empréstimo em dólar, ou que precisavam receber o pagamento de outra instituição. Por exemplo: quando um banco que tivesse financiado o projeto de uma companhia fosse cobrar o montante, não bastava a empresa ter dólar em caixa para quitar a dívida. A transação teria de passar pelo Banco Central, que travava o dinheiro por não ter dólar para repassar. A promessa, nesses casos, era a de que, quando a situação do país melhorasse, essas contas seriam renegociadas e pagas, provavelmente abaixo do que valiam no vencimento. De início os sócios da Pactual passaram a intermediar operações entre empresas que queriam pagar suas dívidas e outras que queriam investir comprando dólar no mercado paralelo — o que, na época, era tratado com normalidade, com a cotação comentada até no *Jornal Nacional*, da Rede Globo. Isso porque o teto para a compra de dólar comercial era baixo, o que incentivava a compra no mercado desregulado em diversas situações.*

Nesses casos, as operações eram simples: se um banco brasileiro devia para um banco com sede nos Estados Unidos, e tivesse o dinheiro, em cruzeiros (moeda corrente na época), para pagar, a Pactual comprava a dívida, tomava o dinheiro em cruzeiros, comprava dólar no mercado paralelo a um valor mais baixo que o do empréstimo e quitava a dívida no exterior, ficando com o ágio (prêmio obtido na troca de um valor para o outro). Logo os sócios da Pactual começaram a intermediar negócios mais robustos, sem precisar recorrer à compra e venda de dólar. Grandes empresas e bancos internacionais com valores a receber do Brasil e que esbarravam na falta interna de dólar, querendo se livrar do imbróglio,

---

* Segundo uma história conhecida no mercado, o próprio economista Mário Henrique Simonsen, quando era ministro da Fazenda nos anos 1970, teve que comprar dólar no mercado paralelo para pagar o hotel em que se hospedaria no exterior, já que o limite do dólar comercial não era suficiente para financiar as diárias.

aceitavam receber parte do pagamento (por exemplo, 70%) financiada por outra empresa que, dentro do Brasil, estivesse disposta a comprar a dívida em cruzeiros. A Pactual ficava com uma comissão por intermediar a negociação, e a dívida no exterior estava liquidada. "O Banco Central chegou a quitar cerca de 8 bilhões de dólares da dívida externa com essas operações", teria comentado mais tarde Renato Bromfman.

Do mesmo modo, uma fabricante de papel e celulose recorreu à Pactual para resolver um problema: a empresa precisava investir em um escritório fora do Brasil, mas não conseguia comprar dólar para viabilizar o negócio. Os sócios passaram dias pensando em como resolver o impasse, em reuniões que iam e vinham, ora formais, ora improvisadas. Até que surgiu a ideia de levar ouro para o BC e, em troca, a instituição fornecer os dólares direto no exterior. O BC levou quase três semanas para responder se autorizaria ou não o acordo. Enquanto isso, o pessoal da Pactual argumentava que não havia nada a perder com a concessão. O Brasil e as empresas sairiam ganhando. Então os diretores do BC concordaram. Bromfman, Cezar e o diretor financeiro da fabricante de papel partiram em um avião privativo, levando o ouro e seu certificado, para o Banco Central, em Brasília. Em troca, a Pactual foi remunerada com uma comissão pelo negócio.

Em ambos os casos — a venda de dívidas de uma empresa a outra e a troca de ouro por dólar —, a Pactual redigiu propostas de minutas para as resoluções do Banco Central, que foram aceitas com poucos ajustes.

A empresa foi pioneira nessas iniciativas. Em todas as primeiras abordagens para propor as operações aos grandes bancos, a reação era de espanto. "Estão doidos? Nem pensar." "Vocês não vão conseguir fazer isso nunca." "Não vai funcionar." Mas, à medida que se familiarizavam com as iniciativas, eles mesmos passaram a realizá-las sem incluir a Pactual nas negociações. Prova de que eram não só arrojadas, mas visionárias.

As apostas certeiras de Guedes-Jakurski

As operações com grandes bancos e empresas foram fundamentais para garantir a receita inicial da empresa, mas logo foi preciso buscar novos negócios. Saltos relevantes no patrimônio seriam dados a partir de 1986, dois anos depois da fundação da Pactual, dada a antevisão de Paulo Guedes sobre o fracasso dos planos econômicos. Guedes fazia leituras macroeconômicas tão precisas, alardeando nos veículos de imprensa e em encontros com pessoas do mercado, que ganhou o apelido de "Beato Salu", o vaqueiro místico da novela *Roque Santeiro** que dava conselhos e anunciava o fim do mundo. Décadas mais tarde, ele admite que os exemplos exagerados "que usava como recurso pedagógico" às vezes soavam como arrogância e arroubos juvenis.

A vantagem de Guedes era observar os indicadores econômicos com distanciamento do governo, a partir de um conhecimento teórico profundo ("durante dez anos, fui um estudante em tempo integral, li Keynes** no original e tudo o mais que tinha para ler") que o ajudava a entender os agentes globais da economia e seus impactos. Com base em suas análises, ele e os sócios foram elaborando saídas criativas para proteger o patrimônio da Pactual. Apesar de a empresa ter ficado conhecida por operações agressivas e iniciativas inéditas e arrojadas, havia nessas experimentações a busca prioritária por manter os pés no chão e se proteger de riscos desnecessários. Mais tarde, a mesma receita (fama de agressividade e conservadorismo na prática) continuaria a fazer parte da política de riscos do BTG Pactual.

Ao perseguir formas inovadoras de proteger o então tímido patrimônio — em relação ao do Garantia, por exemplo, então incomparavelmente maior que o da Pactual —, a empresa teve um crescimento exponencial, com destaque para dois momentos em que dobrou de tamanho: durante o Plano Cruzado, em 1986, e no Plano Verão, em 1989. As "pancadas" (ganhos expressivos, no linguajar do mercado) foram consequência de operações de renda fixa com taxas pré e pós-fixadas, de acordo com as projeções que Guedes fazia para inflação, juros e câmbio.

---

* A novela foi transmitida entre os anos 1985 e 1986, pela Rede Globo. Depois de ter o filho dado como morto, o personagem do Beato Salu construiu um casebre, onde recebia peregrinos em busca de conselhos e adivinhações.
** O economista britânico liberal John Maynard Keynes.

O *trading* ganhou protagonismo na empresa com as operações de renda fixa que a união dos talentos de Guedes e Jakurski permitiu. A estratégia era apostar na contramão das políticas heterodoxas adotadas em todos os planos econômicos dos anos 1980. Para Guedes, tentar controlar a situação por meio de preços ou câmbio era apenas um paliativo — tanto que criticou o Plano Cruzado* por ser uma mera "anestesia", incapaz de combater o desequilíbrio nas contas públicas. Para resolver a inflação, Guedes defendia reduzir o tamanho do Estado e as despesas do governo, ancorado na visão liberal dos Chicago Boys, como eram conhecidos os economistas formados na Universidade de Chicago.

Guedes indicava a direção dos investimentos a partir de suas leituras do cenário macroeconômico. Quando havia perspectiva de congelamento de preços, e a tendência era a inflação cair no curto prazo, a estratégia da Pactual era emprestar dinheiro a uma tarifa de juros prefixada e tomar empréstimo a uma taxa pós-fixada. Quando surgiam os sinais de que a inflação voltaria a subir, a lógica era invertida. O mesmo valia para apostas ligadas à desvalorização do câmbio. O difícil era acertar os timings — e era nesse contexto que se destacava a associação Guedes-Jakurski.

A mesa operava principalmente o dinheiro dos sócios. Aos poucos, porém, a Pactual foi atraindo recursos de clientes que queriam investimentos que espelhassem a estratégia proprietária. Nesse período, ainda não existia o que o mercado viria a chamar de *"Chinese wall"*. Trata-se de resolução do Banco Central que, a partir de 1997, estabeleceria "a segregação da administração de recursos de terceiros das demais atividades da instituição" autorizada a funcionar pelo Banco Central. Os clientes queriam justamente o contrário: que fosse aplicada aos seus

---

* O Plano Cruzado foi inspirado no modelo israelense de 1985, que combinava congelamento breve (três meses) com forte ajuste fiscal. Persio Arida, um dos formuladores do plano brasileiro, afirmou anos mais tarde que o congelamento no Brasil se estendeu além do planejado devido às eleições. Diferentemente de Israel, que zerou um déficit de 18,4% do PIB, manteve juros reais elevados (125% a.a.), reduziu salários reais (15%) e controlou crédito e liquidez, o Brasil adotou uma estratégia expansionista, sem o necessário ajuste fiscal que caracterizou o sucesso do modelo original.

investimentos a mesma estratégia vencedora que aumentava o patrimônio da Pactual.

Até o final da década de 1980, a Pactual tinha apenas algumas dezenas de clientes. Um deles, porém, se destacava. O bilionário George Soros, investidor e filantropo, conheceu Paulo Guedes durante uma apresentação sobre o Brasil em Nova York em que, dentre os palestrantes ligados ao governo Sarney, o economista da Pactual fora o único a fazer previsões negativas sobre o futuro próximo do país. "O Brasil está indo para a hiperinflação. Se investir lá, você vai perder dinheiro", afirmou. Aquilo chamou a atenção do investidor, que meses mais tarde telefonou à empresa querendo falar com ele. Guedes, então, o apresentou a Jakurski, que passou a administrar a carteira de Soros no Brasil.

Nos três primeiros anos, o lucro da Pactual era dividido igualmente entre os quatro sócios: 25% para cada um. No terceiro ano, porém, Jakurski levantou a discussão em favor da distribuição desproporcional, de acordo com o desempenho de cada um. Guedes, então, fez questão de ter uma área formal sob sua liderança: operações de renda fixa, que passou a ser segregada da mesa de operações de renda variável, sob o comando de Jakurski. Ambas as mudanças foram feitas. A partir do final dos anos 1980, mais de 90% do lucro da empresa seria gerado pela renda fixa, que na década seguinte passaria a formar aqueles que se tornariam as principais lideranças no futuro do banco.

"Tem lugar para dormir?"

Entre os primeiros contratados para a mesa de operação estavam José Elias Abeid, que viera praticamente junto com os fundadores e era o braço direito de Guedes, e Marcos Pinheiro, que chegou em agosto de 1984. Abeid trabalhara com Jakurski no Unibanco e, antes de o ex-diretor deixar a instituição, foi convidado por ele para ingressar na distribuidora de valores que estava montando com Cezar. Aos 29 anos, ainda sem filhos, Abeid "deu fechado" na hora, sem saber as condições. Logo ficaria claro que não havia condições de saber, pois tudo seria criado do zero, uma realidade muito diferente daquela a que ele estava acostumado. Quase um ano depois de sua chegada, começou a pressionar os sócios seniores para participar da *partnership*. Era a promessa, e ele julgava que chegara sua hora. Foi, assim, o primeiro funcionário a conquistar uma fatia acionária da Pactual.

Foi Abeid quem entrevistou Marcos Pinheiro. Este quase não aceitou a proposta: a remuneração era três vezes menor do que a recebida de outra empresa maior (500 mil cruzeiros contra 1,5 milhão por mês). Mas seu pai sugeriu que não tomasse uma decisão sem antes falar com um amigo do mercado. Tratava-se de um inglês que, com sotaque carregado, aconselhou: "Marcos, deixa eu te falar uma coisa: 1,5 milhão é porra nenhuma; 500 mil é um terço de porra nenhuma. Seu pai te dá dinheiro para comer? Você tem lugar para dormir? Então, não se preocupe com salário agora, entendeu?". Ele só entenderia mesmo no dia seguinte, quando ligou para André Jakurski e disse que queria conversar. Então ouviu: "Não tenho tempo para conversar. Você vai começar aqui ou não vai? Se vai, segunda-feira apareça", e desligou o telefone.

Embora a receita da empresa entrasse sobretudo pela área operacional, desde o início Cezar dedicava atenção à área administrativa, que passaria a ser uma porta de entrada para futuros funcionários. Estes precisavam galgar o caminho até a mesa de operações, onde estavam as maiores chances de ganhos financeiros fora da curva. Cezar acreditava que, para construir um negócio grande, precisaria de uma infraestrutura robusta, o que envolvia, principalmente, controles financeiros e jurídicos (mais tarde isso se revelaria uma ironia, considerando a má gestão de seus recursos pessoais). Entre os funcionários, ele valorizava mais as relações de confiança do que a competência, tanto que, ao fundar a Pactual, levou consigo pessoas de nível gerencial do Garantia e do Bradesco para cuidarem da contabilidade.

O primeiro profissional sênior a chegar de fora foi Marcio Fainziliber, que também trabalhava com Jakurski no Unibanco. Foi convidado pelo colega logo que o negócio foi fundado, mas levou quase um ano para criar coragem de se arriscar. Entrou já como sócio, para tocar a área administrativa, que não era a especialidade de nenhum dos outros sócios — todos com experiência na linha de frente de bancos. Era, por isso, uma área cheia de problemas e oportunidades de melhoria. Em

1990, Fainziliber migraria para a área *corporate* da empresa, em busca de novas frentes de atuação, como fusões, aquisições e reestruturação de dívidas, no Brasil e no exterior, sendo substituído na liderança do setor administrativo pelo jovem Eduardo Plass.

O encontro de Cezar com o engenheiro gaúcho fora inusitado. Cezar deixava o escritório da Camargo Corrêa, em São Paulo, e tentava encontrar um táxi em meio a uma tempestade, em vão. De repente viu Plass saindo da construtora, onde trabalhava, e entrando em seu carro. Cezar o parou e perguntou para onde ia. "Vou para casa", respondeu o garoto. O fundador da Pactual pediu uma carona até o ponto de táxi mais próximo, que se estendeu até o aeroporto de Congonhas — estava indo para casa, no Rio de Janeiro. No caminho, Cezar descobriu que Plass trabalhava diretamente com Sebastião Camargo, fundador da construtora, fazendo controle gerencial. Na hora, se interessou pelo perfil do rapaz. Marcaram uma conversa, e Plass foi trabalhar na Pactual.

Do ponto de vista técnico, é indiscutível que Plass elevou os controles da empresa a outro patamar. Do ponto de vista relacional, no entanto, estava longe de ser uma unanimidade. Alguns ex-sócios se referem a ele usando palavras como "correto" e "ético", enquanto outros o acusam de encobrir os problemas financeiros que Cezar viria a enfrentar. Entre aqueles que tinham sua confiança, ele era o principal.

"Um jogo arriscado colocado em marcha"

Em 1987, a Pactual deu um passo importante em sua história: passou a ser *o* Pactual. Desde o início da operação, Cezar insistia em comprar uma carta patente do Banco Central. Os pedidos, porém, eram sucessivamente negados pelo diretor estatutário do BC Luiz Carlos Mendonça de Barros, o que era interpretado pelos sócios como represália às declarações ácidas de Guedes contra as medidas econômicas do governo Sarney. Até que, durante uma licença médica do diretor, conseguiram a concessão, tornando-se um banco de investimentos.

Um ano depois, em 1988, nem precisariam mais da carta. A concessão seria extinta durante a reforma bancária, que permitiria também a criação dos bancos múltiplos, liberando a operação de bancos comerciais e de investimento numa mesma instituição financeira. O Pactual agora fazia parte desse grupo, o que abria a possibilidade de expansão em novas frentes.

A segunda metade da década de 1980 no Brasil foi marcada pela modernização do mercado de capitais. Além da reforma bancária, dois outros acontecimentos contribuíram para o avanço. O principal deles foi a inauguração, em 31 de janeiro de 1986, da Bolsa Mercantil e de Futuros (BM&F), que contemplava as negociações de contratos futuros de commodities, moedas, ouro e juros. Com o novo agente, a Bovespa ampliou as possibilidades de operações, com produtos financeiros mais sofisticados. Para projetar preços com base em índices futuros para os produtos, era preciso fazer contas mais avançadas do que se fazia na compra e venda de títulos do mercado aberto. No mesmo ano começou a funcionar a Cetip, instituição responsável pelos registros de operações, custódia e liquidação para ativos de renda fixa. Aos poucos, o mercado nacional ganhava complexidade e regras mais claras.

O próximo episódio, ao contrário dos anteriores, não se referia a um amadurecimento da regulamentação do mercado. Foi um tombo causado por um golpe na Bolsa de Valores do Rio de Janeiro, de autoria do empresário libanês Naji Nahas, que já tinha histórico de manipulação do mercado. Nos Estados Unidos, ele fora condenado a pagar uma multa de 250 mil dólares, em 1986, sob acusação de ser testa de ferro de investidores árabes, numa tentativa de influenciar os preços da prata na Bolsa de Commodities de Nova York. No Brasil, em 1982, ele havia comprado grande quantidade de ações da Petrobras sem fundos equivalentes. Foi salvo pelo parceiro, o Banco Société Générale, mas teve que sair do mercado por um tempo. Retornou e voltou a fazer operações vultosas — agora com foco em opções de compra da Vale do Rio Doce, ainda uma estatal na época —, em 1988.

Opções são instrumentos negociados no mercado financeiro que dão ao seu titular, por contrato, o direito de comprar ou vender um ativo por um valor determinado em uma data específica do futuro. Se ele crê que a ação irá se valorizar, a opção de compra é vantajosa porque, caso isso ocorra, ele compra a ação e já a revende pelo preço daquele momento; se o detentor crê na desvalorização, a opção de venda permite, mais tarde, a recompra das ações por um valor menor. Em fevereiro de 1989, no dia do vencimento das opções, Nahas apostou na alta e, com o valor das ações subindo, exerceu a opção, mas usando recursos de terceiros.

Nahas fez isso por meio de uma operação de adiantamento de recursos a receber (ou D-0). Nela, o detentor de algum título o vende e, em vez de esperar o prazo da época, de cinco dias para receber, antecipa o ganho, mediante um desconto. O credor dessa operação — bancos que a financiam — depois recebe o valor da venda, lucrando no processo. Tal operação era vista com desconfiança, houve alertas e críticas nos veículos de imprensa. Uma reportagem no *Jornal do Brasil* em 10 de março de 1989 chamava tal manobra de "extremamente especulativa", "jogo arriscado colocado em marcha" e "pirâmide". Mas ela foi autorizada pela Bolsa do Rio em julho de 1988 para atrair mais recursos em sua competição com a Bolsa paulista.

Especuladores viram uma possibilidade, comprando ações e opções sem a necessidade de ter recursos em mãos. Executivos do Citibank abordaram os sócios do Pactual para que eles entrassem na operação, financiando compras de opções da Vale, mas eles recusaram, farejando o problema. O esquema era potencializado por outra operação atribuída a Nahas: ele fazia negócios consigo mesmo por meio de laranjas e corretores, inflando as cotações artificialmente — as chamadas operações "Zé com Zé". Na ocasião, a maioria dos vendedores de títulos envolvidos estava descoberta — posição em que o investidor aposta na queda de preço do ativo para, na data de exercer a opção, recomprá-lo a um preço menor. Como as ações da Vale subiram, eles tiveram prejuízo — com supostamente Nahas lucrando; na verdade, ele operava com recursos de terceiros.

Na data seguinte para exercer opções, em junho de 1989, 96% das opções estavam cobertas — quando o vendedor das opções de compra se protege da alta de preço definindo um preço máximo limite pelo qual venderá as ações. Assim, para seguir com sua operação de especulação, Nahas teria que desembolsar 150 milhões de dólares. Com muitos bancos negando empréstimos a ele, cheques que haviam sido emitidos acabaram sem fundos. Quando se soube disso, o pânico se generalizou, dado o grande número de atores envolvidos na intrincada operação de Nahas — corretoras, bancos e detentores de ações. As corretoras responsáveis pelas operações de Nahas acabaram tendo que arcar com a dívida das operações sem fundos. Em São Paulo, a Bovespa, que havia confiscado a carteira de ações de Nahas, conseguiu atenuar os prejuízos. No Rio de Janeiro, as garantias eram quase nulas, e a consequência foi a quebra total da Bolsa.

No dia seguinte à revelação do escândalo, as bolsas brasileiras não abriram. Depois, quando retornaram, as ações negociadas perderam um terço do valor. A Bolsa do Rio, a mais antiga em operação no país, não se recuperou, ficando com um volume muito pequeno de negócios. Acabaria sendo extinta em 2002.

São Paulo começava a se tornar o principal centro financeiro do Brasil.

Minicomputadores e oitocentos currículos

O ano de 1989 foi movimentado também dentro do Pactual. Cezar fez questão de comprar dez minicomputadores, recém-lançados pela Itautec (então fabricante de equipamentos de TI do Itaú), que de mini só tinham o nome. Os sócios foram contra aquele investimento todo — cerca de 20 mil dólares da época, no total —, insistindo que não precisavam de mais que uma daquelas máquinas que mal sabiam operar. Mas a visão do fundador do banco era a de que, em pouco tempo, haveria um computador diante de cada pessoa nas empresas. Na década seguinte, o Pactual seria a primeira empresa a comprar celulares no Rio de Janeiro, um "tijolão" para cada diretor.

Com a missão de criar uma área de informática mais robusta para dar suporte às operações do banco, em fevereiro de 1989 foi contratado Jorge Bannitz, um profissional formado em engenharia na PUC-Rio com passagens pelo Garantia, onde o suporte de tecnologia já estava mais estruturado. No início de junho do mesmo ano, Bannitz convidou, para se juntar ao time do Pactual, João Emílio Ribeiro Neto, com quem trabalhara no início da carreira na consultoria Arthur Andersen, que depois passaria a se chamar Accenture.

Ao longo do segundo semestre, Bannitz e João Emílio fizeram um projeto para a área e apresentaram um orçamento de 50 mil dólares para os sócios fundadores. Era muito dinheiro para o tamanho do banco. A reação foi de espanto, e João Emílio achou que seria demitido. Mas o planejamento acabou aprovado. A primeira medida dos dois, então, foi um anúncio no jornal para atrair jovens analistas de sistemas e engenheiros de rede. Cerca de oitocentos currículos chegaram. Cada um com sua pilha, a dupla se dividiu na tarefa de avaliá-los e em seguida realizar as dezenas de entrevistas com os pré-selecionados. Sobre um candidato em especial, João Emílio concluiu que seria importante ter uma segunda opinião, e pediu que Bannitz também falasse com ele. Era um garoto de 21 anos que cursava matemática, com especialidade em computação, na Universidade Federal do Rio de Janeiro (UFRJ). Chamava-se André Santos Esteves.

3
"Meu filho, você vai acreditar em banqueiro?"

"EU PENSAVA: DEVE SER LEGAL TRABALHAR DE TERNO no centro da cidade. Um glamour, aquelas pessoas correndo de um lado para outro, as moças arrumadas. Eu tinha um amor platônico por tudo aquilo, mesmo sem saber direito o que significava." O contato de Esteves com aquele universo se resumia, na infância, a idas esporádicas de metrô à região onde ficava a Bolsa de Valores, acompanhando sua avó, Abeliz, e, aos quinze anos, quando pediu ao padrasto, Luiz, para ir com ele comprar ações de algumas empresas, com "as migalhas" de dinheiro que havia juntado. Leitor assíduo de jornal desde cedo — influência da mãe, Tania, uma professora universitária de psicologia da educação que vivia ressaltando a importância do conhecimento —, Esteves acompanhava as cotações da Bolsa e o caderno de empregos, e constatara que era no mercado financeiro que se concentravam as mais promissoras oportunidades de trabalho. Mas ainda não tinha ideia do que faziam na prática aquelas pessoas que andavam arrumadas e apressadas pelo centro do Rio.

Esteves cursava computação, curso que escolhera pensando nas oportunidades da área de informática, que via serem cada vez mais numerosas nos classificados do jornal. Logo que ingressou na faculdade, participou de um concurso interno e começou a trabalhar no Núcleo de Computação Eletrônica (NCE) da UFRJ, que fazia processamento de dados, pesquisas no campo computacional e prestava serviços para terceiros — como a correção do vestibular da Fundação Cesgranrio, projeto pelo qual Esteves ficou responsável. Mas não via ali perspectivas a longo prazo: o emprego era provisório, só para deixar de ser um "peso" para a mãe e a avó, que trabalhavam à exaustão para pagar as contas. Até que um dia, folheando o jornal como sempre, um anúncio chamou sua atenção: BANCO DE INVESTIMENTO PROCURA JOVENS TALENTOSOS, NAS ÁREAS DE ENGENHARIA E INFORMÁTICA, QUE QUEIRAM CRESCER NA CARREIRA. Bingo.

Seu repertório social, porém, era restrito. Esteves convivia basicamente com os colegas de curso, os vizinhos da Tijuca, bairro de classe média onde crescera, e com os parentes. Sua mãe e um primo dela tinham sido a primeira geração da família a concluir o ensino superior. Seu pai formara-se contador e, mais tarde, se lançara em alguns negócios, mas vivia altos e baixos, sempre em uma situação financeira difícil. Em 1989, Esteves nunca havia usado um terno na vida, tampouco sabia dar um nó de gravata, mas tinha em mente o que era a imagem do poder e do glamour. Vestiu sua melhor roupa (a calça social que usava para sair à noite e uma camisa de botões) e foi para a entrevista no Pactual.

Qual não foi sua decepção ao ser recebido por João Emílio no escritório do banco. Com exceção do terno deste, todo o resto lhe transmitia o oposto do glamour que esperava encontrar. O lugar era apertado, a mesa da secretária estava improvisada no hall, o sofá tinha um furo de cigarro. Chegou a pensar que ali praticavam algum tipo de contravenção, mas a má impressão se dissipou quando a conversa começou.

Imediatamente foi seduzido pelo discurso da meritocracia. Esteves estivera sempre entre os melhores alunos da classe e os primeiros colocados nas provas que fazia (foi assim nos concursos que prestou para escolas militares, no vestibular da PUC-Rio e na própria UFRJ). Aprendia com facilidade e gostava de estudar. Ser remunerado pelo que já fazia parecia o cenário perfeito. "Vi pessoas um pouco mais velhas do que eu, de boas universidades, com boas carreiras, falando tudo o que eu achava ideal de ser falado: 'Você cresce apenas pelo seu talento', 'a gente trabalha em time', 'você ganha bônus de acordo com o seu desempenho'." Ao final da entrevista, concluiu que o lugar era de fato "meio feiinho, mas deviam ser só as circunstâncias". Queria muito fazer parte daquele grupo.

Esteves voltou ao banco para falar com Jorge Bannitz, como João Emílio havia sugerido. Durante as duas horas de entrevista, o garoto se mexeu sem parar, deixando transparecer sua agitação peculiar, puxando a todo momento a gola da camisa, que parecia sufocá-lo. Cada pergunta rendia longas respostas. Embora fosse da área de tecnologia, ficou claro que Esteves não se enquadrava no estereótipo do introspectivo. Quando o candidato foi embora, Bannitz deu seu veredicto para João Emílio: "É o melhor de todos, de longe". Apreciou sobretudo a forma como Esteves associava ideias, demostrando uma linha de raciocínio inteligente. Estava aprendendo programação na faculdade, habilidade que seria necessária para a concretização dos planos futuros do banco. E sentiu que o garoto tinha facilidade de relacionamento.

Depois de entrevistas com outros sócios, Esteves recebeu uma proposta: trabalhar em período integral, sem deixar a faculdade e com um salário fixo não muito atraente. "Você vai dar conta de trabalhar duro e fazer a faculdade ao mesmo tempo?", perguntou Bannitz. "Me garanto", ele respondeu, aceitando a oferta na hora. Naquele dia, chegou em casa feliz — tinha um emprego no mercado financeiro que lhe parecia promissor —, mas também preocupado. Ganharia menos do que na faculdade e imaginava que a mãe, sua principal conselheira, não acharia que aquela fora uma boa decisão.

Tania Santos da Cruz dedicou a vida à academia, num ambiente ideologicamente inclinado à esquerda. Foi orientadora pedagógica de escola e, depois de concluir o mestrado, professora de psicologia da educação e coordenadora na Universidade do Estado do Rio de Janeiro (Uerj). Valorizava as carreiras intelectuais e tinha crenças socioeconômicas pouco liberais. "Meritocracia", "divisão de lucros e bônus", termos ainda pouco difundidos no Brasil da época, soavam para ela como completas balelas.

Na hora do jantar, quando ouviu as novidades do filho — que as contou já sem muita euforia —, Tania não disfarçou a indignação. "Você está me dizendo que vai deixar de trabalhar na universidade e vai trabalhar num banco para ganhar menos?" Esteves explicou a promessa de participação nos lucros e, com alguma timidez, o modelo de *partnership*. "Esse banco é meio diferente", disse. "Eu ganho um salário menor, mas se for bem recebo vários salários a mais no fim do ano. E se eu for bem por vários anos, eles podem me convidar para ser sócio." A mãe não comprou o discurso. "Ah, filho, você vai acreditar em banqueiro? Já viu banqueiro que divide lucro?" Esteves acreditava. "Mãe, você está achando que os banqueiros são uns caras barrigudos, com cartola e verruga no nariz. Não é assim. São pessoas como eu, um pouco mais velhas e mais qualificadas."

A aprovação moral da mãe era importante para Esteves. Embora não aliviasse nos comentários, ela o apoiava e se interessava pelos detalhes cotidianos que ele trazia do trabalho. Dois anos depois de ingressar no banco, ele se mudaria para São Paulo. A partir de então, as conversas entre mãe e filho passaram a ser principalmente por telefone, mas seguiram diárias, longas e minuciosas pelas décadas seguintes. Tania nunca deixou de acompanhar a imprensa, e qualquer notícia de economia ou política que possa ter relação com o filho a interessa. É comum ligar para ele pedindo explicações sobre um tema técnico ou uma declaração de um político para entender se — e como — o afetam.

Disciplina e liberdade

"No meu imaginário, é mais ou menos como se a minha avó fosse a minha mãe, e a minha mãe fosse o meu pai." O entendimento de Esteves sobre a própria estrutura familiar se deve aos papéis que Abeliz Maciel dos Santos, sua avó, e Tania, sua mãe, tiveram ao longo de sua infância. Tania saía de casa às sete da manhã e voltava às onze da noite. Trabalhava muito e gostava. Valorizava compromissos e responsabilidade, o que lhe conferia um ar de seriedade. Quando criança, Esteves passava o dia com a avó, uma manicure que abrira um salão de beleza na década de 1970. Nos fins de semana, seu programa preferido era ir com a mãe ao aeroporto do Galeão, no Rio de Janeiro, ver os aviões decolar e pousar, enquanto tomava uma coca-cola e comia uma empada. Nessa época, os desenhos que fazia na escola tinham sempre aviões e foguetes.

Apesar de ter sido a figura de autoridade na criação do filho, Tania tem outro lado de sua personalidade que foi ganhando mais espaço à medida que o garoto crescia: um jeito despachado e alto-astral de falar e contar causos, caricaturando os personagens com seu forte sotaque carioca, o que com frequência leva os interlocutores às gargalhadas. Quanto mais a audiência ri, mais sua história ganha força, detalhes, descrições exageradas — um talento que o filho herdou. Quando conta histórias, Esteves repete passagens engraçadas, adicionando detalhes que tornam a narrativa cada vez mais atraente.

Mesmo depois de se aposentar, quando Esteves já figurava entre os banqueiros mais bem-sucedidos do país, Tania seguiu trabalhando. Em 2024, era síndica do prédio onde morava — e bastante ativa no cargo, ligando várias vezes ao dia para a portaria a fim de discutir questões administrativas — e, até alguns anos antes, fazia trabalhos como free-lancer de ghost-writer* para projetos acadêmicos. Viu um anúncio do serviço no jornal e, por curiosidade, ligou para saber o que era. Quando entendeu, gostou da ideia e concluiu que estava apta para atender alunos de mestrado e doutorado. Depois de alguns anos, abriu mão em função do cansaço. Em vez de apenas pôr no papel o conteúdo dos clientes, ela se via responsável por desenvolver os argumentos para as teses mais complexas, muitas vezes fora de sua área de conhecimento.

Tania era adolescente quando conheceu, na vizinhança, Alcides Esteves, com quem viria a se casar — ela, aos dezessete anos, e ele, aos 22. Sua expectativa era já voltar grávida da lua de mel, por isso chorou de decepção quando não aconteceu. Passou os três anos seguintes obcecada pela ideia de ser mãe. Mas nada de engravidar. Até que o casal decidiu que tentaria adotar uma criança. Quatro meses depois, Tania engravidou naturalmente. "O dia em que descobri que estava esperando

---

* Em português, "escritor-fantasma": profissional, especialista em narrativas, que escreve anonimamente uma história que pertence à outra pessoa, ajudando o autor a organizar as ideias no texto.

o André foi o mais feliz da minha vida." O filho nasceu em 12 de julho de 1968.

Quando Esteves tinha seis anos, Tania e Alcides se separaram. Foi uma decisão pacífica. Mas no dia em que comunicaram ao filho, ele chorou "alucinadamente", sentado na cama dos pais. "Senti uma tristeza profunda", ele afirmaria mais tarde. Disse que queria morar com a mãe, mas perguntou se o pai o visitaria com frequência. Sim, responderam. Alcides levava Esteves para almoçar fora, e a convivência com Tania seguiu tranquila — mesmo ela arcando com os aluguéis que o ex-marido atrasava.

Como bem define Esteves, Alcides era um "boa-praça", com uma personalidade leve, entre irresponsável e inocente. "Era impossível brigar com ele", diz. Usava algumas palavras de modo peculiar, atribuindo a elas um significado próprio. As mais marcantes eram "ingratidão" — que usava quando reclamavam dele ("ingratidão, hein?") — e "descaralhar", no sentido de "está de sacanagem": "Chegou às seis horas da manhã, descaralhou, né?". Alcides empreendeu diferentes negócios, que por vezes davam certo, mas logo minguavam, quando então mudava de rumo. Um deles foi uma fábrica de produtos químicos no quintal de casa. Mais tarde ele se casaria de novo e teria mais dois filhos, com os quais, na vida adulta, Esteves teria uma relação próxima e alguns negócios.

Na infância, porém, Esteves era filho único de uma mãe sem irmãos — ou seja, neto único. Sua avó, Abeliz, com quem sempre teve uma relação próxima, era conhecida por sua personalidade irreverente: convicta de suas ideias, brava e de uma sinceridade desconcertante, que se tornava cômica. Fazia comentários como "linda essa blusa, mas ela te envelhece", "bonito seu cabelo, você pintou?" ou "quanto você pagou nessa bolsa? É horrorosa" até para pessoas com quem não tinha intimidade. Mesmo adulto, Esteves seguiu falando com ela todo dia ao telefone. Abeliz não se constrangia em introduzir o tema macroeconômico — mesmo quando ele já havia desenvolvido conhecimento técnico em ativos de renda fixa. "O que está achando do mercado, André?", ela perguntava, sondando-o. "Parece que os juros vão cair...", ele respondia, ao que ela interrompia, gargalhando. "O quê? Não vão mesmo. Fui duas vezes ao mercado essa semana. Não estou vendo a inflação ir embora, não sei onde você está vendo isso. Vais perder dinheiro!"

Abeliz havia se separado do pai de Tania ainda grávida, numa época em que era incomum e malvisto uma mulher se desquitar. Não manteve contato com o ex nem falava do assunto em família. Tania só foi saber um pouco mais do pai depois que ele e a mãe tinham morrido, quando uma tia que Tania nem sabia que existia a procurou para avisar da herança: um apartamento antigo, mas espaçoso, na avenida Rui Barbosa, no Flamengo, tradicional bairro no Rio. Lá, Tania encontrou lembranças dos dois, como uma foto do casamento de Abeliz, datada de dois anos antes de seu nascimento. Durante toda a vida das duas, era como se aquele passado jamais houvesse existido.

O que consideravam família se estendia, no máximo, ao irmão da matriarca, Abel, um corretor de imóveis que costumava criar polêmicas com suas opiniões, e a irmã Abelita, madrinha de batismo de Esteves junto com seu marido, Julio. O casal também tinha um filho, Marvio, presente nos primeiros anos do garoto. Era na casa deles que Esteves ficava quando a mãe viajava para trabalhar no Projeto Rondon — uma iniciativa governamental que levava universitários para realizar ações sociais em comunidades carentes — por trinta dias. Abelita fez os primeiros cortes no cabelo do afilhado. Julio era funcionário do Instituto Brasileiro do Café e uma de suas funções era provar a bebida. Em casa, tinha o hábito de beber uísque, e em vários fins de semana em que o sobrinho-neto estava hospedado lá, por volta de seus nove anos, uma cena pitoresca se repetia: Julio dava pequenas doses de uísque para ele provar, explicando as diferenças de cada marca ao som do clássico "Don't Let Me Be Misunderstood", uma canção de dezesseis minutos do grupo Santa Esmeralda. Certa vez, Julio ganhou na loteria e deu um Fusca de presente para a mãe de Esteves.

Abeliz viveu seus últimos seis meses internada num hospital no Rio de Janeiro. Tania passava a semana com a mãe, e Esteves, que agora morava em São Paulo, viajava para ficar com a avó sábado e domingo, das nove às cinco da tarde. Às quartas-feiras, fazia um voo bate e volta no horário em que os médicos passavam para atualizar seu quadro. Ela faleceu em 2014.

Ter sido criado por duas mulheres independentes, de pulso firme e dedicação intensa, deu a Esteves uma infância sem sobressaltos. Sentia-se exigido, mas não pressionado. Entendia que nada ao seu redor acontecia sem esforço, e que ele tinha responsabilidades — como ir bem na escola, onde a mãe lecionava e ele era bolsista, e fazer natação (indicação do médico, por causa da bronquite que se manifestou quando tinha um ano). Assim, aprendeu a ter disciplina com liberdade de pensamento e expressão. Sem tempo nem dinheiro sobrando, a família sabia da importância de funcionar como um time entrosado, cada um dando conta de sua parte no cotidiano, sem desperdícios nem queixumes. Abeliz, Tania e Esteves dividiam o mesmo traço fundamental: a autonomia.

No último ano do colégio, Esteves começou a planejar o que faria a seguir. À parte o interesse etéreo que cultivava pelo mercado financeiro, decidiu buscar um emprego que prometesse estabilidade e oportunidade de crescimento na carreira. Ouvindo os adultos — incluindo a avó — falarem com admiração da Marinha Mercante no Rio de Janeiro, como se esta fosse uma divisão mais sofisticada das Forças Armadas, acreditou que poderia ser a resposta. A prova para ingressar no grupo era difícil e disputada, então se concentrou nela, deixando o vestibular de lado. Durante um ano, preparou-se em um curso especializado. Passou em primeiro lugar.

Mas durante os dois meses iniciais logo viu que não iria se adaptar. A disciplina que desenvolvera na infância era de outra natureza. Na Escola Naval, não havia espaço para decisões autônomas e independentes. Tampouco entendia o sentido das ordens que tinha de acatar — a formalidade no tratamento com os superiores hierárquicos, o modo exato de arrumar a cama, sem uma única ruga no lençol. Como questionava as regras ou ria quando recebia algum comando, vivia de castigo (dando voltas no campo cantando o hino da corporação). Além dos percalços rotineiros, a carreira logo se revelou estática demais para suas ambições. Pensou que, se desse seu melhor e, dali a vinte anos, ocupasse o cargo mais alto da Marinha Mercante, capitão de longo curso, faria pouca diferença no mundo. "Eu não vou ser feliz aqui", concluiu. E deixou a escola — mas agora tinha um problema: o que fazer a seguir, se nem vestibular havia prestado?

Então teve uma ideia: poderia dar aulas no cursinho preparatório onde havia estudado, o que lhe renderia alguma remuneração, e faria as provas como representante do curso. Por ser bom aluno, conseguia posições de destaque no ranking, o que funcionava como propaganda para a escola. A proposta foi aceita pelos gestores do curso. No ano seguinte ingressou na UFRJ. Em pouco tempo adentraria as fileiras do mercado financeiro.

"Perdi 100% do meu patrimônio"

Ao aceitar a proposta do Pactual, Esteves precisou lidar com um conflito de horários: tinha a faculdade de manhã e agora o trabalho em período integral. "Montei um plano logístico que envolvia custo, tempo e decisões em relação aos estudos; por exemplo, de quem eu tiraria cópia do material e as aulas às quais faltaria." O planejamento incluía trabalhar no banco durante o horário do curso, mas comparecer às disciplinas imprescindíveis. Para dar certo, um recurso fundamental era o carro — um Gol usado que a mãe financiara e lhe dera de presente. No primeiro dia de trabalho, deixou o veículo na rua, próximo à estação Afonso Pena/Tijuca, e foi de metrô até o banco. No meio da manhã, pegou o carro novamente, foi à faculdade, assistiu a uma aula, e correu de novo até o banco. No fim do dia, estava satisfeito que tudo funcionara como previsto. Quando chegou ao local onde havia estacionado, porém, o carro não estava. Nem tinha seguro. "No primeiro dia de trabalho no mercado financeiro, perdi 100% do meu patrimônio. Ou melhor, ainda mais, pois o ladrão levou o carro, mas fiquei com a dívida."

Depois de passar a madrugada na delegacia, Esteves chegou para trabalhar no dia seguinte sentindo-se deprimido. João Emílio passou por ele e perguntou por que estava tão abatido. Ao escutar o relato do garoto, deu um tapinha em suas costas e falou: "Não fica chateado. Você é um cara muito talentoso. Vai dar certo aqui. Em pouco tempo vai poder comprar vários Gols como aquele só com o seu bônus". Esteves sorriu e pensou: "Esse cara é legal, está tentando me dar uma força. Mas está achando que eu sou babaca pra cair nessa conversa". De qualquer forma, deu um jeito de continuar no emprego, e em pouco tempo descobriria que o chefe não estava exagerando.

Esteves era franzino, tinha a parte externa dos olhos ligeiramente curvada, o nariz comprido e fino, apontando para baixo, e sorria a maior parte do tempo, inclinando um pouco a cabeça — uma combinação de traços que lhe conferia um aspecto pueril e simpático. Embora contido, sempre foi emotivo, chateando-se diante do que considera injustiça ou ingratidão — certa vez ficou sem falar com a mãe por vários dias ao saber que ela havia vendido, sem consultá-lo, o apartamento que ganhara de herança, e para o qual Esteves financiara uma grande reforma. Já era o controlador do Pactual e, portanto, dono de um patrimônio multimilionário, mas estava empolgado com a conquista inesperada da mãe e queria fazê-la usufruir dela. Quando soube da venda, ficou magoado. Escreveu uma longa mensagem, dizendo que se sentia "apunhalado pelas costas".

As pessoas que trabalham com ele mencionam o temperamento sentimental e o traço centralizador. Não raro Esteves toma a iniciativa de ajudar as pessoas, oferecendo aquilo que considera o melhor para elas. Quando a reação (e a aceitação) não é a que espera, no entanto, se chateia sobremaneira. Se descobre que alguém falou mal dele pelas costas, ainda que não se trate de uma pessoa próxima, vai atrás para entender o porquê, argumenta em defesa própria, não esconde o aborrecimento.

Com a idade, sua personalidade foi se tornando mais complexa e por vezes contraditória. Suave no trato desde sempre, se tornou extremamente objetivo ao resolver problemas, assumindo uma postura aguerrida para conquistar seu espaço na empresa.

Nas primeiras semanas de trabalho na área de tecnologia do banco, Esteves encontrou um ambiente em construção e, portanto, desorganizado. O principal desafio era o sistema de Bolsa, que atendia à área de André Jakurski. A função de Esteves era calcular os ganhos e perdas das operações no fim do expediente, quando fechava o mercado de ações. Era preciso alimentar o programa com informações ao longo do dia e, por volta de sete da noite, apertar o botão que faria o balanço e mostraria os valores atualizados. O problema é que, mais ou menos a cada três dias, o sistema travava, e a equipe da mesa de operações ligava para Esteves aos berros. Ele aplicava soluções provisórias enquanto tentava entender a raiz da falha. Até o dia em que não conseguiu e as informações se perderam. Perguntou onde ficava o backup, como aprendera na faculdade. Ninguém entendeu ao que se referia. Esteves precisou passar a noite em claro, com ajuda de parte da equipe do setor administrativo, fazendo à mão os cálculos das carteiras de investimentos. Esteves, então, improvisou uma planilha para garantir o acompanhamento dos dados. Para isso, dependia do trabalho manual, seu e dos colegas que o ajudaram naquela noite, e que desde então ficavam todo dia até meia-noite preenchendo tudo "à manivela". O trabalho era feito nos bastidores, para evitar que Jakurski se irritasse com o caos. E tudo chegava corretamente às suas mãos quando o mercado abria no dia seguinte.

Então Esteves teve uma ideia: rodaria o sistema existente na gambiarra com que tinha de lidar durante a semana e, aos sábados e domingos, desenvolveria um novo. Fez isso por seis meses, o novo programa deu certo e lhe rendeu o reconhecimento da liderança do banco. Não só seus chefes diretos, João Emílio e Jorge Bannitz, mas também os fundadores e os novos sócios passaram a notar sua sagacidade. Aos poucos se tornou mais conhecido, requisitado. Seu nome ecoava no banco com cada vez mais frequência. E volta e meia, quando chamavam "André", ele e Jakurski respondiam. Até que o sócio fundador demarcou o território, e anunciou: "André sou eu. Ele é o Esteves".

Dedicado, passou a ler com avidez o principal periódico econômico à época, a *Gazeta Mercantil*. Devorava-o no metrô, no trajeto de volta para casa, como se estudasse um livro didático. Anotava as dúvidas e, de segunda a quinta, no fim do dia, sentava-se com Marcos Pinheiro, sócio responsável pela renda fixa (e que se tornara o braço direito de Guedes), para tirar dúvidas. Com o passar das semanas, as questões foram ficando mais espaçadas, até ele dominar todos os termos correntes e seus significados.

Ao fim do primeiro semestre, Esteves teve seu desempenho no banco avaliado com a nota máxima: Excelente. Depois de meio ano, em março de 1990, recebeu um convite para migrar da área administrativa para a mesa de renda fixa. Teria, assim, mais visibilidade dentro do banco e a oportunidade de ganhar mais, no entanto o primeiro impacto foi negativo. "Fiquei superdecepcionado. Poxa, agora que aprendi o negócio inteiro de Bolsa enquanto fazia o sistema, eu vou para a renda fixa?". Mas não reclamou. "Eu era de classe média. Diante de presente dado, você não pode chiar. É renda fixa? Então é renda fixa."

Nessa época, a área administrativa era coordenada por Eduardo Plass, que perguntou reiteradas vezes a Esteves se ele estava certo da decisão, num tom entre o provocativo e o sedutor. Como o garoto se revelava um talento em ascensão, cada líder tentava atraí-lo para sua área. Mas Esteves concluíra que a mesa onde eram negociados os títulos públicos e juros era o centro nervoso do banco e, portanto, a área mais promissora para seu futuro.

No entanto, em 16 de março de 1990, dia seguinte à posse do presidente Fernando Collor de Mello, quando chegou para trabalhar no novo posto, Esteves viu uma cena esquisita: ninguém negociava a venda ou a compra de ativos pelo telefone, como era comum nas mesas de renda variável e renda fixa. Todos liam o jornal, concentradíssimos. Logo descobriria que a nova ministra da Fazenda, Zélia Cardoso de Mello, tinha surpreendido a sociedade ao apresentar, durante uma coletiva de imprensa, o Plano Brasil Novo, que ficaria conhecido como Plano Collor. Entre as 21 medidas provisórias e dezenas de portarias, foi anunciado o congelamento dos recursos de todos os brasileiros em aplicações financeiras — incluindo contas-correntes e cadernetas de poupança —, com um limite máximo de saque de 50 mil cruzeiros,* moeda que voltaria a circular no lugar do cruzado novo. Na prática, o governo federal se apoderava do dinheiro da população, no que se tornaria a maior intervenção do Estado em bens privados da história do país.

Em suma, não havia ativos a serem operados nem perspectivas do que viria a seguir. Esteves temeu ter tomado a decisão errada. "No primeiro dia na nova área, acabou meu trabalho."

---

* Cerca de 13,5 mil reais em 2025.

4
"Um dinheiro enterrado nas letras miúdas"

NO INÍCIO DE 1990, PAULO GUEDES desconfiava de que o presidente eleito tomaria alguma medida extrema, dado o radicalismo de suas declarações durante a campanha. Fernando Collor falava de "saneamento moral" do país — que tentava se recuperar dos impactos negativos da hiperinflação —, ameaçando de prisão os empresários do varejo que exagerassem nos preços ou escondessem mercadorias, beneficiando-se inapropriadamente do caos econômico, e os funcionários públicos que impedissem a fiscalização. Falava em extinguir mordomias e privilégios de políticos e servidores públicos. Prometia tributar os ganhos de capital na Bolsa de Valores e lançar medidas para zerar o déficit fiscal, incluindo uma reforma administrativa que previa demissão de funcionários públicos, fechamento de ministérios e aumento de impostos.

Guedes tinha orgulho de não conversar com autoridades públicas, para "evitar ser induzido ao erro". Mas aquele foi um dos raros momentos em que aceitou ser consultado pelo grupo que assumiria o Ministério da Fazenda, liderado por Zélia Cardoso de Mello. Os futuros servidores queriam seu diagnóstico sobre o que precisava mudar na política econômica. Guedes respondia o que lhe perguntavam, enquanto buscava identificar, nas entrelinhas, os temas que estavam no radar da equipe. Em suas falas, Zélia repetiu três vezes a pergunta: "Mas e a dívida pública?". Guedes respondeu que era resultado de práticas equivocadas, mas a insistência no assunto o levou a concluir que talvez houvesse algum tipo de calote em vista. No mercado, havia também expectativa de um possível congelamento de ativos operados no overnight. Por renderem juros altíssimos, com possibilidade de liquidez imediata, essas movimentações aumentavam ainda mais o déficit público — e vinham sendo praticadas rotineiramente por empresários de diversos setores para turbinar o caixa em meio à escalada inflacionária. Como medida de segurança, às vésperas de o novo governo assumir, muitos investidores transferiram o dinheiro aplicado no overnight para contas-correntes, certos de que não seriam afetadas.

O alarme do mercado disparou quando Collor pediu ao presidente em exercício, José Sarney, que decretasse feriado bancário nos dias 14, 15 e 16 de março de 1990, o que incluía a data de sua posse.* Guedes não conseguia cravar o que aconteceria a seguir, mas tinha convicção de que qualquer patrimônio em moeda brasileira estava em risco. "Temos que tirar o banco da tomada, desconectar do sistema financeiro", repetia, como que farejando uma rota de fuga. Então concluiu que a melhor estratégia seria transformar em dólar o patrimônio total do banco — que nessa época não chegava a 50 milhões de cruzados novos.** Dessa vez, o plano não envolvia apenas a troca de ideias com André Jakurski, que compraria ou venderia ações. Precisavam ser mais criativos e trabalhar como time. "Quem são as exportadoras com as quais temos relacionamento?", perguntou Renato Bromfman. Os sócios sabiam que essas empresas tinham recursos fora do país — pela própria natureza de sua atividade — e, portanto, estariam protegidas contra um eventual confisco em reais. O plano era oferecer 100% do patrimônio do banco em empréstimo para elas, por meio da compra de debêntures indexadas ao Índice Geral de Preços do Mercado (IGP-M), da FGV. Os pagamentos teriam de ser feitos em curtíssimo prazo. Por

---

* Em 15 de março de 1990.
** Cerca de 24 milhões de reais em 2025.

não ser um indicador ligado ao governo, o IGP-M não estaria sujeito a mudanças de regras repentinas, oferecendo maior segurança para a operação. Um detalhe indicava a convicção da aposta: dariam o crédito cobrando juros muito baixos.

O objetivo não era multiplicar o dinheiro, mas preservar ao máximo o que haviam acumulado. A poucos dias da posse de Collor, Bromfman fez a proposta a algumas companhias, entre elas a produtora de cimento Lafarge e as fabricantes de celulose Aracruz e Suzano. Guedes considerou que o feriado bancário poderia se estender por, no máximo, uma semana. Para evitar o risco de não receberem os pagamentos pelos empréstimos enquanto o sistema financeiro estivesse bloqueado, combinaram as liquidações em *tranches** — a cada dez dias, entraria de volta o valor de uma das empresas que haviam tomado o crédito. Assim, mesmo que os bancos ficassem sete dias sem operar, apenas uma leva da receita seria bloqueada, enquanto as demais escapariam.

"Atiramos no que vimos e acertamos no que não vimos", definiria depois Eduardo Plass, ao se recordar do episódio. A estratégia de Guedes deu certo. Nenhum pagamento caiu nos três dias do feriado forçado por Collor. Em algumas semanas, o banco tinha de volta 100% de seu patrimônio, enquanto o restante do mercado financeiro sofria com a falta de liquidez. A iniciativa continuou a favorecer o Pactual nos meses seguintes,** pois o pagamento do empréstimo pelas exportadoras possibilitou que eles concedessem novos créditos a empresas de primeira linha que precisavam seguir com suas operações, mas ficaram sem caixa da noite para o dia, como a Rhodia e a DuPont. Agora receberiam o capital não só protegido, mas remunerado por juros altíssimos e com baixo risco de crédito.

---

* *Tranche*, em francês, significa porção ou parte. Trata-se de uma divisão em um contrato, recurso geralmente usado em grandes transações, para assegurar aos investidores regularidade no pagamento de prêmios sobre o investimento.
** As aplicações financeiras ficariam retidas no Banco Central, prejudicando os demais bancos nesse período.

O governo alegou que o confisco reduziria a inflação ao diminuir gradativamente a quantidade de moeda circulando. O índice fora de 68% em janeiro, 76% em fevereiro e 82% em março. A inflação acumulada em 1989 atingiu o maior nível da história do Brasil: 1972%, praticamente o dobro da de 1988, que fora de 980%. Apesar das medidas drásticas, o impacto positivo foi apenas temporário, como ocorreu nos outros planos econômicos dos anos 1980. A inflação caiu a 15% em abril e 7,6% em maio. Depois, no entanto, voltou a subir acima de 15% ao mês, encerrando 1990 com taxa anual de 1620%.

A promessa era de que o congelamento aconteceria por dezoito meses, período em que os recursos seriam corrigidos pelo valor da inflação mais 6% ao ano. Findo o prazo, tudo seria devolvido em doze parcelas mensais. No entanto, isso não ocorreu como planejado. O governo liberou parte dos recursos antes do previsto, mas os índices utilizados para corrigir os valores durante o período de bloqueio foram questionados pelos poupadores, que consideravam ter direito a correções maiores. As discordâncias geraram disputas judiciais que se arrastaram por décadas. Somente em 2017 — 27 anos depois do confisco —, um acordo foi mediado pela Advocacia-Geral da União com as instituições bancárias. Mesmo após o acerto, em 2019, cerca de 79% dos poupadores ainda não haviam recebido as indenizações previstas.

A estratégia de Guedes junto às exportadoras permitiu ao Pactual contornar os efeitos do confisco. O banco continuou operando enquanto o mercado financeiro enfrentava uma crise de liquidez. Em semanas de caos no sistema bancário, o dinheiro retido provocou uma quebra na cadeia de pagamentos, e a maioria das instituições financeiras lutou com a falta de recursos e a perda de clientes. Mas o Pactual manteve sua capacidade operacional e até encontrou novas oportunidades de negócios no período.

Lucro escondido nas letras pequenas

Ficaram de fora do confisco os ativos na Bolsa de Valores, que tinham pouca importância para a economia na época: somado, o valor de mercado de todas as companhias de capital aberto ficava em 5% do PIB, o que favorecia os bancos de investimento e as corretoras, que lucravam com a especulação de ativos. Collor também editou leis que sinalizavam privatizações, tema que despertou a atenção de André Jakurski. Assim como os sócios, o *trader* buscava maneiras de fazer o Pactual crescer em meio às turbulências. Uma delas surgiria no setor de telecomunicações.

Em 1990, a gigante Telebras detinha o monopólio da telefonia local e da infraestrutura de telecomunicações no Brasil. Era uma empresa ineficaz e deficiente — com apenas 8,6 linhas telefônicas para cada cem habitantes, reflexo de anos de baixo investimento —, mas controlava todas as operações. As tarifas eram definidas pelo governo e frequentemente subsidiadas, o que dificultava a sustentabilidade financeira do setor. No entanto, já se vislumbrava uma futura privatização, o que gerava expectativa sobre um aumento significativo do valor da companhia.

Também circulavam rumores sobre a intenção da empresa de lançar American Depositary Receipts (ADRs), certificados que representam as ações de companhias estrangeiras, emitidos para que elas possam ser negociadas na Bolsa de Valores dos Estados Unidos, o que possibilita o acesso de investidores globais. Considerando o caminho percorrido e os preços das ações de uma organização similar em um mercado comparável — a Telmex, do México —, Jakurski estava convicto de que a estatal brasileira tinha muito espaço para se valorizar até sua possível privatização. Mais tarde, ele afirmou ter investido o equivalente a mais de 100% do patrimônio do Pactual em ações na Bolsa e em contratos de opções da companhia, em novembro de 1990. Em um ano, o valor dos papéis da Telebras passou de dois dólares para 32 dólares, o que aumentou de maneira relevante o patrimônio do banco e as carteiras dos clientes, que renderam 540% em média. O sucesso dessa operação não apenas solidificou a reputação de Jakurski como um *trader* excepcional, mas também demonstrou a capacidade do Pactual de identificar e capitalizar oportunidades em um mercado volátil e em rápida transformação.

Apesar do frenesi intrínseco à atividade de comprar e vender ações diariamente, Jakurski buscou sempre, antes de multiplicar o capital, preservá-lo em apostas que lhe pareciam certeiras — e a escolha de investir na Telebras não fugia à regra. O mérito de sua visão residia sobretudo na escolha do momento certo para operar os papéis, assim como no tamanho do investimento numa dada posição executada.

A entrada de investidores estrangeiros na Bolsa de Valores foi outra das modernizações que impulsionaram o mercado. Essa mudança foi implementada pela resolução 1832 do Conselho Monetário Nacional, também conhecida como Anexo IV, que complementava outras três modalidades de investimentos já autorizadas. Em 31 de maio de 1991, foi aprovada a entrada na Bolsa brasileira de fundos de pensão, seguradoras, fundos mútuos de investimento e carteiras próprias de instituições financeiras sediadas no exterior. Com isso, o Pactual foi um dos primeiros bancos de investimento do país a buscar ativamente clientes internacionais para sua área de renda variável. Nessa época, Cezar costumava falar em "marquetear" o banco para os estrangeiros, incentivando a equipe a apresentar a instituição a potenciais clientes nos Estados Unidos e no Canadá. Guedes liderou a comitiva, que incluiu ainda Florian Bartunek, um jovem que estudava administração de empresas na PUC-Rio e ingressara em 1990 na equipe de renda variável, sob liderança de André Jakurski. Juntos, visitaram Nova York, Boston e Toronto.

Mas nem todas as mudanças foram bem-vindas para o banco. A principal delas confirmava a preocupação de empresários e investidores com as medidas de Collor: o fim da negociação de títulos públicos de curto prazo, incluindo o overnight. Como a maior parte da receita do Pactual nesse período provinha dessas operações, seria preciso encontrar novos caminhos num mercado em acelerada transformação. A equipe passou semanas debatendo e lendo minuciosamente as notícias e a legislação do mercado financeiro, em busca de brechas promissoras e ideias inovadoras.

Esteves estava preocupado com o movimento que fizera ao sair da área de tecnologia para integrar a equipe de Guedes. Remoía-se, lembrando que estava tão bem, crescendo rápido aos olhos de seus líderes diretos, e agora mal sabia o que aconteceria com seu emprego, já que era o mais novo e menos preparado integrante do novo time. Apesar da apreensão, fazia como os outros: participava dos debates e se inteirava das novas regras do mercado. E, claro, seguia destacando-se nos estudos. Dedicado e detalhista, lutava para dar conta da complexidade da situação — o fato de ainda não dominar os temas jurídicos nem macroeconômicos lhe permitia uma perspectiva ingênua, o que, nesse caso, contribuía para uma análise original e sem vícios.

No primeiro semestre de 1991, o principal ponto de discussão no banco era um novo mecanismo de investimento trazido pelo Collor II (como foi chamada a segunda etapa do plano econômico): os fundos de aplicação financeira (FAFS). Criados para substituir as operações de curto prazo no mercado aberto, os instrumentos tinham taxas de remuneração equivalentes à taxa referencial (TR), também criada pelo novo presidente como medida de proteção do poder de compra da moeda, estabelecendo um parâmetro para a correção monetária. Os FAFS seriam os precursores dos fundos de investimento em renda fixa — que se popularizariam nos anos seguintes, dando origem à indústria brasileira de gestão de ativos (*asset management*).

O dilema do Pactual era entrar ou não nesse mercado, já que envolvia um risco que os líderes do banco não conseguiam dimensionar. Os FAFS reuniam em seu portfólio vários ativos de renda fixa, com liquidez diária, e obrigatoriamente alguns títulos que correspondiam a empréstimos compulsórios públicos, presentes em porcentagens predeterminadas, como o Fundo de Desenvolvimento Social (FDS) e o Título de Desenvolvimento Econômico (TDE). O problema é que não estava claro como e quando o governo pagaria em caso de pedido de resgate dos clientes, o que criava um risco potencial de liquidez para os bancos que oferecessem esses fundos.

As discussões sobre os FAFS e seus riscos eram abertas no banco, e qualquer um no escritório podia participar — desde que tivesse algo relevante a dizer. Em uma dessas conversas, com cerca de quinze pessoas, incluindo os fundadores, Esteves levantou a mão. "Eu li a legislação dez vezes para poder aprender alguma coisa", disse. E entendera que um artigo específico do novo plano permitia que os bancos médios — como era o Pactual — oferecessem FAFS aos clientes sem detê-los internamente. Assim, poderiam apenas lançar um Fundo de Investimento em Cotas (FIC) para ser o veículo de aplicação em cotas de FAFS já existentes nos bancos comerciais, como Itaú, Bradesco, Unibanco e

Banco do Brasil. Seria um FIC-FAF. Isso permitia que os clientes dos bancos médios fizessem a liquidação a qualquer tempo, sem depender do resgate do governo (que seria acertado com os grandes bancos detentores dos fundos). A declaração de Esteves lhe rendeu a atenção e o silêncio necessários para prosseguir na explicação. Os sócios seniores gostaram e aprovaram a ideia. Então, surgiu a questão: quem cuidaria da implementação dos FIC-FAFS? "Já que o garoto deu a ideia, então ele fica responsável por isso", disse um deles. Assim nascia a semente da área de gestão de ativos no Pactual, sob o comando do jovem Esteves. "Foi nessa hora que eu reganhei o meu emprego." Era o início da divisão que, no futuro, seria batizada de Pactual Asset Management.

Aquela foi a primeira de uma série de ideias criativas que Esteves extrairia das letras miúdas e áridas dos textos regulatórios. "O Brasil era tão incerto, tinha tanta brecha, tanto problema, tanta regra que, se você ficasse fuçando, sempre achava alguma coisa legal para fazer", afirmaria anos depois. Seu projeto seguinte se beneficiou do fato de, naquela época, o crédito no Brasil ser contingenciado: cada instituição financeira tinha um limite de valor que podia emprestar para os clientes pessoa física, baseado em seu patrimônio. A parte que não usassem poderia ser cedida a outros bancos. Esteves propôs que oferecessem seu espaço de crédito não ocupado para bancos de montadoras, como GM e Ford, que representavam ótimos riscos de crédito (já que havia pouquíssima chance de inadimplência) e necessitavam do limite regulatório para financiar as vendas de veículos. A iniciativa foi aprovada e rendeu uma receita inesperada e recorrente para o banco. Aos poucos, as pessoas foram prestando mais atenção naquele garoto que, embora não entendesse de economia, como sintetizou um ex-sócio, "achava um dinheiro enterrado só porque estudava mais e melhor a legislação e acompanhava as mudanças de perto".

"Pac... o quê?"

Além do efeito sobre o caixa e as regras do mercado, a brusca chegada de Collor gerou impacto sobre outra estratégia do banco: o início de sua operação em São Paulo. O novo escritório fora inaugurado no final de 1989, num prédio na avenida Paulista, mas só começaria a funcionar na metade de 1990. José Elias Abeid, braço direito de Guedes e chefe de Marcos Pinheiro na renda fixa, aceitou o convite de se mudar para a capital paulista e desbravar o novo mercado, começando a desenvolver a área comercial (também chamada de *corporate*), mesmo sabendo, no íntimo, que isso diminuiria seu prestígio e demandaria um trabalho intenso e invisível, já que a matriz seguia no Rio. Mas gostara da ideia de empreender uma nova frente e montar um time, então abraçou a empreitada. Com sua saída do Rio, Pinheiro se tornou o número dois da mesa de renda fixa.

São Paulo se tornava um território fundamental nos planos de Cezar para a expansão do banco, com diversas empresas em crescimento e consolidação. Ao apoiá-las em aberturas de capital, fusões e aquisições, financiamentos, reestruturações e outros serviços da área comercial, o negócio poderia elevar o patamar do Pactual, tornando-o um banco de investimento completo, com todas as frentes que uma instituição dessa natureza pode oferecer.

José Vita, um paulistano de classe média, havia sido contratado em 1989 para atuar na área comercial do escritório de São Paulo. Formado em administração de empresas pela FGV, Vita trabalhara por quatro anos no JPMorgan, em Nova York, ganhando uma experiência internacional valiosa para o Pactual. Agora, ao lado de Abeid e de outros integrantes do enxuto time, teria de se acostumar à receptividade constrangedora dos primeiros potenciais clientes. "Pac... o quê?", costumavam perguntar do outro lado da linha depois que ouviam o nome do banco.

As primeiras operações do Pactual em São Paulo refletiam a complexidade econômica da época. Com a inflação chegando a 1% ao dia, as empresas buscavam alternativas ao sistema financeiro tradicional. O banco identificou essa oportunidade e passou a intermediar operações entre companhias com alto volume de caixa e empresas sólidas, em geral multinacionais. As transações, embora distantes do perfil usual de um banco de investimentos, eram vitais naquele contexto econômico atípico e permitiram ao Pactual começar a construir seu portfólio na capital paulista.

À medida que o mercado se estabilizava, o banco passou a atuar em operações mais tradicionais e sofisticadas. Uma das primeiras foi a venda da Frutesp (que pertencia à Coopercitrus, uma das maiores cooperativas agrícolas do Brasil) para a multinacional Louis Dreyfus, concluída em 1993. O mandato para conduzir a transação foi obtido graças aos contatos de Cezar, que tinha parentes na cooperativa brasileira. O bom desempenho de Vita na execução do negócio lhe rendeu o convite para se tornar sócio do banco. Um ano depois, Cezar o chamou numa sala de reunião para dizer que cortaria sua participação pela metade. "Agora você acha que sabe tudo", disse o chefe. Anos mais tarde, Vita ponderaria: "Acho que comecei a me achar um pouco demais, a ter uma atitude meio ruim". O chacoalhão fez efeito. Naquele dia, ele voltou para casa pensando: "Tenho duas opções: ou saio do banco ou vou trabalhar como nunca, feito um louco, para reconquistar o que tinha e aumentar ainda mais minha participação". Ficou com a segunda opção, o que o fez voltar a crescer na carreira, sempre na área comercial.

Durante os primeiros anos, o escritório paulistano do Pactual tinha pouco mais de dez pessoas, que costumavam ouvir comentários maldosos e piadas sarcásticas, além de receber avaliações de desempenho ruins quando chegava a hora de definir o valor do bônus: afinal, seu trabalho não era evidente para os que estavam no centro nervoso do Pactual, no Rio de Janeiro.

Mas toda quinta-feira Cezar se deslocava até São Paulo e, depois do sucesso das iniciativas recentes de Esteves, convidou-o para acompanhá-lo nessas viagens. O principal objetivo era visitar os grandes bancos e entender os problemas que enfrentavam para, quem sabe, encontrar alternativas para os clientes. Por ser um banco menor e ter a cultura empreendedora em sua essência, o Pactual muitas vezes desenvolvia soluções rápidas e menos burocráticas — como fez nos anos 1980, auxiliando empresas que precisavam de capital em dólar durante a crise da dívida externa. A presença de Cezar garantia aos clientes que seriam atendidos pela alta liderança. Faziam em média três reuniões por dia e, em seguida, Esteves ficava na mesa de operações com os colegas dali. Eram poucos, em um escritório que ocupava metade de um andar, então o ambiente parecia vazio, com muito espaço livre. Nessas ocasiões, era de praxe Cezar juntar todos numa sala de reunião para um almoço em que eram servidos sanduíches. Invariavelmente, as falas do fundador traziam cobranças, "espinafrando" a equipe: "O escritório está vazio, vocês não fazem porra nenhuma para ele crescer, não acontece nada por aqui. Dá até sono".

Para os funcionários, as acusações soavam injustas. Alguns abaixavam a cabeça, outros tentavam ponderar que estavam, sim, se esforçando, mas não se prolongavam, temendo piorar o humor do chefe. Certa vez, Esteves se pronunciou em defesa dos colegas: "Cezar, eu não concordo. O escritório está se desenvolvendo, existe um período natural de investimento. Nós, do Rio, estamos dando uma força. Eu mesmo me comprometo a fazer o que precisar para ajudar a desenvolver esse escritório...". "Ah, é?", disse Cezar. "Então a partir de segunda-feira você começa aqui em São Paulo." Dias depois, Esteves comentaria com os colegas que perdera uma ótima chance de ficar calado.

A mudança alteraria radicalmente a rotina — e a vida — de Esteves, que até então vinha fazendo viagens bate e volta à capital paulista nos confortáveis aviões Electra, antecessores dos jatos na ponte aérea — o que era motivo de orgulho para ele. Numa época em que os voos no país eram pouco numerosos, havia certo glamour até no curto trecho Rio-São Paulo, com refeições completas servidas a bordo e um lounge no fundo da aeronave povoado por executivos encerrando o expediente com um drinque. Esteves costumava voltar dessas viagens e contar as novidades com empolgação para a mãe e a namorada, Lilian Marques, ex-colega de faculdade, que trabalhava na área de informática da Varig. Naquele dia, porém, sentia um misto de animação e apreensão ao informar que passaria a próxima semana na capital paulista. Ainda não tinha certeza se Cezar falara sério. Provocara a reação do chefe com seu comentário — o que não fora calculado, afinal não sabia se o futuro do banco estaria mesmo em São Paulo e, se sim, quanto tempo levaria para isso se tornar realidade. Mas havia a intenção de fazer parte daquele momento de exploração do novo território. Na segunda-feira hospedou-se no flat que o banco alugava para quem precisasse pernoitar na cidade. Ficaria em São Paulo por cinco anos.

Nos primeiros meses, Esteves dedicou-se a compreender o cenário local e as necessidades das empresas paulistas, buscando oportunidades para impulsionar o crescimento do banco. Suas visitas às grandes instituições financeiras e corporações se tornaram diárias. Nessas reuniões, ele identificou dois promissores territórios a explorar.

O primeiro seria participar do mercado de derivativos em desenvolvimento no Brasil, oferecendo proteção (hedge) para grandes empresas contra movimentos bruscos em ativos financeiros. Tal estratégia ganhava relevância em um contexto de alta volatilidade econômica e inflação persistente no mercado brasileiro. As empresas buscavam instrumentos para mitigar riscos, especialmente relacionados às taxas de juros e câmbio. Esteves se uniu a José Vita, que contribuía com sua visão comercial, e o banco passou a oferecer contratos de hedge, permitindo aos clientes fixar taxas em troca de uma margem reduzida. Essa abordagem não apenas gerou lucros expressivos para o Pactual, mas também consolidou a posição do banco como ator relevante no emergente mercado de derivativos.

O segundo envolvia estruturar operações com companhias em dificuldades financeiras, mas que detinham ativos valiosos. Em geral, os bancos tradicionais não tinham condições de negociar com essas empresas ou seus títulos no mercado, pois as análises demandavam uma avaliação minuciosa, considerando as particularidades dos negócios e seus setores. A probabilidade de inadimplência, afinal, era alta. Essas situações específicas e complexas, que demandavam muitos cálculos e previsões incertas, representavam para Esteves um nicho de mercado: poucos eram os competidores com preparo e disposição similares aos seus.

O banco podia obter ganhos operando títulos privados negociados com descontos substanciais. Fazendo uma analogia, era comprar um bilhete de loteria por uma fração de seu valor, com altas chances de ser premiado, apostando em seu pagamento. Por exemplo, um título de dívida de 100 milhões de dólares de uma empresa em dificuldades poderia ser adquirido por 5 milhões de dólares. Em caso de falência da empresa, o investimento seria perdido; mas se ela sobrevivesse, o retorno mínimo era de 100%. Paulo Guedes argumentava que o mesmo título poderia potencialmente recuperar seu valor inicial de 100 milhões de dólares, compensando diversos insucessos com um único acerto. Esse conceito, conhecido como *distressed* ou *high yield*, originou uma nova área sob a liderança de Guedes. No primeiro semestre, Esteves alcançou resultados equiparáveis aos melhores obtidos pela mesa de renda variável de André Jakurski, evidenciando que o Pactual já não era apenas uma *trading house*.

Com a identificação de novos casos bem-sucedidos, Esteves propôs transformar essas iniciativas em uma área independente no banco. Batizada inicialmente de operações especiais, ela passaria mais tarde a ser conhecida como *special situations*. Embora autônoma, a nova estrutura não significou um desligamento de Esteves de suas responsabilidades anteriores no *trading* macroeconômico. Ele passou a acumular funções, mantendo-se em renda fixa enquanto empreendia a nova frente estratégica.

O carro-chefe das operações especiais eram os processos de privatização. Para viabilizá-los, o governo optou por fracionar dívidas de empresas públicas quebradas ou em dificuldade, aceitando-as integralmente durante as transações. Esse mecanismo, chamado securitização, deu origem ao que ficou conhecido como "moedas de privatização" ou, no jargão econômico, "moedas podres". Cada leilão era precedido por um edital que estabelecia regras específicas de aceitação, volume e percentual dessas moedas. Tais títulos eram adquiridos com descontos expressivos em datas distantes dos leilões, e então negociados próximo ao seu montante nominal às vésperas das transações. A cotação desses papéis chegava a saltar de 40% para 70% de seu valor de face logo antes de uma grande venda estatal — a diferença de trinta pontos percentuais se traduzia em lucro para as instituições financeiras que haviam identificado a oportunidade. André Esteves logo se destacou como especialista nesse nicho. Sua capacidade de analisar oferta e demanda dos títulos, prevendo movimentos e possíveis carências para liquidação, proporcionava ganhos significativos ao banco. O Pactual logo se estabeleceu como o principal *player* entre as instituições que apostavam nessas operações especiais, junto do Banco Bozano, Simonsen, outro importante formador de mercado das moedas podres.

Esteves passou a atuar em várias situações complexas, como a compra de dívidas de empresas em reestruturação, de bancos que haviam quebrado e de títulos públicos não pagos no vencimento (incluindo os Títulos da Dívida Agrária (TDA); debêntures da siderúrgica Siderbrás; e letras hipotecárias da Caixa Econômica Federal). Para isso, era preciso ter uma compreensão profunda não apenas de finanças, mas também de direito, contabilidade e estratégia de negócio. Com o tempo, Esteves se tornaria expert em todas essas frentes, ampliando seu conhecimento sobre diversas áreas do banco e reunindo uma equipe multidisciplinar capaz de analisar situações complexas e identificar enormes ganhos potenciais. Nas décadas seguintes, a área de *special situations* se tornaria uma das mais lucrativas e prestigiadas do Pactual.

A capacidade de Esteves de transitar entre diferentes setores do banco, estabelecendo relações estratégicas com os sócios, levou-o a uma histórica operação em parceria com Jakurski nos primeiros meses de 1993. A equipe de *special situations* encontrou uma cláusula da escritura de debêntures esquecidas da então estatal Eletrobras que permitia aos detentores desses títulos participar de eventuais futuras ofertas de ações da empresa — no exato momento em que acontecia uma nova oferta por um preço muito abaixo dos praticados no mercado. Esteves, focando na renda fixa, concentrou-se na aquisição do maior número possível de debêntures no mercado secundário, enquanto Jakurski cuidava das negociações com ações oriundas da subscrição. À medida que a posição do banco crescia, ultrapassando os limites inicialmente imaginados, Jakurski decidiu ir a Nova York para distribuir o excedente de debêntures a investidores internacionais, com uma margem de lucro relevante. George Soros foi o principal comprador. Essa estratégia conjunta permitiu que o Pactual chegasse a ter, em certo momento, 11% do capital da Eletrobras — uma fatia impensável para um banco de porte médio.

Esteves se tornava, assim, um nome conhecido no emergente mercado financeiro nacional, visto como um dos maiores potenciais do Pactual. Ainda no primeiro semestre de 1993, recebeu alguns convites para trabalhar na concorrência. O mais marcante veio do banco Matrix, que acabava de ser fundado por pesos-pesados do mercado como Tom Freitas

Valle, André Lara Resende, Luiz Carlos Mendonça de Barros e Roberto Moritz. Freitas Valle, ex-chefe da mesa de operações do Garantia, buscava jovens promissores para integrar sua equipe e logo ouviu falar de Esteves. Ligou para ele e fez o convite para se tornar tesoureiro do Matrix.

Embora não tenha considerado mudar de emprego, Esteves ficou orgulhoso e falou do convite para seu chefe direto, Marcos Pinheiro, e para Cezar. Este último ficou enfurecido. Ligou para Freitas Vale na mesma hora, aos gritos: "Você chamou o Esteves para ser sócio de vocês?". O concorrente mal conseguiu explicar que não tinha sido exatamente essa a conversa, mas sorriu do outro lado da linha. Talvez o garoto tivesse usado a circunstância para valorizar seu passe no banco — afinal, Esteves era perspicaz demais para agir sem pensar nas consequências. Talvez Cezar tivesse apenas se confundido. De qualquer maneira, em julho de 1993, logo após o episódio e três meses depois de se casar com Lilian, Esteves se tornou sócio do Pactual ao adquirir 0,15% do banco, a serem pagos com seus bônus futuros. A partir de então, a cada avaliação de desempenho, usava o dinheiro extra que recebia para aumentar sua participação o máximo que pudesse — o que era acompanhado com bons olhos pelos sócios mais antigos.

O Pactual era como o jogo War: crescia no banco quem demonstrava apetite e habilidade para conquistar territórios, ampliando sua atuação e sua influência sobre os demais. Ao lado de Esteves, outros dois nomes — Marcelo Serfaty e Gilberto Sayão — despontavam como lideranças da terceira geração. Os três só não se destacavam mais do que Eduardo Plass, homem de maior confiança de Cezar.

O paulistano Marcelo Serfaty, formado em direito e administração de empresas, tinha sido aluno de Guedes no doutorado em economia da FGV e acabou sendo convidado pelo professor a entrar no banco em 1991, para ser o líder do *research*. Serfaty vinha de uma família de classe média baixa na Zona Norte de São Paulo, e logo ficou conhecido no Pactual por sua inteligência e criatividade, assim como pelo humor instável e o temperamento explosivo, o que causava atritos — sobretudo com Plass, que fora seu aluno no Ibmec. Serfaty o reprovara por faltas. Quando chegou ao banco, o ex-professor não falava inglês e nunca tinha ido a Nova York. Mesmo assim, André Jakurski o desafiou a fazer o prospecto do primeiro fundo para investidores institucionais, chamado Eternity Funding. Para isso, teve aulas diárias do idioma durante meses, escreveu o prospecto e apresentou aos potenciais clientes norte-americanos pessoalmente. "Se ali eu não tivesse feito um bom trabalho, teria sido demitido", afirmou anos depois.

No ano seguinte, o estudante de engenharia eletrônica e telecomunicações Gilberto Sayão também ingressou no banco, percorrendo um caminho parecido com o de Esteves: começou como estagiário de tecnologia e passou a desenvolver planilhas para a mesa de câmbio — uma área de interseção da renda fixa com a variável. Por já estar próximo do tema, os passos seguintes foram escrever relatórios e depois se tornar operador dessa área. Quando foi apresentado a Jakurski por seu chefe direto, Ted Poor, o número dois das operações de câmbio, Sayão ouviu a seguinte pergunta do *trader*: "'Você sabe que se errar nesse relatório pode quebrar o banco?'".

Essas promissoras contratações não eram acertos isolados. Os anos de 1989 a 1995 foram os mais férteis para a consolidação da cultura e da *partnership* do Pactual com a chegada de dezenas de novos funcionários, entre eles cerca de quinze futuros sócios.

5
"Procuram-se cérebros"

EM MEIO ÀS MUDANÇAS OCORRIDAS NO MERCADO BRASILEIRO, e no próprio Pactual, após a chegada de Collor ao governo, o banco ganharia sua nova sede em novembro de 1990: um novo escritório quatro vezes maior que o anterior. A oportunidade surgiu quando o BNH anunciou que havia desocupado o prédio no número 230 da avenida República do Chile, no Centro do Rio. Cezar visitou o lugar, gostou do que viu e convocou João Emílio, engenheiro de formação, para analisar a infraestrutura e recomendar os melhores andares. No dia seguinte, de bota e calça jeans, ele percorreu a pé os trinta pavimentos do edifício. Fez um relatório com seu parecer técnico, sugerindo o quinto andar e o 28º — Cezar preferia este último para começarem. "Quero estar no mesmo nível do Jorge Paulo", afirmou, erguendo a mão na altura dos olhos, como se desenhasse uma linha horizontal. Na época, o Garantia ficava no 31º andar de um prédio na avenida Almirante Barroso, também no Centro.

A mudança suscitou divergências entre os fundadores do banco. Cezar insistia para comprarem logo três andares (dois de setecentos metros quadrados cada, e o último com metade da área útil, em função da arquitetura do prédio). Jakurski considerava isso um exagero: acreditava que não ocupariam nem um inteiro. "Só se formos jogar futebol aqui", satirizou. Guedes, assim como os novos sócios, concordou que um andar estava de bom tamanho. "Então eu compro outros dois na [pessoa] física e, se o Pactual precisar, eu alugo", decidiu Cezar, sem esconder a irritação com a resistência dos sócios. Em menos de dois anos, os três andares seriam ocupados pelo banco.

Ao contrário do primeiro escritório do Pactual, o novo tinha um ar moderno e refinado: o projeto de arquitetura e a decoração haviam sido minuciosamente escolhidos, sobretudo por Cezar. O antigo ambiente com aspecto descuidado era substituído por um espaço imponente, que refletia o sucesso que despontava no banco.

A inauguração aconteceu numa sexta-feira, 2 de novembro de 1990, feriado de Finados. Na segunda seguinte, Cezar fez um discurso emocionado, que toda a equipe ouviu de pé. Num clima solene, reforçou que aquela mudança era muito importante para ele e significava o início de uma nova etapa da história do banco, que certamente passaria a outro patamar a partir de então. Pediu que tratassem o lugar com carinho, dando o devido valor ao que fora conquistado com esforço e investimento de cada um dos que estavam ali.

Para além do espaço físico, Cezar seguia obcecado em contratar as pessoas certas. Encarava a chegada de cada estagiário ou funcionário como a de um potencial sócio. Com o crescimento do banco e a convicção de que aquele era só o início da história, buscava uma maneira criativa de atrair jovens talentosos, tivessem ou não o sonho de trabalhar no mercado financeiro. Junto com outros líderes, passou a visitar as faculdades de primeira linha do Brasil para apresentar a empresa e identificar os melhores alunos.

No início dos anos 1990, Cezar criou um anúncio com um estudante de capelo e a frase PROCURAM-SE CÉREBROS para divulgar nas universidades. E o fez, inclusive nas mais prestigiosas instituições dos Estados Unidos, onde ministrou palestras e entrevistou estudantes brasileiros de graduação, mestrado e MBA. Cada candidato passava por cerca de cinco entrevistas com sócios diferentes, respondendo a perguntas controversas e potencialmente ofensivas, que muitas vezes soavam absurdas, com a intenção de testar a disposição, o jogo de cintura e a sagacidade dos entrevistados. Num tempo em que ainda se falava pouco em assédio moral ou discriminação social mesmo no ambiente jurídico brasileiro, passavam ilesas questões embaraçosas como: "E aí, meu irmão, você é um mosca-morta ou um fodão?"; "Você é gay? Você tem cara de gay"; "Você teve uma vida boa até agora, vai querer se matar de trabalhar?". A intenção era ver a reação dos entrevistados diante das provocações. Para ilustrar seu método, Cezar costumava dizer à equipe: "Você joga na parede. Se colar, fica. Se cair, vai embora".

Não havia interesse especial em contratar pessoas nascidas em famílias abastadas ou com status social, o que atraía candidatos que não partiam de condições privilegiadas. No Pactual valorizavam-se o esforço, a dedicação, a inteligência e, com o passar do tempo e o aumento da complexidade das questões inerentes ao negócio, a capacidade de olhar para os problemas sob uma perspectiva não convencional. Essa abordagem possibilitou a entrada de profissionais de diferentes origens, perfis e repertórios — de jovens nascidos na classe média ou baixa a ph.D.s de destacadas universidades de elite.

Um dos selecionados dessa nova safra, em 1992, foi Paulo Bilyk, um jovem brasileiro que cursava mestrado na prestigiosa Fletcher School of Law and Diplomacy, da Universidade Tufts, em Boston. Ele não sabia, mas seu pai havia feito uma reunião de trabalho com uma pessoa do banco que, durante o bate-papo, perguntou se ele conhecia jovens que estudavam no exterior. "Meu filho", respondeu. Acabou deixando o currículo do garoto, mesmo depois de explicar que ele não pretendia voltar ao Brasil nem trabalhar num banco de investimentos. O projeto de Bilyk era se tornar diplomata, com atuação em controle de armamentos nucleares, e já estava com um estágio engatilhado na Organização das Nações Unidas (onu) que começaria ao fim do curso.

Mas numa tarde, Bilyk retornou ao pequeno apartamento que dividia com um estudante indiano e outro japonês e ouviu na secretária eletrônica a voz feminina que dizia, em português, que o presidente de um tal banco Pactual estaria em Nova York e gostaria de entrevistá-lo para uma oportunidade de emprego. Como a distância entre Boston e Nova York era de mais de trezentos quilômetros, o banco enviaria a passagem de avião. Primeiro, Bilyk pensou que fosse um trote dos amigos. Mas a curiosidade o levou a responder à ligação — a cobrar, como gentilmente havia sugerido a secretária. Ela confirmou que o convite era real.

Dias depois, no lobby do sofisticado hotel Delmonico, na Park Avenue, em Manhattan, Bilyk presenciou o recepcionista tentando falar com Cezar ao telefone, sem sucesso. O rapaz, então, passou o aparelho para Bilyk, dizendo: "Ele não fala inglês". Aquilo não fazia sentido. "Paulo Bilyk? Pode subir", disse a voz rouca do outro lado da linha. Enquanto o elevador subia sem parar, o garoto só pensava: "Como assim o presidente desse banco não fala inglês?". A perplexidade só aumentou quando bateu à porta da elegante e espaçosa suíte e deu de cara com aquele homem baixo, rechonchudo, de barba grisalha e cachimbo na boca.

Cezar o convidou para entrar e apontou uma poltrona, dizendo que as entrevistas levavam 45 minutos. Acomodou-se diante de Bilyk e disparou: "O que você fez na vida, além de nascer?". Não riu em seguida. O garoto passou os vinte minutos seguintes contando sua trajetória de um jeito que nunca imaginara numa entrevista de emprego. Mencionou sua infância entre Londres e Bruxelas e a origem polonesa do pai. "Teu pai é polonês judeu ou católico?", interrompeu Cezar, com um interesse que parecia genuíno. "Tenho um sócio polonês católico, André Jakurski", emendou. A certa altura, Cezar fez uma pausa e não escondeu sua boa impressão. "Nós, do Pactual, precisamos de gente como você. Eu também acho que você prosperaria no nosso sistema. Mas sei que isso não faz parte dos seus planos. Então, vamos fazer o seguinte: temos mais 25 minutos. Vou usá-los para te vender por que meu banco é um lugar interessante para você trabalhar."

A oferta de emprego no Brasil era obviamente menor do que a demanda, e as pessoas estavam acostumadas a ter de batalhar por uma vaga. Via de regra, a prerrogativa de escolha estava nas mãos das empresas — e não dos candidatos. Mas naquela situação parecia haver, no mínimo, uma distribuição mais equilibrada de poder. O banqueiro começou a falar abertamente sobre as fragilidades da empresa, como a alta rotatividade de funcionários e os desafios para organizar a área administrativa. Também apresentou um cenário promissor, mostrando gráficos sobre a formação acadêmica dos integrantes do banco e destacando os sucessos do negócio.

Para Bilyk, acostumado com a formalidade do ambiente acadêmico e diplomático, aquela franqueza era surpreendente e cativante. Como podia um homem que parecia mais "adequado a uma pescaria no rio Piracicaba do que a um escritório na Wall Street" comandar um time que incluía um ph.D. de Chicago, como Paulo Guedes, e um *trader* oriundo de Harvard, como André Jakurski? Ao final da conversa, estava convencido: "Eu quero trabalhar com esse cara", pensou. Era como se, prestes a se casar com a carreira diplomática, tivesse encontrado o amor de sua vida num bar.

Ainda no tom descontraído do resto da entrevista, Cezar lhe deu um mês para pensar. "Vá nessa viagem com o seu amigo e me liga de lá", disse. Bilyk tinha planejado uma viagem para ver o Grande Prêmio do Canadá de Fórmula 1. Nas semanas seguintes, enquanto percorria a Costa Leste americana rumo a Montreal, repensou suas perspectivas profissionais e comunicou, por fax, a decisão de ingressar no Pactual. Logo começaria a carreira como analista de fusões e aquisições no escritório paulista. E, assim como Plass, se tornaria conhecido no banco como um dos "garotos do Cezar".

O período de 1990 a 1995 passou como um filme em modo acelerado no Pactual. Os escritórios — primeiro o carioca, depois o paulistano — foram se tornando mais apertados a cada dia, ocupados por mais mesas e cadeiras, papéis e gente correndo de um lado para outro, numa gritaria constante, tomando decisões importantes sob alta pressão.

Alguns dos nomes que se tornariam mais relevantes nos anos seguintes chegaram ao banco nesse período, ajudando a consolidar ou construir cada área. Um exemplo foi o estudante de administração de empresas Florian Bartunek, atraído para o Pactual em 1990 por um anúncio na faculdade. Foi o responsável por inaugurar o *research*, área de pesquisa que produziria análises sobre empresas listadas na Bolsa. Embora inicialmente sob a liderança de André Jakurski, o setor foi idealizado por Cezar e Guedes, que vislumbravam a importância de ir além da compra e venda de ações para compor a carteira dos clientes. Planejavam criar uma área mais ampla da qual o *research* seria parte:

equity sales, focada em atender investidores institucionais com produtos financeiros além de ações, e análises de mercado, auxiliando nas decisões dos clientes. Um ano depois, o estudante de economia Guilherme Aché seguiu o mesmo caminho: viu um anúncio na central de estágios e entrou no Pactual para atuar no *research*. Bartunek e Aché logo se tornariam *traders* e seriam promovidos a sócios do banco.

O *equity sales* seria estruturado em 1993 por Marcelo Serfaty, com o apoio do recém-chegado economista Rodrigo Xavier, que era pós-graduado em economia internacional no Japão e fazia mestrado na Thunderbird School of Global Management, nos Estados Unidos, onde fora recrutado por Cezar. A dupla era complementar: Serfaty tinha ideias arrojadas e Xavier as tornava tangíveis. Ao longo dos meses seguintes, começaram a desenvolver áreas fundamentais que transformariam o DNA do banco (mercado de capitais, corretora e distribuição), apoiadas por uma robusta área de *research*. Até então, o Pactual era essencialmente uma *trading house*; para crescer, precisava mudar sua mentalidade. Na época, quando a tesouraria do banco tinha títulos ou ações que não queria mais manter em carteira — por serem problemáticos ou já terem gerado o lucro esperado —, buscava repassá-los aos clientes. Era preciso construir uma nova cultura, em que os investidores fossem vistos como parceiros de longo prazo.

Em 1995, sob liderança de Serfaty, foi aberto o escritório de prospecção do Pactual em Nova York. A ideia era desenvolver o relacionamento com clientes, principalmente estrangeiros, um passo importante para a internacionalização do banco. Serfaty tornou-se sócio ainda em 1993, e Xavier, em 1997. A estruturação das áreas de distribuição e relacionamento com clientes estabeleceu as bases para que o Pactual se tornasse, nos anos seguintes, uma das principais instituições do mercado de capitais brasileiro.

A área administrativa também se expandia e se estruturava. Em 1990, o estudante de direito Claudio Pracownik — depois de ver a chamada PROCURAM-SE CÉREBROS — ingressou como estagiário na área jurídica, da qual anos mais tarde se tornaria chefe. Em 1995, outro anúncio, no elevador da Faculdade de Direito da USP, atraiu Iuri Rapoport para a mesma área. Ele ficaria no banco por um ano e meio, até sair para fazer mestrado no King's College em Londres. Como conseguira emprego num escritório inglês, pensou em ficar por lá. Até receber uma ligação do Pactual, convidando-o de volta. Rapoport não tinha interesse em retornar ao Brasil, mas não queria se indispor com os antigos chefes, então pediu um salário cinco vezes mais alto que o seu, convicto de que não aceitariam. Aceitaram. "Tive que voltar e foi ótimo." Ao longo dos anos, ele passaria a cuidar das áreas de gestão de pessoas e temas ligados à sustentabilidade e à responsabilidade social.

Em 1992, James Oliveira, que cursava administração na FGV, entrou para a tesouraria administrativa, onde ficou por um ano. Recebeu então uma oferta da concorrência e estava decidido a deixar o banco, quando Esteves o convenceu a ficar, transferindo-o para a mesa de renda fixa. A essa altura, já estava estabelecida no banco a cultura de que estagiários ou funcionários, mesmo os com ótima formação, chegavam pela área administrativa. Quem se destacava era promovido para as áreas de negócio. Ainda no mesmo ano chegaram ao banco Emmanuel Hermann e Roberto Sallouti. Hermann estudava economia na UFRJ e trabalhava na mesa de renda variável. Sallouti completou a graduação em administração em Wharton, escola de negócios da Universidade da Pensilvânia, nos Estados Unidos, e foi convidado por Cezar para fazer um estágio de verão. Ingressou no banco pela mesa de renda fixa, para trabalhar com Esteves.

Em 1993, seriam contratados João Dantas e Luciane Ribeiro. Dantas faria carreira no setor administrativo pelas décadas seguintes, tornando-se o principal responsável pela área financeira, de contabilidade e impostos, mais tarde assumindo como CFO do banco. Luciane, contadora que cresceu no Pactual fazendo a contabilidade das operações de Esteves e seu time de renda fixa em São Paulo, foi uma das poucas mulheres que ingressaram nessa época a conquistar um cargo de liderança. Tornou-se sócia e responsável por administrar os assuntos ligados à *partnership*, na estrutura chamada internamente de *partnership office*. Em 1994, Guilherme Paes, formado em administração e com uma passagem de alguns anos pelo banco Chase,* em Nova York,

---

* O Chase seria incorporado ao JPMorgan em 2000.

entrou para o time comercial. Todos se tornariam sócios relevantes nos anos vindouros.

Entre as iniciativas mais peculiares de Cezar para atrair talentos e expandir o Pactual estava a criação da "Sala 1", uma sala de reunião dedicada a profissionais experientes do setor financeiro que, por diversas razões, estavam fora do circuito. Eram ex-banqueiros, ex-donos de corretoras e outros veteranos do mercado, que assim podiam voltar à ativa e potencialmente trazer novas operações para o Pactual. Os profissionais tinham liberdade para chegar e sair quando quisessem, sem horário fixo, e receber possíveis clientes. A iniciativa, embora inovadora, gerava tensões internas. A presença de profissionais sem função clara causava confusão, com funcionários questionando quem eram aquelas pessoas e qual seu papel no banco. Não se sabe se o plano deu certo, pois não há registros nem recordações de negócios gerados por esse grupo específico.

Com dezenas de novas pessoas entrando para o banco a cada semestre, foi preciso um refinamento dos sistemas de avaliação e recompensa. A meritocracia, princípio fundamental desde a concepção do Pactual, agora precisava ser aplicada em uma escala muito maior. O desafio era manter a essência do lema "quem produz mais ganha mais" em uma organização em rápida expansão. O sistema de *partnership* também passava por um teste: como preservar o senso de propriedade entre os sócios quando seu número só aumentava? Ficava claro que não bastava contar apenas com a intuição dos fundadores. Aos poucos, foi preciso estabelecer critérios objetivos e transparentes, que pudessem ser compreendidos e aceitos por todos.

O sistema de avaliação semestral era rigoroso. Os profissionais eram classificados nas categorias I (insuficiente), S (satisfatório), MB (muito bom) e E (excelente) — apenas cinco pessoas podiam receber a classificação máxima por vez. O banco distribuía 25% dos lucros como bônus, 25% como dividendos para os sócios, e reinvestia 50%. De 3% a 5% do bônus total era destinado à área administrativa. O volume maior era distribuído aos que trabalhavam nas mesas de operação, de acordo com o resultado individual. Sobre isso Jakurski costumava falar: "Não tem xinxim nem xinxeta, vale o que está na tabuleta". Geralmente, se um *trader* ganhasse 500 mil dólares para o banco, era convidado a se tornar acionista. Ao fim de cada semestre, aqueles com as melhores performances recebiam o convite para entrarem na sociedade, comprando participações de 0,10%, 0,15% ou 0,20%, financiadas pelos sócios majoritários e pagas ao longo do tempo com os bônus recebidos. Os funcionários com os piores desempenhos eram demitidos.

O banco ainda não oferecia treinamentos formais ou suporte estruturado para apoiar o desenvolvimento dos funcionários. Era cada um por si. Aprendia-se fazendo, olhando, pedindo para ensinarem, e, dependendo de quem estava acima ou ao lado na hierarquia, as oportunidades eram maiores ou menores. Havia espaço para colaboração — especialmente incentivada por Paulo Guedes, que vivia citando o admirável entrosamento dos Beatles e dizendo que não entendia por que eles haviam se separado. Um exemplo dos trabalhos bem-sucedidos em time eram as operações arrojadas que levaram o banco a ganhar muito dinheiro prevendo o fracasso dos planos econômicos para combater a inflação nos anos 1980. Mas havia também uma intensa competição. "Cotoveladas" e "dedos no olho" faziam parte do jogo. Uma palavra recorrente entre quem passou pelo Pactual para descrever a atmosfera daquela época é "selva".

Havia poucas mulheres no banco no início da década de 1990, e não era incomum, nas palavras de uma ex-funcionária, saírem "abaladas" com o dia a dia excessivamente "racional e tenso". Nas mesas de operação, as conversas eram repletas de piadas machistas e palavrões. Sem combinar, elas seguiam um código de vestimenta não oficial, mas evidente: camisa social, calça de prega, mocassins e, vez ou outra, um discreto arco no cabelo. O objetivo era se camuflar num ambiente masculino e não chamar a atenção.

A maioria das mulheres que fizeram carreira no banco cresceu nos setores de suporte a operações, como jurídico e tesouraria. Uma das primeiras mulheres a atuar na mesa de operações, Daniela Gontijo levava a convivência com humor, mas costumava usar fones de ouvido para não escutar as conversas dos colegas. Ela entrou no banco em 1990, na área administrativa, e em seguida conseguiu uma vaga na renda fixa. Saiu em 1994, após uma reestruturação nos departamentos.

As brincadeiras entre os funcionários podiam ser pesadas e extrapolavam o tema profissional. Certa vez, na véspera de um sócio se casar, os colegas forjaram uma certidão de nascimento de um suposto filho dele. Ao ver o documento, o rapaz ficou visivelmente abalado e nervoso. Só relaxou horas depois, quando a pegadinha foi revelada.

Aos jovens mais inexperientes que chegavam ao banco eram atribuídas tarefas fictícias, como "fechar o pregão" — jargão usado para o encerramento das atividades do mercado de capitais às dezessete horas. "Você vai cuidar da chave do pregão", era dito ao novato, que recebia uma chave qualquer nas mãos. No fim do horário comercial, avisavam: "Agora você tem que fechar o pregão". O garoto então saía pelo escritório em busca de um lugar físico inexistente até alguém cair na gargalhada e esclarecer a troça.

Jakurski, por exemplo, protagonizava diálogos ríspidos com frequência. Certa vez, um funcionário do administrativo voltou do almoço e deparou com um documento que precisava ser entregue a um grande banco até o fim do dia, mas não havia sido assinado. Como seus chefes estavam em reunião e Cezar e Guedes, em compromissos externos, ele inocentemente foi até a mesa do *trader* pedir sua assinatura. Jakurski perguntou se ele já estava procurando emprego. O garoto não entendeu a pergunta, mas respondeu que não. "Não vou assinar porra nenhuma. Leve isso para outro filho da puta assinar." O funcionário, atônito, se segurou para não responder, "pois precisava do emprego". Bateu à porta da sala de reunião, interrompendo a conversa dos sócios, e contou ao seu chefe, Plass, o que se passara. "Não esquenta, não", respondeu Plass, assinando o documento e garantindo que ele não seria demitido.

Num episódio envolvendo um funcionário sênior, a discussão com Jakurski chegou a um nível mais baixo. O bate-boca rotineiro evoluiu para uma injúria contra o cofundador do banco: o profissional, discordando da decisão conservadora de Jakurski em uma operação, disse que ele era "pão-duro por ser judeu". O *trader*, levantando a voz, disse que não era judeu. "Ah, não? Então vamos fazer uma verificação", propôs, sugerindo que o chefe abaixasse as calças em público para revelar se era ou não circuncidado.* O funcionário foi demitido.

Atitudes de discriminação explícita não eram incomuns. Por exemplo, no episódio em que um gerente do banco foi instruído pelo chefe a demitir um analista que era surdo de um ouvido. Ao questionar a decisão, argumentando que o profissional era excelente e que a deficiência não afetava seu desempenho, o gerente ouviu: "Mas talvez ele tenha que ser *trader* um dia. E como vai operar com dois telefones de uma vez?" — à época, as negociações de compra e venda de ativos ocorriam por meio de ligações, muitas vezes simultâneas. Mesmo contra a vontade de seu líder direto, o jovem analista foi desligado.

Os comportamentos grosseiros não eram uma característica isolada da equipe do Pactual. Refletiam o contexto empresarial do Brasil na década de 1990 e, mais acentuadamente, do mercado financeiro, em que o número de homens trabalhando era muito maior que o de mulheres. Atitudes preconceituosas, piadas misóginas e brincadeiras abusivas que mais tarde não passariam impunes em ambientes corporativos eram então tratadas como normais. Apesar de distorções e exageros, a cultura agressiva — definida pelo sistema de avaliação meritocrático e pela *partnership* — era vista pelos sócios principais como crucial para o crescimento e o sucesso do banco.

Um inesperado bilhão de dólares

Enquanto o modelo de gestão se solidificava, revelando desafios, uma conjuntura externa traria uma oportunidade capaz de mudar drasticamente o rumo do Pactual. Quase dois anos depois do impeachment do presidente Fernando Collor, seu vice, Itamar Franco, também tentaria

---

* No judaísmo, a circuncisão é um ritual que simboliza a aliança entre Deus e o povo de Israel e tem sua origem no relato bíblico de Gênesis 17,1-14, em que Deus ordena a Abraão que ele e todos os seus descendentes se circuncidassem como sinal do pacto perpétuo entre eles.

combater a hiperinflação, com mais um plano econômico — e dessa vez Paulo Guedes acreditava em seu sucesso.

O economista do Pactual tinha dado sua contribuição — ou cravado sua previsão — ao afirmar à imprensa que Itamar Franco deveria chamar, para o Ministério da Fazenda, o economista José Serra ou o sociólogo Fernando Henrique Cardoso, a fim de liderar um choque monetário para combater a inflação. Franco nem sequer completara oito meses de mandato e escolheria o quarto titular da pasta, o que causava desconfiança no público em geral — dos financistas aos consumidores. FHC assumiu em maio de 1993 e montou uma equipe econômica com sólida formação acadêmica: Edmar Bacha, Persio Arida, André Lara Resende, Gustavo Franco e Pedro Malan, todos doutores em economia por prestigiadas universidades americanas, como Yale, Harvard e MIT.

O Plano Real começou a ser arquitetado em 1993, a partir de premissas distintas das que haviam norteado os planos econômicos anteriores. Sua base era a transparência, a implementação gradual e a ausência de medidas inesperadas ou congelamentos de preços. O plano visava não apenas controlar a inflação a curto prazo, mas promover a estabilidade econômica duradoura, atacando as raízes da inflação que assolava o país havia anos.

Sua implementação seguiu três fases. A primeira, iniciada ainda em 1993, focou o ajuste das contas públicas por meio de cortes no orçamento. A segunda, que começou em 1º de março de 1994, introduziu a unidade real de valor (URV), uma moeda virtual e temporária, atrelada ao dólar, utilizada para desindexar aos poucos a economia da inflação anterior. Nesse período, todos os preços foram remarcados em URV, enquanto o cruzeiro real continuava em circulação. Em 1º de julho de 1994, teve início a terceira fase, com o lançamento do real como nova moeda brasileira, inicialmente em paridade com o dólar.

Para Guedes, o que fez a diferença em relação às iniciativas anteriores foi a previsibilidade. O plano foi anunciado com antecedência e estruturado em etapas bem definidas, o que permitiria uma transição mais suave e controlada, favorecendo o sucesso na contenção da hiperinflação. Mas enquanto o banqueiro e parte significativa do mercado financeiro encaravam o novo plano com otimismo, outros economistas renomados expressavam ceticismo e preocupação. Maria da Conceição Tavares, professora emérita da UFRJ e conhecida por sua postura crítica ao neoliberalismo, era uma das vozes mais contundentes contra o Plano Real. Ela argumentava que a sobrevalorização da moeda diante do dólar e a política de juros altos seriam insustentáveis a longo prazo, levando potencialmente a uma crise no balanço de pagamentos externos e prejudicando a indústria nacional. Conceição também alertava para um possível agravamento da desigualdade social e o comprometimento do desenvolvimento econômico sustentado.

Luiz Gonzaga Belluzzo, professor titular da Unicamp e ex-secretário de Política Econômica do Ministério da Fazenda durante o governo Sarney, compartilhava dessas preocupações. Antes da implementação do Plano Real, Belluzzo advertia para os perigos de uma valorização cambial excessiva. Em debate promovido pelo *Jornal do Brasil* em março de 1994, enfatizou a necessidade de considerar estratégias alternativas que não dependessem exclusivamente da âncora cambial para controlar a inflação. Paul Singer, economista de orientação marxista e professor da USP, era ainda mais crítico, vendo o Plano Real como uma solução de curto prazo que não abordava as raízes estruturais da inflação no Brasil — como a concentração de renda e a falta de reformas sociais mais profundas. Singer temia que o plano beneficiasse sobretudo as elites econômicas e financeiras, enquanto a maioria da população sofreria as consequências, como o desemprego e a perda do poder aquisitivo devido ao arrocho salarial.

Em meio a tantas opiniões divergentes, Paulo Guedes antecipou os efeitos macroeconômicos do plano e identificou uma nova oportunidade de ganho financeiro para o banco, prevendo que haveria um aumento significativo nas taxas de juros e uma valorização da nova moeda em relação ao dólar. Assim, propôs captar uma quantidade significativa de dinheiro em dólar a taxas baixas para repassar em reais a taxas muito mais altas.

A equipe responsável pelas operações de câmbio recebia direcionamentos tanto de André Jakurski quanto de Paulo Guedes. Mas até aquele momento o primeiro tinha mais influência, uma vez que o dólar era uma moeda especulativa, com ganhos de curto prazo. Quando ouviu o plano de Guedes, Jakurski foi contra fazerem uma grande aposta na valorização do real em relação ao dólar. Considerava arriscado demais, pois não havia certeza sobre os efeitos do plano econômico. Guedes, então, passou a convocar reuniões de sócios para debater o tema. Delas participavam nove pessoas: os quatro sócios iniciais, além de José Elias Abeid, Marcos Pinheiro, Marcio Fainziliber, Ted Poor e Eduardo Plass, todos da segunda geração. Tais discussões, nas quais Pinheiro e Plass tinham participação menos relevante, por atuarem no administrativo, foram se tornando cada vez mais acaloradas.

Jakurski argumentava que a estratégia poderia quebrar o banco. Poor, número um da mesa de câmbio, conhecido por falar pouco e ter um temperamento explosivo, no início não se envolvia nas discussões dos chefes. Mas Guedes começou a chamá-lo durante o expediente para convencê-lo de que se beneficiaria enormemente da estratégia, prometendo mantê-lo líder da área. Quando estavam a sós, Poor parecia concordar. Mas, na frente de Jakurski, não se posicionava. Guedes criticou publicamente a mudança de postura, argumentando que não precisava "pagar duas vezes pela mesma opinião". As discussões se tornaram mais tensas com o passar das semanas, pois cada um se agarrava com mais convicção às próprias crenças e aos próprios receios. Até que Cezar, que até então assistia a tudo calado, se manifestou: "Eu tenho o botão vermelho. Se vocês não chegarem a um acordo, aperto para desempatar". Afinal, era o controlador da instituição.

Enquanto se desenrolavam os debates, Gilberto Sayão — o número dois da área de câmbio — decidiu sair do banco, um ano depois de ter entrado. Recebera uma oferta do concorrente Icatu e encantara-se por um projeto ligado a operações na Bolsa que o banco lhe apresentou. A primeira pessoa a quem comunicou a decisão foi seu chefe direto, Poor. A reação foi intempestiva. Poor se recusou a aceitar a demissão, se levantou e saiu da sala. Sayão ficou sem ação. Voltou para sua mesa, sem saber como proceder.

Ao longo do dia, o colega de Poor na renda fixa, Marcos Pinheiro, abordou Sayão e indagou por que ele queria sair. Em vez de tentar dissuadi-lo imediatamente, sugeriu que falasse com outros sócios, incluindo os fundadores. Sayão seguiu o conselho. Falou primeiro com Jakurski. O *trader* ouviu sua explicação e, ao final, como era seu estilo, foi direto ao ponto: "O nosso negócio aqui precisa de gente boa. Você tem três avaliações de desempenho — dois Excelentes, e um Muito Bom. O banco não pode te perder. Você quer trabalhar com Bolsa? Então comece a trabalhar aqui com Bolsa". O garoto começou a titubear. Por último, falou com Guedes, que reforçou: haveria mudanças nas operações de câmbio dali em diante. Até aquele momento, a relação risco-retorno com a compra e venda de dólar não era atraente, uma vez que o câmbio desvalorizava todo dia, acompanhando a inflação. "O que existe hoje é insustentável, as coisas vão mudar. Como você pode sair agora?" Tanto empenho dos fundadores e sócios seniores para manter um garoto em início de carreira no banco refletia, na prática, a filosofia da *partnership*. Sayão acabou ficando, cresceu no Pactual e nos anos 2000 seria um dos principais sócios.

Em fevereiro de 1994, com a URV prestes a ser lançada, as reuniões se ampliaram, incluindo mais participantes. O clima abrandou. As opiniões de sócios mais jovens, como Esteves e Sayão, foram ganhando peso. Aos poucos, formou-se um consenso. Até Jakurski, inicialmente contra uma aposta grande, convenceu-se da estratégia. No final, os sócios concordaram em assumir uma posição significativa para a compra de dólar e repasse na moeda nacional, na expectativa de lucrar com as altas taxas de juros. Guedes propôs aumentar o limite para operações de câmbio em vinte vezes. Cezar, na condição de árbitro, finalizou a última reunião sobre o tema dobrando a aposta: "Vamos aumentar quarenta vezes o limite".

A partir de 1º de julho, entrou em vigor a nova moeda definitiva, o real, e as operações de câmbio no Pactual passaram a ser mais influenciadas pela visão de Guedes. Com uma moeda nacional forte e juros altos no Brasil, o dólar se tornaria uma ferramenta mais previsível e estável, alinhando-se às características da renda fixa. A liderança direta das negociações continuou com Poor. Este era seguido de Sayão, que logo viria a ser o principal responsável pela área.

A estratégia de Guedes se mostrou acertada, e os ganhos foram excepcionais, maiores do que ele próprio imaginara. Em poucos meses o patrimônio do banco cresceu de cerca de 250 milhões de dólares no início de 1994 para quase 1 bilhão de dólares no final do ano.

O caso do Pactual não foi isolado. O sistema financeiro como um todo se beneficiou com o Plano Real. Mas os principais ganhadores foram os bancos de investimento e as gestoras de ativos, com operações vinculadas à valorização da moeda nacional em relação ao dólar e às altas taxas de juros.

O sucesso financeiro também trouxe alguns desafios para os dois líderes do setor de bancos de investimento, Garantia e Pactual. No Garantia, cujo patrimônio era maior, os aportes foram ainda mais lucrativos. Tradicionalmente, em anos de ganhos extraordinários, a estratégia do banco era direcionar parte significativa dos recursos para aquisições de empresas da economia real, como foi com as Lojas Americanas em 1982 e a Brahma em 1989. Essa abordagem não apenas diversificava os ativos do banco, mas também mantinha a equipe alinhada e focada no crescimento sustentável do negócio. Mas naquele ano houve uma mudança nessa dinâmica. Com Jorge Paulo Lemann temporariamente afastado devido a questões de saúde, foi tomada a decisão de distribuir os 20% do lucro líquido para os sócios, conforme a regra estabelecida, sem antes realizar investimentos estratégicos que pudessem reduzir o montante total. Essa decisão, embora de acordo com as políticas existentes, representou uma quebra na cultura de reinvestimento e austeridade que era a marca registrada da instituição.

Aquele também foi o ano de abertura da gestora Opportunity, fundada por Daniel Dantas, que deixara o Icatu em 1993 em função de um desentendimento sobre sua participação acionária. O movimento do investidor — de deixar a sociedade em um banco para montar uma gestora a partir de sua fortuna pessoal, com potencial de crescimento para clientes institucionais e donos de grandes patrimônios — seria repetido por diversos executivos, principalmente a partir dos anos 2000. Assim, crescia a parcela do mercado financeiro composta de casas especializadas em fundos de investimento no Brasil. Naquele ano, por exemplo, o ex-Garantia Bruno Rocha e Pedro Eberle já haviam fundado a respeitada Dynamo.

O surgimento de gestoras como Dynamo e Opportunity provocava novas mudanças no contexto financeiro brasileiro. Essas empresas traziam estratégias de investimento inovadoras e produtos financeiros mais sofisticados, criando um ambiente mais competitivo e desafiador para os bancos tradicionais. Para o Pactual, no entanto, aquela transformação não era uma ameaça, e sim uma oportunidade. O banco havia amadurecido nos últimos anos, evoluindo de uma casa de negociações para uma instituição financeira multifacetada, com uma robusta área de pesquisa que fornecia análises aprofundadas sobre empresas e mercados. Seus serviços tinham se expandido para atender às necessidades complexas das empresas e começavam a atrair clientes internacionais. Em suma, a nova dinâmica do mercado confirmava a visão estratégica que vinha guiando a transformação interna da empresa.

Mas o sucesso decorrente do Plano Real trouxe outros desafios ao Pactual. O enorme ganho inesperado — e a distribuição de 50% dos lucros para os sócios — mudou a dinâmica entre eles, desde os fundadores até os mais jovens. Alguns, satisfeitos com o que tinham conquistado, começaram a pensar em deixar a empresa e levar uma vida mais tranquila. Outros, instigados pela perspectiva de quão longe poderiam chegar, queriam mais — crescimento, dinheiro, poder. Mas todos sabiam que, com muito mais em jogo, os riscos seriam maiores. Um erro ou um tombo custariam exponencialmente mais caro do que no início. As diferenças de visões sobre o futuro do negócio, que antes não tinham grande relevância nas discussões rotineiras entre os sócios fundadores, agora ganhavam destaque e peso nas conversas, revelando a heterogeneidade de pensamentos. Os pilares que sustentaram a instituição até ali começavam a balançar. Era preciso repensar as estratégias do Pactual e o que cada um queria da vida dali para a frente.

6
"Se aconteceu com ele, por que não com a gente?"

"MARA, NO ANO QUE VEM NÓS NÃO ESTAREMOS NESTA FESTA. Eu vou sair do banco." Marcio Fainziliber, integrante da segunda geração de sócios, sussurrou essas palavras para a esposa durante a clássica festa de réveillon na Fazenda Marambaia, casa de Cezar, na virada para 1993. Aos 41 anos, Fainziliber sentia que era hora de cumprir — já com certo atraso — uma promessa que fizera a Mara quando se casaram, em 1977, inspirado pela prática dos sócios da Goldman Sachs: quando completasse quarenta anos, pararia de trabalhar. Agora, às vésperas do que seria o período mais próspero do Pactual, enfim concretizaria o plano de deixar o banco para ter uma vida completamente diferente.

A decisão não era movida por insatisfação com a empresa, mas por aspirações pessoais que começavam a falar mais alto. O trabalho intenso até ali lhe proporcionara suficiente conforto financeiro para fazer uma nova escolha com tranquilidade. Fainziliber queria dedicar mais tempo a projetos sociais, interessava-se por artes, gostaria de viajar com mais frequência. Tinha ainda planos menos objetivos: buscava relações mais autênticas, passar mais tempo de qualidade com a família, simplesmente fazer algo diferente da vida. O poder e as conquistas materiais, por si sós, lhe causavam cada vez menos satisfação. Nos almoços com clientes, se pegava observando as interações com distanciamento. As risadas forçadas, os olhares de interesse calculado, as bajulações lhe soavam artificiais demais. "O nosso mundo é fictício", pensava. "Nós tínhamos um poder enorme nas mãos, todo mundo queria estar junto, queria nosso apoio, mas aquilo era totalmente transitório. Depois de um tempo me angustiava saber que, no dia em que eu parasse, aquele troço todo ia desaparecer em 24 horas."

Martelavam em sua cabeça as palavras de Paulo Guedes sobre os Beatles, alertando que a história do Pactual não poderia terminar com uma separação no auge do sucesso. Fainziliber seria o primeiro entre os sócios a deixar o banco e temia que sua decisão causasse uma fissura na empresa. Ele comunicou a saída ao comitê executivo, dizendo que se dedicaria mais à família e diminuiria o ritmo, sem prolongar ou aprofundar a explicação. Em fevereiro de 1994, deixaria de vez o Pactual.

Embora parecesse um evento isolado e surpreendente, a saída de Fainziliber do banco daria margem a um questionamento que logo se mostraria crucial aos sócios — sobretudo após o ganho extraordinário do banco com o Plano Real, que elevou seu patrimônio a quase 1 bilhão de dólares: o que fazer com tanta riqueza?

Antes que a pergunta pudesse ser respondida, porém, uma crise financeira no México respingaria no Brasil, intensificando as turbulências no mercado até o fim de 1994. O colapso, que ficou conhecido como Efeito Tequila, foi resultado de uma combinação de fatores, incluindo instabilidade política e especulação financeira no país, que culminaram na desvalorização abrupta do peso mexicano em 20 de dezembro de 1994. O impacto no Brasil foi significativo, devido ao que os especialistas chamavam de "contágio financeiro". Como outros mercados emergentes, o país dependia fortemente de capitais voláteis e investimentos de curto prazo. A crise mexicana gerou uma perda de confiança generalizada nesses países, levando investidores internacionais a retirarem seus recursos de tais mercados.

A fuga de capitais exerceu uma pressão considerável sobre o real. Em resposta, o governo brasileiro elevou as taxas de juros a níveis extremamente altos, chegando a 38,7% ao ano em março de 1995, numa tentativa de conter a fuga de capitais, estabilizar a moeda, atrair capital externo e cobrir o déficit na conta-corrente do balanço de pagamentos. De acordo com dados da época, essa foi uma das maiores taxas de juros reais do mundo na história. A Bolsa de São Paulo sofreu perdas significativas, com uma desvalorização de cerca de 40 bilhões de dólares desde o início da crise.

Era o primeiro grande desafio que o mercado financeiro nacional enfrentava desde a implementação do Plano Real, em um contexto de maior alavancagem. O Brasil havia recentemente desenvolvido um mercado de derivativos mais robusto e a BM&F (Bolsa de Mercadorias e Futuros, que sucedeu a Bolsa Mercantil e de Futuros em 1991) ganhava impulso com a nova moeda. Isso significava que bancos e investidores passavam a operar com instrumentos financeiros mais sofisticados, aumentando seus riscos. A crise mexicana expôs vulnerabilidades até então subestimadas nos mercados emergentes, revelando sua heterogeneidade. Enquanto o México enfrentava uma crise cambial aguda, o Brasil lidava com pressões inflacionárias residuais, e a Argentina mantinha seu regime de conversibilidade (que atrelava o peso ao dólar, já dando sinais de fragilidade). Essas diferenças ressaltavam que os mercados emergentes não podiam ser tratados como um bloco monolítico, exigindo dos investidores um conhecimento mais profundo das peculiaridades sociais e econômicas de cada região.

Durante a crise, o Pactual adotou uma postura conservadora. A abordagem precavida contrastava com a de seu principal concorrente, o Garantia, que apostava alto na recuperação dos mercados, em especial o de títulos da dívida externa brasileira renegociados (*brady bonds*). A estratégia mais arriscada do Garantia resultou em ganhos maiores a curto prazo — embora, num futuro próximo, uma crise semelhante fosse levar o banco à bancarrota. Embora não tenha sido financeiramente impactante para o Pactual, a crise do México marcou o início de um período de maior volatilidade nos mercados emergentes e reforçou a importância da gestão de risco cautelosa que se tornaria marca registrada do banco nos anos seguintes.

Enquanto o Pactual lidava com as mudanças no mercado internacional, a equipe comercial seguia em busca de oportunidades domésticas. A estabilização da economia brasileira pós-Plano Real abria novas possibilidades para reestruturações corporativas, fusões e aquisições. Em 1994 e 1996, o banco realizaria duas operações emblemáticas, consolidando sua posição como um dos principais bancos de investimento do país.

A primeira envolveu a Lacta, tradicional fabricante de chocolates que enfrentava dificuldades financeiras. Cezar, que acreditava no potencial da marca e tinha um bom relacionamento com seu controlador, o ex-deputado federal Adhemar de Barros Filho, liderou pessoalmente a operação. Para comandar a reestruturação, escolheu o executivo Álvaro Gonçalves, recém-chegado de uma temporada na Polônia, onde atuara em um projeto da unidade de chocolates da PepsiCo. O negócio deu certo. Em 1996, a Lacta, que de início seria vendida por cerca de 100 milhões de reais, foi adquirida pela Philip Morris por aproximadamente 250 milhões de reais. Como o contrato do banco previa uma remuneração pela assessoria à empresa, além de uma comissão atrelada à futura venda, os ganhos para o Pactual foram expressivos.

A segunda foi a reestruturação da Mesbla, em 1996, que teve a consultoria do ex-sócio Marcio Fainziliber, em um dos poucos projetos em que trabalhou no mercado financeiro depois de sua saída do banco. Com dívidas de cerca de 830 milhões de reais, a varejista estava à beira da falência. O Pactual coordenou um plano que incluía a contratação de José Paulo Amaral, ex-executivo das Lojas Americanas, para reestruturar a empresa. A entrada de Amaral gerou atritos com Beto Sicupira, do Garantia, ex-sócio de Cezar, pois podia ser encarada como uma invasão de território do concorrente. Apesar do mal-estar, o trabalho ficou conhecido no mercado nacional como inovador, pelo conjunto de estratégias aplicadas. Por exemplo, a conversão de dívidas em ações (*debt-to-equity swap*), incomum no Brasil à época, a prevenção de falência e uma reestruturação que ia além do aspecto financeiro, introduzindo uma abordagem mais ampla nesse tipo de operação, com foco na melhora da gestão especializada em varejo.

Só que, em 1997, a Mesbla foi adquirida pelo empresário Ricardo Mansur, que pagou 600 milhões de reais em dez anos pelas ações e assumiu a dívida fiscal de 350 milhões de reais. Dois anos depois, com dívidas de aproximadamente 1,2 bilhão de reais a fornecedores, bancos, funcionários, investidores e órgãos governamentais, a empresa teve sua falência decretada. O caso resultou em investigações que apontaram indícios de fraudes contábeis e desvio de patrimônio, levando à condenação de Mansur, em 2011, a onze anos e meio de prisão por gestão fraudulenta no Mappin e no banco Crefisul. Quase uma década após a condenação, o empresário passou a cumprir prisão domiciliar.

"Cuidado com a guilhotina"

Com o sucesso do Pactual e o mercado em acelerada transformação, acirravam-se as discordâncias estratégicas de Cezar com os outros sócios fundadores. Cezar insistia em realizar dois tipos de aquisições: de um banco de varejo (ou comercial) e de empresas de diversos setores da economia real, na expectativa de lucrar com a melhora de sua gestão — seguindo o exemplo do concorrente Garantia e das bem-sucedidas reestruturações de Lacta e Mesbla. Os outros sócios não tinham a mesma opinião.

Não era a primeira vez que isso acontecia, claro. Uma das primeiras divergências concretas sobre o futuro do negócio havia surgido ainda no final dos anos 1980, quando Cezar sugeriu em uma reunião comprarem o Banco Nacional — instituição que, anos depois, em 1995, seria alvo de intervenção do Banco Central, quando se descobriu que praticava irregularidades financeiras e contábeis desde 1987. O banqueiro insistiu para que os sócios aceitassem pagar 40 milhões de dólares para assumir o controle da instituição — valor mais alto do que o patrimônio do banco à época. Guedes e Jakurski não concordaram. Mesmo sendo o controlador do banco, Cezar renunciou aos planos.

No início dos anos 1990, ele apresentou uma nova proposta para ampliar os negócios do Pactual, o que poderia transformá-lo num banco comercial. Aquela seria sua primeira tentativa de adquirir o tradicional Banco de Crédito Nacional (BCN), da família Conde. Cezar tinha bom relacionamento com o principal executivo do BCN, Pedro Conde, com quem discutia o possível acordo. O BCN, fundado em 1929, havia crescido de modo considerável nas décadas de 1960, 1970 e 1980, e representava uma oportunidade de entrada imediata no varejo. Mais uma vez, os sócios vetaram os planos de Cezar na hora. Argumentavam que o Brasil passava por um momento de instabilidade econômica e que competir com gigantes estabelecidos sem ter o devido conhecimento e experiência no setor seria uma empreitada temerária.

Cezar ouvia os argumentos irritado. Acusava os sócios de não ter visão de futuro nem apetite para apostar alto. Guedes acreditava na consolidação de um banco de investimento clássico, e Jakurski estaria satisfeito se a empresa seguisse como a mesma *trading house* do início. Comprar um banco comercial significaria alavancar o Pactual perigosamente e se arriscar num negócio de outra natureza, diziam. Incorporar à empresa uma frente de varejo representaria uma mudança estrutural no modelo de negócios e na operação. Seria preciso ir além do foco em transações de grande porte com clientes corporativos, investidores institucionais e donos de fortunas, para atender um público bem mais amplo e diversificado, incluindo pessoas físicas e pequenas empresas, o que exigiria desenvolver sistemas de atendimento em larga escala. A gestão de riscos teria que se adaptar a um novo perfil de cliente. E seriam necessárias reformulações nas estratégias de captação e fidelização, para lidar com um volume muito maior de transações diárias. Mas Cezar não via problemas: a adaptação do Pactual ao mercado de varejo, dizia, seria viável com a chegada de pessoas especializadas — efeito natural de uma aquisição. Antes pontuais e esporádicas, essas conversas, que revelavam as diferenças entre o que cada sócio queria para o banco, se tornaram frequentes, ocupando cada vez mais tempo e prenunciando conflitos inevitáveis.

Diante da resistência dos sócios, Cezar contratou, no início dos anos 1990, profissionais com experiência em grandes instituições financeiras para desenvolver o planejamento estratégico do projeto que batizou de Pactual Varejo — uma iniciativa sem apoio interno, que gerava estranheza e desconforto entre sócios e funcionários, assim como fora a Sala 1. Os detratores da ideia apontavam a necessidade de administrar centenas de agências físicas para concorrer com bancos como Bradesco e Itaú. Cezar, com sua visão arrojada, defendia uma expansão primordialmente digital ou telefônica, o que incluía a implementação de um call center para atendimento ao cliente — um conceito no mínimo ousado, já que à época as ligações telefônicas custavam caro, a internet estava engatinhando e o atendimento bancário se dava de modo quase 100% presencial.

A visão de Cezar para aplicação da tecnologia nos negócios se provaria à frente de seu tempo, e não só no projeto de expansão para o varejo. Em meados dos anos 1990, o uso de e-mail estava sendo implementado no Pactual, e ele insistia para que os funcionários checassem todo dia suas caixas de entrada, o que exigia uma mudança de hábitos, pois a comunicação ainda era dominada por telefone, fax e memorandos impressos. Cezar falava de um "mundo digital", vislumbrando um futuro em que a internet e a digitalização transformariam radicalmente o modo de fazer negócios. Até os mais jovens consideravam suas previsões idealistas e impraticáveis.

Entre as empresas que o banqueiro tentou adquirir para inaugurar uma área de investimentos na economia real, em 1993, estava a CTM Citrus, fabricante e exportadora de suco de laranja concentrado que operava em Matão e Limeira (SP). Nessa época, meses antes de Fainzliber deixar o banco, coube a ele apresentar argumentos técnicos para encerrar a discussão com Cezar ainda em estágio inicial. Como responsável pela área *corporate*, tinha conhecimento específico e a confiança das pessoas, e seu voto contrário à operação era geralmente acompanhado pelos demais sócios.

Cansado de ser voto vencido, Cezar resolveu fundar, em 1991, "na pessoa física", a WestHem Industrial — que em dezembro de 1995 passaria a se chamar Latinpart, uma holding criada especificamente para comprar participações nos negócios em que acreditava. Uma das primeiras aquisições seria justamente uma fatia da CTM Citrus. Em 1996, a Latinpart se tornaria sua controladora. Pelos três anos seguintes, Cezar também adquiriu participações na fabricante de linho Teba (Indústrias Têxteis Barbero), na produtora de embalagens Overprint, na locadora de carros Hertz e nas empresas de moda Benetton (no Brasil) e Fiorucci. Para financiar essas aquisições, ele utilizava uma combinação dos bônus semestrais que recebia do Pactual com empréstimos bancários para os quais dava aval pessoal — uma estrutura que se mostraria arriscadíssima.

Enquanto as discussões estratégicas de Cezar eram mais frequentes com Guedes e Jakurski, os embates cotidianos se davam com Bromfman. Desde os primeiros dias do Pactual, as diferenças de personalidade entre os dois eram evidentes e, de início, pareciam complementares. Cezar, com seu estilo empreendedor mão na massa, direto e mesmo tosco na comunicação, via em Bromfman, formado na Suíça e oriundo do Credibanco, uma sofisticação que admirava. Com o passar dos anos, porém, a aliança foi se transformando em animosidade, com alfinetadas disparadas sobre o jeito de cada um. Cezar o via mais como um executivo preocupado com o próprio patrimônio do que como um sócio operador. Bromfman sentia que o outro invadia seu território e invalidava sua autoridade.

Nas discussões sobre as possíveis formas de diversificar a atuação do Pactual, Bromfman sempre se alinhava aos demais sócios, opondo-se às propostas de Cezar para aquisições em outros setores. Preferia manter o foco nas operações tradicionais de banco de investimento, priorizando o crescimento orgânico por meio dos serviços oferecidos pela área *corporate*, da qual era formalmente o principal responsável. Na prática, porém, Cezar se comportava como líder do setor. Marcava reuniões sem falar com Bromfman, às quais ia acompanhado de jovens recém-contratados, como Paulo Bilyk e Guilherme Paes, que eram parte da área *corporate*, além de André Esteves e Marcelo Serfaty. Outras vezes, Cezar ia a encontros de Bromfman com lideranças do mercado sem ter sido convidado pelo sócio, o que gerava constrangimento, dadas a diferença de abordagem e a falta de alinhamento entre os dois. As discussões abertas eram menos numerosas e intensas do que o mal-estar que ficava no ar. Em suma, um clima de guerra fria na cúpula do Pactual.

As diferenças entre os dois começaram a criar ruídos de comunicação que já não tinham espaço num banco com centenas de funcionários. Certa vez Cezar pediu a Guilherme Paes, então com 26 anos, que trabalhasse em uma possível reorganização societária da multinacional brasileira Tigre, especializada na produção de tubos, conexões e materiais hidráulicos para a construção civil. "Não conte para ninguém", instruiu. Paes ficou desconcertado com a orientação, vendo-se numa posição delicada entre Cezar e Bromfman, líder de sua área. "Como não conta para ninguém?", ficou repetindo mentalmente a pergunta em busca de alguma lógica. Não encontrou. Como o ambiente de trabalho era aberto, e as mesas, compartilhadas, não demorou para Bromfman ver os papéis dispostos diante de Paes e perguntar no que estava trabalhando. O garoto gaguejou, disse algo vago, mas o chefe insistiu, e ele acabou explicando. "O Cezar pediu para eu ajudar", concluiu. Em seguida, pensou: "Estou morto". Bromfman não tocou mais no assunto.

As tensões se intensificaram ao longo de 1995 e chegaram ao ápice em dezembro, quando Cezar convocou uma reunião com Guedes e Jakurski para dizer que Bromfman deveria deixar a sociedade, por não estar contribuindo. Estava determinado a isso. Os cofundadores argumentaram contra a ideia, ressaltando a importância de Bromfman para o banco e o respeito que deviam a alguém que tinha posto o negócio de pé ao lado deles. Seria injusto forçar o desligamento de um dos sócios e descumprir a regra da *partnership*, segundo a qual quem tinha o pior desempenho deveria vender ações, mas não sair da empresa. No limite, em caso de exclusão de alguém, o combinado era que qualquer pessoa, após cinco anos de sociedade, poderia deixar o Pactual, mas manter 1% das ações pelo resto da vida, se quisesse. Bromfman, que havia entrado no banco após a fundação, não teria o direito. Guedes chegou a advertir Cezar: "Cuidado com a guilhotina. Quando começa a ser usada, não para. Se você usá-la contra ele, ela depois será usada contra você". Mas Cezar seguiu irredutível. Justificou que a mudança era necessária para o futuro do banco, apoiando-se em outro princípio da *partnership*: os sócios mais antigos deviam dar lugar aos novos. Foi a primeira vez que o controlador do banco usou seu poder para impor uma decisão sem apoio de ninguém e contra a regra criada junto aos sócios.

Bromfman, que já vinha se sentindo desgastado com as constantes divergências, aceitou a decisão sem protesto. Sua saída foi anunciada para o comitê executivo em 7 de dezembro. Sua participação, que na época era de aproximadamente 10%, seria comprada, primeiro, pela tesouraria do banco e, em seguida, distribuída para novos sócios ou aqueles que aumentavam sua fatia de ações a cada semestre. Em manifestações públicas, Cezar fez comentários sobre a saída de Renato que traduziam indiferença e mesmo crueldade: "Não se põe um cavalo com gripe para correr um grande prêmio. No nosso caso, tem que ser puro-sangue", disse, sugerindo que o ex-sócio não estava em sua melhor forma. Com a saída de Bromfman, o Pactual passou a ter dezenove sócios no final de 1995.

A saída causou um desconforto profundo entre os outros sócios fundadores. Com sua determinação em afastá-lo, Cezar havia ultrapassado uma linha perigosa. Jakurski, com quem Cezar tinha uma relação respeitosa, porém distante — cada um atuando em sua área —, expressou o temor de que a conduta se repetisse com ele ou Guedes. Ao que Cezar respondeu: "Isso não é problema, posso até dividir o controle com vocês". Jakurski gostou da ideia e deu o acordo por fechado.

Nos dias seguintes, antes de ser formalizada, a decisão foi anunciada em uma reunião com os sócios mais jovens. Jakurski pediu a Eduardo Plass, líder do setor administrativo, que preparasse os documentos necessários para alterar o controle da companhia, implementando um sistema segundo o qual seriam necessários dois votos para desligar um sócio. Plass respondeu que poderia começar a preparar os contratos, mas precisava que o controlador confirmasse a decisão. Então, Plass perguntou a Cezar se deveria seguir em frente. Cezar respondeu: "Não, segura aí, vamos ver". Jakurski não voltou a falar do assunto. A situação ficou sem resolução, e o clima piorou entre os três.

Semanas depois do anúncio, Cezar fez comentários a alguns dos sócios mais jovens indicando que não cumpriria a palavra: "Não sou louco para compartilhar o controle com eles", disse. Mas afirmou que estava disposto a fazê-lo com os líderes das novas gerações. A afirmação corroborava um comportamento que o fundador do Pactual já vinha demonstrando. Aliava-se individualmente a alguns funcionários ou novos sócios, fazendo-lhes pedidos ou promessas em tom de "segredo", como fizera com Paes no caso da reestruturação da Tigre. Era visível para a equipe que ele buscava substitutos para os outros fundadores. Era como se preparasse o terreno para um futuro sem eles.

Naquele momento, em meados dos anos 1990, André Esteves era o líder da renda fixa, Marcelo Serfaty, da área de mercado de capitais, Gilberto Sayão, do câmbio, e Florian Bartunek se destacava como *trader*. Cezar reforçava ainda a proximidade com Plass e Bilyk, mas todos pareciam ressabiados com a postura do fundador, alternando entre apoiar suas ideias, como a do banco de varejo, e omitir-se em meio às discussões sobre o futuro do banco. A atmosfera era de instabilidade, desconfiança e inquietude. Algo irreparável havia acontecido: a confiança entre os fundadores se quebrara, e o sentimento de coesão dos primeiros anos desaparecera. Os conflitos do dia a dia iam, pouco a pouco, abrindo uma rachadura na antes aparentemente sólida base da empresa. A saída de Bromfman acendera o alerta. Um jovem sócio, ao presenciar tais desdobramentos, confidenciou a um colega: "É como se tivéssemos perdido nossa bússola moral. Se isso pode acontecer com um dos fundadores, o que nos garante que não acontecerá conosco?".

Ter "perdido a bússola moral" parecia uma definição apropriada. As tentativas de Cezar de consolidar um time a seu redor naquele momento não tiveram a força que ele esperava, pois sua reputação dentro do banco começava a estremecer. Aqueles mais próximos a ele viam que o sucesso começava a inebriá-lo e a distorcer sua percepção sobre os limites do aceitável nas relações e nos negócios. Como controlador de um banco de investimento em ascensão, Cezar tinha cada vez mais poder e influência no mercado. Dedicava parte relevante de seu tempo a temas relacionados à sua imagem, fornecendo informações a jornalistas sobre suas empreitadas na Latinpart. Se no início do Pactual seu foco era manter a equipe unida, encontrar oportunidades criativas e promissoras para o banco e ganhar dinheiro junto com o time, agora Cezar parecia estar, acima de tudo, interessado na construção de sua reputação pública.

Não à toa, as opulentas festas em sua Fazenda Marambaia causavam burburinhos no mercado e resultavam em notícias na imprensa. As celebrações anuais de réveillon eram meticulosamente planejadas, com temas que variavam a cada ano. Uma equipe de cenógrafos trabalhava por meses para transformar o amplo hangar da fazenda, criando ambientes que reproduziam o clássico longa-metragem ... *E o vento levou*, baile de máscaras e filmes de faroeste. A logística incluía dezenas de ônibus para trazer convidados do Rio, enquanto um enorme estacionamento improvisado acomodava centenas de carros. As festas começavam às nove da noite e só terminavam às nove da manhã seguinte, quando Cezar, em uma tática sutil para encerrar a celebração, convidava os remanescentes para um tour pelos jardins projetados por Burle Marx.

Nessa época de festas glamorosas e planos cada vez mais audaciosos, tanto para o Pactual quanto para seus investimentos pessoais, Cezar adquirira hábitos que o distanciavam da realidade cotidiana da maioria dos brasileiros. Usava um de seus dois helicópteros particulares para ir ao banco, reduzindo o trajeto diário entre a Fazenda Marambaia e o escritório no Rio de quase três horas para apenas quinze minutos. Parecia convencido de que podia adquirir ou realizar tudo o que desejasse, mesmo que isso implicasse passar por cima das pessoas.

Numa de suas festas de réveillon, por exemplo, os convidados a pernoitar eram mais numerosos do que as acomodações que sua casa comportava. Então recorreu à pousada vizinha, pedindo à dona que recebesse seus hóspedes. "Sinto muito, já estão todas reservadas para o período", explicou ela, encerrando o assunto. "Diga a eles que a água acabou." A proprietária ficou perplexa com a insolência do vizinho. "Não", respondeu categoricamente. O banqueiro foi embora sem transparecer constrangimento.

As mudanças na postura de Cezar e a desarmonia crescente entre os fundadores do Pactual e o ganho financeiro exorbitante com o Plano Real culminaram na saída de mais dois sócios da segunda geração: Marcos Pinheiro, o primeiro dos que haviam crescido lá dentro, e José Elias Abeid, ambos respeitados e queridos pela nova geração.

Marcos Pinheiro deixou o banco em janeiro de 1996, causando surpresa e consternação entre os colegas. Ele havia ingressado no Pactual ainda jovem e se tornara uma figura influente no banco. Sua decisão, tomada num momento de grande sucesso financeiro para a empresa, não poderia ser interpretada como mero movimento de carreira. "Eu estava desgostoso com aquela situação toda", ele comentaria mais tarde. Quando comunicou seus planos a Cezar, numa conversa privada, o fundador tentou dissuadi-lo, oferecendo várias opções: um ano sabático, transferência para Nova York, abertura de um escritório em Londres, mudança de área. Certamente a notícia não cairia bem para a imagem do Pactual, menos de dois meses depois da saída de Bromfman e um ano após a de Fainziliber. "Eu não vim aqui blefar nem negociar com você", disse Pinheiro. "Minha decisão está tomada."

Meses depois foi a vez de Abeid. Conhecido por sua habilidade em estruturar novas áreas, ele construíra uma carreira sólida no Pactual. Sua decisão de partir também estava ligada às mudanças na dinâmica interna do banco. O estopim fora a criação, por Cezar, de um comitê executivo que não o incluía. O grupo, formado por sócios mais jovens como Esteves, Serfaty e Bilyk, tinha como objetivo discutir as estratégias e o futuro do banco. A exclusão de Abeid reforçava as tentativas recentes de Cezar de montar um time fiel à sua liderança e foi lida por ele como um sinal claro de que seu papel já não era o mesmo.

O impacto dessas partidas foi profundo no banco. A cada novo anúncio de que alguém da segunda geração deixaria o Pactual, crescia a especulação entre os mais jovens sobre quem seria o próximo, e que razões estariam de fato por trás dessas decisões. Para os funcionários e novos sócios, as mudanças reforçavam a sensação de instabilidade crescente desde a saída de Bromfman. Se pessoas tão proeminentes e respeitadas optavam por deixar o banco no auge de sua glória, que garantias os demais tinham sobre seu próprio futuro na instituição?

Em julho de 1996, houve um sinal ainda mais significativo de mudança no Pactual: André Jakurski e Paulo Guedes decidiram voluntariamente vender parte de suas ações. Pouco se falou sobre o tema, mas a movimentação não passou despercebida na empresa. Para muitos, era um indicativo preocupante de que o conceito fundamental da *partnership* estava se desgastando. A decisão de dois cofundadores de reduzir suas participações confirmava as mudanças nas relações internas e nas perspectivas de longo prazo. Para os sócios mais atentos, a atitude silenciosa falava mais alto do que qualquer declaração pública.

7
"Preciso de liquidez"

EM MEADOS DE 1997, ROBERTO SETUBAL — então presidente do Itaú, membro da família controladora e um de seus principais acionistas — aceitou um convite para almoçar com Luiz Cezar Fernandes no escritório do Pactual, em São Paulo. Setubal o conhecia do mercado, mas nunca fora próximo do fundador do Pactual, que àquela altura já era um dos dois principais bancos de investimento do país, ao lado do Garantia. Quando chegou ao encontro, estranhou a presença de aproximadamente dez outras pessoas, fora as que apareciam na televisão instalada na parede, numa videoconferência com o Rio de Janeiro. Em meio ao grupo ali reunido em São Paulo estava o jovem André Esteves, que Setubal ainda não conhecia — nem sabia que fora o responsável por arquitetar o encontro.

Convidar um dos maiores nomes do setor de bancos comerciais no Brasil era uma tentativa sutil de Esteves para legitimar a opinião dos sócios que, aberta ou discretamente, eram contra a entrada do Pactual no varejo. Todos acreditavam que o plano de Cezar — comprar o BCN, instituição significativamente maior que o Pactual — representaria riscos desproporcionais, pois exigiria uma alavancagem perigosa para viabilizar a aquisição. Além disso, a operação demandaria expertise em áreas completamente novas, como atendimento em massa e produtos padronizados. Em um período de consolidação do setor, com grandes bancos fortalecendo suas posições por meio de aquisições, a mudança de modelo de negócios poderia comprometer a posição do Pactual como líder em operações sofisticadas de banco de investimento, transformando-o numa empresa de outra natureza — na qual nenhum sócio era especialista.

"Por que não pedimos a alguém que respeitamos e que é uma referência no setor para nos dar uma opinião? Por exemplo, Roberto Setubal", sugeriu Esteves a Cezar. Enquanto parte do comitê executivo do banco batia boca com o fundador, implorando, com argumentos lógicos e exaltados, para ele desistir daquela ideia "estapafúrdia", Esteves já revelava um dos traços mais fortes de sua personalidade: escapar de embates sempre que possível. Não se posicionava claramente nas discussões, às vezes até apoiava a visão de Cezar. Sabia que era pouco eficiente bater de frente com o chefe. Assim, teve a ideia estratégica de trazer um nome imparcial e de prestígio inconteste no mercado para dissuadi-lo. Cezar se entusiasmou com a ideia de receber o banqueiro, e marcou o almoço.

Esteves apostou alto: nunca havia conversado com Setubal e sua opinião carregava um inerente potencial conflito de interesses. Como responsável por um dos maiores bancos de varejo do país, não lhe interessava a entrada de mais um competidor no mercado. Mas a questão não preocupava Esteves, que acreditava que o empresário faria uma avaliação técnica isenta; seguindo a lógica e o bom senso, seria improvável que ele defendesse que o Pactual adquirisse um banco comercial naquele contexto.

O plano funcionou. Durante o encontro, o presidente do Itaú expôs sua visão técnica sobre os desafios do varejo bancário, em especial a difícil gestão da escala, fundamental para a viabilidade do negócio. Cezar — apesar de ser o único entusiasta da ideia — falou pouco, escutando os conselhos do veterano. De fato, Setubal considerava uma péssima ideia o banco de investimento se arriscar no varejo, sendo categórico ao dar sua opinião diante de sócios da primeira, da segunda e da terceira gerações.

Setubal não entendeu a real motivação do encontro e saiu de lá intrigado. Vinha acompanhando, pela imprensa e por rumores no mercado, os supostos flertes do Pactual com bancos comerciais, mas não conhecia a iminente intenção de Cezar de fechar um negócio, tampouco as enormes divergências entre os sócios. O esclarecimento viria meses depois, quando as disputas internas no Pactual e a saída de sócios começaram a pipocar no noticiário. Anos mais tarde, Esteves voltaria a mencionar a reunião em encontros com Setubal, dizendo que ela havia sido decisiva para os rumos do banco.

O BCN

A entrada do Pactual no varejo bancário estivera esporadicamente nas pautas internas por anos, mas a polêmica avançara de modo mais concreto a partir de maio de 1997. Naquele mês, o banco apareceu em uma reportagem no *Jornal do Brasil* como potencial interessado na compra do Credireal (Banco de Crédito Real de Minas Gerais) — o que não passara de uma ideia de Cezar, sem desdobramentos concretos. No entanto, o Pactual acabou atuando como assessor na venda da instituição para o BCN, de Pedro Conde.

Meses depois, Cezar tentaria, pela segunda vez, comprar o próprio BCN. A primeira vez, no início dos anos 1990, não fora adiante. Agora, o fundador do Pactual disputava a transação com o Bradesco e o banco espanhol Bilbao Vizcaya (BBV). Cezar negociou diretamente com Pedro Conde, que, prestes a se aposentar, analisava a melhor oferta para vender a instituição. Sem consultar os cofundadores ou os sócios mais jovens do Pactual, Cezar fechara um acordo "de boca" com ele, saindo na frente dos concorrentes.

Para Cezar, o principal interesse de uma incorporação do BCN ao Pactual era a entrada de sua diretoria, composta de profissionais experientes e respeitados no mercado. A liderança do banco era conhecida por atuar de forma semelhante a uma *partnership*, com os executivos trabalhando com frequência em equipe e com forte participação nos resultados da empresa, o que se alinhava à cultura do Pactual. Simultaneamente às negociações com Pedro Conde, Cezar mantinha conversas com os principais diretores do BCN. Entre eles estavam os experientes Antônio Carlos Porto, Totó, e Oswaldo Assis, que trabalhavam no banco havia quase trinta anos.

Totó, um executivo carismático e direto, começara a carreira no BCN em 1969, como operador de pregão. Em 1979, assumiu como diretor financeiro e, nove anos depois, tornou-se vice-presidente executivo, responsável por áreas como diretoria financeira, tesouraria, leasing, seguradora, crédito imobiliário, gestão de produtos pessoa física e jurídica e marketing. Sua área chegou a ser responsável por 50% dos resultados do banco. Assis era um engenheiro formado pelo Instituto Tecnológico de Aeronáutica (ITA) que descobriu sua vocação para o mercado financeiro após cursar uma pós-graduação em economia na USP. Em 28 anos no BCN, chegou a vice-presidente responsável por áreas como gestão financeira, leasing, seguros, imóveis, área jurídica e marketing, tendo sido também diretor financeiro. Foi reconhecido como um dos "cardeais do mercado financeiro" pelo jornal *Gazeta Mercantil*. Ambos estavam animados para trabalhar no banco de Cezar após uma possível aquisição.

Confiante no negócio, mas sem contar que já tinha dado sua palavra ao dono do BCN, Cezar convidou Paulo Guedes e André Jakurski para conhecerem a sede da instituição, em Alphaville, na Grande São Paulo, uma região afastada do centro da cidade que abrigava um polo empresarial em desenvolvimento. Se para ele a visita seria uma formalidade para selar o acordo, para os sócios era apenas uma aproximação entre empresas de mercados parecidos. Mas eles logo perceberam a cilada. Ao chegarem, foram recebidos por Pedro Conde com um entusiástico "Parabéns!". Guedes e Jakurski trocaram olhares confusos. "Parabéns pelo quê?", indagaram. "Pela nossa sociedade! Estamos juntos agora...", respondeu Conde, sem esconder a satisfação, mas percebendo, enquanto falava, que os dois não estavam a par do acordo firmado com o fundador do Pactual. O mal-estar foi imediato. Seguiu-se então um almoço cordial, mas era evidente o constrangimento entre os participantes.

O BCN era o sexto maior banco do país, com ativos de 12,9 bilhões de dólares e uma tesouraria muito ativa, como a do Pactual. Mesmo assim, a aquisição só faria sentido se houvesse um interesse inequívoco dos líderes do banco de investimento em apostar alto no setor de varejo bancário — mas esse ainda era o plano de um homem só.

Depois da visita ao BCN, Guedes e Jakurski bateram o pé, e o clima se tornou pesadíssimo. Foi nesse contexto que se deu o convite a Roberto Setubal, que se revelaria a ducha de água fria final em Cezar. Sem qualquer adesão de seus sócios, não havia como levar adiante a negociação com o BCN e Cezar teve de pular fora. Mas como dera a palavra a Pedro Conde, os sócios mais jovens concluíram que precisavam encontrar uma solução intermediária para evitar um desgaste de imagem do Pactual. Assim, concordaram em adquirir o Banco Sistema, instituição de menor porte que pertencia a Pedro Conde e a alguns executivos do BCN. A empresa era conhecida por sua agressividade no mercado, tendo se destacado por anos no ranking das instituições mais lucrativas do país, com destaque para seu fundo de investimento, o sistema hedge, que em 1996 chegou a alcançar uma rentabilidade real de 400%.

Nas acaloradas discussões internas que precederam a decisão, era recorrente entre os sócios o uso de uma expressão chula para descrever o dilema: "Em meio a uma chuva de picas, vamos pegar a menor e resolver logo essa obsessão do Cezar". Não era uma situação ideal, mas ao menos se sentiam seguros em administrar aquela estrutura. Caso o negócio não desse certo — o que era a aposta da maioria dos sócios —, seria simples se desfazer dele, sem custos relevantes. Mas a argumentação usada para convencer Cezar de que o Sistema era a melhor solução foi um pouco diferente. Tomando de empréstimo o discurso do próprio banqueiro, os sócios mais jovens afirmaram que o banco, embora não fosse comercial, tinha uma estrutura mais leve e, portanto, apropriada para começar a nova frente de varejo que ele tanto queria — e fazendo uso intenso de tecnologia.

As tratativas para a aquisição do Sistema pelo Pactual começaram no segundo semestre de 1997. Durante as negociações, Totó e Assis, executivos que mantinham contato com Cezar desde a tentativa do banqueiro de comprar o BCN, descobriram que os planos dele eram uma iniciativa individual, sem respaldo de seus sócios. Mesmo assim, decidiram se comprometer a ingressar no Pactual após a conclusão da aquisição do Sistema.

Em paralelo, o Bradesco apresentou uma proposta ao BCN que resultou na aquisição do negócio principal de Pedro Conde, anunciada em outubro de 1997. Para o BCN, a venda do Sistema ao Pactual era estrategicamente interessante, pois permitia segregar a venda do banco menor sem afetar a transação principal com o Bradesco. Para o Bradesco, a aquisição do Sistema não faria sentido operacional, já que a integração de um banco tão pequeno exigiria esforços similares à incorporação de um maior, sem ganhos significativos de escala. A venda do Sistema ao Pactual foi aprovada pelo Conselho Monetário Nacional (CMN) em dezembro de 1997, dois meses após a conclusão da venda do BCN ao Bradesco.

Tais aquisições ocorreram numa década em que o setor bancário estava movimentado, com a privatização de bancos públicos estaduais e a consolidação de grandes grupos financeiros privados. Ainda em 1997, o Itaú adquiriu o Banerj (Banco do Estado do Rio de Janeiro). E o Bradesco, em 1999, apenas dois anos depois de comprar o BCN, levou o Baneb (Banco do Estado da Bahia). Em 2002, o Bradesco adquiriria também o Mercantil de São Paulo.

Enquanto isso, o Pactual vivia uma revolução interna. Guedes e Jakurski começaram a vender suas participações no banco em julho de 1996, sete meses depois da saída de Bromfman e da promessa de divisão de controle nunca cumprida por Cezar. Em janeiro de 1997, os dois venderam mais uma fatia relevante, cerca de metade do que tinham. Em julho do mesmo ano, se desfizeram do restante das participações, ficando, cada um, com apenas 1% do banco. A partir de então, e sobretudo depois da tentativa estabanada de Cezar de comprar o BCN, já não atuavam mais na operação. Frequentavam a empresa diariamente apenas para acompanhar o trabalho da equipe, na tentativa de garantir o valor de suas ações residuais e o recebimento do produto de suas vendas.

Com a saída deles e dos sócios da segunda geração com maior protagonismo, a turma da terceira geração foi ganhando cada vez mais espaço. Eduardo Plass, André Esteves, Marcelo Serfaty e Gilberto Sayão foram os principais compradores das ações vendidas ao banco pelos sócios fundadores. Com seu crescimento profissional e o sucesso financeiro do Pactual, podiam adquirir participações cada vez maiores todo semestre. No novo contexto, Cezar começou a ser pressionado pelos novos sócios a compartilhar a liderança — se não o controle formal, ao menos as principais decisões da operação. O movimento mais emblemático da diluição de poder antes concentrado nele foi a nomeação de Eduardo Plass como presidente executivo, em 1997.

Depois dele, quem sobressaía era André Esteves. Nos anos em que viveu em São Paulo, o jovem executivo desenvolveu relações com clientes corporativos mesmo sem pertencer à área *corporate*. Em 1997, retornou à sede do banco no Rio, onde chefiaria a mesa de renda fixa e de operações especiais. Aos poucos foi desenvolvendo também uma influência informal sobre o *private banking*, área que começava a crescer e ganhar relevância dentro da empresa, sem a liderança de um sócio com a mesma senioridade.

Sua liderança natural e sua capacidade de influenciar pessoas e ocupar espaços — deixados por ex-sócios ou abertos em decorrência de atritos e disputas internas — lhe garantiram um papel de destaque no processo de incorporação do Banco Sistema. Se no início das discussões sobre a possível investida do Pactual no varejo sua voz era secundária, no final de 1997 foi dele a decisão de designar Roberto Sallouti, um jovem promissor de sua confiança, para tocar o novo banco. Sallouti passara pelo controle da mesa de operações e era *trader* de renda fixa. Assumir uma posição de liderança e extrema responsabilidade era uma oportunidade única para dar um salto rápido na carreira.

Sallouti recebeu a notícia de Esteves por telefone no dia 23 de dezembro. Entendendo que se tratava de seu maior desafio profissional, não hesitou em abandonar os planos de férias com a família para trabalhar. As ordens de Esteves foram claras: "Procure um tal de Totó, demita toda a equipe da corretora e assuma o papel de tesoureiro do banco por enquanto. E não esqueça que é você quem manda". Ao chegar à empresa, foi direto à procura de Totó. Era um executivo experiente, com seus cinquenta anos (vinte a mais, em média, que os sócios da terceira geração do Pactual). Sallouti se apresentou, esperando encontrar um aliado pelas próximas semanas. "Estou saindo para o Natal e Ano-Novo, volto no dia 3 de janeiro", lhe disse um confiante Totó. "Você fica responsável por cuidar de tudo, ok?"

A última semana de 1997 e as primeiras de 1998 foram de trabalho intenso para o jovem Sallouti. De um dia para o outro tinha deixado de ser funcionário de uma mesa de operações e se transformado em gestor de uma corretora que atravessava um momento complexo. Chegava todo dia às oito da manhã e ficava até as dez da noite — o horário que não mudaria depois, mas naquele período eram horas intensas, estudando o novo ambiente, lidando com as contas, a liderança da mesa de operação do banco, as demissões. A responsabilidade repentina e a necessidade de aprender rápido sobre as diversas áreas do negócio, dos aspectos técnicos aos relacionais, acelerariam sua trajetória no Pactual.

A operação do Banco Sistema seria encerrada no final de 1998, sob o comando de Totó e Sallouti, que se tornaria sócio da empresa naquele mesmo ano. O trabalho bem-sucedido fortaleceria, pelas décadas seguintes, a parceria estabelecida com Esteves.

A decisão de encerrar as atividades da instituição, embora já fosse uma possibilidade desde sua aquisição, foi motivada naquele momento por duas razões: os imbróglios pessoais de Cezar, que começavam a chegar ao conhecimento dos sócios da nova geração, ainda de maneira informal e fragmentada, e uma crise financeira que teria início no segundo semestre de 1997.

Um problema de todo mundo

Em 28 de outubro, o então presidente Fernando Henrique Cardoso escreveu em seu diário: "Quase meia-noite. Meus pressentimentos não eram equivocados. O dia foi tormentoso. Ontem, antes de dormir, depois do que registrei aqui, liguei na CNN e vi que Hong Kong estava despencando".

A crise teve início na Ásia, mas logo se espalharia pelo mundo. O que começou como uma desvalorização do baht, a moeda tailandesa, em julho de 1997, geraria um efeito dominó. As raízes do problema eram múltiplas: o superaquecimento das economias da Ásia, o excesso de investimentos especulativos na região e políticas monetárias e cambiais insustentáveis. À medida que o problema se espalhava pelo continente, afetando países como Indonésia, Malásia, Filipinas e Coreia do Sul, os mercados mais distantes começaram a sentir o impacto. A forte queda nas Bolsas de Valores asiáticas logo se refletiria em Bolsas espalhadas pelo planeta, incluindo os mercados emergentes da América Latina.

Foi das primeiras crises no mundo globalizado, em que os eventos em uma parte do mundo afetaram quase no mesmo momento países do outro lado. Para o Pactual, seria o grande teste para a liderança da terceira geração. André Esteves e Gilberto Sayão, responsáveis respectivamente pelas mesas de renda fixa e câmbio, lideraram a gestão de risco do banco, junto com Eduardo Plass e Marcelo Serfaty, os outros principais sócios da terceira geração. A crise do México, entre o final de 1994 e início de 1995, servira de ensaio. Agora viria uma dura prova. "A crise asiática teve uma magnitude completamente diferente", sintetizou Esteves. O impacto no Brasil foi imediato e severo. No dia 28 de outubro, o mercado de ações despencou, com a Bolsa de Valores de São Paulo registrando quedas históricas.

Para enfrentar a situação, os sócios do Pactual implementaram uma estratégia multifacetada. O desenvolvimento da Bolsa de Futuros tornara o mercado mais complexo, exigindo uma gestão cautelosa da liquidez. Esteves e Sayão coordenaram as decisões do banco junto com Plass e Serfaty. Apostaram na alta dos juros brasileiros, investindo em títulos de renda fixa e derivativos de juros, enquanto se preparavam para uma possível desvalorização do real, adquirindo dólar e derivativos cambiais. Conforme a crise se alastrava pelo mundo, o banco se armou contra a crescente volatilidade. Utilizou opções — contratos que permitem negociar ativos a preços predefinidos —, além de derivativos, ETFs e títulos governamentais. Essa abordagem visava tanto a proteção contra quedas abruptas quanto oportunidades de lucro em meio às turbulências. A gestão de risco ágil e disciplinada do Pactual, priorizando a proteção patrimonial e não a busca de ganhos agressivos, permitiu ajustes rápidos nas posições conforme o cenário evoluía.

André Jakurski fora o principal responsável por semear a mentalidade cautelosa e precavida que se tornaria, dali em diante, uma marca do Pactual na gestão de risco. Esteves e Sayão lembravam-se todo dia do que tinham aprendido com ele — frases que pareciam difíceis de sustentar no calor das operações, justamente pela simplicidade que carregavam, como: "Se estamos perdendo, não aumentamos a posição perdedora. Se estamos com a cabeça errada, zeramos a posição". Décadas mais tarde, Esteves concluiria: "No banco, sempre foi proibido aumentar uma posição que está perdendo. Isso nunca aconteceu. Por isso sobrevivemos a todas as crises".

O Garantia, em contraste, seguiu com sua abordagem mais agressiva e arriscada durante a crise asiática — o que na crise do México havia funcionado, gerando lucros enormes. O banco manteve posições altamente alavancadas, sobretudo em C-bonds — títulos da dívida externa brasileira — financiados a curto prazo por meio de operações de recompra. O Garantia se comprometia a recomprar os títulos dos investidores em uma data futura por um preço acordado de antemão. Essa estratégia permitia ao banco lucrar com a diferença entre o preço de mercado e o combinado, enquanto oferecia aos investidores uma proteção contra possíveis quedas no valor dos títulos. No entanto, essa se revelou uma tática perigosamente vulnerável às flutuações bruscas do mercado. A instituição negligenciou a gestão de risco e o planejamento a longo prazo, mantendo suas posições enquanto a crise se alastrava pelo mundo. Os preços dos títulos despencaram, e o Garantia foi obrigado a honrar seus compromissos de recompra a preços muito acima do valor de mercado. As perdas oficialmente admitidas chegaram a 110 milhões de dólares, mas estimativas de mercado sugeriram um valor em torno de 500 milhões de dólares. A injeção de capital pelos sócios e a drástica redução do patrimônio dos fundos administrados pelo banco, que caiu pela metade em seis meses, evidenciaram a gravidade da situação. Esses eventos desfavoráveis enfraqueceram a posição do banco no mercado de modo significativo, levando, em junho de 1998, à sua inevitável venda ao Credit Suisse.

Do momento em que o mercado abriu naquela terça, 28 de outubro, até a hora do almoço da sexta, os novos banqueiros do Pactual não saíram do escritório nem para almoçar. Comiam na mesa mesmo, em meio a debates infindáveis, com falas gritadas e ansiosas, umas por cima das outras, análises do mercado, revisões da estratégia, ajustes de rota. No máximo, iam em casa depois das dez da noite, tomavam banho, dormiam algumas turbulentas horas e voltavam para o banco antes de o mercado abrir outra vez.

Na sexta, 31 de outubro, com o fim da crise ainda longe, mas passado o susto inicial, a equipe das mesas de operação saiu para almoçar. Esteves reparou no pipoqueiro que estava sempre ali, na rua onde ficava o banco, e se deu conta do óbvio: o mundo lá fora não havia parado, embora o nervosismo que tomara conta do mercado financeiro fizesse parecer que sim. A vida continuava, apesar da forte oscilação nas Bolsas de Valores ao redor do planeta e das perdas e dos ganhos massivos de dinheiro.

As crises dos mercados emergentes que se seguiriam no final da década — em 1998, haveria outra grave, na Rússia — também aceleraram o processo de consolidação dos bancos de investimento. Instituições menores e mais vulneráveis foram absorvidas por outras maiores ou fecharam suas portas nos anos seguintes.

O Matrix encerrou suas operações como banco de investimento independente nos anos seguintes, enquanto o Icatu passou a redirecionar seu foco de negócios ao longo dos anos 1990, até que, em 2000, começou a atuar apenas no setor de seguros e previdência, afastando-se progressivamente do modelo de banco de investimentos. Em 2002, o BBA Creditanstalt, liderado por Fernão Carlos Botelho Bracher e Antônio Beltran Martinez, com participação do banco austríaco Creditanstalt, foi comprado pelo Itaú por 3,3 bilhões de dólares. A venda ocorreu após os sócios do BBA buscarem uma mudança societária para financiar um crescimento mais agressivo por meio da venda de ações no mercado, plano que não se concretizou devido à queda das Bolsas de Valores. Além disso, o Creditanstalt, que havia sido adquirido pelo banco alemão HVB, queria encerrar a parceria. O BBA, que era um dos principais bancos de investimento do país e reconhecido por sua forte atuação no mercado corporativo, serviu como base para a divisão de banco de investimento do Itaú, tornando-se o Itaú BBA.

Para o Pactual, a crise asiática foi um ponto de virada. Sob nova gestão operacional, mas ancorada no legado da dupla Guedes e Jakurski — de abordagem conservadora e disciplinada de risco em momentos de instabilidade —, o banco não apenas sobreviveu à primeira crise global do mercado financeiro como prosperou nesse período. A empresa solidificou sua reputação como uma das instituições financeiras mais sofisticadas e resilientes do Brasil, praticamente isolada à frente do setor de bancos de investimento independentes no final da década de 1990.

Enquanto se destacava como vencedor para o mercado durante as crises do final dos anos 1990, da porta para dentro o banco encarava suas maiores fragilidades, e lidava com feridas emocionais e financeiras que abalavam a confiança do time no que dizia respeito ao futuro da instituição. A principal incerteza era clara: será que a terceira geração seria de fato capaz de liderar o banco dali em diante, sem a presença de dois fundadores tão importantes nos primeiros anos de história? Além disso, sentia-se também a saída de Renato Bromfman e dos sócios da segunda geração, decisivos para a consolidação da cultura do banco e a liderança de operações recentes. Entre o fim de 1997 e o início de 1998, os funcionários se perguntavam (e indagavam aos colegas) se essas partidas todas não indicavam a derrota do sistema de *partnership*, e quais seriam o novo papel do fundador e as relações dele com os sócios mais jovens, dado o estremecimento da confiança que depositavam nele e em suas ideias radicais, grandiosas e pertinazes. Não parecia haver respostas.

Até que, num dia qualquer em janeiro de 1998, poucos meses após o auge da crise asiática, Esteves recebeu uma ligação de Cezar por volta das dez da noite, quando saía do banco a caminho de casa. "Venha aqui na fazenda", disse o chefe, não em tom de ordem, mas de quem faz um pedido. "Na fazenda? Agora?", repetiu Esteves, assimilando as informações. "Sim, agora." No caminho, não conseguia imaginar que tipo de revelação aquela reunião urgente e misteriosa traria. Surpreendeu-se ao chegar lá quase meia-noite e encontrar, na sala de Cezar, também Eduardo Plass e Paulo Bilyk — todos com expressão de enterro. "O que aconteceu?", questionou Esteves, ainda de pé. Depois de alguns segundos de silêncio, Cezar falou com a voz trêmula: "Preciso de liquidez".

8
"Isso aqui é o *Titanic*. Quem estiver dentro vai afundar com ele"

"PODER É IGUAL SABONETE. SE VOCÊ USAR DEMAIS, ELE ACABA." Cezar costumava dizer isso aos sócios. Era uma de suas muitas frases de efeito, que carregava uma ironia que ele próprio não percebia. Até descobrir como pode ser fácil perder a medida — de uma hora para outra. Mas, como escreveu o filósofo e economista italiano Elio D'Anna, "o inesperado sempre precisa de uma longa preparação".*

Cezar começara a semear a própria ruína em meados dos anos 1990, quando o desejo de adquirir um banco de varejo e investir em negócios da economia real deixaram de ser apenas possíveis estratégias futuras do Pactual para se tornarem ideias fixas. Ele passou a persegui-las com obstinação, a despeito das resistências que encontrava pelo caminho e da falta de apoio dos sócios. A decisão de criar outra empresa, sem ninguém ao seu lado para analisar criticamente os novos negócios, o cegou para os sinais de que suas escolhas o estavam afastando da abundância experimentada com o Pactual. O banqueiro perdeu o foco e, em certa medida, o contato com a realidade. Agora via sua credibilidade se

---

* No livro *A escola dos deuses*.

esvair gradualmente dentro da empresa que havia idealizado e construído ao lado dos sócios. Ainda podia se reerguer, mas seria necessário mais do que um impulso. O contexto não era favorável.

Já sem um cargo executivo, Cezar seguia frequentando o banco, mas andava taciturno, parecia atormentado por alguma coisa. Não era o mesmo empresário falante e descontraído que circulava seguro entre os mais jovens, anunciando ideias em tom professoral, convocando um ou outro para acompanhá-lo numa importante reunião e prevendo o futuro com convicção. Havia dias em que não deixava sua mesa, outros em que ficava sozinho o tempo todo numa sala de reuniões. Às vezes, ninguém sabia no que estava trabalhando — ou o que elucubrava. Desconectava-se cada vez mais da operação do banco e transparecia que seu pensamento andava longe.

Os mais jovens não se aproximavam para perguntar como estava o chefe ou o que estava acontecendo com ele. Os desgastes com os sócios, as divergências sobre a estratégia do banco e a tentativa desajeitada de atrair alguns jovens para seu lado criaram um distanciamento em relação aos que permaneciam no banco. Estavam todos ressabiados — eles com Cezar, e Cezar com eles.

Guedes e Jakurski também continuavam frequentando a sede do banco, mas sem regularidade. Nessas ocasiões, em que demonstravam pouco compromisso com as decisões do dia a dia, mal interagiam com Cezar. Estavam ali para acompanhar os negócios a uma distância segura, na tentativa de garantir o pagamento que lhes era devido pelas vendas anteriores e que a participação que haviam mantido — 1% cada — continuasse tendo valor. Os dois conversavam entre si, e pensavam em criar uma gestora de recursos a partir do enorme patrimônio que haviam acumulado.

Mas, desde meados dos anos 1990, as divergências entre os dois fundadores haviam se intensificado. Guedes passara a se aventurar na mesa de operações — atividade que nunca desempenhara pelo Pactual. Reconhecido pela visão estratégica, ele imergiu num conflito de identidade que o levou a querer provar-se também como um bom executor. Nas conversas com Jakurski, compartilhava o que tinha em mente. "Preciso aprender um pouco sobre timing e disciplina, porque fiquei esse tempo inteiro como um rei francês na colina, fazendo as estratégias, desenhando o cenário, mas não compartilhando aquela percepção de quem executa", disse certa vez. "Agora tenho que entrar em territórios novos, que eu não conheço, preciso ir para a trincheira. Vou separar um dinheiro para fazer esse experimento."

Ao longo dos anos, parte deles após deixar o Pactual, Guedes perdeu muito dinheiro — estima-se que a maior parte do patrimônio que acumulou como banqueiro, centenas de milhões de dólares. Passava horas operando na Bolsa de Valores, compenetrado diante do monitor. Era uma cena estranha e curiosa para quem havia se acostumado a vê-lo de pé, falando em tom de palestra, emprestando um tom filosófico aos temas cotidianos. Alguns dos sócios mais jovens concluíram que se tratava de um vício, tão grave quanto a adição em jogo ou drogas. Pessoas mais próximas tentaram aconselhá-lo a parar diante das perdas, mas ele argumentava que queria testar os próprios limites e desenvolver domínio sobre seus impulsos. Recusava-se a criar mecanismos que o detivessem automaticamente se ultrapassasse determinado nível de perda — como é praxe na gestão de risco de instituições, incluindo o Pactual. Ele acreditava que precisava ser o próprio mestre. "Quero aprender e evoluir sempre", repetia.

Como durante anos os maiores ganhos do banco foram baseados em suas análises macroeconômicas, em operações executadas por *traders* como Jakurski e Esteves, Guedes provavelmente concluiu que poderia pegar um atalho e executar, sem ajuda, as próprias recomendações, como se a performance operacional fosse uma mera transferência de suas ideias para a ação. Mas a experiência provou que não se tratava de algo tão simples. A inteligência principal do economista era diferente daquela que se destacava nos que lidavam diariamente com a pressão do mercado. "Foi a maior destruição de riqueza que eu já vi — depois da do Cezar", lamentou um ex-sócio.

Àquela altura, o banco parecia habitado por fantasmas bem familiares. Sem a presença marcante de Cezar, os discursos de fim de tarde de Guedes e o silêncio áspero de Jakurski — que de repente interrompia o interlocutor com alguma frase tão assustadoramente direta que se tornava engraçada —, o Pactual já não era o mesmo. Muitas vezes os três estavam ali de corpo presente, mas a alma não parecia os acompanhar — como se não pertencessem mais ao lugar. Havia no ar um misto da nostalgia de um tempo que evidentemente não voltaria e — com o vai e vem dos passos cada vez mais firmes e confiantes dos novos líderes pelo escritório — a energia renovada de um recomeço.

Apesar da insegurança e da instabilidade que os problemas ainda não solucionados criavam no ambiente, o ano de 1998 começou com um sentimento de exaustão e orgulho para a nova geração do Pactual. O time estava conseguindo lidar — e lucrar — com os meses iniciais e mais críticos da crise na Ásia, mais um duro momento econômico que, com uma gestão de risco cada vez mais sólida, se convertera em sucesso financeiro e empresarial. Com o crescimento do banco, a equipe também se expandia. Em dezembro de 1997, eram cerca de oitocentas pessoas trabalhando ali — quase o dobro de um ano antes. Algumas haviam sido contratadas, e outras, incorporadas com a aquisição do Sistema.

Esteves estava animado com as perspectivas quando recebeu a ligação de Cezar numa noite aparentemente comum, já quando deixava o banco. Não fosse aquele telefonema, teria chegado em casa como outro dia qualquer: tarde, contaria para a esposa, Lilian, as fortes emoções do dia, e celebraria as decisões que tomara ao lado de Plass, Sayão e Serfaty. Mas, em vez disso, dirigiu-se à fazenda de Cezar com Plass e passou aquela madrugada de janeiro de 1998 ouvindo o fundador do Pactual contar, em passagens que pareciam um pesadelo, como sua empresa Latinpart se afundara em dívidas.

Os principais sócios da nova geração tinham alguma noção de que os negócios particulares de Cezar não iam bem. Sabiam que as empresas eram mal geridas, que havia endividamento com outros bancos e que as taxas de juros eram mais altas do que as que o Pactual pagava. Mas não faziam ideia da gravidade da situação. Os bancos credores haviam começado a entrar em contato com o Pactual, informando que as empresas da Latinpart estavam prestes a se tornar inadimplentes. Plass, que geralmente atendia as ligações, reforçava que o banco nada tinha a ver com a outra empresa de Cezar.

Dias antes, Plass tinha sido o primeiro a saber mais detalhes. Na quinta-feira da semana anterior, Cezar o convocara para um encontro no Hotel Maksoud Plaza, em São Paulo. Plass pegou um voo do Rio de Janeiro no mesmo dia. Ao lado da esposa, Cecília, Cezar revelou suas dificuldades financeiras, explicando que a Latinpart enfrentava sérios desafios de liquidez. As empresas nas quais tinha participações não tinham condições de honrar seus empréstimos. De início, Plass subestimou a dimensão do problema, acreditando que qualquer adversidade financeira de Cezar seria facilmente resolvida.

Não devia ter sido pura coincidência que, meses antes, Cezar tivesse concordado em ceder a presidência executiva para Plass. Como responsável pela área administrativa do banco, o sócio tinha acesso a todos os contratos e números da instituição e, até então, era o principal homem de confiança de Cezar.

Esteves e Plass passaram logo do choque para a ação. Na mesma madrugada, na Marambaia, elaboraram um plano de emergência que envolveria outros sócios, com a concordância de Cezar: Marcelo Serfaty e Paulo Bilyk entrariam nas empresas da Latinpart, junto com Edson Macedo, especialista em reestruturações de crédito, para fazer uma análise profunda das companhias e liquidar os ativos. Serfaty e Bilyk tinham experiência nesse tipo de operação e eram vistos como líderes de confiança no banco, enquanto Macedo era uma das pessoas em quem Cezar mais confiava para lidar com crédito e renegociações.

Por precaução, a partir daquele encontro, Esteves também passou a privilegiar liquidez na gestão da tesouraria do Pactual, imaginando tempos difíceis à frente.

Nos meses seguintes, ao longo do primeiro semestre de 1998, à medida que se inteirava dos problemas, o trio de sócios encarregados da reestruturação das empresas da Latinpart foi encontrando uma situação ainda pior do que era esperado. Os negócios, de setores variados, eram complexos e mal estruturados. As empresas haviam sido adquiridas sem o devido entendimento dos mercados em que operavam e sem análises diligentes, e agora eram mal administradas por executivos em quem Cezar confiava, mas que não tinham o controle necessário. A prioridade foi fechar as companhias de maneira organizada, para pagar os credores, diversos bancos com quem a holding tinha dívidas consideráveis.

O maior era o Bradesco, que exigia a quitação de um empréstimo em algumas semanas, com vencimento no dia 27 de julho de 1998.

Um poço cada vez mais fundo

Logo que a crise de Cezar eclodiu, a primeira tentativa dos sócios foi ajudá-lo por meio de um refinanciamento gradual de suas ações no Pactual: ele receberia da *partnership* o dinheiro para liquidar as dívidas e pagaria de volta ao longo do tempo utilizando seus bônus futuros. No entanto, essa solução logo se mostrou inviável. Os valores de que Cezar precisava eram muito mais altos do que ele poderia cobrir com os ganhos semestrais. O Pactual também não podia fazer nenhum tipo de empréstimo ao seu controlador, o que era proibido pelo Banco Central.

Diante do impasse, a solução proposta pelos sócios foi Cezar vender parte de suas ações. Na condição delicada em que se encontrava, não restava alternativa. Então, no início de 1998, ele se desfez de uma pequena parcela, cerca de 4%, para cobrir as dívidas já expostas. Mas logo percebeu que era uma bola de neve. À medida que o trabalho de Serfaty e Bilyk avançava, a dimensão dos valores a serem pagos crescia, bem além do que qualquer um imaginara. Ao longo de 1998, Cezar teve de vender ações mais vezes — resistia, mas, pressionado pelos sócios mais jovens e pela gravidade dos problemas, acabava concordando.

A cada venda de ações, o patrimônio do banco encolhia mais um pouco para recomprá-las. Os novos sócios já estavam individualmente alavancados para pagar as participações que haviam adquirido da tesouraria, vendidas por Guedes e Jakurski. Mas se apertavam um pouco mais a cada semestre, aumentando significativamente suas participações no negócio. Com a necessidade de Cezar se desfazer de fatias cada vez maiores, Esteves, Plass, Serfaty e Sayão concluíram que o melhor seria convencer os antigos cofundadores a voltarem para o Pactual. Assim, ajudariam a adquirir parte do que Cezar detinha, em uma injeção relevante de capital no banco, e o convenceriam a dividir o controle, aumentando a credibilidade da direção do banco num momento de transição.

De início, Cezar não gostou da ideia. Mas a situação chegara a um ponto em que já não havia saída fácil para ele. Acabou concordando. Eduardo Plass fez o primeiro contato com Guedes, durante uma manhã de julho. Pediu para falar pessoalmente com o economista. "Precisamos que você volte, a situação está complicada", começou Plass, informando o cofundador sobre os problemas correntes. Guedes pediu para pensar. No mesmo dia, à tarde, Cezar ligou para ele. "Bem que você falou da guilhotina. Eles estão usando contra mim. O banco está em risco." Guedes reforçou que pensaria numa possível volta. Nos dias seguintes, reuniu-se longamente com Plass e Esteves e disse que, se o plano fosse retomar o sonho antigo de construir um banco de investimentos, ele aceitaria avançar na conversa. Agora só faltava convencer Jakurski.

O *trader* foi ainda mais resistente. Mas com a ajuda de Guedes e a insistência dos sócios mais jovens, com quem se reuniu algumas vezes, acabou aceitando, sob a condição de Cezar dividir o controle. Ele e Guedes já haviam avançado nos planos de uma gestora de recursos, que seria batizada de JGP (Jakurski e Guedes Partners), mas concluíram que valeria a pena paralisar o novo negócio para dar mais uma chance ao Pactual. Naquela semana, o clima era de constante e intensa negociação, e, embora houvesse dúvidas e ressentimentos, tudo parecia caminhar para um acordo.

O plano era Cezar vender parte de suas ações para Guedes e Jakurski; e os jovens sócios venderiam outra, encolhendo de novo suas fatias. Eduardo Plass e André Esteves detinham 21,5% e 20%, respectivamente, e estavam dispostos a reduzir suas participações para perto de 6%. Com a liquidez gerada por suas vendas, Cezar quitaria mais algumas dívidas.

O dia 27 de julho se aproximava e, com ele, a pressão do Bradesco pelo pagamento do empréstimo da Latinpart. A reunião marcada para formalizar a negociação entre sócios e ex-sócios do Pactual aconteceu na sexta-feira anterior, dia 24. Encontraram-se na sede do banco Cezar, Guedes, Jakurski, Plass, Esteves, Serfaty, Sayão e Chico Müssnich, fundador do escritório BMA e principal advogado de confiança dos sócios.

Era para ser uma reunião pró-forma. O acordo já havia sido minuciosamente discutido ao longo das semanas anteriores. Os termos estavam definidos, e os números, combinados. Os documentos, prontos para assinar, foram postos diante de Cezar. Mas na hora, quando todos os olhares se voltaram para ele, o banqueiro, em silêncio, se recusou a assinar. Disse que só o faria depois que a venda de suas ações à tesouraria do Pactual fosse liquidada e parte do dinheiro transferida para sua conta no Bradesco, onde seria feito o pagamento da dívida. Isso expressava desconfiança, na palavra dos sócios. Plass e Esteves se opuseram, argumentando que Cezar deveria primeiro garantir a venda das ações e, portanto, sua liquidez, para depois quitarem a dívida. Mas o fundador seguiu irredutível, deixando todos indignados.

"Já volto", disse Plass, saindo da sala. Foi até a área administrativa e instruiu a equipe a fazer um depósito do pagamento, com um detalhe: deveriam enviá-lo com apenas uma assinatura. Eram necessárias duas para o documento ter validade, e a equipe do Bradesco provavelmente levaria algumas horas para perceber a falta. Então voltou à sala de reunião com o comprovante do depósito na mão. Empurrou o papel na direção de Cezar. O banqueiro ligou para o Bradesco para se certificar de que estava tudo certo e, do outro lado da linha, confirmaram o pagamento. A inconsistência não fora notada.

Mas em vez de assinar os papéis, Cezar puxou-os de uma vez, levantou-se e saiu rapidamente da sala dizendo que levaria para seu advogado ler. "Como assim?", questionaram os sócios. "Seu advogado é o Chico, e ele está aqui", argumentou Plass. Cezar já estava perto do elevador.

Plass e Guedes resolveram segui-lo. Entraram num táxi e, como numa cena de filme, ordenaram ao motorista: "Vá atrás daquele carro". Não sabiam ao certo para onde ia, mas desconfiavam. Chegaram ao edifício que abrigava o escritório de um dos advogados mais renomados do Brasil: Sergio Bermudes, especializado em direito processual e litígio empresarial. Subiram pouco depois de Cezar, mas não cruzaram com ele, que já estava instalado em uma sala com a porta fechada. Bermudes recebeu a dupla, estendendo a mão. Em seguida, informou que seu cliente estava muito abalado emocionalmente e sem condições de falar com eles ou tomar decisões importantes naquele momento.

Plass insistiu que era crucial resolver a questão imediatamente e, diante da negativa de Bermudes, foi objetivo: a dívida com o Bradesco precisava ser paga até a segunda-feira seguinte para evitar um colapso financeiro — não do banco, mas de Cezar como pessoa física. Revelou que o pagamento feito ao banco não tinha validade. Por fim, reforçou que a venda das ações era a única solução viável para quitar a dívida. E, sem resposta, foram embora.

Na manhã de sábado, 25 de julho de 1998, Guedes e Jakurski foram ao Pactual para uma nova reunião com os sócios mais jovens. O clima era de injúria e decepção. A tentativa do retorno dos cofundadores desgastara ainda mais as relações. Depois de alguns debates acerca do que fazer, e sem que ninguém vislumbrasse uma solução, Guedes e Jakurski disseram ter perdido completamente a confiança no antigo sócio, decidiram vender o que ainda detinham do capital do banco (1% cada) e prometeram nunca mais pisar ali. No mês seguinte, lançaram no mercado a JGP. Nunca mais voltariam ao Pactual.

No domingo, Edson Macedo ligou para Plass em nome de Cezar, dizendo que agora ele concordava em vender mais uma parte de suas ações e que dividiria o controle do banco com os quatro líderes da nova geração — Plass, Esteves, Serfaty e Sayão. Em função da urgência do pagamento ao Bradesco, na segunda-feira a tesouraria do banco comprou suas ações. Mas o contrato formalizando a mudança no controle seria assinado depois.

Preocupados com o futuro, muitos funcionários e alguns sócios deixaram o banco nesse período. Metade dos que trabalhavam na mesa de operações foi embora quando soube da saída definitiva dos dois cofundadores. Entre eles Florian Bartunek, que se destacara na área de *research* e *trading* (em 2002, ele criaria a gestora Constellation, em sociedade com Jorge Paulo Lemann). "Isso aqui é o *Titanic*. Quem estiver dentro vai afundar com ele", diziam, com uma ponta de mágoa, Jakurski e Guedes, que já atraíam alguns dos principais talentos do Pactual para a JGP.

Cezar permanecia no banco, quieto e distante da operação. Como se vivesse numa dimensão paralela, a nova geração tentava levar o dia a dia com entusiasmo, mas havia uma crise de credibilidade e liderança que não se podia ignorar. "Como alguém que quebrou como pessoa física vai ser o controlador do banco?", era a pergunta que se fazia pelos corredores. No mercado, a imagem de banco bem-sucedido também começou a trincar. "Parece que o Pactual acabou. Todo mundo foi embora. Ficaram só os garotos e o Cezar", era o teor de comentários recorrentes.

Ao longo do segundo semestre de 1998, os sócios da terceira geração começaram a pressionar Cezar para formalizar a divisão de controle, que até ali não havia se concretizado. "O banco precisa mostrar que é uma *partnership*", diziam ao fundador. Eles argumentavam que a lacuna na liderança estava dificultando a atração e a retenção de talentos, o que começava a afetar a capacidade de fazer negócios. Mesmo sem estar em posição de fazer exigências, Cezar fez um pedido: que o controle fosse repartido entre sete sócios, incluindo no grupo Paulo Bilyk e Luis Claudio Garcia — outro integrante da terceira geração que o banqueiro considerava de "seu" time. A intenção era garantir apoio e equilibrar o poder. Além de Garcia, ele considerava que estavam do seu lado Plass e Bilyk. Todos concordaram em aumentar o grupo de controladores, mas Bilyk comentou informalmente com Esteves que "sempre estaria do lado do bom senso", dissolvendo potenciais alianças pessoais ou políticas de poder. Mesmo fechado verbalmente, o acordo levaria mais alguns meses para ser formalizado.

Sem combinar com os russos

As negociações internas no Pactual seguiam e pareciam infindáveis, quando o governo russo deu ao mundo uma notícia ruim. No dia 17 de agosto de 1998, Boris Iéltsin, primeiro presidente do país após a dissolução da União Soviética e a queda do comunismo, decretou a moratória da dívida externa e anunciou a desvalorização da moeda local, o rublo, em até 30%. Desde o início dos anos 1990, o país lutava para se ajustar ao capitalismo. Agora, em função da redução nos preços das commodities e da retração no crédito — ambas consequências da crise asiática de 1997 —, as reservas cambiais da Rússia haviam sido severamente atingidas. Com 80 bilhões de dólares em dívidas de curto prazo, o país se viu sem crédito no mercado internacional e sem meios para pagar a conta.

Dois meses depois, em outubro de 1998, o mercado financeiro russo chegou à beira do colapso, com as Bolsas de Valores acumulando quedas de 75% desde o início do ano, e as taxas de juros de curto prazo subindo para 200%. A combinação de desvalorização cambial, inflação e recessão gerou uma redução de 4,9% do PIB russo e uma inflação anual de 84%. Com a baixa de 85,15%, o índice RTS, o principal do mercado russo, atingiu o pior nível desde sua criação, em setembro de 1995.

Assim como aconteceu na Ásia, o reflexo da crise russa foi rapidamente sentido nos mercados emergentes, desencadeando uma fuga de capitais, sobretudo nas regiões mais vulneráveis à especulação. O Brasil foi um dos mais contaminados, pois dependia fortemente do fluxo de capital externo para financiar o déficit em conta-corrente do governo e sustentar a estratégia de combate à inflação gradual implementada junto com a chegada do real, em 1994. Com o mercado de crédito internacional se fechando quase que por completo para os países emergentes, as reservas internacionais do país diminuíram e o governo buscou ajuda do FMI. A instabilidade econômica culminou na necessidade de desvalorização da moeda brasileira em janeiro de 1999.

Durante os primeiros meses da crise, os líderes do Pactual viveram um novo momento de indecisão sobre que estratégia seguir. Assim como haviam feito na crise asiática, André Esteves e Gilberto Sayão definiam juntos, dia a dia, os investimentos das mesas de renda fixa e câmbio. Quando os títulos da dívida russa começaram a despencar, a dupla montou uma posição de compra de alguns papéis — e considerava aumentá-la —, atraídos pelos preços baixíssimos e pela perspectiva de lucros futuros caso a situação se revertesse. Mas, ancorados na gestão de risco parcimoniosa que se tornara marca registrada do banco, temeram o alto risco da aposta. Nesse momento, sentiram especialmente a falta de Paulo Guedes, com sua visão macroeconômica para antecipar consequências das crises e das respostas dos governos, e decidiram pedir sua opinião. Numa ligação, Guedes foi taxativo, alertando para o risco catastrófico que enxergava na crise russa. "O país vai quebrar", disse. "Vocês só vão comprar esses títulos se estiverem loucos." Esteves e Sayão decidiram não comprar mais, porém mantiveram os que já tinham, apostando que o pior poderia ser contornado. A crise russa se intensificou nas semanas seguintes e eles acabaram tendo um pequeno prejuízo com a operação (que poderia ter sido bem maior).

"ISSO AQUI É O *TITANIC*. QUEM ESTIVER DENTRO VAI AFUNDAR COM ELE"

Na maior parte das decisões tomadas no período, os investimentos seguiram seu padrão protetivo, evitando que a instituição sofresse um golpe mais duro, como o que ocorreu com o Long-Term Capital Management (LTCM). Esse grande fundo de hedge norte-americano, liderado por economistas vencedores do prêmio Nobel, havia operado intensamente títulos russos. Com uma alavancagem extrema, o LTCM acumulou perdas bilionárias que quase desencadearam uma crise global. O Banco Central dos Estados Unidos (FED) e grandes bancos privados fizeram uma intervenção para salvar o fundo, impedindo um colapso sistêmico.

Mesmo assim, sua quebra influenciou o Brasil, intensificando o estado de tensão que vivia o setor financeiro do país entre o fim de 1998 e o início de 1999. Os eventos externos amplificavam as preocupações sobre a economia nacional, levando a uma redução do fluxo de capital estrangeiro e aumentando a pressão sobre o real. A expectativa generalizada do mercado era de que o país começaria a perder suas reservas cambiais. A credibilidade na política de câmbio fixo adotada pelo governo FHC foi significativamente abalada, com investidores e analistas questionando cada vez mais sua sustentabilidade a longo prazo. Como resultado, investidores nacionais e internacionais começaram o ano de 1999 com uma postura cada vez mais cautelosa e defensiva.

Estabeleceu-se no Pactual a expectativa de uma desvalorização iminente do real. O banco era um dos dealers do Banco Central: uma das instituições financeiras selecionadas para atuar como intermediária nas operações de política monetária e cambial. Na prática, era responsável pela distribuição de títulos públicos e participação nos leilões de câmbio, servindo como um elo entre o BC e o restante do setor.

Até que algo diferente aconteceu no mercado. Os operadores do Pactual falavam diariamente por telefone com seus pares no BC, e em 12 de janeiro passaram a questionar um pequeno aumento no preço do dólar constatado nas operações do mercado. "O dólar está saindo da banda. Tem algum leilão extraordinário previsto?", perguntaram uma e outra vez, referindo-se ao sistema então vigente no qual o governo estabelecia limites mínimos (1,12 real) e máximos (1,22 real) — chamados de bandas — para a flutuação da taxa de câmbio. Queriam saber se o

BC planejava intervir para manter o dólar dentro do intervalo desejado. Mas a resposta era sempre a mesma: "Não temos nenhuma informação para dar", o que significava, para o Pactual, "não sabemos o que está acontecendo". Parecia tratar-se, portanto, de uma perda de controle da instituição sobre o cenário.

O dia seguinte começou especialmente alvoroçado. O Banco Central não realizou o habitual leilão de venda de dólares pela manhã e anunciou, logo na abertura dos mercados, uma súbita troca em seu comando. Saía Gustavo Franco, que pedira demissão na noite anterior, e entrava Francisco Lopes, conhecido como Chico Lopes e até então diretor de Política Monetária da instituição. A mudança refletia a urgência do governo em lidar com a crise cambial que se agravava, mas também sinalizava uma potencial mudança na política econômica do país. As Bolsas de Valores reagiram imediatamente, com intensa volatilidade nas operações financeiras.

A saída de Franco se devia sobretudo à sua defesa radical das premissas da política econômica que ele havia ajudado a conceber e que começavam a ser reconsideradas por alguns outros membros do governo, incluindo o então ministro da Fazenda, Pedro Malan. Lopes, por sua vez, era conhecido pela defesa de uma flexibilização gradual do câmbio. Após assumir, anunciou uma nova modalidade de controle cambial chamada "banda diagonal endógena", que implicou uma desvalorização imediata do real em cerca de 8,26%. O piso da banda cambial subiu de 1,12 real para 1,20 real, e o teto, de 1,22 real para 1,32 real — pico atingido no próprio dia 13 de janeiro. Dois dias depois, Chico Lopes deixou que o real passasse a oscilar livremente e, em 15 de janeiro, dada a impossibilidade de controlar o mercado, oficializou o câmbio flutuante.

No Pactual, Esteves e Sayão haviam apostado na subida do dólar e na desvalorização do real ainda em 1998. Inicialmente, em função dos juros altíssimos, perdiam dinheiro todos os dias. Agora, finalmente se concretizava o retorno esperado. Em janeiro de 1999, o Pactual registrou um lucro de 64,9 milhões de reais, e dois de seus fundos tiveram desempenhos excepcionais, com um deles alcançando rentabilidade de mais de 700% apenas no mês de janeiro. Esses ganhos permitiram que o banco pagasse mais uma parte das ações de Cezar, aumentando, em seguida, a participação de Esteves, Plass, Sayão e Serfaty. Em janeiro de 1999, Cezar reduziu sua participação no Pactual para 14%, formalizando a divisão de controle entre todos eles. Ao longo dos meses seguintes, diminuiria ainda mais sua parte, chegando a ter apenas 8% do banco.

No mercado financeiro em geral, as mudanças continuaram a provocar nervosismo. As Bolsas de Valores e os títulos da dívida externa caíram diante das incertezas provocadas pela desvalorização do real. Novamente, houve fuga de capital estrangeiro naqueles dias. Nesse contexto, o Banco Marka e o Banco FonteCindam, conhecidos por suas operações alavancadas no mercado futuro de dólar, tiveram grandes dificuldades financeiras devido à sua exposição excessiva nas operações de câmbio. Com posições vendidas em dólar que chegavam a vinte vezes seu patrimônio líquido (no caso do Marka), ambos os bancos passaram a enfrentar sérios problemas de liquidez.

Dezenove dias depois de ter assumido como presidente do Banco Central, Chico Lopes deixou o cargo, em função da perda de confiança causada pelo descontrole do câmbio e pelo resgate atabalhoado dos bancos em dificuldades. Em seu lugar, assumiu o respeitado economista Armínio Fraga, que havia trabalhado por seis anos no fundo de George Soros, nos Estados Unidos. E ele logo daria início a uma série de rumores e denúncias sobre supostas irregularidades na relação do BC com bancos privados. Em 23 de fevereiro, o deputado Aloizio Mercadante (PT-SP) fez uma denúncia na tribuna da Câmara: sete bancos, entre eles o Pactual, o Garantia, o Matrix e os internacionais JPMorgan, Citibank e BankBoston, teriam obtido informações privilegiadas às vésperas da desvalorização do real, comprando grandes volumes de dólares. Segundo o parlamentar, essas instituições teriam realizado transações que ultrapassaram 1 bilhão de dólares entre os dias 11 e 12 de janeiro.

Na mesma ocasião, Mercadante denunciou que o BC havia socorrido secretamente dois bancos em dificuldades após a desvalorização: o Marka e o FonteCindam, que tinham contratos futuros para venda de dólares em taxas prévias à desvalorização do real — ou seja, teriam grande prejuízo. Segundo a denúncia, o BC vendera dólares aos dois bancos em taxas abaixo da cotação corrente, assumindo para si o prejuízo, que mais tarde foi calculado em cerca de 1,6 bilhão de reais. Fraga posteriormente confirmou a operação em depoimento à Câmara (referindo-se à gestão de Chico Lopes), mas negou favorecimento, afirmando que o resgate visava evitar uma crise sistêmica e que os banqueiros haviam quebrado de qualquer forma.

As revelações geraram uma onda de especulações. Em seguida, surgiram rumores de que o Marka e o FonteCindam teriam acesso a informações privilegiadas por serem clientes da Macrométrica, consultoria fundada por Chico Lopes. A empresa já não era administrada por ele desde 1995, mas havia a percepção no mercado de que ele seguia próximo a ela. A Macrométrica tinha como sócio Sérgio Bragança, cujo irmão, Luiz Augusto de Bragança, era compadre de Chico Lopes e fora acusado de intermediar o acesso do Marka a informações privilegiadas e ao resgate pelo BC.

No entanto, uma análise mais detalhada dos fatos revelou contradições nessas acusações. Se informações privilegiadas haviam de fato sido oferecidas para os sete bancos inicialmente denunciados e também para o Marka e o FonteCindam, por que as instituições haviam se posicionado de maneira oposta em suas estratégias — as primeiras ganhando dinheiro, enquanto as duas últimas (as quais o BC inclusive socorreu, injetando mais de 1 bilhão de reais) afundavam num atoleiro?

Nesse momento, começaram a circular no mercado financeiro e na imprensa especializada versões que acusavam nominalmente André Esteves de também comprar informações privilegiadas do Banco Central por meio de intermediários. O que tornava a situação mais insólita era que as acusações contra ele eram feitas à imprensa, e partiam do próprio Pactual — feitas por Cezar. Como cocontrolador da instituição, ele próprio seria um dos principais prejudicados com a denúncia, mas parecia movido por um incontrolável desejo de vingança. A relação entre os dois esfriou, mas Esteves nunca deixou de falar profissionalmente com Cezar. Queria encerrar o conflito, não prolongá-lo.

Em 29 de março de 1999, o então senador Jader Barbalho propôs a criação de uma comissão parlamentar de inquérito (CPI), que ficaria conhecida como CPI dos Bancos. O político apresentou oito fatos ligados às atividades de instituições financeiras, muitas das quais teriam se beneficiado com informações privilegiadas sobre a desvalorização do real. Os senadores também investigariam a operação de socorro do Banco Central aos bancos FonteCindam e Marka, que possibilitou às instituições a compra de dólares abaixo da cotação do dia, bem como "exorbitantes lucros" obtidos por bancos estrangeiros na compra de títulos públicos, "em detrimento da concessão de crédito aos setores produtivos da economia nacional". Curiosamente, os bancos estrangeiros não foram chamados para depor no Congresso.

A CPI dos Bancos encerrou seus trabalhos em novembro de 1999, mas as investigações continuaram na Justiça. Em 2000, Salvatore Cacciola, dono do Banco Marka, e Luiz Augusto de Bragança foram presos preventivamente. Cacciola ficou detido por 37 dias antes de ser liberado por meio de um habeas corpus e fugir para a Itália. O executivo acabaria sendo condenado a treze anos de prisão por gestão fraudulenta, corrupção passiva e peculato. Ele só retornaria ao Brasil em 2008, após ser extraditado de Mônaco. Cacciola, então, cumpriu pena em regime fechado por cerca de três anos, sendo solto em agosto de 2011 para cumprir o restante da sentença em regime semiaberto. Em abril de 2012, sua pena foi extinta pela Justiça, que considerou cumpridas as exigências legais. Já Chico Lopes, Luiz Bragança e Luiz Antônio Gonçalves, que era presidente do FonteCindam na época das denúncias, foram condenados, mas nunca cumpriram a pena, que acabou prescrita.

Mais de um ano após a conclusão da CPI dos Bancos, a Polícia Federal reabriu as investigações sobre a venda de supostas informações privilegiadas durante a desvalorização do real depois da publicação de uma reportagem da revista *Veja* que voltava a abordar o assunto. A matéria mencionava uma conta no Bank of New York, que pertencia a uma empresa do Pactual, a Pactual Overseas Bank and Trust Limited, com sede nas Bahamas, e que seria usada pelos bancos para a remuneração de Francisco Lopes, pela suposta venda de informações privilegiadas sobre juros e câmbio. Na ocasião, André Esteves, Eduardo Plass e executivos de outros bancos privados, que apareciam na lista de Mercadante em 1999, também foram convocados para prestar depoimentos.

Na época, em nota oficial, o Pactual negou envolvimento com esquemas de corrupção e declarou que tomaria "todas as medidas legais cabíveis em defesa de sua honra, respeitabilidade e competência". Outros bancos citados publicaram notas similares. Anos mais tarde, Esteves diria que aquela era simplesmente a conta-corrente usada pelo Pactual para transações institucionais nos Estados Unidos, sem qualquer movimentação de clientes individuais.

O sigilo do banco nunca foi quebrado, e o caso envolvendo o Pactual e os outros bancos foi encerrado sem maiores transtornos. Os meios de comunicação, que haviam dado destaque às suspeitas iniciais, não noticiaram o desfecho da investigação nem voltaram a abordar o assunto nos meses e anos seguintes.

Ainda em 2001, Cacciola lançaria um livro contando sua versão dos fatos, em que acusava outros bancos de terem se beneficiado com informações privilegiadas e afirmava que Luiz Cezar Fernandes, do Pactual, teria inventado notícias sobre o Marka para chantagear ex-sócios.

Algumas pessoas que testemunharam o período concluíram que a intenção do fundador era mesmo a de depreciar a imagem de Esteves, que começava a despontar como nome conhecido no mercado, e, com isso, retomar à força o poder que lhe escapava. Em 2006, ao relembrar o episódio, Cezar afirmou sobre os sócios: "O Esteves havia sido dinâmico e atuante, mas sempre tive consciência de que ele venderia a mãe para ter o poder; o Gilberto, uma água morna; o Serfaty, quando começou no Pactual, todos o chamavam de cachorro louco. Fiz um esforço enorme para torná-lo um profissional. Sempre fiquei do lado dele e por isso não perdoo a traição". Sobre Eduardo Plass, disse: "Era o meu braço direito, e foi o primeiro a me apunhalar".

Finalmente, o recomeço

No segundo semestre de 1999, a convivência entre Cezar e a nova geração de sócios se tornara insustentável. Em meio a acusações e ressentimentos mútuos, que extrapolavam as paredes da instituição, a desconfiança evoluíra para uma quase hostilidade. Chateado e decepcionado com toda aquela confusão, Paulo Bilyk decidiu sair do banco. Então chegou um momento em que os demais líderes mais jovens só enxergavam uma maneira de seguirem em frente: Cezar teria que ir embora.

Em 21 de setembro daquele ano, o fundador do Pactual aceitou vender suas ações remanescentes, marcando sua saída do banco que havia fundado dezesseis anos antes. Com os ganhos decorrentes da desvalorização do real e do bom resultado do *trading* ao longo do ano, recebeu cerca de 60 milhões de dólares em troca de seus 8% de participação — uma quantia que lhe permitia, depois dos tropeços, começar de novo sem apertos.

A reunião em que foram assinados os documentos e concluída a transferência de ações aconteceu no escritório do advogado Chico Müssnich e durou toda a madrugada de 21 para 22 de setembro. Naquele dia, Plass e Esteves nem voltaram para casa. Chegaram juntos ao escritório com o sol despontando no horizonte, exaustos e aliviados. Sem dizer nada, Esteves foi direto para a mesa de operações, enquanto Plass se dirigiu à área administrativa do banco, que, agora, era oficialmente deles. Com a base sólida que havia sido construída no banco e sem as tensões, acusações, mágoas e desconfianças recentes, havia a convicção de que o futuro do Pactual estava garantido. Tudo o que precisavam fazer era não atrapalhar o que já estava funcionando.

9
"Um bando de americano burocrata e complicado"

A VIRADA DO SÉCULO XXI MARCOU O INÍCIO de uma nova fase no Pactual. Entre 1998 e 1999, a *partnership* recebeu 21 novos integrantes, alguns dos quais se tornariam figuras-chave no futuro do banco: Roberto Sallouti, Guilherme Paes, Totó Porto, Oswaldo Assis, Rodrigo Xavier, Marcelo Kalim, James Oliveira, Emmanuel Hermann, José Mario Osorio, Rodolfo Riechert e Paulo Fernando Oliveira. Era uma renovação que consolidava o redesenho do grupo e preparava o terreno para transformar o banco de investimentos carioca numa das maiores instituições financeiras do país.

Pouco tempo antes haviam chegado outras pessoas, que logo também entrariam para a sociedade. Entre elas a economista Mariana Cardoso, em 1996, que iniciou sua trajetória calculando cotas de fundos de investimento e cresceu na área de *asset management*, destacando-se como uma das poucas mulheres na liderança, ao lado de Luciane Ribeiro, e Renato Santos, em 1997, que começara na mesa de operações, onde faria carreira e se tornaria um sócio importante. Durante a saída de Cezar, Santos foi um dos vários funcionários que lamentaram ter perdido a chance de se tornar sócio, no que parecia uma oportunidade única, com a possibilidade de comprar uma parte considerável das ações quando o patrimônio do banco ainda se multiplicava. Mas tal sensação de ter perdido o melhor momento da história se repetiria nas gerações seguintes: a cada salto no balanço da companhia e, consequentemente, nas participações acionárias e na distribuição de lucros aos sócios.

Após a desvalorização do real em janeiro de 1999, a liderança do Pactual continuou encontrando maneiras de gerar lucros significativos. Mas era preciso também aumentar a liquidez, para honrar os compromissos financeiros assumidos com a saída dos fundadores, especialmente o pagamento das ações de Cezar, e financiar projetos de crescimento. A venda de um ativo em particular daria ao banco o fôlego necessário para a fase seguinte: a participação na Escelsa (Espírito Santo Centrais Elétricas S.A.), primeira empresa do setor elétrico a ser privatizada no Brasil.

Em sua primeira investida no setor, o banco havia adquirido a companhia em julho de 1995, por 357,92 milhões de reais, num leilão que marcou o início das privatizações do governo Fernando Henrique Cardoso. Para estruturar o investimento, foi criada uma holding chamada Iven S.A., que reunia como sócios os bancos Pactual, Nacional, Bozano, Simonsen, Icatu, Citibank, a Fundação Centros (fundo de pensão do Banco Central), o grupo argentino Pérez Companc, além da Opportunity Capital Partners, de Daniel Dantas. A Iven formou com a GTD Participações — veículo que reunia onze fundos de pensão estatais, como Previ (Banco do Brasil), Petros (Petrobras) e Sistel (Telebras) — o consórcio Parcel, que adquiriu 50% mais uma ação da Escelsa, assumindo seu controle acionário.

O investimento logo se mostrou profícuo. Em novembro de 1997, Cezar, que presidia o Pactual, afirmou que já havia recusado ofertas com ágio de 100% sobre o preço de mercado dos papéis. A expansão continuou no mesmo ano, quando a Escelsa adquiriu a Enersul, do Mato Grosso do Sul. Durante o período, o banco foi aumentando progressivamente sua participação, comprando ações de outros sócios, até a Escelsa se tornar o principal ativo do balanço do banco.

Pouco mais de um ano depois, o negócio gerou um impasse entre algumas das instituições sócias. O Pactual e os fundos de pensão, que juntos detinham 56% do capital, quiseram que a Escelsa comprasse a Cerj (Companhia de Eletricidade do Rio de Janeiro). Daniel Dantas, por meio do Opportunity, que tinha apenas 4% das ações, conseguiu impedir a aquisição a partir de uma cláusula do acordo de acionistas que exigia unanimidade para aprovação de investimentos. O episódio expôs as dificuldades de governança que havia na empresa.

Em agosto de 1999, em meio a disputas entre acionistas que envolviam o Opportunity e a EDP (Electricidade de Portugal), os líderes do Pactual decidiram vender a participação do banco para a EDP. A operação, conduzida por Eduardo Plass, foi estruturada em duas etapas que maximizaram o resultado para o banco. Primeiro, o Pactual vendeu suas ações ordinárias (que garantiam o controle) para a EDP em um leilão. Em seguida, atuando como agente da EDP, foi ao mercado, comprou todas as ações preferenciais — que representavam dois terços do capital integral da empresa — e as revendeu para a companhia, totalizando o ganho, nas duas etapas combinadas, de 534,6 milhões de dólares. A estratégia beneficiou todos os envolvidos. Os investidores que detinham as ações preferenciais tiveram um bom retorno ao vender para o banco; a EDP conseguiu reduzir seu custo médio de aquisição ao comprar esse volume maior de ações por um preço menor; e o Pactual, como assessor da operação, obteve ganhos tanto na venda das ações ordinárias quanto na intermediação das preferenciais. Mesmo já fora da instituição quando o negócio foi concluído, Cezar recebeu um bônus extra de aproximadamente 9 milhões de dólares, por decisão dos jovens ex-sócios, como reconhecimento por sua participação no projeto.

No começo dos anos 2000, a equipe continuou se renovando. Enquanto muitos se juntavam ao grupo e alguns cresciam, Marcelo Serfaty foi o primeiro entre os novos cocontroladores a deixar o banco. Em seus anos no Pactual, um de seus principais legados fora a contribuição para uma mudança cultural na instituição e no seu consequente posicionamento no mercado. Num ambiente dominado pela mentalidade de tesouraria — em que os clientes eram vistos como potenciais compradores de posições indesejadas —, insistia que era preciso construir relacionamentos duradouros, tratando investidores como parceiros, e não contrapartes. Essa perspectiva, inicialmente recebida com resistência pela equipe especializada em *trading* proprietário, se revelaria fundamental para o sucesso do Pactual. Junto com Rodrigo Xavier, seu braço direito, Serfaty expandiu a atuação do *research*, que produzia análises de empresas e setores, desenvolveu a área internacional, atraindo clientes estrangeiros que começavam a olhar com mais interesse para o mercado brasileiro após a abertura econômica de 1991 e a estabilização da moeda em 1994, e consolidou a área de gestão de recursos de terceiros, o *asset management*.

A saída de Guedes, no entanto, tornou sua permanência no banco mais difícil. Sem a proteção do ex-professor e mentor, que sempre nutrira amizade e respeito intelectual pelo jovem sócio, os atritos de Serfaty com Plass, que existiam desde sua chegada ao Pactual, aumentaram e passaram a afetar outras pessoas. Com o tempo, as discordâncias se multiplicaram nos comitês executivos — sobre promoções, alocações de ações, divisão de resultados entre áreas e decisões do cotidiano. Para Plass, Esteves e Sayão, eram divergências pouco relevantes sobre aspectos operacionais corriqueiros. Para Serfaty, era uma questão de conflito de princípios, o que aumentava sua sensação de desalinhamento.

Um episódio em particular aprofundou esse sentimento. Após a saída de Cezar, pela primeira vez foi estabelecido um acordo formal de acionistas. Meses depois, Plass propôs que o documento fosse rasgado e voltasse a valer a palavra falada para as decisões. Serfaty via a "imposição" como uma manobra para que as regras pudessem ser alteradas a qualquer momento. Como minoria — já que Esteves e Sayão concordaram com Plass sem questionar —, se viu obrigado a aceitar uma situação que considerava "muito errada".

Quanto mais pressionado se sentia, mais agia de modo explosivo com o time que liderava. Seus gritos e agressões verbais criavam um clima difícil. Embora Esteves tentasse mediar os conflitos, seu papel conciliatório foi ficando mais árduo, em especial quando Serfaty também passou a ter embates diretos com Sayão. Era paradoxal: entre os três sócios, Serfaty era o que mais se alinhava com a visão ambiciosa de Esteves para o futuro do banco, mas os desentendimentos cotidianos com os outros tornavam inviável sua continuidade.

A última missão de Serfaty foi tentar estancar, no *asset management*, a perda de dinheiro que começara com a saída dos sócios seniores. Era preciso recuperar a confiança de clientes institucionais e donos de fortunas, com quem mantinha boas relações. Mas seu progressivo distanciamento dos sócios esvaziou sua influência no banco. Para os mais novos, era evidente que ele era "carta fora do baralho". Participava das decisões formais, mas era excluído das conversas de bastidores. Os outros sócios foram aos poucos ocupando seu território, falando diretamente com os principais clientes. Até que, em 2002, Serfaty deixou o banco.

Enquanto isso, cresciam no mercado os temores de uma possível eleição de Luiz Inácio Lula da Silva para presidente em 2002. Lula se candidatava pela quarta vez — após tentativas sem sucesso em 1989, 1994 e 1998. Os índices favoráveis nas pesquisas de intenção de voto e seu discurso inicialmente mais à esquerda provocavam forte tensão nos mercados. O nervosismo era tanto que um analista do Goldman Sachs chegou a criar um "lulômetro" para avaliar as chances de uma possível vitória do petista. O risco-país disparou, o real se desvalorizou e os juros futuros subiram.

Para amenizar o estresse no mercado, o PT apresentou uma série de medidas ainda em 2001. A primeira foi a contratação do publicitário baiano Duda Mendonça para dirigir os programas partidários, assessorar o candidato e comandar a equipe de comunicação política. Mendonça, que havia liderado a vitoriosa campanha de Paulo Maluf para prefeito de São Paulo em 1992, era conhecido pela abordagem emocional, distante dos elementos combativos geralmente utilizados pela esquerda. Sua chegada ao PT sinalizava ao mercado um possível abandono da defesa de ideias socialistas e trabalhistas em nome do pragmatismo eleitoral. Ele conseguiu mostrar aos brasileiros um Lula mais próximo do povo, sensível às questões sociais e com características de cidadão comum, embora dotado de forte capacidade de liderança e comprometido com a justiça social no país. O objetivo era conquistar a simpatia do eleitorado, dissolvendo a rejeição que parte da população tinha a ele devido à sua história de militância sindical e apoio a movimentos sociais.

Paralelamente, o PT lançou, em junho de 2001, um primeiro esboço do Programa de Governo, cuja área econômica era coordenada pelo senador Aloizio Mercadante e pelo economista Guido Mantega, professor da FGV. O ex-ministro Delfim Netto afirmou na época que as propostas pareciam sensatas: "Vai seguir o modelo atual, mas vai mudar algumas prioridades". Maílson da Nóbrega, também ex-ministro, ponderou que "eles amadureceram nas questões macroeconômicas".

Nos bastidores, a campanha petista tentava tranquilizar diferentes setores. Mario Garnero — então presidente do grupo Brasilinvest, uma agência privada de negócios, que intermediava investimentos estrangeiros no Brasil —, que conhecera Lula durante as greves do ABC, quando liderava a associação das montadoras, intermediou um encontro entre José Dirceu, coordenador da campanha de Lula, e a embaixadora americana no Brasil, Donna Hrinak. A reunião aconteceu no 21º andar da sede do Brasilinvest, na avenida Brigadeiro Faria Lima, em São Paulo. Os participantes fizeram questão de manter a imprensa longe do encontro. "Seria constrangedor para todos se alguém soubesse, poderia atrapalhar a conversa", explicou Garnero. Chegando de helicóptero, Dirceu afirmou que "o PT está pronto para formar um governo nacional maduro sem um viés anti-Estados Unidos". A cena intrigou a embaixadora, como registraria depois em um telegrama: "É uma imagem muito diferente para um partido de 'trabalhadores'". Depois do encontro, José Dirceu se incumbiu de enviar cartas pessoais a figuras proeminentes dos Estados Unidos, como o então vice-presidente, Dick Cheney, e o secretário de Comércio, Donald Evans, com a intermediação de Garnero.

O ápice da estratégia de aproximação com o mercado veio com a Carta ao Povo Brasileiro, divulgada em 22 de junho de 2002. O documento apresentava um claro compromisso do candidato com a responsabilidade fiscal, prometendo preservar o superávit primário para manter a confiança na capacidade do governo de honrar compromissos. A carta defendia a estabilidade e o controle da inflação como "patrimônio de todos os brasileiros" e garantia que as mudanças seriam feitas "democraticamente, dentro dos marcos institucionais". O texto enfatizava que o novo modelo seria fruto de uma ampla negociação nacional, rejeitando decisões unilaterais ou voluntaristas.

No mesmo documento, Lula também abordava o cenário de instabilidade econômica, argumentando que a turbulência não nascia das eleições, mas da gestão do então presidente, Fernando Henrique Cardoso: "Por mais que o governo insista, o nervosismo dos mercados e a especulação dos últimos dias não nascem das eleições. Nascem, sim, das graves vulnerabilidades estruturais da economia apresentadas pelo governo, de modo totalitário, como o único caminho possível para o Brasil".

Enquanto muitos investidores mantinham cautela, André Esteves e Gilberto Sayão começaram a, mais uma vez, enxergar oportunidades. Esteves, em particular, teve alguns encontros com Antonio Palocci, coordenador do programa de governo, que se aproximou do setor produtivo e do mercado durante a campanha. Em duas visitas do político ao banco, Esteves se convenceu de que "a conversa do PT era sincera".

Com base nessa análise, os sócios do Pactual assumiram posições mais otimistas em relação ao Brasil na mesa de operações, ainda em 2002. As estratégias foram múltiplas e abrangentes. Aumentaram as posições em títulos públicos de longo prazo, apostando na queda futura das taxas de juros. Compraram ações de empresas estatais, especialmente Petrobras e Banco do Brasil, prevendo uma valorização com a diminuição do temor de interferência política. Realizaram operações de arbitragem entre o mercado local e internacional, aproveitando as discrepâncias de preços causadas pela incerteza. Por fim, estruturaram operações de hedge cambial para clientes corporativos, gerando receitas significativas de comissões.

Com a vitória de Lula e a nomeação de uma equipe econômica ortodoxa, liderada por Palocci na Fazenda e Henrique Meirelles no Banco Central, os mercados se acalmaram já em 2003. O novo governo manteve o tripé macroeconômico e intensificou o ajuste fiscal, surpreendendo positivamente os investidores.

Desde a saída de Serfaty, Sayão ganhava força na liderança do Pactual ao lado de Esteves, mas cada um ocupava com clareza o próprio território. Esteves era convicto em sua ambição de crescimento da empresa como banco de investimento completo. Sayão queria buscar aplicações que protegessem e rentabilizassem o patrimônio. Ao contrário de alguns sócios que haviam deixado o banco anteriormente, satisfeitos em gerir a própria fortuna, Sayão começou a revelar o que parecia uma vocação para cuidar não só do capital próprio, mas da liquidez de todo o grupo, buscando diversificar os investimentos e tomar decisões lucrativas para a *partnership*.

Com o crescimento do patrimônio dos sócios, justificava-se a construção de uma área dedicada a geri-lo com a mentalidade de um *family office*. Sayão era o principal defensor de uma das primeiras mudanças a ser implementadas no banco após a saída dos fundadores: a alteração na política de distribuição de lucros. A partir de então, os acionistas só podiam ficar com 10% dos resultados, enquanto 90% passaram a ser retidos na holding da *partnership*. Sayão foi aos poucos desenvolvendo essa nova área e deixando Esteves na linha de frente do negócio.

Com a nova configuração estabelecida, com Esteves e Sayão sendo os óbvios protagonistas, Plass e sua equipe começaram a ver seu espaço diminuir. Embora ele fosse o maior acionista individual, com cerca de 20% das ações, ficava nos bastidores, responsável pela área corporativa. Sua visão era conservadora. Acreditava que o Pactual poderia se manter com uma operação mais enxuta, quase como uma gestora sofisticada para administrar o patrimônio dos sócios. Os ganhos substanciais daquele período eram, para ele, motivo para desaceleração.

A dicotomia de perspectivas entre Plass e Esteves foi se acentuando. Toda semana, Esteves entrevistava jovens talentos, contando como o Pactual seria o maior banco de investimentos do Brasil. "Não vou ficar aqui contando história para esses jovens. Se eu for contar a história é porque vou fazer a história", dizia a Plass, durante os debates cada vez mais acalorados sobre o futuro do banco. Um símbolo dessa divergência era a mudança da sede para São Paulo. Enquanto Esteves estava convicto de que esse era o caminho natural para uma instituição com ambições maiores, Plass costumava ir para Angra dos Reis toda sexta-feira depois do almoço — e foi o primeiro entre os novos sócios a ter um helicóptero particular.

Embora já não houvesse brigas públicas e rupturas violentas como era comum entre os cofundadores, o ambiente interno começou outra vez a mostrar sinais de desgaste. Assim como aconteceu com os sócios da segunda geração (que, vendo-se com um patrimônio muito maior do que poderiam imaginar e diante de desilusões profissionais, concluíram que não fazia mais sentido continuar), Plass foi amadurecendo sua saída. Sua decisão de deixar o banco foi apresentada como escolha pessoal, uma busca por novos desafios, mas nos bastidores era claro que sua visão para o futuro do Pactual não estava mais alinhada com a dos colegas.

Plass deixou o Pactual em setembro de 2003 e vendeu suas ações à tesouraria do banco, recebendo 20% do valor à vista, e o restante em quatro parcelas semestrais. No mesmo período também saíram dois executivos de sua confiança: Carlos Henrique dos Santos, responsável pela área de fusões, aquisições e reestruturações, e José Mario Osorio, seu braço direito na parte administrativa e legal. A partir de então, Esteves e Sayão passaram a ser co-CEOs do Pactual.

No fim de semana do anúncio da saída de Plass, o jornalista Lauro Jardim publicou uma nota em sua coluna "Radar", na *Veja*, dizendo que o sócio estava deixando o banco e que não se tratava de uma saída tranquila. Na segunda-feira, Esteves ligou para o jornalista queixando-se da publicação e afirmando que estava errada. Alegava que não havia conflito entre eles. Depois de tanta especulação em torno dos problemas com os antigos sócios, o banqueiro se preocupava com a imagem da companhia no mercado. "Você pode quebrar o banco com uma notícia dessas", exagerou. O jornalista retrucou: "Eu vou dizer para o meu leitor que o presidente do Pactual está saindo e não vou dizer o motivo? Poderia ser porque ele está abrindo outro banco. Mas não é. No caso, foi porque estava brigando com vocês. Se o banco quebrar, é porque vocês estavam brigando, e não porque eu escrevi". Em razão do episódio, Jardim e Esteves passaram anos sem se falar.

Em janeiro de 2004, Plass fundou a Opus Investimentos, uma gestora de recursos com sede no Rio de Janeiro. Naquele momento, o escritório do Pactual já havia se transferido para o moderno Centro Empresarial Mourisco, na Praia de Botafogo.

Depois da saída de Plass, a gestão que Sayão fazia do patrimônio dos sócios foi se tornando uma área estruturada dentro da empresa. Era o embrião do que viria a se tornar a Pactual Capital Partners (PCP), um veículo de investimento do capital excedente do banco em setores diversificados, principalmente na economia real, com participações em empresas (*private equity*) e imóveis (*real estate*), além de uma área para investimentos fora do Brasil, o que ampliava a atuação do Pactual.

Na PCP, 80% do capital era controlado pelos sócios do banco, e 20% era dinheiro de clientes. Além de organizar e intensificar os investimentos do patrimônio acumulado pelos sócios e mantido no banco, a estratégia fortalecia o alinhamento entre investidores e gestores. O projeto reduzia a dependência do caixa da instituição das flutuações do mercado financeiro e criava uma fonte adicional de receitas mais estáveis.

Para sua implementação, Sayão trouxe Alessandro Horta, recém-chegado ao Pactual após ter sido sócio do antigo Icatu, entre 1998 e 2001, além de passagens pelo Opportunity e pelo Garantia. Trazia uma experiência eclética bem-vinda para a nova empreitada, com conhecimento das áreas de ações, renda fixa, *private equity* e mercado imobiliário.

Para viabilizar sua dedicação a essa nova frente, enquanto Esteves se concentrava na operação bancária, Sayão propôs um acordo incomum: como os retornos da PCP seriam a longo prazo, ele receberia como bônus o equivalente a 90% do que fosse definido para Esteves. "Como você vai aceitar isso?", alguns executivos do banco questionaram, ao saber que, se seu bônus fosse de 10 milhões de reais, Sayão receberia 9 milhões de reais, a despeito dos resultados imediatos de sua área. Para Esteves, no entanto, fazia sentido, pois isso manteria Sayão como sócio relevante e alinhado com o banco a longo prazo, ao mesmo tempo que lhe dava mais autonomia para conduzir a empresa no dia a dia.

Para garantir o equilíbrio entre as diferentes frentes do negócio, foi criado um comitê executivo com poder de decisão sobre as principais questões estratégicas do banco, incluindo a distribuição de bônus. O grupo era formado por seis membros, com dois indicados por cada um dos sócios controladores. Esteves levou Rodrigo Xavier e Marcelo Kalim para representar a operação do banco, enquanto Sayão nomeou Alessandro Horta e Paulo Fernando para representar a PCP. A composição refletia a nova dinâmica de poder, com as duas principais lideranças dividindo responsabilidades e mantendo consigo suas equipes de confiança.

O "nascimento" da Faria Lima

Em 2003, Esteves mudou-se novamente para São Paulo com a família. Dessa vez comprou uma casa, sinalizando planos de longo prazo, e que refletiam uma transformação maior em curso no mercado financeiro brasileiro.

Desde os anos 1970, a capital paulista se consolidava como o novo centro financeiro do país, em um processo que acompanhava a mudança do eixo econômico iniciada ainda no século XIX com o ciclo do café. A cidade já era a mais rica e populosa do Brasil desde 1960, impulsionada pela industrialização e por um eficiente sistema de transportes que atraía cada vez mais empresários.

O mercado financeiro, contudo, permaneceu por mais tempo concentrado no Rio de Janeiro, onde surgiram distribuidoras como Pactual e Garantia, e onde a Bolsa de Valores mantinha o maior volume de negócios do país. A primeira mudança notável ocorreu em 1971, quando a crise de confiança na Bolsa do Rio aumentou a atratividade da Bovespa para investidores e bancos. O processo se completou em 1989, após os movimentos especulativos de Naji Nahas que levaram à quebra definitiva da Bolsa do Rio.

A expansão do mercado financeiro em São Paulo acompanhou a própria evolução urbana da cidade. O centro tradicional foi o primeiro polo, seguido pela avenida Paulista. A avenida que viria a ser a Brigadeiro Faria Lima começou a se desenvolver a partir de 1966, com a inauguração do Shopping Iguatemi — primeiro shopping center de São Paulo. Em janeiro de 1968, foi promulgada a lei que determinava a abertura de uma avenida ligando Pinheiros ao Brooklin. A ideia original era chamá-la de Radial Oeste, mas o nome da via acabou homenageando seu idealizador, o brigadeiro José Vicente de Faria Lima, ex-prefeito da capital, após sua morte em 1969.

"UM BANDO DE AMERICANO BUROCRATA E COMPLICADO"

O potencial da região já era percebido no início dos anos 1970. Em março de 1971, uma grande reportagem da *Folha de S.Paulo* intitulada "Em Pinheiros começa a nascer o novo centro?" previa que os negócios em breve se mudariam para o bairro. Mas a principal transformação veio nos anos 1990, quando o prefeito Paulo Maluf promoveu a extensão da avenida até a avenida Hélio Pellegrino. A chamada Operação Urbana Faria Lima, que permitiu a verticalização da área em troca de recursos para infraestrutura local, atraiu uma onda de novos empreendimentos. Os aluguéis na região subiram 50% em apenas três anos, impulsionados pela chegada de bancos internacionais como CCF, ING e Lloyds, além de instituições brasileiras como Garantia e Fibra.

No início dos anos 2000, em meio a um cenário de crescente fortalecimento do sistema bancário brasileiro, a região ganhou construções que se tornariam ícones, como o edifício Torre Faria Lima, projetado por Ruy Ohtake, que abrigou o Complexo Aché Cultural, e o Faria Lima Financial Center. Era um momento de transformação do mercado: a participação dos bancos privados nas operações de crédito havia saltado de 37,5%, em 1995, para 66,4% em 2004, enquanto a dos bancos públicos caíra de 62,1% para 31,3% no mesmo período. Os lucros do setor bancário cresceram 550% em comparação com o governo anterior, e atingiriam a rentabilidade recorde de 17,66% em 2006.

O afluxo de instituições financeiras para a região foi tão intenso que, em 2003, a avenida registrava oitenta pousos e decolagens de helicópteros por dia. Ali se instalaram grandes instituições, como Itaú BBA, Pactual e a maioria dos bancos estrangeiros. Junto com o JPMorgan, o Pactual incorporou o edifício Birmann 29, no número 3729 da Faria Lima. Em dezembro de 2005, o banco anunciou oficialmente o novo endereço como sua sede, ocupando o nono e o décimo andares, no coração do novo centro financeiro da cidade. Não era apenas uma alteração de endereço. Tratava-se da materialização de uma ambição que seguia crescendo apesar da mudança de protagonistas.

Mais tarde, em 2006, a chegada do Google à avenida marcaria o início de uma nova fase, com a região atraindo também empresas de tecnologia. A verticalização e a modernização transformaram a Faria Lima em um cartão-postal do mercado brasileiro, com seu *skyline* de edifícios espelhados que lembram distritos financeiros globais como as *docklands* de Londres e o La Défense de Paris, consolidando a avenida como o novo coração financeiro do país.

"Não podemos errar"

Na distribuição do espaço da nova sede do Pactual, André Esteves sentava-se literalmente entre os dois mundos do banco: à sua esquerda ficava a gestão de recursos de terceiros, com Marcelo Kalim; à direita, o *trading* proprietário, com Roberto Sallouti e James Oliveira. "Eu era o *Chinese wall* personificado", ele brincava.

A área de Kalim ganhava cada vez mais relevância no banco. Entre seus principais produtos estava o Pactual High Yield, um fundo apimentado de renda fixa com liquidez diária — formato que começava a dominar o mercado brasileiro na época — e um dos que o veterano Itaú concordara em distribuir aos seus clientes. O feito era tratado internamente como uma conquista e um selo de qualidade, portanto motivo de orgulho para os sócios. A cada seis meses, Esteves ia visitar Roberto Setubal para prestar contas e agradecer pela parceria. Numa dessas visitas, em 2004, ao fim da reunião, quando já estava a caminho do elevador, Esteves comentou: "Roberto, quero te agradecer mais uma vez por estar distribuindo o nosso fundo. Obrigado mesmo pela confiança e oportunidade". Quando a porta já estava se fechando, Setubal respondeu: "Tranquilo, o fundo está indo superbém... Eu mesmo estou investindo. O meu dinheiro, a minha liquidez, está lá no fundo de vocês".

Esteves ficou atônito, remoendo a frase mentalmente até chegar de volta ao Pactual. Reuniu então a equipe e deu seu recado: "Pessoal, o dinheiro do Roberto Setubal está no nosso fundo. Nós não podemos fazer merda! Simplesmente não dá para fazer nada errado com esse negócio. Se for preciso, a gente vai tirar dinheiro do banco para colocar nesse fundo porque ele não pode se dar mal por ter confiado na gente". Ninguém discordou.

A partir daí, a gestão dos recursos de terceiros ganhou um status quase sagrado no Pactual. Afinal, não era todo dia que o presidente de um dos maiores bancos do país decidia confiar parte relevante de seu patrimônio aos garotos cariocas. Mas nunca seria preciso transferir dinheiro do próprio bolso para salvar o fundo. E a credibilidade conquistada com a gestão de recursos continuaria sendo fundamental para o próximo passo do banco.

10
"Cartas de amor"

A MUDANÇA DA SEDE DO PACTUAL PARA SÃO PAULO coincidiu com um momento pujante da economia brasileira. Havia uma combinação de crescimento contínuo do PIB — que atingiu 5,2% em 2004, a maior taxa desde 1994 —, queda na inflação e um cenário internacional favorável às exportações brasileiras, o que garantiu ao governo Lula, em especial à sua equipe econômica, a confiança do mercado. Os expressivos saldos da balança comercial, impulsionados pelo boom das commodities e pela demanda chinesa, somados à expansão do crédito e ao fortalecimento do sistema bancário, criavam um ambiente propício para o mercado de capitais. No entanto, desde a abertura de capital da CCR, gigante da concessão de infraestrutura, rodovias e transporte, em fevereiro de 2002, não havia ocorrido nenhum outro IPO (sigla em inglês para "oferta pública inicial", quando uma empresa abre o capital e passa a ofertar ações na Bolsa de Valores). Das mil empresas que já haviam sido listadas na Bovespa, apenas 390 mantinham seus papéis no pregão. Os agentes do mercado aguardavam ansiosamente um sinal de renovação.

A Natura, então com 35 anos de história e receita de 1,4 bilhão de reais, decidiu ser o catalisador. A liderança da empresa escolheu fazer

"CARTAS DE AMOR"

sua estreia no Novo Mercado, segmento mais exigente da Bovespa em termos de governança corporativa, no qual apenas duas companhias estavam listadas até então: CCR e Sabesp. Ali, as companhias só podiam ter ações ordinárias, com direito a voto, garantindo direitos iguais a todos os acionistas.

Depois de muita disputa entre os bancos nacionais e estrangeiros para coordenar a operação, que buscava captar 678 milhões de reais com a venda de 21,75% de seu capital, a Natura escolheu o suíço UBS, além do Pactual. A combinação de um banco brasileiro e de um gigante internacional, no IPO da Natura, sinalizava a nova posição que o Pactual ocupava no mercado. O banco tinha se preparado para esse momento. Mesmo nos anos mais difíceis, nunca desmontara seu departamento de pesquisa e análise econômica, inclusive mantendo a coleta própria de dados de inflação.

A estrutura da operação buscava distribuir amplamente o capital da companhia. Do total de papéis — cerca de 14,5 milhões de ações —, 25% foram reservados para pessoas físicas, que podiam investir entre mil reais e 500 mil reais. A empresa também se comprometeu a distribuir até 45% do lucro líquido em dividendos, um atrativo adicional para os investidores.

O IPO da Natura se tornaria uma referência para o mercado de capitais brasileiro, que, a partir daquele momento, se mostrava mais profissional e alinhado com as práticas internacionais. Na sequência dessa bem-sucedida estreia na Bolsa, diversas outras empresas começaram a preparar sua abertura de capital, um mercado em que o Pactual ocupava posição de liderança: foi do banco a coordenação das operações de companhias como ALL (América Latina Logística), Porto Seguro, JBS, Açúcar Guarani, Amil e Grendene — todas entre 2004 e 2007. O banco havia se tornado, nas palavras de Esteves, um tipo de *"one kind animal"* — o único banco de investimento local brasileiro competindo de igual para igual com gigantes globais como Goldman Sachs, Morgan Stanley, Lehman Brothers, Credit Suisse e JPMorgan.

Ocupar uma posição única no mercado era estratégico nos anos 2000, quando o sistema financeiro global vivia uma intensa fase de consolidação. No Brasil, o movimento se refletia, por exemplo, na compra do Banco Real pelo holandês ABN, na aquisição do Banespa pelo espanhol Santander e na compra do Banamex pelo Citi no México. Os bancos internacionais buscavam expandir sua presença em mercados emergentes, e havia no Grupo dos Sete (o G7, fórum composto dos sete países mais industrializados do mundo*) uma percepção de que, para ter sucesso nos mercados emergentes, era preciso se associar a profissionais locais que entendessem as peculiaridades das operações, dada a maior complexidade desses ambientes.

O Pactual, por sua vez, considerava a hipótese de se unir a um grande grupo para crescer e conquistar novos territórios mais rapidamente. Alguns anos antes, entre 2001 e 2004, Esteves e seus sócios tiveram suas primeiras conversas exploratórias sobre uma possível associação com outro banco. Naquele momento, no entanto, as ambições eram nacionais. A aproximação se deu com o Bradesco, instituição com a qual mantinham uma relação de confiança mútua. Na visão dos executivos do Pactual, havia uma complementaridade natural e uma afinidade cultural entre as duas empresas: ambas compartilhavam ideais de crescimento por meio das pessoas que faziam carreira interna. Além disso, o Bradesco não tinha um banco de investimentos robusto (enquanto o Itaú havia acabado de comprar o BBA). No entanto, os estilos operacionais eram marcadamente distintos — enquanto o Pactual era conhecido por sua cultura agressiva e seu perfil arrojado nas operações, o Bradesco mantinha uma postura tradicionalmente mais conservadora no mercado. Ainda que o Bradesco não usasse o formato de *partnership* nem essa dominação — sendo controlado por executivos, pela Fundação Bradesco e um também pela família —, a mentalidade voltada a formar um grupo coeso e fomentar o desenvolvimento das pessoas envolvidas era um valor comum entre os dois bancos.

A ideia que passou a ser discutida era o Bradesco comprar o Pactual, pagando em ações do Bradesco, de modo que os sócios do Pactual teriam uma importante participação no banco varejista, e ainda manteriam certa autonomia na operação. Para o Pactual, ter acesso ao balanço

---

* Estados Unidos, Canadá, Reino Unido, França, Alemanha, Itália e Japão.

do Bradesco, aumentando sua capacidade de emprestar dinheiro para empresas, poderia impulsionar significativamente os negócios. Ao mesmo tempo, o Pactual poderia melhorar áreas do Bradesco como banco de investimento, *asset management* e gestão de fortunas. Mas as conversas nunca avançaram. A exigência do Pactual em manter os principais sócios não contribuiu para a evolução do plano. Não chegou a haver discussões de preço, *due diligence* ou modelo de negócio. Foram apenas reuniões informais e esporádicas que ocorreram ao longo de três anos.

Ainda no primeiro trimestre de 2004 surgiu outra oportunidade — e essa parecia ideal. O Pactual começou a receber sondagens de diversos bancos globais interessados em uma associação, o que os sócios chamavam internamente de "cartas de amor". Entre todos os interessados, a abordagem que mais atraiu Esteves e Sayão foi a do Goldman Sachs. Embora já listado em Bolsa desde 1999, o banco norte-americano ainda mantinha características da *partnership* que havia inspirado o próprio modelo do Pactual, e era gerido pela mesma geração de sócios relevantes, incluindo Lloyd Blankfein e Gary Cohn.

O Goldman Sachs buscava havia anos uma forma de entrar com mais força no Brasil. O banco tentara comprar o Garantia (que, antes do Pactual, também se inspirara em seu modelo), entre 1997 e 1998, numa disputa que foi vencida pelo Credit Suisse. Agora a oportunidade de adquirir uma empresa com perfil semelhante ao seu parecia perfeita.

No final de 2004, André Esteves teve sua primeira reunião com executivos do Goldman Sachs sobre uma possível parceria. Inicialmente, o projeto era criar uma joint venture, isto é, uma nova empresa formada em conjunto pelos dois grupos, em que cada um teria uma participação acionária e compartilharia recursos e resultados.

O foco da parceria seria atuar especificamente no mercado de ações (*equities*) no Brasil. Enquanto o Goldman Sachs tinha uma forte presença global em *investment banking* (principalmente fusões e aquisições) e em operações de renda fixa, moedas e commodities, sua operação no Brasil era limitada. Desde 1995, o banco tinha um escritório em São Paulo, apenas com uma equipe de consultoria em fusões e aquisições, representada pelo italiano Corrado Varoli, presidente para a América

Latina, e pelo brasileiro Ricardo Lacerda, então diretor-presidente da estrutura no país. O Goldman dominava o mercado brasileiro de fusões e aquisições, chegando a deter 80% das transações entre 2000 e 2004, o que tornava ainda mais incoerente sua ausência no mercado de IPOS.

Para construir uma operação robusta no mercado de ações brasileiro, eram necessários elementos que o Goldman não possuía localmente: um time de *research*, para produzir análises sobre os diversos setores da economia, profissionais de vendas (*sales*), baseados não só no Brasil, mas também em Nova York, Londres e Ásia, para distribuir as ações no nível global, e uma mesa de operações (*trading*) dedicada ao mercado secundário. O Pactual, por sua vez, já participava do mercado de IPOS incipiente da época, com equipes de *research* e *trading* estabelecidas no Brasil, além de uma presença de *sales* em São Paulo e Nova York. Na visão do Goldman, essa estrutura precisaria ser complementada com times de *sales* e *trading* nos principais centros financeiros globais — avaliação com a qual Esteves concordou. Com o passar das semanas, as conversas evoluíram para uma transação maior.

Em janeiro de 2005, a negociação se tornou pública, e a estrutura estava bem definida: o Goldman Sachs compraria 50% do Pactual e, adicionalmente, venderia 5% de sua própria participação no Pactual para os dois executivos que já tocavam o escritório do banco americano no Brasil — 4% para Corrado Varoli (participação próxima à de Xavier e Kalim, que tinham cerca de 3% cada; Esteves tinha 19%), e 1% para Ricardo Lacerda. Totalizava-se, assim, 55% da joint venture para os sócios da operação brasileira e 45% para o Goldman Sachs. Os termos básicos foram logo acordados. Um documento de compra e venda estabelecia o pagamento de aproximadamente 400 milhões de dólares em dinheiro e a contribuição das operações do Goldman na América Latina (exceto México), enquanto um acordo de acionistas definia a governança, com conselho e decisões divididos. A nova empresa se chamaria GS Pactual, com Esteves como CEO. Rodrigo Xavier e Marcelo Kalim seriam os chefes do *asset management* e *wealth management*; Roberto Sallouti e James Oliveira ficariam responsáveis pela tesouraria; Gilberto Sayão e parte da equipe de *trading* cuidariam da PCP; Corrado Varoli assumiria o banco de investimento; e Ricardo

Lacerda seria o chefe de fusões e aquisições. A companhia nasceria com a ambição de dominar o mercado de bancos de investimentos na América Latina para, posteriormente, expandir sua atuação para outros mercados emergentes.

As negociações se estenderam por quase um ano, com reuniões semanais intensas entre as equipes. Do lado do Pactual, além de Esteves e Sayão, lideravam as conversas Rodrigo Xavier e Marcelo Kalim, com participação ativa de Iuri Rapoport, então diretor jurídico do banco. Do lado do Goldman, participavam Lloyd Blankfein, Gary Cohn e Christopher Cole, *head* do Financial Institution Group, além de Corrado e Ricardo Lacerda. Durante seis meses, Esteves falava ao telefone com Gary Cohn, todo domingo à noite, para definir os detalhes da gestão.

Um dos primeiros aspectos que chamaram a atenção dos executivos da empresa americana foi a gestão de risco dos brasileiros. Com capital de cerca de 500 milhões de reais na época, o Pactual operava com níveis surpreendentemente baixos de *value at risk* (VaR), métrica que indica quanto capital está exposto diariamente no mercado. Em três anos analisados, o banco registrara perdas em pouquíssimos dias de negociação — um desempenho que impressionou positivamente os americanos, já que o próprio Goldman Sachs, mesmo dispondo de capital muito superior, vez ou outra registrava perdas maiores em suas operações proprietárias. O banco brasileiro demonstrava extrema cautela na gestão de seu próprio dinheiro.

Por outro lado, adotava uma postura mais arrojada em determinadas situações. Por exemplo, para tentar assegurar sua participação em IPOs, os sócios do Pactual ofereciam uma garantia firme, em conversas informais, afirmando que, se necessário, o próprio banco compraria parte relevante das ações da empresa na abertura de capital — no caso da Natura, o equivalente a 200 milhões de reais. A abordagem — comum em operações de renda fixa (área em que, historicamente, se concentravam até então os maiores ganhos do banco), mas de alto risco financeiro e reputacional no mercado de renda variável — soava para os empresários, prestes a abrir capital, como um atestado de como Esteves acreditava no próprio negócio. Mas, para os executivos do Goldman Sachs, parcimoniosos ao extremo com a própria reputação perante seus clientes, aquelas conversas soavam ousadas demais e causavam preocupação. Se o IPO não fosse bem-sucedido e o capital fosse só da tesouraria, o banco poderia ter prejuízo; se parte dos recursos fosse sob gestão, poderia haver um problema de imagem. Na prática, porém, as garantias firmes não precisaram ser exercidas, já que as operações foram bem no mercado.

O maior complicador das negociações era a estrutura descentralizada do Goldman Sachs. O negócio era dividido em áreas verticais, como *equities* (que incluía *research*, *sales*, *distribution* e *capital markets*), commodities (com divisões específicas para óleo e gás, e produtos agrícolas), moedas, juros, *private banking* (com operações no Brasil, em Miami e na Suíça), fusões e aquisições, *debt capital markets* e mercados emergentes. Cada área tinha um executivo responsável, que tentava garantir sua influência específica sobre a mesma área no GS Pactual. Era como uma assembleia de nobres em que cada um precisava defender seu território. As discussões se materializavam em um documento próprio para orientar cada departamento, com duzentas a trezentas páginas cada, totalizando quase 2 mil páginas de acordos operacionais.

Os documentos tentavam prever todas as situações possíveis no dia a dia bancário. A complexidade das operações cruzadas entre as instituições gerava desafios específicos em cada departamento. Por exemplo, para distribuir ações de empresas brasileiras fora do país, surgia um primeiro obstáculo: o Pactual precisaria abrir mão de sua licença de *broker-dealer* nos Estados Unidos — uma autorização para negociar títulos e valores mobiliários no mercado americano. Isso significava que, para vender ações de IPOs brasileiros a investidores americanos, o banco dependeria integralmente da estrutura do Goldman, perdendo autonomia em suas operações internacionais.

No *private banking*, área que administra fortunas de clientes de alta renda, o Goldman Sachs tinha políticas mais rigorosas de *compliance* — conjunto de regras para prevenir riscos legais e reputacionais — e poderia recusar investidores que o Pactual tradicionalmente aceitava, como empresários renomados, que mantinham parte de seu patrimônio investida no exterior. Era preciso estabelecer procedimentos detalhados para essas situações, definindo se os recursos rejeitados pelo Goldman poderiam ser alocados de alguma forma no GS Pactual. A diferença nos critérios de aceitação refletia as exigências do mercado americano, em comparação com o brasileiro. Enquanto o Pactual operava com base em relacionamentos estabelecidos e reputação no mercado nacional, o Goldman Sachs exigia documentação extensiva sobre a origem dos recursos, estrutura societária completa e histórico fiscal detalhado, seguindo leis americanas que obrigavam os bancos a monitorar contas estrangeiras e combater a evasão fiscal. Essa divergência nas políticas de risco criava um desafio operacional para a instituição combinada.

Particularmente complexa era a gestão de commodities e hedge — operações para proteger empresas contra variações de preços de produtos como petróleo, moedas ou juros. Como costumam ser transações de longo prazo e envolvem riscos significativos, era necessário definir em minúcias como administrar esses riscos e dividir receitas entre as instituições.

Para mercados emergentes, os desafios eram ainda mais numerosos. Como a nova instituição não pretendia abrir escritórios em todos os países, era preciso estabelecer regras claras sobre como atender diferentes mercados. No Chile, por exemplo, onde não haveria presença física do GS Pactual, como seria a cobertura dos clientes locais em comparação com os brasileiros, que contariam com estrutura completa no país? Até mesmo operações aparentemente simples geravam complexidade: se um cliente sul-africano quisesse negociar um título brasileiro por meio da mesa de operações do Goldman em Nova York, como distribuir as receitas dessa transação entre as instituições?

Um dos principais motivos por trás da necessidade de tantas regras era o poder decisório fortemente concentrado em Nova York, o que fazia com que as operações internacionais tivessem, na prática, pouca autonomia. Mesmo questões corriqueiras precisariam passar pelo crivo da matriz americana, uma estrutura que contrastava com a de outros bancos globais.

Se, aparentemente, as duas instituições tinham muito em comum, a dinâmica das negociações logo evidenciou diferenças culturais que atrapalhariam o possível fechamento do negócio. Enquanto o Pactual era representado sempre pelos mesmos executivos, o Goldman enviava responsáveis por diferentes áreas de acordo com os assuntos tratados em cada reunião de trabalho. Com frequência, levavam aos encontros novas versões dos documentos que continham mudanças em pontos já discutidos.

Os executivos do Goldman muitas vezes ficavam concentrados em seus Blackberries (o primeiro smartphone a se popularizar nos Estados Unidos, mas ainda raro no Brasil da época) durante as apresentações dos sócios do Pactual, demonstrando pouco interesse pelo que estava sendo mostrado, o que soava aos brasileiros como arrogância. Por outro lado, os americanos se alarmaram com o que lhes parecia um atraso cultural do mercado financeiro brasileiro. Em uma das reuniões com a área de recursos humanos do Goldman Sachs, a falta de diversidade no Pactual gerou preocupação. De um total de 69 sócios, apenas três eram mulheres — Luciane Ribeiro, Mariana Cardoso e Ana Marta Gouveia. Os representantes do Goldman também perguntaram sobre a presença de homossexuais declarados na *partnership*. "Não sei, estatisticamente deve ter, mas não são declarados", respondeu um ex-sócio do Pactual, surpreendido pela pergunta que jamais havia sido feita na empresa. Para o Goldman, que já adotava políticas de diversidade em 2005, a surpresa era com a falta de representatividade e de conhecimento da liderança da companhia sobre a própria equipe.

Durante uma reunião em Nova York, Chico Müssnich, advogado do Pactual, precisou negociar com uma advogada interna do Goldman Sachs, com quem teve atritos constantes na tentativa de manter os brasileiros no controle do negócio. Müssnich fora direto do aeroporto para a reunião, levando apenas a roupa do corpo. Em um almoço no escritório dela, a advogada se serviu, e quando Chico — um homem notavelmente vaidoso — estava passando, teve a clara impressão de que ela fingiu tropeçar, derramando um prato inteiro de macarrão com molho de tomate em sua roupa. Desculpou-se sem muita ênfase e recebeu em resposta um olhar fulminante do brasileiro.

O que era para ser uma viagem de um dia acabou se estendendo por uma semana. Müssnich precisou improvisar: foi a uma loja, comprou quatro camisas, mandou o terno para lavagem a seco e comprou outro. Em meio às tensões, houve também momentos mais leves. Por exemplo, quando um negociador do Goldman que Müssnich considerava "gente boa" propôs uma troca peculiar durante uma discussão: "*Your tie for mine if I accept this*". Müssnich aceitou a troca, considerando importante a concessão naquele momento. Trocou sua gravata Hermès por uma "horrorosa", que acabou jogando fora. "Tudo pelo social", resumiu ao comentar o episódio.

A impressão dos sócios do Pactual era de que parte do grupo do Goldman Sachs não tinha interesse na negociação e, se ela fosse adiante, pretendia vencer as discussões pelo cansaço. Embora o formato fosse oficialmente uma gestão compartilhada, foi ficando evidente para a equipe brasileira que "eles queriam mandar. Mas dois bicudos não se bicam", sintetizou um sócio. Foi assim que a opção foi saindo da mesa. A percepção que crescia no Pactual era a de que, de perto, o Goldman era um banco controlado por "um bando de americano burocrata e complicado".

As tensões internas nas negociações, no entanto, não eram o único desafio. Em maio de 2005, cinco meses depois da primeira notícia sobre as tratativas, o jornalista econômico Luis Nassif começou a publicar uma série de colunas sobre a possível união dos bancos, questionando especificamente a estrutura do Pactual Overseas Bank & Trust (POBT), nas Bahamas — uma empresa que, embora operasse de forma independente e respondesse apenas ao Banco Central das Bahamas, estava ligada ao banco brasileiro por meio de seus beneficiários finais. Isso porque, enquanto seus sócios diretos eram *trusts* — estruturas jurídicas que administram patrimônio em nome de beneficiários —, os sócios do Pactual no Brasil eram os beneficiários designados desses *trusts*, tendo direito aos resultados gerados pela estrutura nas Bahamas. O colunista afirmava que o banco offshore, com apenas cinco funcionários, tinha capital de mais de 600 milhões de dólares e já havia distribuído mais de 250 milhões de dólares em dividendos, enquanto o Pactual no Brasil tinha patrimônio acumulado de apenas 600 milhões de reais.

A transferência de recursos para fora acontecia por meio de um mecanismo específico: o banco realizava operações nos mercados de câmbio e juros da BM&F e, após sua execução, as ordens eram alocadas de forma que o Pactual registrasse perdas no Brasil enquanto os ganhos correspondentes eram direcionados para a estrutura nas Bahamas por meio da Romanche Investment Corporation LLC, uma empresa criada pela POBT e registrada em Delaware. O banco movimentou cerca de 3,8 bilhões de dólares nessas operações entre 2002 e 2004. O esquema chamou a atenção da CVM e do Banco Central: o Pactual atuava como representante legal da própria Romanche no Brasil, e a sistemática coincidência entre perdas do banco e ganhos da empresa offshore levou a uma investigação. O caso terminou em um acordo que obrigou o Pactual a pagar 8,1 milhões de reais à CVM.

Essa estrutura operava em uma zona cinzenta da legislação brasileira: não havia exigência explícita para declaração de aumento de capital no exterior, nem proibição clara de mantê-lo sem tributação. No contexto da época, muitas instituições financeiras se beneficiavam das condições dos paraísos fiscais para fazer seu planejamento tributário. Era uma prática disseminada — 87% dos bancos brasileiros tinham representação em paraísos fiscais, incluindo instituições tradicionais, como o Banco Safra ou o Mercantil. Essas operações serviam não apenas para reduzir a carga de impostos e proteger o patrimônio das instabilidades político-econômicas, mas como canal para recursos não declarados de clientes brasileiros. O volume significativo dessas operações ficou evidente durante os programas de repatriação de recursos (RERCT) em 2016 e 2017, quando houve uma expressiva regularização de ativos mantidos no exterior por brasileiros. A adesão maciça a esses programas de anistia fiscal demonstrou a dimensão da prática entre os clientes das instituições financeiras com presença em jurisdições offshore.

Nassif questionava, por exemplo: "Como é que fica a tributação? O aposentado da Vila dos Remédios paga imposto de renda quando vende seu sobrado. O banqueiro não?". Em julho do mesmo ano, o jornalista revelou números específicos: "O Pactual tem receitas por volta de 300 milhões de dólares e lucro líquido de 150 milhões de dólares; em 2004, pagou 40 milhões de reais em impostos no Brasil [...] a tributação efetiva do banco está por volta de 9%, muito abaixo de bancos como Itaú e Bradesco".

Apesar do tom panfletário que adotava — com expressões como "licenciosidade tributária", "sonegação fiscal", "sonegação massacrante", "burlando a lei", "pagamento disfarçado" —, Luis Nassif apresentava dados corretos sobre a operação, o que levou os sócios a concluírem que havia alguém que participava das conversas vazando os detalhes, em princípio confidenciais. Para descobrir a fonte, a equipe do Pactual enviou documentos um pouco diferentes para cada escritório de advocacia envolvido no processo e acompanhou os detalhes divulgados posteriormente na imprensa. Essa discreta investigação revelou que os vazamentos partiam de um advogado do Goldman, possivelmente apoiado por um executivo do banco.

Apesar das notícias na imprensa, para o Goldman Sachs, as questões tributárias e as estruturas offshore do Pactual não representavam preocupação. O banco americano tinha familiaridade com estratégias de otimização fiscal e considerava as práticas do Pactual dentro dos padrões aceitáveis do mercado.

O que de fato impediu o sucesso da operação foi a impossibilidade prática de integrar as respectivas estruturas operacionais. Por mais que os termos principais do acordo tivessem sido facilmente acertados no início das negociações, sua implementação se revelou inviável. A complexidade do Goldman Sachs, com sua estrutura global muito centralizada em Nova York, mostrou-se incompatível com o modelo mais ágil e autônomo do Pactual. Em novembro de 2005, as conversas foram oficialmente suspensas.

Ao fim do processo de quase junção com um dos maiores bancos de investimento do mundo, uma lição fora aprendida pelos sócios do Pactual: para ter sucesso em uma fusão global, o parceiro precisava entender a dinâmica do país e estar disposto a conviver com a autonomia e a complexidade da operação brasileira.

11
"*Habemus* contrato!"

AS NEGOCIAÇÕES COM O GOLDMAN SACHS já estavam esfriando quando André Esteves recebeu um telefonema de Jorge Paulo Lemann. O fundador do Garantia dizia que o executivo suíço Martin Liechti, então responsável pela área de *wealth management* (ou gestão de fortunas) para as Américas do banco UBS, queria conhecê-lo. Lemann, porém, não sabia o motivo. Esteves, que valorizava a ideia de ampliar sua rede de relacionamentos — ainda mais globalmente, num momento estratégico de conversas com bancos estrangeiros —, mostrou-se interessado e disponível.

O UBS, fundado em 1862, tornara-se um dos maiores bancos do mundo após sua fusão com o Swiss Bank Corporation, em 1998. A instituição combinava banco de investimento, gestão de patrimônio e *asset management*. Com sede na Suíça, tinha operações nos principais centros financeiros mundiais, com maior presença nos Estados Unidos, Reino Unido e Ásia. Em 2006, sob a liderança do então CEO Peter Wuffli, expandia especialmente suas operações de *investment banking*, com forte atuação em mercados emergentes. Era um período de intenso crescimento para a companhia.

No Brasil, onde sua presença remontava a 1953 — considerando o

"HABEMUS CONTRATO!"

Swiss Bank Corporation —, o banco mantinha um escritório com dezenas de funcionários e atuação significativa tanto em operações de banco de investimento para grandes clientes quanto em gestão de fortunas. Sua trajetória no mercado brasileiro era marcada por participações em operações estratégicas, como a coordenação da compra pública de ações do Banespa pelo Santander em 2001; assessoria em importantes transações no setor de telecomunicações — como a busca por investidores para a Intelig (mais tarde adquirida pela Tim) e a aquisição da Vésper pela Embratel; e um papel crucial na intermediação entre autoridades monetárias brasileiras e investidores internacionais durante períodos de volatilidade econômica, especialmente durante a transição política de 2002 e 2003.

Com o fracasso das negociações com o Goldman, Esteves, com seus 37 anos, e Sayão, aos 35, já arquitetavam um novo plano: abrir o capital do Pactual na Bolsa de Valores brasileira, aproveitando o aquecimento do mercado de capitais. As exaustivas análises do negócio e as projeções de cenários feitas durante a tentativa de criar uma empresa com os americanos tinham servido, afinal, para o banco ter mais clareza de sua realidade e potencial de valor.

Os jovens controladores estavam otimistas, mas cientes de que não podiam deixar o clima esfriar. Era preciso aproveitar a boa maré que começara um ano antes com as "cartas de amor" de concorrentes ao redor do mundo interessados no Pactual. Sabiam que o anúncio do fim da negociação com o Goldman poderia passar uma impressão de derrota — e não queriam correr o risco. O mercado de capitais sempre foi sensível às narrativas públicas. De nada adiantaria ter construído até ali um banco de excelência posicionado de maneira única no Brasil se a percepção dos investidores, reguladores e clientes lhe atribuísse um rótulo negativo. Naquele contexto, valia a máxima de que não bastava ser. Era preciso também parecer.

Liechti e Esteves tiveram um primeiro encontro informal no café do exclusivo Hotel Emiliano, na rua Oscar Freire, em São Paulo. Falaram-se algumas vezes por telefone até que os britânicos Huw Jenkins, então CEO do banco de investimento do UBS, e Steve Jacobs, responsável pela estratégia global da companhia, ambos baseados em Londres, quiseram conhecer pessoalmente o banco brasileiro sobre o qual ouviam falar bem e cada vez mais — não só por meio de Liechti e de outros colegas do próprio UBS, mas também de concorrentes que respeitavam, como Morgan Stanley, Credit Suisse e Goldman Sachs. Em dezembro de 2005, o encerramento das negociações com o banco americano já havia sido anunciado quando Esteves e Sayão se encontraram com Jenkins e Jacobs no mesmo café do Emiliano. A conversa durou quase três horas, mas não tinha uma pauta objetiva. As duplas, que se sentaram à mesa de frente uma para a outra, claramente queriam se conhecer melhor, sondar intenções e possibilidades.

Esteves chegou ao hotel vestindo camisa branca, blazer azul e calça cáqui — "um banqueiro brasileiro com ares internacionais", observaria Huw Jenkins. Desde os primeiros minutos da conversa, os britânicos se impressionaram com seu "charme e carisma". "Ele tem uma habilidade única de fazer você pensar, já no primeiro encontro, que seria um bom amigo — o que, depois descobri, de fato ele é", descreveria Jenkins. Para Jacobs, os brasileiros dominaram a conversa, deixando os interlocutores intrigados, interessados e silenciosos na maior parte do tempo. "Sendo muito honesto, aquele encontro foi o show de André e Gilberto", diria mais tarde.

A dinâmica entre os sócios brasileiros deixou claro para os interlocutores quem era quem no Pactual. Embora atuassem como co-CEOs, já era possível constatar perfis distintos. Esteves notadamente era o homem da visão, projetando o tempo todo o que o banco viria a se tornar nos próximos cinco ou dez anos, ansioso para descobrir como suas habilidades poderiam ser aplicadas em um ambiente mais amplo. Sayão, por sua vez, mantinha-se focado no presente, nas conquistas realizadas, nos ativos já construídos.

Com um caminho natural e ambicioso de crescimento, os dois contaram aos representantes do banco suíço que agora planejavam fazer o IPO do Pactual. "Por que isso?", perguntou Jenkins. Antes de ouvir a resposta, foi direto ao ponto: "Por que não se juntar ao UBS?".

A sugestão, embora expressada como uma ideia formulada naquele momento, era fruto de anos de experiência somados a estudos recentes. Jenkins e Jacobs eram dois dos principais artífices da expansão global do UBS nos anos anteriores. Como CEO do banco de investimentos, Jenkins havia liderado a consolidação da presença do banco em mercados emergentes, especialmente na Ásia, onde passara uma década abrindo escritórios em regiões como China, Singapura e Indonésia. Essa experiência lhe dera uma compreensão profunda de como operar em mercados complexos e em desenvolvimento, além de um olhar aguçado para identificar oportunidades de crescimento.

Jacobs, por sua vez, era o estrategista responsável por mapear e preencher as lacunas geográficas do UBS desde 2000. A partir de sua visão, o banco suíço havia realizado sua maior aquisição até então — a compra da corretora PaineWebber, que marcaria sua entrada no mercado americano de *wealth management*. O sucesso da operação consolidou a posição do UBS como maior banco em ativos da Europa e fortaleceu sua presença global. A experiência com a PaineWebber também trouxera aprendizados valiosos sobre a importância de integrar culturas distintas, mantendo as fortalezas de cada organização.

A dupla Jenkins e Jacobs havia trabalhado em conjunto na expansão do UBS para a China entre 2000 e 2001, estabelecendo uma operação que se tornaria referência para o banco em mercados emergentes. Agora, olhavam para a América Latina como a última grande fronteira a ser conquistada.

O Brasil apresentava semelhanças com os Estados Unidos, que o UBS conhecia bem — um país continental, com mercado interno robusto e certa resistência a empresas estrangeiras. A experiência mostrava que, nesses casos, era fundamental ter uma presença local forte. No Brasil, essa necessidade era mais acentuada pela instabilidade político-econômica do país e pela complexidade de um ambiente de negócios em desenvolvimento — com zonas cinzentas de regulação e uma gestão que ainda dependia muito da boa vontade e dos relacionamentos dos envolvidos com outros atores do mercado.

Entre todas as instituições do país que poderiam ser alvo de uma aquisição, o Pactual se destacava por algumas características únicas. A primeira era seu sucesso expressivo mesmo sem ter uma forte presença internacional. Na visão dos executivos do UBS, isso significava que havia um potencial inexplorado. Se o Pactual já era bem-sucedido operando apenas domesticamente, sua operação poderia ter crescimento exponencial com acesso à rede global do UBS.

A segunda característica que chamava a atenção era a cultura da empresa. O modelo de *partnership* do Pactual, com sua ênfase em performance e desenvolvimento de carreira a longo prazo, lembrava o do Goldman Sachs, que o UBS admirava. Era uma cultura que privilegiava o alto desempenho, a formação de talentos internos e o alinhamento de interesses via participação acionária. Para os executivos do UBS, acostumados a ver bancos locais com estruturas mais hierárquicas e tradicionais, o dinamismo do Pactual era um diferencial. O que mais os impressionou, porém, foi como os brasileiros se expressavam, sempre usando a primeira pessoa do plural: "Nós fizemos isso", "nós assumimos aquele risco", "nós estamos construindo isso e está levando tanto tempo", "nós estamos investindo do nosso próprio bolso". Para Jacobs, a discrepância era gritante. "Eu venho do UBS, que é uma organização fantástica, mas nós somos funcionários do banco. Esses caras eram diferentes."

Ao final do encontro, Jenkins e Jacobs deixaram o hotel trocando impressões entusiasmadas: "Uau, eles meio que dominam o Brasil", concluíram. Não se referiam a uma dominação literal, explicariam mais tarde, mas a um profundo conhecimento do mercado, uma rede de relacionamentos impressionante, um entendimento único de cada área de negócios que descreviam. "Se vamos fazer algo na América Latina, tem que ser com uma organização como o Pactual", concluíram. Restava apenas uma preocupação: seria possível para um banco global como o UBS adquirir uma operação tão singular sem sufocá-la com a burocracia da matriz suíça?

O receio era recíproco. Enquanto os executivos do UBS discutiam se uma instituição como a deles poderia comprar e manter uma operação com aquele perfil, os sócios do Pactual temiam que precisassem "pedir permissão à Suíça até para ir ao banheiro", Jacobs brincaria depois.

Para aprovar a compra, o *board* do UBS precisava analisar três aspectos: o estratégico, o financeiro e o cultural. Os dois primeiros eram relativamente simples de equacionar. O Brasil vivia um momento favorável, com o ciclo das commodities em alta e taxas de juros em queda, e a consolidação da estabilidade política sob o governo Lula. O Pactual tinha um histórico consistente de resultados e havia espaço para crescimento com o aporte de capital do UBS. A questão cultural era a mais delicada — e, segundo Jacobs, era esse o aspecto que fazia a maioria das negociações fracassar.

Em uma apresentação para os conselheiros em Zurique, os executivos do UBS precisaram responder a questionamentos "de dez pessoas que nunca tinham visto o negócio", como "Por que não investir mais nos Estados Unidos ou na Ásia?", "Como podemos mandar nosso dinheiro para tão longe?", "Como será a adaptação cultural?", e "O Pactual tem a reputação de ser uma instituição agressiva e inteligente nos negócios — como isso se encaixaria na cultura de um banco suíço?".

As respostas que acalmariam os ânimos passavam principalmente por uma decisão: dar autonomia local para a operação, mas dentro de determinados parâmetros. O argumento usado por Jenkins e Jacobs para convencer tanto o *board* do UBS quanto os sócios do Pactual era a lógica. Seria um contrassenso comprar um negócio tão bem-sucedido para depois não o deixar operar. "Os suíços podem ser estúpidos, os britânicos podem ser estúpidos, mas não somos *tão* estúpidos assim", diria Jacobs.

Como o "espírito empreendedor" era justamente o que o UBS afirmava querer preservar no Pactual, a estrutura do acordo foi desenhada para manter os principais sócios, que se transformariam em funcionários depois da compra, comprometidos com o negócio pelos anos seguintes. Os executivos do UBS queriam garantir que o Pactual mantivesse a cultura de buscar ser "o negócio mais bem-sucedido nas áreas em que atua", um objetivo que movia Esteves e outros sócios, Jacobs concluiu. Os dois chegaram a sugerir que a experiência do Pactual poderia ajudar a transformar a cultura do UBS como um todo.

A integração parecia fazer sentido como uma via de mão dupla sobretudo em duas áreas estratégicas dos bancos: o *wealth management* — segmento em que o UBS era líder global — e o banco de investimentos. Os suíços admiravam como o time do Pactual conseguia que os relacionamentos da equipe que geria fortunas originassem negócios também para o banco de investimentos, e vice-versa. A potencial integração dessas áreas chamava a atenção do chairman do UBS, Marcel Ospel, que via grande potencial em replicar o modelo globalmente. O banco de investimentos do Pactual, por si só, também os impressionava pela agilidade e pela capacidade de execução, características que os líderes do UBS — mais corporativo, burocrático e lento nas decisões — desejavam desenvolver.

As negociações se estenderam por quatro meses. O processo de *due diligence* envolveu cerca de cinquenta pessoas do lado do UBS. Para evitar vazamentos como os que haviam ocorrido durante as negociações com o Goldman Sachs, a análise dos detalhes foi inteiramente conduzida em Nova York. Cerca de trinta profissionais do Pactual se mudaram para a cidade até que o negócio estivesse fechado. André Esteves e Rodrigo Xavier coordenaram essa fase das negociações, com Xavier vivendo em Nova York, hospedado em um hotel com a família, por três meses. O UBS alugou um espaço vazio ao lado de seu escritório na Times Square, onde foram instalados computadores com acesso controlado aos documentos. As senhas eram alteradas todo dia. A equipe se revezava no local, dependendo da necessidade. Alessandro Horta, muito ligado a Sayão, permaneceu na cidade por três semanas, conduzindo sessões de esclarecimento de dúvidas.

Logo se concluiu que, em alguns aspectos, o Pactual estava mais avançado que o UBS, enquanto em outros precisaria se adaptar aos padrões de um banco global. Em termos de controles e documentação, por exemplo, o banco suíço exigia um nível de detalhamento e amplitude nos relatórios gerenciais que o Pactual não tinha — até por ser uma operação concentrada em um único país, onde as decisões eram tomadas por pessoas que se sentavam à mesma mesa.

Por outro lado, o controle de receitas e despesas, o conhecimento "de onde cada dólar era gasto" e a identificação de oportunidades de negócio impressionaram os compradores suíços. "Se você perguntasse por que determinado número subiu do primeiro para o segundo trimestre em uma área específica do *wealth management*, eles teriam a resposta na hora. Em muitas empresas, você teria que falar com o *head* da área para saber — e levaria tempo. A pergunta que precisávamos responder era: confiamos nos vinte principais executivos? Porque era um negócio gerido como patrimônio próprio. Eles sabem de tudo, sabem onde estão os riscos, olham para isso como se fosse seu próprio dinheiro. E, de fato, é seu próprio dinheiro", afirmaria Jacobs.

Seria preciso adaptar os relatórios do Pactual para um formato que pudesse ser apresentado ao comitê executivo do UBS. Tratava-se de um trabalho complexo, que exigiria organizar as informações de modo que tudo fosse compreendido corretamente, além de garantir que não havia riscos ocultos.

Com o avanço das conversas, a proposta apresentada foi relativamente simples em seus termos principais, sobretudo se comparada à tentativa do Goldman Sachs. O UBS compraria 100% do Pactual, que se tornaria a operação do banco suíço para expansão na América Latina, sob o nome de UBS Pactual — e por isso pagaria 3,1 bilhões de dólares, sendo 1 bilhão de dólares à vista, 1,6 bilhão de dólares em cinco anos (sujeito a metas de performance) e 500 milhões de dólares destinados a um pool de retenção de talentos. André Esteves assumiria a presidência do banco de investimentos para a América Latina e Gilberto Sayão seria o responsável pela gestão de recursos na região. O banco suíço defendia que essa estrutura era melhor que a de controle compartilhado que estava sendo negociada com o Goldman Sachs, argumentando que seria um "pesadelo" dividir resultados em operações internacionais. Em resumo, a proposta do UBS dizia: "Nós compramos 100% do Pactual, deixamos vocês tocarem o negócio, damos o capital necessário para acelerar o crescimento, mas vocês continuam comandando, porque nós não conhecemos tanto o Brasil".

A oferta gerou debates intensos entre os sócios do Pactual. A experiência recente com o Goldman Sachs havia deixado alguns deles exaustos e receosos de iniciar uma nova transação, sobretudo porque o banco precisava continuar operando normalmente enquanto negociava sua própria venda. Entre eles estava o próprio Sayão, que, mais uma vez, estaria na linha de frente das conversas ao lado de Esteves.

Mas havia aspectos sedutores na proposta. O valor que o banco suíço estava disposto a pagar — muito acima do negociado com o Goldman — justificava a disposição para novas conversas. Se, por um lado, eles abririam mão de ser donos do negócio, por outro ganhariam muito dinheiro rapidamente. O UBS propunha ainda um modelo de remuneração baseado na performance da operação local e oferecia aos brasileiros posições no comitê executivo global do banco. Para André Esteves, era uma oportunidade de expansão internacional que parecia combinar o melhor dos dois mundos: um prêmio financeiro substancial e a chance de *"going global"*, como ele descreveria depois.

A Pactual Overseas Bank & Trust (POBT), que causara alvoroço na mídia durante as negociações com o Goldman, chamou a atenção do UBS. Durante a *due dilligence*, os executivos do banco suíço perguntaram repetidamente aos sócios e funcionários do Pactual como funcionavam as operações. Ao final, concordaram em adquirir apenas a operação brasileira do Pactual, mantendo fora da transação os agora cerca de 800 milhões de dólares de lucros retidos nas Bahamas, que seriam distribuídos aos sócios na hora da venda. Logo depois da conclusão do negócio, a POBT não teria mais função e seria extinta, em 2007 — uma vez que todos os antigos sócios do Pactual se tornariam funcionários do UBS e passariam a receber toda a sua remuneração por meio da instituição suíça.

Durante as análises prévias do negócio, no entanto, os números do Pactual foram apresentados de forma consolidada, incluindo os dados da POBT. A compilação era necessária para dar aos compradores uma visão completa do negócio e de seu potencial, já que os sócios do Pactual recebiam a maior parte de suas remunerações através do banco nas Bahamas. Só por precaução, os suíços acharam melhor checar com as autoridades brasileiras se não havia nada de irregular no negócio. Antes de finalizar os termos do acordo, Esteves e representantes do UBS fizeram uma visita ao então presidente do Banco Central, Henrique Meirelles, em Brasília. Na reunião, que durou cerca de duas horas, apresentaram detalhadamente a estrutura da operação e responderam a questionamentos sobre aspectos societários e tributários da transação. O encontro foi considerado satisfatório por todas as partes.

Após a transação, a nova divisão de tarefas entre os sócios teria André Esteves como presidente do recém-criado UBS Pactual na América Latina e Gilberto Sayão como o responsável pela gestão de recursos do patrimônio dos sócios, que crescia ainda mais depois da operação, por meio da PCP. Alguns sócios importantes, como Alessandro Horta, Paulo Fernando e Marco Kheirallah, deixariam o dia a dia do banco para se dedicarem exclusivamente a administrar o patrimônio dos sócios junto com Sayão. O UBS estava de acordo com a nova organização. Os suíços viam em Esteves um excelente executivo, e consideravam a criação de uma estrutura profissional de gestão de recursos — com alguma ligação com o próprio UBS e liderada por Sayão, que tinha total confiança de Esteves e dos outros sócios — um arranjo bem-vindo, pois acreditavam que ajudaria na estabilização da operação e na manutenção do foco dos executivos no novo banco.

Os 500 milhões de dólares destinados à retenção de executivos visava manter no banco sobretudo os sócios com menor participação. O acordo previa um período de cinco anos para receberem esses valores, desencorajando a saída deles antes disso. "Nenhum sócio pequeno deixou o banco naquele momento, porque não fazia sentido financeiramente. Proporcionalmente ao patrimônio que cada um tinha, receber aquele valor da retenção faria a diferença", conta Renato Santos, que estava entre os menores sócios na ocasião.

Havia, nesse grupo, uma certa frustração com a venda e um clima de "o sonho acabou". "Entre quem era sócio pequenininho ou estava para se tornar sócio em breve, a sensação era: 'Acabou. Não vamos ter nunca mais na vida outra oportunidade como tivemos no Pactual'", lembra Guilherme Paes. Em compensação, entre os sócios com maior participação, vender o banco por aquele valor e ganhar liquidez era encarado como "um espetáculo", "uma festa".

Quando tudo parecia resolvido, surgiu uma exigência inesperada do conselho do UBS. Durante a revisão do processo, o departamento fiscal do banco suíço identificou um potencial risco tributário e exigiu uma garantia adicional relacionada ao balanço do Pactual.

Esteves estava em casa, tarde da noite, comemorando o acordo com a família, quando recebeu o telefonema de Huw Jenkins. Atendeu animado, mas logo assumiu uma feição séria e foi caminhando do quintal para dentro de casa. Passou pela sala até chegar ao escritório, ao lado da adega. Com a porta de correr parcialmente aberta, sentou-se à mesa de trabalho — que sempre está bagunçada, "porque é mesa de quem trabalha" — e começou a fazer anotações. Durante uma hora, tempo que durou a ligação, ouviu muito mais do que falou, fazendo apenas algumas perguntas, como um médico que tenta entender um caso complexo. O executivo britânico, do outro lado da linha, precisava de "uma coisa que não era pequena".

Seria necessário reservar dinheiro por três anos como garantia contra eventuais reclamações tributárias a partir do relatório de *due diligence* elaborado pela PricewaterhouseCoopers (PwC), uma das maiores empresas de auditoria do mundo, escolhida por sua experiência em assessoria de transações complexas. A consultoria havia identificado um conjunto de riscos que despertou preocupação no UBS. Entre eles estava a POBT, estrutura societária do Pactual nas Bahamas, por meio da qual eram feitas as distribuições de dividendos, que seguiu causando preocupação mesmo depois dos esclarecimentos fornecidos pela equipe brasileira e da conversa com o Banco Central. Outro elemento que acendia o alerta era a questão tributária em aquisições: quando uma empresa paga por outra companhia mais do que o valor contábil, a diferença financeira adicional — conhecida como ágio — pode ser abatida aos poucos dos impostos mediante uma reestruturação societária (caracterizada, por exemplo, pela fusão entre as organizações). O processo costuma ser questionado pelas autoridades fiscais, exigindo extensa documentação e defesa jurídica. Entre os pontos sensíveis, aparecia ainda o pagamento de participação nos lucros aos funcionários, que frequentemente gerava autuações da Receita Federal, também exigindo explicações jurídicas posteriores.

Na prática, isso significava que Esteves deveria convencer cada um dos sócios a renunciar à parte do dinheiro que estavam esperando receber, pelo menos durante três anos. Sem expressar reação, o brasileiro queria entender exatamente o que estava sendo pedido e por quê. "Uma vez que compreendeu a razão e considerou o pedido justo, ele me disse que aquilo não mudaria em nada o nosso relacionamento", conta Jenkins. "Você não está sendo irracional, isso é ótimo. Eu ainda quero trabalhar com você. Deixa eu ver o que posso fazer", concluiu Esteves, que seguiu no escritório por muitas horas, madrugada adentro. Em menos de dois dias o documento estava assinado por todos os sócios.

"Fiquei muito impressionado e pensei: Este é um cara com quem se pode sempre fazer negócios", recordaria Jenkins.

Tudo parecia concluído. Até que, dias depois, o banco suíço fez mais uma exigência que pegou todos de surpresa. Nos anos recentes, o Pactual havia migrado para um sistema eletrônico de registro, e muitas transferências societárias antigas não tinham sido formalizadas no livro físico. Ao examinar a documentação a pedido do UBS, Fernanda Jorge, advogada responsável pelas áreas societária e regulatória do Pactual desde 2004, descobriu diversos livros societários desatualizados. Iuri Rapoport, então diretor jurídico do Pactual e chefe de Fernanda, tentou explicar aos advogados suíços que aquela formalidade estava superada. O banco praticamente já tinha outros donos, mas os compradores foram inflexíveis: sem todas as assinaturas no livro de ações do banco, não haveria negócio.

Com os sócios do Pactual espalhados pelo mundo, Rapoport embarcou em uma complexa missão para colher as assinaturas pendentes. Um dos momentos mais dramáticos foi quando precisou ir até a Fazenda Marambaia buscar a assinatura de Cezar. Era uma missão especialmente delicada — Cezar era conhecido por seu histórico de não honrar acordos relacionados à mudança de controle do banco e à transferência de suas ações, e agora sua colaboração era essencial para viabilizar a venda do banco para o UBS. Os instantes que antecederam o encontro foram tensos. Mas, numa interação breve, ele fez sua parte. Acompanhado do advogado Chico Müssnich, Rapoport voou de helicóptero do Rio de Janeiro até São Paulo com o documento debaixo do braço. Quando pousaram no topo do prédio onde acontecia a reunião de fechamento, foram recebidos com gritos, assobios e aplausos. "*Habemus* contrato!", comemoraram os presentes.

No anúncio oficial da transação, em 9 de maio de 2006, os executivos do UBS enfatizaram a importância estratégica da aquisição. Peter Wuffli, CEO global do banco suíço, destacou o potencial do negócio: "O Brasil tem um dos mercados financeiros que mais crescem no mundo e, portanto, é uma área de foco fundamental para o UBS. Esta aquisição representa uma combinação eficiente entre o principal banco de investimentos independente do Brasil e o UBS, uma das mais poderosas firmas de serviços financeiros do mundo. A entidade combinada fornecerá uma plataforma incomparável para o crescimento dos negócios no Brasil e em toda a América Latina".

Na ocasião, Huw Jenkins declarou que o acordo era "uma peça fundamental em nossa estratégia de aumentar a penetração em mercados emergentes nas áreas de renda fixa e ações". Para o executivo, o Brasil havia se destacado entre os países emergentes em 2005, registrando um dos maiores volumes de receitas com serviços de banco de investimento. O UBS informou que integraria o Pactual às suas operações de banco de investimento, gestão de patrimônio e gestão de ativos, fazendo da entidade combinada a base de suas operações no Brasil.

O alto valor pago pelo UBS refletia a posição única do Pactual no mercado brasileiro. Com patrimônio de cerca de 400 milhões de dólares na época, o banco administrava 18,6 bilhões de dólares na área de *asset management*, além de outros 4,6 bilhões no setor de *wealth management*.

Os controladores do Pactual, Esteves e Sayão, lideraram a negociação em nome da *partnership*, que confiava as decisões inteiramente aos sócios. Todos precisaram assinar o contrato da venda — uma folha em branco com seus nomes e números de documentos, que, depois, seriam usados para selar os acordos negociados pela dupla.

Tradicionalmente, a cada semestre, havia uma reorganização das participações no Pactual, em que alguns sócios podiam comprar mais ações, enquanto outros tinham sua parcela reduzida. As decisões, tomadas pelos controladores, eram baseadas em critérios que incluíam performance e alguns fatores discricionários. Era comum que uma parte ficasse satisfeita e muitos se sentissem injustiçados — balanço que nunca mudaria ao longo dos anos. Depois de comunicadas as mudanças, ao fim de cada semestre, os sócios podiam ver quantas ações detinham e, como em uma fotografia, quanto sua participação representaria se a tesouraria fosse distribuída de modo equânime entre os sócios naquele momento. Nos tempos de Cezar, Guedes e Jakurski, a comunicação desses números era feita por Plass, em um papel improvisado, ao qual os sócios se referiam como "papel de pão". Depois, o documento passou a ser mais formal, chamado de "book".

"*HABEMUS* CONTRATO!"

Às vésperas da venda para o UBS, houve mais uma dessas reorganizações societárias. Alguns tiveram a oportunidade de ver sua fatia no capital do banco crescer, enquanto outros experimentaram o gosto amargo de se desfazer de ações. Essa última redistribuição de participação no momento que antecedeu a venda era muito importante, pois o valor em tesouraria estava excepcionalmente alto, entre 15% e 20% do total de ações do banco (o restante estava distribuído entre os sócios correntes) — reflexo da recente saída de Eduardo Plass, assim como da ausência de distribuições nos três semestres anteriores. Em condições normais, a tesouraria mantinha cerca de 1% a 5% do total de ações do Pactual. Mas, em meio às negociações em andamento com o Goldman Sachs e depois com o UBS, os controladores optaram por aguardar a conclusão de uma transação para fazer a nova distribuição.

Depois da venda, cada sócio recebeu a informação — dessa vez numa planilha resumida por e-mail — de quanto tinha a receber, de acordo com sua fatia na *partnership*. Diante de alguns questionamentos em conversas informais na mesa de operações, Esteves confirmou que ele e Sayão haviam feito a distribuição das ações em tesouraria (ou seja, do valor entre 15% e 20% do total que pertencia à própria instituição naquele momento) — de forma desproporcional, como era prerrogativa dos controladores. Esteves e Sayão, que tinham 19% e 17% respectivamente, aumentaram suas participações acima do valor proporcional, para cerca de 27% e 24%. Além deles, alguns poucos sócios também foram convidados a comprar ações adicionais da tesouraria, complementando as que já haviam recebido na redistribuição.

Para alguns, o aumento acionário dos controladores parecia justo, e o tema, irrelevante. Todos já estavam ganhando muito dinheiro e, por terem conduzido toda a negociação e possibilitado a venda do banco a um preço tão atraente, Esteves e Sayão deveriam receber uma parte acima do proporcional da tesouraria. Mas alguns sócios se incomodaram com a reorganização acionária.

O mais vocálico deles foi James Oliveira, que não estava entre os escolhidos para participar dessa distribuição adicional da tesouraria. Ele teve sua participação aumentada em 0,25% antes da venda, atingindo 3,25% do total. O número ficava abaixo dos 3,75% a que teria feito jus caso tivessem distribuído as ações pelo valor proporcional da tesouraria naquele momento, e que ele esperava receber. Certo dia, no fim do expediente, confrontou Esteves, iniciando um bate-boca. O sócio controlador argumentou que "tinha sido legal pra caramba" e que "pela lei da S.A." nem precisaria pagar 80% do valor aos minoritários. James rebateu: "Nós sempre fomos *partnership*, que papo de S.A. é esse?". Quando James mencionou que outros sócios também estavam insatisfeitos, Esteves ficou especialmente irritado: "Como pode falar que alguém está puto? Todo mundo está ganhando um montão de dinheiro. Ninguém está reclamando. Só você". A discussão se acalorou, estendendo-se até o elevador, quando os dois desceram juntos para a garagem, ao lado da esposa de James, Karen, que também trabalhava no banco. O episódio não abalou a amizade dos dois, nem depois da saída de James do banco, em 2016.

Ao fim do primeiro semestre, durante a preparação do balanço financeiro após a venda do banco ao UBS, Esteves e Sayão depararam com números que mostravam um excedente patrimonial de aproximadamente 10 milhões de dólares em ativos que estavam registrados abaixo do valor real de mercado. Era uma abordagem conservadora que eles tinham no Pactual, levando em conta possíveis turbulências futuras no mercado brasileiro. Mas, naquele contexto e àquela altura da negociação, Sayão considerou a postura sem sentido. "André, o banco é do UBS agora, e esse dinheiro é nosso, dos sócios. Não faz nenhum sentido deixar o balanço tão conservador", argumentou, sugerindo que os ativos fossem remarcados a preço de mercado, liberando os 10 milhões de dólares para serem distribuídos aos sócios. "Cara, nós não vamos marcar o balanço todo, vamos continuar fazendo como sempre fizemos e deixar esse valor a mais", respondeu Esteves, defendendo manter um colchão de segurança para a operação. "Não vamos correr o risco de não entregar o que prometemos e passar vergonha." Sayão, mesmo inconformado, acabou concordando.

Finalmente, parecia que tudo estava pronto. Agora era só aguardar a aprovação dos reguladores para o Pactual se tornar oficialmente UBS.

12
"Ou nossa vida será um inferno, ou vai ser uma maravilha"

NUMA NOITE DE DOMINGO, EM JULHO DE 2006 — enquanto a aquisição do Pactual pelo UBS ainda aguardava a aprovação dos órgãos reguladores brasileiros —, José Vita, sócio responsável pela área *corporate*, soube pela internet que a gigante de alimentos Sadia planejava fazer uma oferta hostil para comprar sua concorrente Perdigão. A notícia o deixou inquieto, e ele quase não dormiu. Na manhã seguinte, tinha uma reunião no Rio de Janeiro, mas quando estava a caminho do aeroporto de Congonhas, em São Paulo, deu meia-volta com o carro, pensando: "Esse negócio não pode acontecer sem a gente estar no meio".

Vita seguiu para a sede da Perdigão, no bairro do Jaguaré. Chegou antes das oito da manhã e ficou esperando na porta da fábrica por Nildemar Secches, o executivo que havia reorganizado a empresa após passagem pelo BNDES. Quando ele apareceu, por volta das nove, Vita foi assertivo: estava tudo errado naquela possível operação, e Nildemar precisava impedi-la. A Perdigão havia feito o movimento pioneiro de ir para o Novo Mercado, adotando controle pulverizado, como uma corporação americana. Agora, corria o risco de ser comprada por uma empresa familiar tradicional. "Seria um retrocesso", afirmou. Ali mesmo, apresentou uma ideia diferente. Em vez de aceitar passivamente a oferta hostil, por que não fazer uma contraproposta em que a Perdigão compraria a Sadia com ações? Vita voltou ao escritório com sua equipe, trabalhou na estruturação da operação e, em poucos dias, entregou a Nildemar uma apresentação detalhada de como seria a fusão com a Perdigão liderando o processo.

O material preparado por Vita ajudou Secches a convencer os acionistas da Perdigão a rejeitarem a oferta da Sadia. Os sete fundos de pensão e a Weg Participações, que detinham 55,38% das ações da companhia, alegaram considerar o valor de 3,88 bilhões de reais baixo demais e rejeitaram a proposta da concorrente. A história estava longe de sua conclusão, mas aquela apresentação de Vita, entregue sem tempo de ser passada a limpo, se provaria valiosa no futuro. Em setembro de 2008, a Sadia entraria em uma crise financeira e, dessa vez, a Perdigão tomaria a iniciativa de aproximação, promovendo a histórica fusão das duas companhias. Por sua atuação no episódio anterior, o time do Pactual seria chamado para assessorar a transação, que culminou na criação da gigante de proteínas BRF.

A velocidade com que o sócio do Pactual identificou a oportunidade e estruturou uma contraproposta, sem ter que passar por processos engessados e camadas hierárquicas de aprovações, só era possível em um ambiente em que as pessoas tinham autonomia para agir rápido e assumir riscos, traços que eram encorajados na empresa desde sua fundação. Era um exemplo prático da cultura empreendedora que agora atraía o banco suíço.

O episódio Sadia-Perdigão foi um reflexo do momento de transformação do mercado brasileiro. O ano de 2006 terminaria com 573 transações de fusões e aquisições — um salto de 47% em relação ao ano anterior. Em 2007, um novo recorde seria estabelecido, com 722 operações, mais que o triplo da média anual da década de 1990.

A explosão de negócios era concomitante com uma mudança estrutural no mercado brasileiro. Pela primeira vez desde a abertura econômica dos anos 1990, o capital nacional assumia a dianteira nas transações. Era uma inversão radical do padrão histórico — até 2001, os estrangeiros chegaram a responder por 70% das operações; agora, os brasileiros protagonizavam 60% dos negócios — o que era reflexo direto do amadurecimento e da capacidade financeira das empresas locais.

Oficialmente dos suíços

Em meio a esse cenário de consolidação, a transação do Pactual com o UBS foi concluída em 4 de dezembro de 2006, depois de receber todas as aprovações dos reguladores. No dia seguinte, uma terça-feira, quando começou a transição formal do Pactual para o UBS Pactual, todos os materiais do banco — blocos de anotação, lápis, folhetos institucionais, placas metálicas — já exibiam a nova marca.

O Brasil vivia um período de otimismo econômico e estabilidade política. Reeleito com mais de 60% dos votos e com aprovação recorde, no mês seguinte, em janeiro de 2007, o presidente Lula lançava o Programa de Aceleração do Crescimento (PAC), um ambicioso plano de investimentos em infraestrutura. A economia crescia 6,1% ao ano com inflação controlada em 4,5%, e o país caminhava para receber, pela primeira vez na história, o grau de investimento das principais agências de classificação de risco.

O UBS tinha, à época, mais de 70 mil funcionários em cinquenta países, com 39% deles trabalhando nas Américas, 37% na Suíça, 16% no restante da Europa e 8% na região Ásia-Pacífico. Para supervisionar a operação brasileira, a matriz enviou um executivo que fizera carreira na companhia, Jürg Haller, como COO (*chief operating officer*). Ele acumularia também a função de CFO (*chief financial officer*) — posição que, no momento da aquisição, era de Alessandro Horta. O brasileiro, por sua vez, migrou, sob liderança de Gilberto Sayão e junto com cerca de cinquenta pessoas, para a recém-criada UBS Pactual Asset Management Company (antiga PCP).

Em 6 de dezembro, dia seguinte ao início oficial da operação do UBS Pactual, foi lançado o que viria a se tornar um dos produtos mais emblemáticos do banco na área de ações. O *trader* José Zitelmann — baiano que havia chegado ao Pactual em 1998 como estagiário na área de fusões e aquisições após se encantar com uma palestra de

André Esteves na FGV São Paulo, e que fazia aniversário exatamente naquela data — criou o "Fundo Jô", baseado no apelido pelo qual era conhecido entre seus pares. Pupilo de Marcelo Kalim — que, por sua vez, era pupilo de Esteves — e responsável pela mesa de renda variável, Zitelmann construíra sua carreira mantendo-se como um dos últimos sócios relevantes baseados no Rio, mesmo quando a pressão para migrar para São Paulo aumentou. Até então, o banco se destacava principalmente pelo talento e pela experiência de seus operadores em renda fixa e câmbio. Zitelmann fora um dos primeiros nomes a ganhar projeção na área inaugurada por André Jakurski mais de duas décadas antes.

O timing para o lançamento do novo fundo coincidia com o aumento de liquidez dos sócios. Eles acabavam de receber a primeira parcela da venda ao UBS e começaram a procurar Zitelmann para investir em renda variável parte do capital recém-adquirido. O fundo, portanto, começou com recursos de alguns dos próprios executivos. Mesmo operando sob várias restrições do *compliance* do UBS, que permitia negociações apenas duas vezes por mês, o produto teve um desempenho excepcional desde o início. Depois rebatizado como Absoluto, se tornaria até 2015 um dos melhores fundos do mercado brasileiro, recebendo diversos prêmios e reconhecimentos. Em 2007 e 2008, seria eleito o Melhor Gestor de Renda Variável.

Mas a lua de mel entre as duas instituições duraria pouco. Os primeiros sinais de tensão começaram a surgir nos corredores do banco quando o time do Pactual se aproximou do colosso suíço, preparando-se para a incorporação. Um episódio emblemático do choque cultural que se anunciava se deu num dos departamentos mais estimados de ambas as empresas: a área de análise de investimentos, conhecida no jargão do mercado como *research*.

O departamento funcionava como bússola para as instituições, ocupando posição estratégica tanto no banco brasileiro quanto no gigante europeu. Ali, times de analistas se debruçavam sobre números, tendências e perspectivas de empresas e setores inteiros da economia. Seu trabalho resultava em relatórios minuciosos e recomendações que acabavam por orientar as decisões de investimento dos principais clientes institucionais — fundos de pensão, seguradoras e gestoras de recursos que movimentavam bilhões.

O UBS era reconhecido globalmente pela excelência de seu *research*. Seu time com frequência liderava rankings internacionais da prestigiada publicação *Institutional Investor*, que conduzia estudos profundos e rigorosos sobre a área. No Brasil, o banco mantinha quatro analistas seniores reconhecidos na América Latina havia anos. A regulação seguida pelo UBS era a americana, dada sua presença global, enquanto o Pactual seguia a regulação brasileira, que, nesse assunto, era menos rigorosa. O banco suíço mantinha rígidas *Chinese walls*, barreiras que impediam a comunicação entre diferentes departamentos para prevenir conflitos de interesse. Isso evitava, por exemplo, que uma avaliação favorável de um analista pudesse ser associada à disposição da empresa em contratar serviços de *investment banking* do banco. O rigor dessas regras era tal que até trocas de e-mails entre departamentos eram automaticamente bloqueadas.

Nos primeiros contatos com o time oriundo do Pactual, Gustavo Gattass, um analista sênior do UBS, teve a impressão de que não havia o mesmo rigor com a *Chinese wall* no banco brasileiro. Embora formalmente as regras de independência fossem respeitadas, na prática ele logo deparou com uma flexibilidade que considerava inadmissível.

O primeiro embate ocorreu ainda antes da aprovação da aquisição pelos órgãos reguladores. Gattass analisava uma oferta secundária de ações da Companhia Energética de São Paulo (Cesp) — constituída a partir da fusão de onze empresas de energia elétrica —, pois o governo do estado estava vendendo sua participação não controladora na empresa. Várias de suas usinas tinham concessões de curto prazo, o que, para ele, representava um risco para o investimento (de fato, essas concessões se tornaram um problema para a empresa durante o governo Dilma). Nas reuniões com investidores, o analista apontava: "O preço não está ruim, é um negócio interessante, mas tem um ponto de dúvida gigantesco sobre o valor depois que as concessões vencerem. Dá para calcular o valor até aqui, mas dali para a frente fica uma incógnita". Um de seus pares vindo do Pactual discordava da abordagem. "Isso não é tão relevante, o longo prazo é feito de vários curtos prazos", relativizava o colega. O então chefe da área no Pactual (nessa fase, os bancos ainda operavam separados) chegou a contatar seus pares do UBS nos Estados Unidos e na Suíça questionando o fato de o analista "estar atrapalhando uma operação de venda de ações que o *corporate finance* estava fazendo". Os suíços tiveram dificuldade de entender como isso era possível, e apesar do questionamento levantado pelo analista, a venda de ações foi bem-sucedida.

Quando o UBS passou a operar como UBS Pactual, o departamento de pesquisa tinha dois times quase completos. Com a integração, reorganizaram as responsabilidades por setor e mudaram a liderança. Gattass, que analisava óleo, energia elétrica, saneamento e concessões rodoviárias no UBS, passou a cuidar somente de óleo. Pedro Batista, que já acompanhava energia, saneamento e rodovias no Pactual, manteve esses setores e assumiu também a chefia do departamento todo. Ricardo Kobayashi, que era o líder no Pactual e responsável por mineração, deixou o *research* e foi transferido para o *asset management*. Edmo Chagas, que analisava mineração, siderurgia e papel e celulose no UBS, ficou responsável apenas por mineração.

Em outro caso, Gattass tinha ressalvas sobre a companhia brasileira Lupatech, líder sul-americana na fabricação de válvulas industriais e especializada em equipamentos e serviços para o setor de petróleo e gás, que foi por alguns anos a queridinha do mercado por ser uma empresa privada alavancada ao forte crescimento da Petrobras. Segundo sua análise, embora a companhia enfatizasse seu crescimento nas apresentações a investidores, ela fazia muitas aquisições e resistia a mostrar comparações dos resultados ao longo do tempo, que permitiriam avaliar o desempenho com e sem as empresas compradas. Para Gattass, esse comportamento poderia indicar que a companhia não estava crescendo como alegava e possivelmente enfrentava mais problemas operacionais do que fazia transparecer. José Vita, executivo da área comercial do Pactual (que, no futuro, se tornaria um dos principais sócios do banco), procurou Gattass após reunião com o diretor financeiro da Lupatech: "Acabei de me reunir com ele. Tem muito negócio para acontecer, mas a gente está fora por causa da sua 'pau-molecência' com a história".

"Na boa, a empresa não vale nem o que eu acho que vale. O que eu acho que vale está abaixo do preço da ação no mercado", respondeu Gattass.

"Pô, cara, a gente precisa dessas oportunidades. Como a gente pode resolver?", insistiu o executivo.

"Tenho uma ideia perfeita. Troca o analista", disse Gattass, sem alterar o tom de voz.

"Cara, brilhante! Vou falar com o chefe agora. Não te incomoda, não?"

"Não me incomoda em nada."

Enquanto segurava o telefone, Gattass pensava em quantas vezes aquela mesma cena já tinha se repetido no mercado financeiro brasileiro. Quantos analistas achavam simplesmente mais fácil e seguro ceder à pressão contra a parede invisível que deveria separar as áreas, quantos relatórios haviam sido "ajustados" para agradar clientes. Mas não seria ele a alimentar aquele sistema.

Minutos depois, seu superior, também ex-sócio do Pactual, recebeu a ligação sugerindo a troca, em tom sério. Não aceitou, e telefonou em seguida para Gattass: "O Vita está muito sem noção, não podemos deixar isso acontecer". Gattass estava certo. A Lupatech entraria em recuperação judicial em 2015.

Mariana Cardoso, sócia do Pactual desde 2004, também sentiu o impacto das diferenças culturais. Trabalhando no *asset management*, foi enviada às ilhas Cayman para conhecer a estrutura administrativa do UBS que dava suporte aos fundos de investimento. Quando chegou, teve sua primeira lição sobre a diferença entre as respectivas culturas bancárias. O *head* do escritório local a recebeu pessoalmente no aeroporto sugerindo que descansasse até o jantar. "Como assim descansar?", pensou. No *business center* do hotel, ligou para os colegas no Brasil: "Gente, não sei se vou me adaptar".

O contraste entre as culturas corporativas estendia-se aos eventos institucionais. Em uma viagem à Suíça, Mariana esperava encontrar um treinamento intensivo, com discussões técnicas e estudos de caso — como faria o Pactual, com uma pompa muito menor, proporcional ao tamanho do banco, mas decerto com um conteúdo especificamente educativo. Em vez disso, deparou com uma programação que incluía subir montanha e fazer passeio de barco. Embora essas atividades pudessem parecer puramente recreativas à primeira vista, o programa também contemplava apresentações técnicas sobre a área e dinâmicas de *team building* planejadas com cuidado para fortalecer as relações entre as equipes. "Nós sempre fomos muito *hands-on*", ela explicaria depois. "Pra mim, faz mais sentido tirar as pessoas do ambiente para fazer uma discussão, um estudo de caso, para pensar outras coisas, do que simplesmente fazer um passeio de barco." O contraste ia além das empresas, refletindo o perfil do profissional brasileiro, que não necessariamente seguia normas trabalhistas de horário para as atividades, atrasando-se ou ultrapassando os combinados, em contraste com os europeus, que culturalmente tinham uma postura mais formal, atendendo com rigor ao horário de expediente.

O desconhecimento do mercado local por parte dos executivos do UBS — uma preocupação de Jenks e Jacobs desde o início das negociações e motivo pelo qual faziam questão de manter os operadores brasileiros — logo se revelou um tema sensível no dia a dia do negócio. Rogério Pessoa, que era *head* comercial do *wealth management*, estava em um jantar no restaurante A Figueira Rubaiyat, em São Paulo, com seu novo chefe, um suíço que trabalhava em Nova York, e Renato Cohn, seu colega de Pactual havia anos. No meio da refeição, o executivo sugeriu que Pessoa "aproveitasse a presença de Renato" para discutir melhorias na estrutura da área. "Como assim?", respondeu o executivo. O chefe insistiu que era uma boa oportunidade para conversarem, uma vez que estavam reunidos ali informalmente. "Renato e eu discutimos o tempo inteiro. Nos sentamos a dois metros de distância. A gente almoça junto, janta junto, é assim que as coisas funcionam aqui", explicou o brasileiro.

Essa foi a área que exigiu um dos maiores esforços operacionais de integração. O *wealth management* era central para o UBS, e uma parte do valor da venda estava condicionada à migração dos clientes brasileiros para a plataforma global do banco suíço. Os sócios do Pactual, que não costumavam dedicar tanta atenção ao departamento — era uma área pequena no banco brasileiro até então —, passaram a monitorar diariamente o processo. "Os sócios todos entravam no banco e iam direto na nossa área para saber como estava a adesão dos clientes, a migração, todo o processo de cadastramento das contas no UBS lá fora... Era uma loucura. Eu trabalhei todos os fins de semana, sem exceção, durante seis meses", lembra Patricia Vianna, então executiva da área. Todos os dados tinham de ser passados manualmente, conta a conta, pois os sistemas dos dois bancos não se comunicavam.

O chefe de Pessoa buscava as melhores soluções para os impasses gerados com a integração, mas suas propostas deixavam o brasileiro perplexo. Durante uma discussão sobre o gerenciamento de contas de clientes brasileiros no exterior — algumas ficavam sob gestão do time local, outras, sob responsabilidade dos escritórios internacionais do UBS —, o suíço teve uma ideia que lhe parecia perfeita — e óbvia. "Seria simples se abrissem uma conta em dólar ou outra moeda, criando uma conta multimoedas aqui no Brasil. Assim, não precisam mandar dinheiro para fora." Pessoa e seus colegas se entreolharam, perplexos. Pelo visto, o executivo não sabia o básico sobre o mercado financeiro no país: não havia a possibilidade de abrir contas-correntes em moeda estrangeira no Brasil. "Das duas, uma: ou nossa vida será um inferno, ou vai ser uma maravilha. Porque o cara não entende nada. Se ele deixar a gente tocar o negócio, maravilhoso. Se ele for *micromanager*, a gente se ferrou", comentou com seu time. A primeira opção prevaleceu. Da mesma forma que o executivo apareceu de repente no escritório brasileiro, sumiu de vez logo depois.

A dinâmica da área administrativa do UBS Pactual também se transformou, tornando as relações mais complexas. Um antigo funcionário do Pactual observaria mais tarde que "o pessoal do UBS não era proativo igual nós. No Pactual, você se levanta da cadeira, fala com o chefe, o cara que aprova está lá sentado. Se não tiver comunicação, levanto e pergunto: preciso fazer isso? Posso fazer? Palavra é maior que tudo. Maior que assinada de caneta. Nós resolvíamos negócio desse jeito. Então, com o UBS as coisas ficaram engessadas, mais lentas".

No *asset management*, o UBS enviou um executivo suíço para atuar como co-*head* com Rodrigo Xavier. No primeiro ano, a área cresceu de modo expressivo, saltando de 20 bilhões de dólares para mais de 50 bilhões. No banco de investimentos, Alexandre Bettamio, que era o chefe do banco de investimentos do UBS no Brasil, e Rodolfo Riechert, do Pactual, também se tornaram corresponsáveis pela operação. Na área de *private banking,* por ser uma operação maior globalmente, o comando ficou com Eduardo Oliveira, que vinha do UBS.

Houve também mudanças no time. Uma das mais importantes contratações aconteceu em maio daquele ano. Eduardo Loyo, economista graduado pela PUC-Rio com ph.D. em Princeton, assumiu como economista-chefe para a América Latina — uma posição que não existia desde a saída do cofundador Paulo Guedes. Esteves havia conhecido Loyo quando ele ocupara a diretoria de pesquisa no Banco Central e desenvolvera grande admiração pelo pensamento intelectual do economista. Agora Loyo era o representante brasileiro no FMI em Washington e falava ao telefone com sua amiga Patricia Vianna — numa época em que os telefones fixos eram muito mais usados do que os celulares —, quando Esteves, de passagem pela mesa da colega, pediu para falar com ele.

Marcaram, então, um encontro formal no escritório, em São Paulo. Esteves lhe apresentou seus planos para o negócio e a possibilidade de se juntar ao banco. Amigos haviam alertado Loyo sobre o ambiente competitivo que encontraria ali, transmitindo a ele a imagem de um grupo de predadores tentando acabar uns com os outros. No entanto, sua impressão pessoal de Esteves foi positiva, e ele acabou aceitando a oferta de voltar ao Brasil e assumir a posição de economista-chefe do UBS Pactual. A realidade que encontrou no banco foi diferente da expectativa criada pelos outros. "São pessoas que trabalham muito, mas em um ambiente muito agradável. Pessoas discordam, discutem, não tem agressividade", descreveria mais tarde. Para ele, que nunca havia passado mais de três anos em um mesmo lugar, a adaptação foi surpreendentemente positiva.

Aos 41 anos, Loyo deparou com uma cultura corporativa muito diferente da das instituições públicas e acadêmicas onde havia trabalhado. Quando chegou ao banco em seu primeiro dia, parou na entrada do *trading floor* e respirou fundo. O barulho era atordoante. Dezenas de operadores gritando ordens, telefones tocando sem parar, zum-zum--zum de conversas paralelas. O som constante ao redor inicialmente dificultava sua concentração, até ele entender que aquilo era proposital — todos deveriam ouvir tudo, numa cultura de transparência e agilidade nas decisões. Nos primeiros dias, viu um executivo sênior passando seu próprio fax no fim da mesa. Esteves, notando seu espanto, aproximou-se, sorrindo: "Você está acostumado com setor público, que tem um monte de secretária. Aqui cada um passa seu fax. Você vai se acostumar e achar muito mais legal".

Esteves deu a ele uma diretriz sobre como trabalhar: "Reporte-se a mim, mas eu não vou ficar olhando por cima do teu ombro. Meio 'se vira'. Pode organizar sua vida e pede ajuda no que precisar". Loyo teria que administrar demandas de todas as áreas do banco e fazer seu próprio "racionamento" do que era mais importante. Com a independência que recebeu, pôde estruturar sua função de forma a agregar mais valor aos clientes. Em vez de fazer ligações pontuais para quem queria ouvir a respeito de indicadores econômicos, focou análises aprofundadas, eventos estratégicos, palestras e *roadshows* que beneficiavam toda a instituição. Concluiu que era uma forma de trabalho que combinava sua rigorosa formação acadêmica com as necessidades práticas do mercado financeiro.

O momento ajudava. O real se valorizava, e os juros, embora em tendência de queda — a Selic caíra de 13% para 11,25% ao longo de 2007 —, continuavam atrativos para investidores internacionais. Mesmo quando a crise financeira global se instalou, o governo brasileiro respondeu com medidas anticíclicas eficazes, como redução de impostos e expansão do crédito, que ajudaram a manter o ambiente de negócios aquecido.

André Esteves, que além de CEO do UBS Pactual havia entrado para o comitê executivo global do banco suíço, defendia uma política de maior alavancagem para aproveitar esse cenário. O argumento era tecnicamente sólido. Tendo uma "mãe rica" na Suíça, o banco poderia emitir CDBs e captar recursos no mercado local sem preocupações — em caso de necessidade, a matriz sempre poderia enviar mais capital. Era vantajoso para o UBS ter recursos aplicados no Brasil, aproveitando a combinação de câmbio favorável, juros altos e um mercado de capitais aquecido.

A estratégia se provou acertada. No primeiro semestre após a venda, o banco registrou lucratividade de 54% sobre o patrimônio líquido de

991 milhões de dólares — mais de 100% de retorno anualizado, um recorde no setor financeiro. A área de fusões e aquisições fechou doze operações em um ano, gerando 120 milhões de dólares em receitas.

O bom momento do Brasil e do banco levou Esteves a uma posição de destaque não apenas nos negócios, mas também no cenário político nacional. Em uma das reuniões mais delicadas de sua carreira até aquele momento, foi convocado ao Palácio do Planalto para uma conversa sobre taxa de juros com o presidente Lula, que buscava ouvir uma visão externa ao governo e à política.

Era a primeira vez que encontrava o presidente — e sentiu-se envaidecido pelo convite. Na sala, além de Lula, estavam Gilberto Carvalho, chefe de Gabinete da Presidência (um cargo de confiança de Lula), que o aconselhava sobre diversos temas, a então ministra da Casa Civil, Dilma Rousseff, o ministro da Justiça, Tarso Genro, e o ministro da Fazenda, Guido Mantega. A reunião era potencialmente espinhosa. Havia uma divisão interna no governo, com dois grupos que nutriam visões distintas sobre a política monetária — de um lado, a linha Palocci-Meirelles; de outro, a dupla Mantega-Rousseff. Esteves fez a leitura do contexto, identificou a cilada e procurou manter uma posição equilibrada. Levou "elementos técnicos e educação financeira" para a discussão, evitando que qualquer dos lados pudesse se considerar vencedor do debate.

Em sua vida pessoal, com parte do dinheiro que recebeu pela venda do Pactual ao UBS, Esteves começou a construir uma trajetória que transcendia o mercado financeiro. Seus movimentos o inseriam em um círculo global de liderança empresarial e influência social. A principal iniciativa nasceu de um encontro em Nova York com Peter Seligmann, fundador e CEO da ONG Conservação Internacional, uma das mais respeitadas do mundo no setor ambiental. Mais uma vez, a apresentação foi feita pelo banqueiro Jorge Paulo Lemann. Durante o jantar, Seligmann gostou da visão de mundo de Esteves e o convidou a ocupar uma cadeira no conselho da ONG, onde se sentaria ao lado de personalidades como o ator Harrison Ford, Gordon Moore (fundador da Intel), Robert Fisher (chairman da Gap) e Rob Walton (chairman do Wal-Mart). Ali, criaria importantes conexões globais.

"OU NOSSA VIDA SERÁ UM INFERNO, OU VAI SER UMA MARAVILHA"

Esteves pretendia criar uma fundação ecológica na América Latina, com apoio da Conservação Internacional, emulando a estratégia da ONG de unir rigor científico e gestão eficiente. "Às vezes, eu vejo pessoas fazendo trabalhos sociais maravilhosos, mas numa escala que só satisfaz o remorso de quem ajuda. Não só planto a plantinha, ajudo a plantarem muitas plantinhas por aí", disse à época. Ele fazia questão de frisar que a ambição filantrópica era pessoal — e não institucional. "Meu projeto ambiental é o meu projeto ambiental." Não quereria contaminar o banco com suas visões pessoais.

Um brasileiro para salvar da crise

Em outubro de 2007, o UBS Pactual anunciou a abertura de uma operação de *asset management* no México. Era a primeira incursão da equipe brasileira em outro país desde o fechamento do negócio, dez meses antes, e desde que a operação local se tornara responsável pela América Latina. Na época, o Brasil respondia por mais de 80% da indústria de fundos na América Latina, enquanto o México, segundo maior mercado, representava 10%. Com 87,3 bilhões de reais sob sua gestão até setembro daquele ano, o UBS Pactual era a quarta maior gestora de recursos do Brasil, atrás apenas de Banco do Brasil, Itaú e Bradesco.

Em 2007, somente um ano após a aquisição, o UBS Pactual registrou receitas de aproximadamente 2 bilhões de dólares e lucro de 1,3 bilhão de dólares após o pagamento de bônus. O que de início parecia um preço excessivo — pouco mais de 3 bilhões de dólares por um banco com patrimônio de 400 milhões de dólares — mostrou-se um excelente investimento para o UBS. O valor pago equivalia a cerca de duas vezes o lucro do ano seguinte.

O sucesso da operação brasileira, no entanto, começava a gerar tensões internas. As diferenças culturais eram evidentes e, muitas vezes, atrapalhavam a dinâmica de trabalho, travando as tomadas de decisão. A burocracia pesava. Era preciso integrar sistemas, fazer relatórios se comunicarem, garantir que as informações fluíssem corretamente de São Paulo e Rio para Zurique. Entre 60% e 70% do tempo dos executivos era consumido com aprovações e comitês. O plano do chairman, Marcel Ospel, de replicar globalmente o modelo do Pactual, na prática, era impossível de ser realizado. O UBS Pactual tinha conseguido integrar com sucesso suas áreas de *wealth management* e banco de investimentos, com os gestores de fortunas trazendo negócios para o *investment bank* e vice-versa. No entanto, essa integração se mostrou inviável em escala global: os suíços do *wealth management* "tinham horror aos americanos" do *investment banking*, e eles, por sua vez, "achavam os suíços uns idiotas", como resumiria um sócio do Pactual. Era um contraste extremo com o ambiente do banco brasileiro, em que "as pessoas mutuamente se admiravam, se respeitavam, saíam juntas para jantar, tomar chope, passar férias. A ideia de transformar o UBS numa *partnership* global nos moldes do Pactual se revelou ingênua", concluiria Esteves.

No final daquele ano, enquanto a subsidiária brasileira distribuía bônus recordes, o UBS global enfrentava os primeiros efeitos de uma crise que começava nos Estados Unidos, a partir da queda do índice Dow Jones, em razão da concessão de empréstimos hipotecários de alto risco. Inicialmente, os prejuízos para o banco se deviam às operações nos Estados Unidos. Mas as perspectivas eram incertas.

O UBS — então a maior empresa da Europa em valor de mercado e único banco com classificação triplo A no mundo — já vinha dando sinais de vulnerabilidade, que começavam a se agravar. A área de renda fixa do banco suíço registrava resultados abaixo dos dos concorrentes desde 2005, quando transferiu 120 funcionários para criar uma unidade de *hedge fund* chamada Dillon Read Capital Management. Em maio de 2007, após amargar pesados prejuízos com títulos hipotecários de alto risco, o banco havia encerrado as operações do Dillon Read, com perda de 300 milhões de dólares.

Agora, em agosto de 2007, Huw Jenkins, chairman e CEO do banco de investimento, e Marcel Rohner, recém-empossado CEO global do banco, ligaram para André Esteves e explicaram que a situação estava difícil, embora não conseguissem dimensionar o quanto. Em um contexto de imprecisões nada otimistas, os executivos fizeram um inesperado convite: queriam que Esteves ocupasse o cargo de chefe global de renda fixa, câmbio e commodities do banco, baseado em Londres. Na prática, o brasileiro assumiria a gestão do gigantesco balanço do UBS naquele momento de enorme incerteza. O raciocínio de Jenkins e Rohner era lógico. O mercado global ganhara riscos e volatilidade típicos de mercados emergentes, portanto precisavam de um profissional moldado nesse tipo de ambiente para ajudá-los a navegar em meio às turbulências. A boa experiência da negociação para a criação do UBS Pactual, somada aos ótimos resultados financeiros do banco, faziam de Esteves alguém, aos olhos dos suíços, tão competente quanto confiável para o momento delicado que estavam vivendo.

Se dissesse "sim", aos 38 anos, o brasileiro deixaria o dia a dia do comando do UBS Pactual na América Latina, que havia registrado lucro de mais de 1 bilhão de dólares, para tentar conter uma crise que, ainda não sabia, viria a se tornar global e sem precedentes.

13
"Estou cansado"

"QUAL É A MERDA QUE VOCÊS TÊM PARA ME CONTAR DESSA VEZ? Porque do meu lado só tem notícia boa. Tudo o que contei para vocês era verdade. Mas o que vocês me contaram não era, né?" Era o que pensava Esteves, ao longo de 2007, a cada reunião com os suíços. O que dizia em voz alta, porém, passava o recado de maneira mais diplomática.

Mas à medida que o ano avançava — e os efeitos da crise nos Estados Unidos se aproximavam —, a situação só piorava. Em julho, após as primeiras perdas com hipotecas *subprime* virem à tona, o então CEO do UBS, Peter Wuffli, renunciou. E como os executivos do banco haviam adiantado a Esteves ao convidá-lo para se mudar para Londres, ainda não era possível dimensionar o tamanho do problema.

O convite veio num momento em que o brasileiro já estava desencantado com o modelo de grande empresa global que encontrara no UBS. Um ano após a venda, Esteves já tinha uma nova compreensão do valor do que ele e os sócios haviam construído no Brasil com o Pactual — não apenas financeiramente, mas em termos de cultura e potencial de crescimento do negócio. O contraste com a operação global só aumentava sua frustração com o acordo.

A decisão que ele tinha de tomar naquele momento carregava duas motivações distintas. Por um lado, seu instinto defensivo era pragmático. O ubs ainda devia cerca de 2 bilhões de dólares aos ex-sócios do Pactual — quase dois terços do valor total da venda. Com as notícias ruins se multiplicando, Esteves passou a se preocupar com a capacidade do banco de honrar o compromisso. "Eu comecei a entender que esses suíços falhavam muito em gestão de risco, e a pensar: 'Daqui a pouco esses caras quebram e não pagam os 2 bilhões de dólares, então é melhor eu ir lá administrar esse negócio, porque pelo menos garanto que a gente vai receber o dinheiro'." A declaração parece repleta da familiar mistura de arrogância e pragmatismo dos self-made men. Afinal, tratava-se de um ex-banqueiro jovem e local se propondo a ensinar gestão de risco a uma das maiores instituições financeiras da Europa. O tempo, no entanto, demonstraria que havia método por trás da empáfia de Esteves.

Por outro lado, Esteves sabia ser ofensivo e lucrar com o caos. Diante de um problema complexo, conseguia vislumbrar formas de tirar proveito da situação e alavancar suas possibilidades de ganho. "A confusão é tal que esse troço vai trazer alguma oportunidade", dizia aos mais chegados. Por fim, aceitou a oferta. Alguns dos ex-sócios concluíram que Esteves estava orquestrando uma entrada estratégica na matriz, que, em seu plano ambicioso, poderia levá-lo ao controle da companhia. Parecia uma ideia megalomaníaca, mas não se espantavam que ele acreditasse nela.

Ainda em agosto de 2007, André Esteves assumiu a posição global de chefe de renda fixa, câmbio e commodities do ubs em Londres, mantendo simultaneamente seu cargo como ceo para a América Latina. Passou a se reportar a Huw Jenkins, chairman e ceo do ubs Investment Bank. Rodrigo Xavier e Marcelo Kalim ficaram responsáveis por liderar a operação no Brasil, ainda sob a supervisão de Esteves.

Acompanhado da esposa, Lilian, e dos três filhos — Fernanda, Pedro e Henrique —, chegou à capital inglesa com um misto de apreensão e entusiasmo. Já era conhecido na matriz em função dos bons resultados que a operação no Brasil apresentava. A equipe que coordenaria era formada por vinte executivos, dos quais apenas cinco estavam abertos a mudanças e animados com a chegada do ex-sócio do Pactual. Entre eles, John Fath e David Martin, baseados em Nova York, e Antoine Estier, Andy Felce e Roberto Isolani, em Londres. Esse grupo gostou da abordagem direta, prática e resolutiva do novo chefe e se mostrava disposto a resolver os problemas em conjunto. Os demais, entretanto, expressavam resistência, por exemplo, não atendendo quando Esteves ligava onze da noite — hábito no mercado financeiro brasileiro, em que ultrapassar os limites entre vida pessoal e profissional era comum, mas que geralmente não era bem-visto pelos europeus —, ou falando sem sinceridade sobre os problemas de suas áreas, talvez por receio de receberem avaliações negativas de desempenho.

Mesmo diante da relutância de grande parte de seu time direto, Esteves continuou a praticar a diplomacia. Parte do trabalho de gerenciamento da crise era mediar a relação entre a equipe local, responsável pelo *wealth management*, "que protegia um império suíço", e os americanos do banco de investimentos, "uns piratas que criaram uma confusão imensa", como definiria Esteves. "Eu precisava traduzir a crise para os suíços, que nunca tinham visto nada parecido." Uma missão nada fácil naquele ambiente hostil. Acostumado a reunir pessoas — seus sócios — numa mesa de *trading* no Brasil para tomar decisões, Esteves agora precisava lidar com uma estrutura organizacional que não permitia simplesmente juntar as cinco ou seis pessoas de sua maior confiança, debater com elas e definir os passos seguintes. Um estava em Nova York, outro na Ásia, outro na Suíça, alguns dormindo por causa do fuso horário, outros presos em reuniões que não podiam cancelar e muitos simplesmente desinteressados da conversa. Acostumado a liderar não só pela técnica, mas também pela capacidade de convencimento e carisma, o brasileiro viu sua influência reduzida. Era como se tivesse perdido seu superpoder.

A rotina de Esteves incluía uma agenda internacional intensa: conversas semanais com o Federal Reserve (Fed), o Banco Central americano), e reuniões com sua equipe nos comitês de segunda-feira no Brasil. Devido à diferença de cinco horas entre os fusos horários, mantinha chamadas diárias com Nova York até a meia-noite — depois que o mercado americano fechava, às dezoito horas (horário local), os executivos realizavam uma análise detalhada do dia com o brasileiro. Além disso, às segundas, quartas e sextas, iniciava às oito horas da manhã as videoconferências com Marcel Rohner, CEO do UBS, na Suíça. À noite, exausto, mas ainda agitado demais para dormir, tentava relaxar assistindo a qualquer programa na TV: corridas de carro na Alemanha, desenhos do Pernalonga, partidas de hóquei no Japão — algo monótono o suficiente para baixar a adrenalina depois de mais um dia administrando os impactos da maior crise financeira da história recente, para o maior banco da Europa, num país que não era o seu.

Já nos primeiros dias em Londres, Esteves viu a confiança do mercado sofrer seu primeiro grande abalo. Em 9 de agosto, o banco francês BNP Paribas anunciou o congelamento de 1,6 bilhão de euros em fundos. A justificativa indicava uma falta de clareza generalizada: a situação do mercado americano "tornava impossível determinar o valor de alguns bens de forma justa, independentemente de sua qualidade ou avaliação de crédito". O impacto foi imediato. No dia seguinte, a Bolsa de Londres registrou queda de 3,7%, sua maior baixa em sete anos.

Para o UBS, a origem de seu principal problema estava em suas análises de risco, que se revelaram extremamente frágeis. O banco suíço havia confiado demais nas classificações das agências de *rating* para avaliar *securities* (títulos que representam propriedade ou dívida) muito complexos, sem examinar a fundo a qualidade do que estavam comprando. Agora perdia dinheiro desenfreadamente com investimentos em papéis lastreados em hipotecas americanas classificados como triplo A — em tese, de altíssima qualidade de crédito —, mas que se revelaram vulneráveis à crise. O que parecia ser uma carteira de investimentos de primeira linha, na verdade, escondia riscos altos que só se tornariam evidentes em momentos de estresse — e aquele era o pior deles até então.

A situação se agravou rapidamente. Cerca de dois meses depois da chegada de Esteves, Huw Jenkins foi pressionado a renunciar. Nesse momento, mais um alerta acendeu para o brasileiro: afinal, Jenkins teve forte influência na decisão do UBS de adquirir sua empresa, e fora o responsável pela mudança de carreira de Esteves. A ambição de torná-lo um banco de investimento global não parecia mais existir na cabeça dos dirigentes do UBS. Era como se a estrada à frente do executivo brasileiro fosse se afunilando, enquanto ele a percorria em alta velocidade.

Esteves demoraria cerca de três meses para conseguir fazer um diagnóstico preciso da situação. Até lá, enfrentaria complicações em série, tomando sustos cada vez maiores sem ver onde aquilo iria parar. Durante esse período, foi convidado para um jantar privado com o então presidente do conselho do UBS, Marcel Ospel, que, como resumiria Esteves, era "quase um imperador da Suíça, o empresário que tinha construído o banco e o transformado no maior da Europa". O motivo oficial do encontro era a apresentação de um vinho suíço, que Ospel — um amante de vinhos, assim como o executivo brasileiro — dizia ser "tão bom quanto os melhores italianos". Esteves não tinha dúvidas de que o tema real era o único possível naquele momento: a complexa situação financeira do UBS e sua nebulosa perspectiva.

Mas não foi assim que a conversa começou. Só depois de passarem por diversos temas amenos, sem transparecer abalo, Ospel introduziu o assunto que provavelmente tirava seu sono — ou que, ao menos na cabeça de Esteves, deveria estar tirando. Então perguntou ao brasileiro, a seco, mas tentando manter o tom casual: "O prejuízo do terceiro trimestre vai chegar a 1 bilhão de dólares?".

Mesmo ainda distante de conseguir dar uma resposta exata, Esteves sabia que a perda seria muito maior. Fez seus cálculos mentais, pensou que 20 bilhões de dólares seriam uma resposta razoavelmente realista, com base no que já tinha de informações, mas optou por fazer uma estimativa mais conservadora, dadas a gravidade do assunto e a abordagem do chefe, que supunha um número tão inferior. Fez uma pausa silenciosa, criando um clima devidamente sóbrio para prepará-lo para a notícia ruim. "Marcel, eu acho que serão cerca de 10 bilhões de dólares de prejuízo", disse. Ospel desviou o olhar, balançou sua taça devagar, manteve o silêncio por alguns segundos. Até que finalmente falou. "Você gostou do vinho?" Esteves encarou o banqueiro suíço. "Como assim estamos falando de vinho?", pensou, esperando que ele voltasse ao assunto dos 10 bilhões de dólares em prejuízo. Mas isso não aconteceu. Ali, de uma vez por todas, Esteves concluiu que estava sozinho. Seus interlocutores simplesmente não conseguiam — ou não queriam — ver o abismo que se abria à sua frente.

Sua leitura do contexto foi que os suíços não compreendiam o que estava acontecendo — como já percebia no contato diário com a equipe do *private bank*. Não se tratava de desconsiderar os fatos ou sua opinião profissional. Era uma questão de experiência de vida e repertório. Ao recordar o período, Esteves definiria, em tom de brincadeira, como eles o viam: "Quando eu falava sobre os problemas, tinha a impressão de que os executivos do UBS pensavam: 'Esse rapaz brasileiro, tão inteligente, tão talentoso, bem-sucedido, um jovem bom, conhece o mercado emergente — a gente gosta dele. Mas, coitado, está achando que esta é uma das crises do Brasil. A culpa não é dele. A vida fez com que ele tivesse esse tipo de trauma. Na Suíça e nos Estados Unidos, essas coisas não existem'".

Nos meses seguintes ao jantar com Ospel, os números começariam a falar por si. Outubro de 2007 foi marcado por algumas notícias catastróficas. O banco anunciou um prejuízo de 4 bilhões de francos suíços relacionados à sua exposição ao mercado *subprime* americano. Era seu primeiro resultado trimestral negativo em nove anos e o fim de uma era de crescimento contínuo.

Nessa época, os planos de dominação de Esteves já não eram apenas uma impressão dos sócios a partir das entrelinhas de seu discurso. Para os mais próximos — como Marcelo Kalim, Rodrigo Xavier e Roberto Sallouti —, ele passou a falar abertamente que poderia haver uma possibilidade de comprar o UBS global em parceria com Jorge Paulo Lemann. O banqueiro de ascendência suíça seria fundamental para a concretização de um lance tão ousado. Mas Lemann nunca avançou em conversas sobre o tema com Esteves, que também jamais admitiu publicamente a intenção.

Os rumores sobre o plano do brasileiro — que naquele momento era um funcionário do banco — de comprar o grupo todo chegaram aos ouvidos dos europeus e soavam como delírio, mas, ainda assim, começaram a incomodar os principais executivos do UBS. Em meio aos problemas que só cresciam com a crise, as conversas de Esteves tumultuavam o ambiente. Por um lado, eles admiravam a companhia construída por ele e seus sócios, sua capacidade de empreender e gerar resultados excelentes — mesmo, e surpreendentemente, naquele momento caótico. Num encontro que reuniu os duzentos executivos mais seniores do UBS no mundo, o brasileiro foi convidado a palestrar. "Ele havia virado um popstar lá dentro, as pessoas o paravam no corredor e queriam conversar com ele", comentaria um ex-sócio. Por outro lado, havia um mal-estar com as fofocas que o envolviam e com o clima festivo do UBS Pactual pelos bons resultados em meio à crise. Esteves era a personificação de um entusiasmo que soava inapropriado naquele contexto.

Em dezembro, o clima azedou ainda mais quando o UBS determinou o não pagamento dos bônus tradicionalmente concedidos aos funcionários do Pactual no Brasil. Era uma decisão bastante sensível, considerando que a subsidiária havia liderado os negócios em toda a América Latina e concluíra o melhor ano de sua história, com lucro de 2,6 bilhões de reais. Esteves e Sayão conversaram com a chefia, argumentando em favor de seu grupo. A divergência só foi resolvida uma semana antes do Natal, quando a direção mundial cedeu e concordou em calcular os bônus apenas com base nos resultados latino-americanos. Pelo menos dez executivos do Pactual receberam 10 milhões de dólares cada. Nesse mesmo mês, o total de ativos problemáticos da matriz atingia a marca de 27,6 bilhões de dólares.

Durante os meses iniciais de 2008, Esteves implementou ações drásticas para tentar salvar o UBS da crise — incluindo três rodadas de capitalização, o encolhimento do balanço e um rigoroso programa de corte de custos. Em fevereiro, o banco recorreu ao GIC, o fundo soberano do governo de Singapura, para aprovar um plano de regaste proposto por seu conselho de administração, que previa uma injeção de 12,14 bilhões de dólares. Esteves foi quem negociou pelo UBS e, a partir desse contato, estabeleceu uma relação pessoal com o GIC, que viria a se tornar um importante parceiro de negócios do brasileiro.

Em abril de 2008, Marcel Ospel renunciou à presidência do conselho. Como parte das medidas de contenção, o UBS anunciou o corte de 5500 funcionários, aproximadamente 7% de sua força de trabalho.

Em maio, foram tomadas medidas para limpar o balanço do banco. Sob coordenação do time de Esteves, o UBS vendeu 15 bilhões de dólares em ativos problemáticos para a gestora BlackRock (que, também naquele momento, criaria uma relação com o brasileiro que perduraria pelos anos seguintes) e lançou uma emissão de direitos no valor de 15,6 bilhões de dólares, numa tentativa de fortalecer sua base de capital.

A emissão elevou o índice de capital Tier 1 do banco para 11,6%, um dos mais altos da indústria bancária global à época.

Severamente atingido pela crise, o UBS terminou o ano de 2008 com um prejuízo de 20 bilhões de francos suíços — a maior perda já registrada por uma empresa suíça na história. Para sobreviver, precisou recorrer a um empréstimo de 50 bilhões de francos suíços do Banco Central do país. O gigante europeu, que sempre fora orgulho nacional, agora se via de joelhos diante das autoridades locais.

Um dos principais desafios de Esteves era identificar fontes confiáveis de informação sobre a extensão e a profundidade da crise. Havia divergências internas sobre a condução dos negócios: enquanto parte dos executivos mantinha o foco em operações de curto prazo, o brasileiro optava por uma abordagem mais conservadora. A diferença entre sua visão de negócios e a mentalidade predominante no UBS se evidenciava no dia a dia.

Desde o início de 2008, a relação entre Esteves e o banco suíço já caminhava para um acordo de cavalheiros. Nenhum dos lados estava satisfeito com a situação, tampouco queria estragar um relacionamento que havia gerado resultados positivos. Sem que a ideia de parceria com Lemann avançasse, e com tantas incertezas naquele momento, ficara inviável levar adiante a ideia de adquirir a operação global. O brasileiro, então, passou a considerar a hipótese de recomprar o Pactual — única operação que ia bem em meio à crise e que ele conhecia melhor do que ninguém. Mas tinha convicção de que o *compliance* do banco não permitiria vender uma subsidiária para um grupo de funcionários. Para ter a chance de comprá-lo, ele teria de sair da companhia sem garantias sobre o futuro. Até então, Esteves era conhecido por sua energia aparentemente inesgotável. Seus colegas brincavam que era o "homem que nunca dorme". Mas aquele período o desgastou. Era como se cada nova má notícia ou novo prejuízo descoberto, cada comitê desnecessário, aprovação atrasada e reunião infrutífera com executivos que se recusavam a ver a realidade adicionasse mais peso sobre seus ombros. No sofisticado bairro londrino de Kensington, durante um café da manhã com Steve Jacobs, Esteves soltou uma frase que o britânico nunca havia escutado dele: "Estou cansado, Steve".

Sem os sócios brasileiros por perto, enfrentando resistência da equipe, desbravando temas desconhecidos em um contexto internacional e em meio a uma crise sem precedentes, seu otimismo peculiar já não era constante. "Esteves era um homem do copo transbordando — não *apenas* meio cheio. Diante dos problemas, ele sempre pensava em como transformá-los em algo bom e dez vezes maior", sintetizaria Steve. "Agora estava em uma posição em que só recebia más notícias, dia após dia, tendo que fazer contenção de danos. Foi um período muito difícil para ele."

A decisão de sair do banco não se deu num momento específico. Foi sendo construída aos poucos, a partir das situações corriqueiras. Até que um dia, olhando pela janela, em mais um dia chuvoso em Londres, Esteves entendeu que chegara a hora. Para salvar do naufrágio que se aproximava tudo o que havia ajudado a construir, precisaria abandonar o navio. Mas não sem antes garantir que receberia o que lhe era devido.

Em troca de ajudar a salvar o banco da crise, Esteves pediu aos suíços uma saída precoce (ou *early departure*) de seu contrato. Queria criar uma companhia de investimento que não concorreria com o Pactual, levando consigo um grupo de *traders* — afinal, o banco havia encolhido tanto seu balanço que não restava mais atividade de *trading* significativa. O pedido incluía o acesso imediato aos valores a receber pelos quais Esteves e os sócios ainda esperavam desde o contrato original — os 60% restantes do valor da venda que originalmente seriam pagos em 2011. O argumento central era forte. Em apenas dois anos de operação conjunta, eles haviam alcançado as metas de resultados estabelecidas para cinco anos. O banco brasileiro havia gerado cerca de 2 bilhões de dólares em receitas só em 2007. Além disso, o momento era propício — o UBS estava mudando radicalmente sua estratégia global, reduzindo a exposição a riscos e demonstrando pouco interesse em manter algumas áreas.

A primeira conversa do brasileiro foi com Steve Jacobs. Ele intermediaria as negociações entre o brasileiro e os altos executivos do UBS. Era preciso encontrar uma solução que funcionasse para ambos os lados. Depois de algumas idas e vindas, Esteves conseguiu quase tudo o que queria.

No entanto, havia algumas contrapartidas. Rodrigo Xavier, ex-sócio do Pactual, deveria assumir o comando da operação do UBS no Brasil. Essa exigência foi estabelecida como requisito para liberar Esteves, que ficou encarregado de negociar diretamente com o ex-sócio. Após dois dias de consideração, Xavier aceitou o cargo. O UBS teria entre 15% e 20% de participação no novo negócio de Esteves — uma companhia de investimentos —, um assento no conselho e participação nas receitas da nova empresa. Um acordo de não competição impediria que os dissidentes competissem com o UBS por três anos, até 2011, ou atuassem como banco de investimentos e gestão de fortunas (*wealth management*). Esteves pagaria uma multa estimada em 100 milhões de dólares por sair antes do prazo, mas manteria o direito (junto com outros sócios) de receber os 60% restantes da venda do Pactual antecipadamente. O acordo permitiu que dez profissionais da empresa saíssem para fazer parte do novo negócio. Mas o banco insistiu em ter poder de veto sobre alguns nomes. O ex-sócio do Pactual Rodolfo Riechert, quando consultado por um vice-presidente do UBS sobre quem não deveria sair, sugeriu uma abordagem diferente, inspirada na cultura do banco brasileiro: "Em vez de proibir saídas, por que não oferecer incentivos para que as pessoas queiram ficar?". Mas a ideia não foi adiante. O banco optou por manter a lista restritiva, que incluía nomes como Rogério Pessoa, Guilherme Paes, Renato Santos e Renato Cohn — todos atuantes em áreas ainda estratégicas para o UBS.

Ao assinar o acordo, Esteves fez um último pedido — o mais importante deles: "Se vocês forem vender o UBS Pactual, eu queria que falassem primeiro conosco". Depois de conhecer a fundo a operação e seus problemas na crise, ele acreditava que os suíços precisariam se desfazer da subsidiária brasileira. Tratava-se apenas de uma questão de tempo. Os suíços concordaram, mas o combinado não foi escrito em lugar nenhum.

O grupo que saiu com Esteves era formado por outros oito ex-sócios do Pactual: Carlos Fonseca, Marcelo Kalim, Roberto Sallouti, James Oliveira, Daniel Zagury, José Miguel Vilela, Alexandre Câmara, Totó Porto, além de cinco executivos do UBS, John Fath e David Martin, baseados em Nova York, e Andy Felce, Antoine Estier e Roberto Isolani, em Londres. Cada sócio sênior pôde levar sua secretária — seguindo a tradicional hierarquia da época e o machismo estrutural do setor, em que executivos eram invariavelmente homens e secretárias, mulheres. Lucilene Carvalho acompanhou Esteves.

Em 18 de junho de 2008, o UBS anunciou a saída do brasileiro do banco. A imprensa repercutiu a notícia como um acontecimento que provocou "inquietação" e foi recebido "como uma bomba pelo mercado". Em uma das reportagens, "seus opositores" criticavam o fato de Esteves não ter concentrado seus esforços em "arrumar a casa" durante a crise do *subprime*, e sim ter "visto na crise a oportunidade para se associar a outros investidores e comprar o UBS". No entanto, a maioria das análises apontava para uma transição bem negociada. As condições de sua saída — incluindo a permissão para formar uma nova equipe e a manutenção de parte significativa de sua compensação financeira — foram vistas como um acordo bem estruturado, reforçado pela notícia de que o banco suíço manteria participação no novo empreendimento do brasileiro.

Esteves e seu time começaram a transição imediatamente, ainda dentro do próprio UBS Pactual, onde a equipe inicial da nova empresa ocupou temporariamente a sala de reunião número 10. Cerca de dois meses depois, em agosto, eles se mudariam para um novo endereço, na rua Amauri, também no Itaim Bibi, perto da Faria Lima, no centro financeiro de São Paulo.

Aquele momento marcou também o fim da parceria entre André Esteves e Gilberto Sayão, que permaneceria no UBS. Enquanto Esteves sonhava com a conquista global, Sayão havia encontrado sua vocação na gestão do patrimônio conquistado. Eram duas visões de futuro que, como duas estradas que divergem sutilmente no início, só revelavam sua verdadeira distância depois de percorrido um longo caminho. Continuariam fazendo negócios juntos, e a amizade permaneceria — incluindo os cafés da manhã entre o Natal e o Ano-Novo que manteriam por todos os anos seguintes.

O momento carregava um ar solene de fim de era para os brasileiros. Eles haviam participado da construção de um genuíno banco nacional que conquistara reconhecimento mundial por seu modelo inovador de sociedade e cultura mão na massa. Para aqueles executivos e ex-sócios, essa história jamais seria esquecida. Agora era o momento de seguir em frente e empreender novos capítulos.

Com o anúncio das mudanças, o UBS agiu rapidamente para conter os danos. No mesmo dia em que se tornou pública a saída de Esteves, Rodrigo Xavier foi apresentado como novo presidente do banco no Brasil. Jürg Haller, antes COO e CFO, assumiria como CEO para a América Latina. Para evitar uma debandada maior, o banco, usando o dinheiro deixado para trás por Esteves e seus sócios, ofereceu um bônus extra pelos próximos três anos a quem decidisse ficar. "O banco sempre teve a cultura de renovação e oxigenação dos seus quadros. O André continua sendo nosso amigo e, muito provavelmente, será um parceiro do UBS Pactual na sua atividade", disse Xavier à época.

Os meses seguintes continuaram bastante desafiadores para o UBS. Com a quebra do Lehman Brothers em setembro de 2008, depois de fazer baixas contábeis de 40 bilhões de dólares relacionadas à crise, o banco enfrentou uma grave crise de liquidez que afetou também a operação brasileira. Houve uma corrida de saques nos CDBs e fundos do banco. Xavier chegava no banco às seis da manhã, e acreditava que devia ser um dos últimos a ir embora para dar o exemplo ao time — então passou a tomar remédios para dormir e acordar no dia seguinte "com a cara boa". Tinha frequentes embates com a matriz suíça, que começou a interferir nas operações de crédito no Brasil. Em uma ocasião, foi pessoalmente a Zurique defender a manutenção da carteira de crédito local. Em vez de prover capital para a subsidiária, como era a expectativa inicial dos executivos brasileiros, a matriz pressionava o UBS Pactual para obter mais liquidez. Gilberto Sayão, que já tinha se desligado do dia a dia do banco, voltou como chairman da unidade brasileira, a pedido de Xavier e do próprio banco suíço, para ajudar a debelar a crise de confiança.

De volta ao jogo

O início da nova empresa dos ex-sócios do Pactual foi improvisado. Nos primeiros meses, ainda ocupando o escritório do UBS, alguns deles precisavam pegar e devolver crachás diariamente. Computadores e Blackberries foram comprados com recursos próprios, e uma empresa anterior de Totó foi utilizada de início para tocar o negócio.

Ainda durante a negociação para sua saída do UBS, querendo manter a tradição que havia no Pactual de ter um economista forte para ajudar a ler o mercado e antecipar movimentos — como foram Paulo Guedes e Eduardo Loyo anteriormente —, Esteves convidou para um almoço, em Londres, Persio Arida, um dos idealizadores do Plano Real, e que havia sido presidente do Banco Central e do BNDES nos anos 1990. Ex-conselheiro do Itaú, onde ficou até fevereiro de 2009, e com ph.D. pelo MIT, Arida estava em Londres desde 2005, ligado a um centro de estudos brasileiros em Oxford. No momento do convite, pensava em montar seu fundo de investimentos na Irlanda para gerir capital próprio e de amigos, mas acabou abandonando seus planos individuais após o almoço com Esteves.

O discurso era ambicioso e já indicava o quanto o brasileiro acreditava no que combinara com os suíços: em vez de seguir sozinho, Arida poderia se juntar a uma nova *partnership* que estava sendo criada no formato de uma companhia de investimentos e de um *hedge fund* que teria a chance de eventualmente recomprar o Pactual. O grupo teria um capital inicial de 500 milhões de dólares e os sócios *traders* cobririam diversos mercados.

Para ajudar a convencer Arida, Esteves pediu a Huw Jenkins que conversasse com o economista para contar, de seu ponto de vista, como era trabalhar com o brasileiro. O britânico, que havia deixado o comando do banco de investimentos do UBS em setembro de 2007, permaneceu como consultor até o fim de 2008, ajudando o conselho do banco a levantar recursos para atravessar a crise. A conversa foi boa e contribuiu para a resposta positiva de Arida. Ele seria o responsável pela instituição perante o órgão regulador inglês e daria garantias pessoais para o aluguel do escritório em Londres.

Apesar das limitações físicas, o clima inicial era de entusiasmo, o que destoava das preocupações dos funcionários do UBS que circulavam pelos corredores em torno da sala 10. A nova empresa começou como um fundo global, com operações em quatro cidades: São Paulo, onde estava a maioria dos sócios; Rio de Janeiro, por insistência de Emmanuel Hermann; Londres, onde ficavam Arida e Estier, na mesa de operações; e Nova York, base dos *traders* americanos. O principal produto era o Global Emerging Markets and Macro Fund (GEMM), que mais tarde chegaria a ter 22 bilhões de dólares sob gestão e seria eleito por três vezes o melhor fundo macro do mundo.

No início, porém, a captação foi modesta e restrita. Com a crise do Lehman Brothers a pleno vapor, arriscavam-se a investir apenas pessoas físicas que já conheciam o grupo pessoalmente ou haviam tido experiências anteriores de negócios com os sócios. Fundos institucionais e de pensão não fizeram parte desse primeiro momento. Os sócios organizaram um evento de lançamento, trazendo ao Brasil nomes como Nouriel Roubini e um ex-diretor do Fed. Mesmo assim, a captação inicial foi tímida.

Algumas semanas depois da conversa entre Arida e Jenkins, Esteves aceitou um convite para passar férias com a família na casa de veraneio do antigo chefe, na Itália. Foi nesse encontro que apresentou o novo projeto e fez uma proposta inesperada a Jenkins: queria que ele também se tornasse sócio da empresa fundada pelos brasileiros. "Não se trata de matar seus sonhos, mas de construí-los conosco. Não é uma foto, é um filme. O negócio muda com o tempo. Você vem, começa fazendo o que achar melhor, encontra seu espaço para contribuir e todos vão te respeitar", afirmou Esteves. Era um discurso cuidadosamente construído, que respeitava sua experiência, ambição e liberdade.

A proposta era ainda mais surpreendente considerando o contexto. Um executivo brasileiro de quarenta anos, comandando uma startup financeira em um país emergente, convidava seu ex-chefe britânico, com vasta experiência no mercado internacional, para se juntar ao time. O desafio exigiria que ele digerisse "a questão do ego" — afinal, três anos antes, ele é quem comandara a negociação para comprar o banco de Esteves. Por fim, Jenkins aceitou o convite: estava alinhado com o que planejava para a própria vida. Após deixar o UBS, decidira que não queria mais trabalhar em grandes corporações, com suas inevitáveis burocracias. Preferia começar o próprio negócio ou trabalhar com amigos em quem confiava. À parte a estranheza inicial, a oportunidade lhe parecia perfeita.

Um ano depois, em 2010, seria a vez de Steve Jacobs considerar uma proposta semelhante. Antes de tomar sua decisão, procurou Jenkins para entender, da perspectiva de quem já estava dentro, como era trabalhar naquela companhia. "É um caos completo", o outro respondeu. "O Brasil provavelmente é bem administrado, porque tem 25 anos de estrutura. Mas Nova York, Londres são operações flutuantes. Você está fazendo uma apresentação, procura alguém para ajudar, olha para trás e percebe que não tem ninguém ali. É realmente um trabalho de arregaçar as mangas. Mas é muito divertido e há muita ambição aqui." Jacobs também aceitou o convite. A chegada dos dois executivos agregava experiência ao novo negócio, sobretudo no mercado europeu, e credibilidade institucional perante autoridades internacionais, atributos cruciais para as ambições globais de Esteves.

Ele e seus sócios estavam de volta ao jogo. E agora fariam as próprias regras.

14
"Back to the Game"
(ou "Better than Goldman")

EM JUNHO DE 2008, enquanto o grupo de ex-sócios do Pactual ainda ocupava a sala de reunião número 10 no prédio do UBS, Emmanuel Hermann e Carlos Fonseca — ex-funcionário do Pactual, que atuara no banco de investimento e se tornara sócio, pela primeira vez, na criação do BTG — conversavam em pé, próximos ao elevador, sobre a necessidade urgente de criar um endereço de e-mail para a comunicação entre os executivos que estavam deixando o banco suíço. Para isso, precisavam de um nome para comprar a extensão pontocom. "Qualquer nome!", disse Fonseca. Emmanuel, então, respondeu em tom de brincadeira: "BTG. Back to the Game". Os dois riram e, na falta de uma ideia melhor e de mais tempo para pensar, espalharam o nome entre os demais sócios e começaram a usá-lo. Como o domínio BTG já pertencia a uma empresa química, criaram o endereço @btginvest.

A solução improvisada rapidamente escapou do controle do pequeno grupo. O nome vazou, e, em questão de dias, muitas pessoas no mercado já se referiam àqueles executivos como "o pessoal do BTG". E logo a brincadeira informal dos e-mails se transformou naturalmente na identidade do novo negócio.

O premiado publicitário Nizan Guanaes tinha uma parceria histórica e exclusiva com o Itaú desde 1980, sendo responsável por algumas das mais importantes campanhas do banco. Amigo de André Esteves, parte de seu círculo social de São Paulo, concordou em dar uma opinião sobre a marca da empresa recém-criada — apenas na base da amizade, uma vez que era contratado do concorrente. O publicitário recebeu alguns sócios de Esteves em seu escritório, na agência Africa. Começou perguntando qual o nome provisório do projeto. Os sócios, rindo, explicaram que internamente usavam a sigla BTG, que significava Back to the Game — ou Better than Goldman. Nizan reconheceu o potencial do nome, destacando que BTG era sonoro e que, por sua natureza abstrata como sigla, permitiria que eles fossem agregando diferentes significados ao longo da trajetória da instituição, como já estava acontecendo. Além disso, reforçou o fato de o mercado já os reconhecer assim — eles não precisavam de um nome, pois já tinham um. Concluiu que deveriam apenas atribuir àquelas letras um significado mais apropriado ao mercado financeiro. Assim se chegou a Banking and Trading Group.

O nome oficial foi impresso em alguns cartões de visita, mas não duraria mais que algumas semanas antes de enfrentar um primeiro obstáculo. Por não se tratar ainda de uma instituição bancária, o Banco Central restringiu o uso da palavra "Banking" naquele início. Mantiveram apenas BTG, deixando que o mercado especulasse sobre seu significado. Mais tarde, Banking and Trading Group passaria a valer.

O BTG nasceu com poucos sócios, mas grande alcance. Quatro meses depois de sua criação, em outubro de 2008, já administrava 800 milhões de dólares em patrimônio próprio e de seus fundadores, operando a partir de escritórios em São Paulo, Rio de Janeiro, Londres, Nova York e Hong Kong. O grupo, já instalado no endereço próprio da rua Amauri, no Itaim Bibi, ocupava os dois últimos andares de um edifício ainda em obras — no andar superior estava instalada a equipe e, no inferior, havia duas salas de reunião.

No domingo em que o Lehman Brothers entrou com pedido de proteção contra falência (capítulo 11 — ou *chapter 11*, do Código de Falência dos Estados Unidos), André Esteves estava em reunião com Carlos Fonseca. Com experiência na área de fusões e aquisições, em que havia atuado nos três anos passados no Pactual, reunia-se com Esteves todo domingo, na casa do banqueiro, das sete às dez e meia da noite, para discutir estratégias e possíveis operações para o novo negócio decolar. Com "sangue novo" e "cabeça limpa", viram na notícia da quebra do banco americano uma oportunidade. Em meio às discussões sobre o impacto da crise no mercado financeiro global, surgiu uma pergunta: o que o Lehman Brothers tinha no Brasil?

Na terça-feira seguinte, Fonseca já estava sentado diante de Roberto Aris, o ceo do Lehman Brothers no Brasil, para um café. O que encontrou foi uma operação enxuta, mas bem estruturada. Um escritório na Faria Lima, no mesmo prédio do Morgan Stanley, com móveis e equipamentos de primeira linha, obras de arte, monitores novos, 7,5 milhões de dólares em caixa e outros 7,5 milhões de dólares em bônus garantidos para a equipe. A operação brasileira tinha ativos e passivos. Entre os ativos, estavam direitos creditórios — valores a receber que poderiam ser convertidos em ações da bm&f Bovespa (a bolsa de valores formada em 2008 pela fusão entre a Bolsa de Mercadorias & Futuros e a Bolsa de Valores de São Paulo, e que em 2017 se transformaria em B3 — Brasil, Bolsa, Balcão, após fusão com a Cetip) — e um processo de licenciamento bancário em andamento no Banco Central, que permitiria à instituição operar oficialmente como banco no país. O principal passivo consistia em uma dívida internacional (*euro bond*) emitida para a matriz. Em dois dias, de quarta a sexta-feira, os sócios do btg conduziram o que chamaram de "micro *due diligence*" — um processo simplificado de análise, já que havia poucos ativos e passivos para examinar. No sábado, apresentaram à Corte americana uma proposta de compra por um valor simbólico e irrisório. Segundo Fábio Carvalho, então diretor da Alvarez & Marsal, consultoria apontada pela Corte americana como administrador judicial da falência, foi "o negócio mais rápido" que a firma já havia feito. A rapidez era importante, pois a missão da Alvarez & Marsal, segundo o juízo, era liquidar a operação. Nos anos seguintes, Carvalho se tornaria empresário especializado em adquirir e reestruturar empresas em dificuldades financeiras, fundando a Legion Holdings, sociedade de investimentos focada em renegociações de dívidas e transformações operacionais. Ele desenvolveria uma relação próxima com Esteves, sendo financiado pelo BTG em alguns negócios e absorvendo outros que já não interessavam ao banco.

Entre a assinatura do contrato e sua conclusão, Fonseca renegociou os bônus garantidos no sindicato dos bancários, reduzindo o valor de 7,5 milhões de dólares para 6 milhões de dólares, conseguindo assim deixar "um dinheirinho" extra em caixa. Paralelamente, iniciou conversas com o Standard Bank, que tinha interesse em ter um banco e um escritório no Brasil. Vendeu a carta licença para o Standard Bank, que ficou com o escritório e toda a estrutura, enquanto o BTG manteve apenas o crédito fiscal (valores que tinha direito a receber do governo pelo pagamento de impostos além do devido) e os direitos creditórios (dívidas e outros valores que terceiros deviam ao banco) para converter em ações da BM&F Bovespa. Ao honrar os passivos e se desfazer dos ativos, a operação resultou num lucro de aproximadamente 60 milhões de dólares.

Numa das reuniões de domingo à noite, Esteves, Fonseca e outros sócios discutiam como fazer a empresa deslanchar naquele momento. Em função do acordo de não competição com o UBS, o BTG não poderia atuar como banco de investimentos por três anos. Isso significava ficar fora de duas das principais atividades do antigo Pactual: assessoria em fusões e aquisições e aberturas de capital (IPOs). Mas enquanto buscavam oportunidades imediatas, era preciso se preparar para a ampliação dos negócios — fosse graças a uma oportunidade repentina ou, no cenário mais conservador, ou dali a três anos, quando findasse o acordo de não competição. Era preciso ter uma forte equipe de banco de investimento pronta para trabalhar. Fonseca foi encarregado de montar o time.

A solução proposta foi buscar talentos no principal rival: o Credit Suisse, que disputava a liderança do mercado com o Pactual nos anos 2000. Havia ali mais uma chance criada pelas dificuldades do mercado. Embora a operação brasileira do Credit Suisse se mantivesse sólida em meio à crise financeira global, com resultados extraordinários em 2006, 2007 e até setembro de 2008, o horizonte era sombrio para os bancos internacionais. Havia demissões em massa, e os funcionários sentiam que o mundo parecia estar acabando. Desde a quebra do Lehman Brothers, os profissionais do Credit Suisse no Brasil só liam notícias ruins sobre os bancos globais. Os governos faziam injeções de capital nas instituições, sem perspectivas claras de que as empresas conseguiriam virar o jogo. Era um momento de completa incerteza sobre o futuro.

Fonseca iniciou conversas com executivos seniores do concorrente. Falou primeiro com Marco Gonçalves e Joffre Salies, que conhecia de transações anteriores, e fez uma proposta ambiciosa: montar do zero uma área de banco de investimento com aspirações globais. Os dois foram convidados para entrar como sócios imediatamente. Por meio deles, outros cinco profissionais próximos foram convidados a integrar o time, com ofertas condizentes com seus estágios de carreira — alguns com promessa de sociedade para muito em breve.

O grupo planejava comunicar a saída diretamente a José Olympio Pereira. Diretor de investimentos do Credit Suisse no Brasil (que se tornaria CEO em 2012), ele era um executivo respeitado no mercado, que começara no Banco Garantia em 1985. Mas Esteves achou melhor telefonar para ele primeiro. "O time inteiro, não", protestou Pereira. Os jovens foram pegos de surpresa e tiveram de encarar duras conversas com o chefe, agora informado da debandada de sua equipe para a concorrência. Por diplomacia, Esteves pediu a Fonseca que deixasse ao menos um profissional para trás. Fonseca concordou de início, mas acabou contratando todos os sete. "Como eu ia deixar alguém para trás depois de ter fechado com todos? Eu tenho palavra", justificaria mais tarde. Pereira ficou quatro anos sem falar com os sócios do BTG.

A negociação com o time do Credit Suisse coincidiu com uma oportunidade que acabaria eliminando as restrições do acordo de não competição e transformaria o BTG em um banco completo. Em novembro de 2008, quando o Fed anunciou que começaria a comprar ativos dos setores público e privado — o chamado Quantitative Easing —, Arida viu ali uma oportunidade extraordinária de investimentos. Com sua formação no MIT e anos de experiência em política monetária, entendeu rapidamente que aquele movimento levaria a uma alta expressiva no preço dos ativos ao redor do mundo. "Se comprar terra na Mongólia vai dar dinheiro, a gente só precisa saber o que vai dar mais. Tudo vai subir de preço. Nós temos que comprar o que der para comprar agora", dizia o economista.

Enquanto isso, o UBS enfrentava o pior momento de sua história. Além dos graves problemas financeiros, a instituição estava envolvida em um escândalo com a justiça americana. Acusado de ajudar milionários dos Estados Unidos a sonegar impostos através de contas secretas na Suíça, o banco foi obrigado a pagar uma multa de 780 milhões de dólares ao Departamento de Justiça do país. A instituição ficou proibida de abrir contas de americanos fora dos Estados Unidos, exceto em duas jurisdições pré-aprovadas. A situação era tão crítica que a companhia anunciou um programa de redução de custos que incluía o corte de 8700 funcionários até 2010.

No UBS Pactual, o cenário era outro, acompanhando a boa maré brasileira. A operação local do banco mantinha-se sólida e lucrativa. Mas sofria com as restrições impostas pela matriz. As linhas de crédito foram cortadas e a autonomia local, reduzida. O banco que dois anos antes comprara o Pactual por 3,1 bilhões de dólares agora precisava vender ativos para se capitalizar.

Foi nesse contexto que, em abril de 2009, Steve Jacobs, que ainda trabalhava no UBS, recebeu do comitê executivo do banco a missão de sondar possíveis compradores para a operação brasileira. Ele sabia que seria uma tarefa delicada. Como vender um ativo desse porte mantendo sigilo absoluto? Como fazer uma transação complexa como essa em tempo recorde?

Jacobs identificou três potenciais compradores. Dois grupos internacionais e — como havia sido prometido verbalmente a Esteves — o BTG. Logo concluiu que apenas um deles tinha real condição de fazer o negócio acontecer. Um dos grupos estrangeiros nem sequer estava presente no Brasil, o que tornaria a aprovação regulatória um processo longo e incerto. O outro precisaria de pelo menos três meses para fazer as análises de praxe — tempo que o UBS não poderia esperar. Quando Jacobs procurou Esteves, o brasileiro já sabia qual era o assunto da conversa. Chegara o momento que, para muitos, parecera só um delírio megalomaníaco de Esteves — mas no qual este acreditava

A BOLSA BRASILEIRA
Anúncio de 1985 com os principais operadores da então Bolsa Brasileira de Futuros, Pactual e Garantia entre eles.

FAZENDA MARAMBAIA/ ANOS 1990
Não se tratava de uma casa qualquer, mas de uma impressionante propriedade de 2,5 milhões de metros quadrados, em Petrópolis (RJ).

A ANTIGA FAZENDA MARAMBAIA
Ali, Luiz Cezar Fernandes, fundador do Pactual, viveu com a mulher Cecília numa imponente mansão neoclássica construída nos anos 1940, rodeada pelos majestosos jardins tropicais de Burle Marx.

A ATUAL FAZENDA MARAMBAIA
Em 2020, após um período de abandono, a fazenda renasceria como um sofisticado empreendimento hoteleiro, patrocinado pelo agora BTG Pactual.

O SEGUNDO ESCRITÓRIO DO PACTUAL
Em meio às mudanças com a chegada de Fernando Collor à presidência do país, o banco ganha uma nova sede em novembro de 1990: um escritório quatro vezes maior, no Rio de Janeiro. A oportunidade surgiu quando o BNH anunciou que havia desocupado o prédio no número 230 da avenida República do Chile.

JAKURSKI E A MESA DE OPERAÇÕES
Em primeiro plano, Carlos Eduardo Gomes, o Edu, e ao lado, com a cabeça inclinada, André Jakurski, na mesa de operações do 28º andar do escritório da República do Chile.

LUIZ CEZAR E A NOVA SEDE
Ao fundo, a visão do triângulo da República do Chile, o novo escritório carioca do Pactual nos anos 1990.

BANCO PACTUAL S.A

Comunica o início das atividades de sua filial em São Paulo localizada à

Avenida Paulista, 1294 - 19º and. - conj. 19-B CEP 01310

Telefone: (011) 285-5122 (PABX)
Fax: (011) 285-0963

ABERTURA DO ESCRITÓRIO DE SÃO PAULO
Em 1989, São Paulo se tornava território fundamental nos planos de Cezar para a expansão do banco. José Elias Abeid, braço direito de Paulo Guedes e chefe na renda fixa, começou a desenvolver a área comercial (*corporate*) do banco na cidade.

FESTAS NA FAZENDA
As opulentas festas na Fazenda Marambaia causavam burburinho no mercado e na mídia. As celebrações anuais de réveillon eram meticulosamente planejadas: começavam às nove da noite e só terminavam às nove do dia seguinte. Na primeira foto, da esq. para a dir., André Esteves com sua esposa, Lilian; Abeid e sua esposa, Neyda; Cezar e Fátima, secretária dele à época.

FUNDADORES
Cezar e Paulo Guedes em outra festa de gala na fazenda.

A VISÃO DE GUEDES
Nos anos 1980, Paulo Guedes era conhecido pelas leituras macroeconômicas do país, e ganhou o apelido de "Beato Salu", personagem da novela *Roque Santeiro*, um vaqueiro místico que recebia em seu casebre peregrinos em busca de conselhos e anunciava o fim do mundo.

A EQUIPE NA FAZENDA
Da esq. para a dir.: José Elias Abeid, André Esteves, André Jakurski, Ted Poor, Gilberto Sayão com a esposa à época, Arlindo Raggio, Cezar, Carlos Eduardo Gomes, Ricardo Liberato, André Schwartz e Florian Bartunek.

A PRIMEIRA, A SEGUNDA E A TERCEIRA GERAÇÃO DO PACTUAL
Na frente, da esq. para a dir.: Carlos Eduardo Gomes, Renato Bromfman, André Jakurski, Luiz Cezar Fernandes, Paulo Guedes, Eduardo Plass, Marcos Pinheiro.
Atrás, da esq. para a dir.: José Elias Abeid, Thomas W. Keesee, José Octávio Vila, Florian Bartunek, Ricardo Liberato, Paulo Bilyk, Luiz Claudio Garcia, André Esteves, Ted Poor e Marcelo Serfaty.

A SAÍDA DE CEZAR
Em 1999, depois de ser forçado a deixar o Pactual, o ex-banqueiro Luiz Cezar Fernandes passou a criar ovelhas.

A SEDE
Em 2004, o escritório do Pactual já havia se transferido para o moderno Centro Empresarial Mourisco, na Praia de Botafogo. Eduardo Plass acabara de deixar o banco para fundar a Opus Investimentos. Esteves e Gilberto Sayão passaram a ser co-CEOs do Pactual.

A FUSÃO
A transação do Pactual com o UBS, após muitas tratativas, só foi concluída em 4 de dezembro de 2006, quando recebeu as aprovações dos órgãos reguladores. Todos os materiais do banco — como blocos de anotação, lápis, folhetos institucionais e placas metálicas — passaram a exibir a nova marca.

A NOVA MESA DE OPERAÇÕES
Em 6 de dezembro, dia seguinte ao início oficial da operação do UBS Pactual, foi lançado o que viria a se tornar um dos produtos mais emblemáticos do banco na área de ações. O *trader* José Zitelmann criou o "Fundo Jô", que começou com dinheiro dos próprios sócios. Depois rebatizado como Absoluto, ele se tornaria, até 2015, um dos melhores do mercado brasileiro.

BACK TO THE GAME
Após sair do banco, desfazer-se da parceria com os suíços do UBS e fundar a BTG, o banqueiro André Esteves retoma o controle do Pactual. Em setembro de 2008, posa para foto no local da construção do que se tornaria a sede do BTG Pactual em São Paulo.

IPO DO BTG PACTUAL
Ações do BTG Pactual estreiam na bolsa: a oferta inicial de ações do banco movimentou 3,6 bilhões de reais e foi a maior na Bovespa desde 2009. Na foto, André Esteves, controlador do BTG Pactual, e Persio Arida comemoram o IPO junto ao principal grupo de executivos do banco durante abertura do pregão.

NOVEMBRO DE 2015
André Esteves é detido em um desdobramento da Operação Lava Jato.

O RETORNO
Quatro anos depois de o STF arquivar as investigações da Lava Jato contra Esteves por falta de provas, ele retornaria à presidência do conselho do banco, em 2022. Naquele ano, comemorou, ao lado da liderança e dos sócios, os dez anos do IPO do BTG Pactual.

40 ANOS DE BANCO
Em 2023, na comemoração de quarenta anos do banco, o encontro entre os dois fundadores do BTG Pactual, André Esteves e Luiz Cezar Fernandes, com o CEO, Roberto Sallouti.

O BTG PACTUAL HOJE
Trading floor do BTG Pactual no prédio e sede na Faria Lima, em 2025.

racionalmente desde sua saída do UBS: o gigante suíço, pressionado pela crise e pelos escândalos, precisaria se desfazer de ativos. Rápido. E a bons preços.

"O UBS quer vender o Pactual. Vocês têm interesse?", confirmou Jacobs, indo direto ao ponto. "O preço precisa ser adequado, a execução, rápida e o sigilo, absoluto. Se o negócio vazar, está cancelado." Mantendo o tom de urgência, sem transparecer euforia, Esteves respondeu: "Me dê 24 horas". Por dentro, lutava para dominar a empolgação e evitar que a emoção atrapalhasse o raciocínio, que precisava estar afiado.

Eram sete horas da manhã em Londres, três da madrugada no Brasil, quando o telefone de Persio Arida tocou. "André, está no meio da madrugada aí. O que faz você acordado?", perguntou o sócio economista. "Você é a única pessoa com quem eu consigo conversar agora, porque está todo mundo dormindo aqui", o outro respondeu. "Eu não consigo descansar porque surgiu a chance de a gente comprar o banco de volta." Arida perguntou qual era o preço. "Um pouco acima do valor patrimonial", disse Esteves. "A transação tem que ser completada em quinze dias e não pode ter nenhum vazamento nem *due diligence*." Arida fez uma análise rápida e concordou que era um bom negócio.

A conversa durou meia hora. O preço poderia parecer alto demais para uma companhia de investimento em fase inicial, mas estava no limite do que eles consideravam aceitável antes de se tornar caro. No lugar de um processo tradicional de *due diligence*, Esteves telefonou para Luciane Ribeiro, que retornara de licença-maternidade e sempre havia cuidado das informações gerenciais do banco. Pediu que ela fosse ao "aquário" — uma das salas de reunião envidraçadas — para atender sua ligação. "Estou negociando a compra do banco de volta", disse. "Preciso que me diga: desde que eu saí, teve alguma coisa diferente no balanço? Alguma coisa com que eu tenha que me preocupar? O balanço está todo certinho? É esse o preço? Tem algum ajuste?" Luciane confirmou que estava tudo em ordem. "Então tá bom", concluiu Esteves. "Você vai ter novidades em breve."

A negociação foi conduzida em sigilo absoluto. Para isso, os negociadores — Esteves, Kalim e Sallouti — falavam do Pactual usando apenas o codinome "Guigal", em referência ao vinho francês preferido de Esteves na época. O prazo de duas semanas para o fechamento do negócio — extraordinariamente curto para uma transação desse porte — foi cumprido.

"*Back to the game!* Estamos de volta", dizia um efusivo Marcelo Kalim ao telefone, enquanto José Zitelmann tentava processar o que acabava de ouvir, em St. Barth, no Caribe, onde passava férias. Era domingo à noite e os telefonemas começaram a circular. Guilherme Paes estava em Angra dos Reis, saindo da casa de um amigo de Roderick Greenlees — então executivo do Bank of America Merrill Lynch, que depois iria para o Itaú e também estava no encontro — quando seu telefone tocou. Com um drinque na mão, atendeu. Era Esteves. "Você é o primeiro cara para quem estou ligando, fora a turma do BTG", disse. Paes celebrou em silêncio e sem exagerar no sorriso, porque a novidade ainda não era pública.

Renato Santos estava em Camburi, litoral norte de São Paulo, quando recebeu a ligação de Rodrigo Xavier, então CEO do UBS Pactual. Mal desligou, telefonou para Esteves: "Parabéns, caramba, fenomenal! Espetacular!". Patricia Vianna, que trabalhava no *private banking* do UBS, embarcava para a Itália naquela noite. Seu amigo Eduardo Loyo, economista-chefe do banco, foi quem contou a novidade, perguntando em seguida: "Então, o que você está achando de trabalhar pro André Esteves de novo?". "Quase pulei de alegria no aeroporto", ela contaria mais tarde. Ao receber a ligação de Kalim, Mariana Cardoso teve a sensação de que "era como ganhar a Copa do Mundo". O Pactual estava finalmente voltando para casa.

A operação dominou o noticiário econômico por semanas. A revista *Época Negócios* estampou uma foto de Esteves em sua capa de junho, com a manchete "A maior aposta de Esteves", analisando como ele havia recomprado, por 2,475 bilhões de dólares, um banco cujo patrimônio líquido tinha sextuplicado desde sua venda ao UBS. No dia do anúncio, Esteves telefonou para Luiz Cezar Fernandes, de quem havia se distanciado na última década, e fez questão de reconhecer os méritos do fundador, sobretudo o sistema de meritocracia implantado por ele. Cezar ficou emocionado com o reconhecimento.

"BACK TO THE GAME" (OU "BETTER THAN GOLDMAN")

Rodrigo Xavier, que ficara como presidente do UBS Pactual, preparava-se para um *roadshow* quando Gilberto Sayão o informou sobre a venda do banco. Após a conclusão do negócio, Xavier permaneceu na liderança da operação até a o Banco Central aprovar a transação. Esteves o convidou para ser um dos principais acionistas da empresa, que passaria a se chamar BTG Pactual, oferecendo-lhe uma posição significativa na nova estrutura societária. Xavier, no entanto, não aceitou a proposta e deixou a instituição. Os anos recentes, administrando a operação brasileira no grupo suíço em meio à crise, haviam sido desgastantes demais para ele.

Perto dos 3,1 bilhões de dólares que o UBS havia desembolsado três anos antes para adquirir o Pactual, os 2,475 bilhões de dólares pagos pelo BTG eram um valor que confirmava a perspicácia e o bom momento para o negócio. A operação foi estruturada usando duas fontes principais de recursos: o caixa próprio do BTG, estimado em cerca de 1 bilhão de dólares, e os recebíveis que os ex-sócios do Pactual ainda tinham a receber do UBS referentes à venda de 2006. A distribuição societária da nova estrutura não seguiria uma proporcionalidade baseada no capital investido pelos sócios como pessoas físicas — em vez disso, Esteves determinou as participações com base em critérios meritocráticos, mantendo a filosofia já existente no banco.

A primeira grande decisão envolvia os sócios que estavam no UBS Pactual: ficar ou não no novo (para alguns, antigo) banco? Para quem optasse por permanecer, o dinheiro a receber do UBS seria usado para comprar ações do BTG Pactual. Os que preferissem sair teriam seu pagamento, originalmente previsto para 2011, antecipado.

O movimento do câmbio também favoreceu os compradores. Com a valorização do real, quando o BTG fez a redução de capital do banco para gerar recursos para o pagamento, o valor em dólares era maior que o previsto de início, o que aumentou o caixa para a empresa.

Gilberto Sayão, que ficara como chairman na operação brasileira do UBS, e não tinha interesse em seguir construindo um banco de investimento, decidiu fundar a própria gestora nesse momento, seguindo o modelo da PCP, mas agora de maneira independente. Alguns meses depois da conclusão da transação, ele criaria a Vinci Partners ao lado de aproximadamente vinte ex-funcionários do Pactual — entre eles os amigos mais próximos, Alessandro Horta e Paulo Fernando.

Um limbo de 140 milhões de dólares

Quando Esteves e seu grupo deixaram o UBS para montar o BTG, o banco suíço havia prometido um bônus extra para os ex-sócios do Pactual que permanecessem na empresa. Internamente, o valor divulgado era de até 5 milhões de dólares por pessoa, de um total de 140 milhões de dólares, mas sem limite claro de quantas pessoas poderiam ser beneficiadas. O prêmio havia sido formalizado em uma ata e seria distribuído de acordo com critérios subjetivos, definidos por Gilberto Sayão e Rodrigo Xavier.

O dinheiro, no entanto, nunca chegou a ser pago. Quando o BTG recomprou o banco, o combinado se perdeu. "Resolvam com o UBS", diziam os fundadores do BTG. "Resolvam com o BTG", devolviam os executivos do banco suíço. Alguns dos brasileiros tentaram cobrar o bônus. O mais inconformado foi Rodolfo Riechert. Em uma conversa com Rodrigo Xavier, que, ainda como CEO da operação do Pactual dentro do UBS, tinha participado das negociações e conhecia os termos do acordo, ele insistiu: "Rodrigo, você tem que cobrar esses 140 milhões de dólares que estão devendo para a turma". Mas Xavier, que tinha uma participação relevante no Pactual quando foi vendido, de 4,5%, e, portanto, já havia recebido um valor considerável com a operação, não comprou a briga.

Xavier chegou a ir até Nova York para conversar com advogados sobre como reaver o dinheiro prometido. A busca foi infrutífera — o valor caíra em um limbo jurídico. Em posteriores encontros com Esteves, o assunto ainda seria levantado: "Esse dinheiro vocês ainda me devem", dizia Xavier ao criador do BTG. A resposta permanecia a mesma: "Isso aí era com o UBS".

Em novembro de 2009, após quase duas décadas no Pactual, Rodolfo Xavier e André Schwartz, também ex-sócio do banco, fundaram a Plural Capital, focada inicialmente em assessoria estratégica e gestão de recursos. A empresa cresceria nos anos seguintes por meio de aquisições, como a da Flow Corretora e a da Geração Futuro, até se transformar no Grupo Genial. A rusga sobre o bônus não pago deixaria cicatrizes. O BTG foi a única instituição do mercado financeiro brasileiro a nunca operar com a corretora do grupo. Segundo Xavier, os executivos do BTG não deixavam seus clientes operarem com seu banco, incluindo fundos de investimento administrados pelo BTG.

Igual, mas diferente

Com seu time reforçado pelas contratações do Credit Suisse, o BTG Pactual rapidamente se estabeleceu como líder no mercado de capitais brasileiro, participando das principais operações do período. Em outubro de 2009, o banco atuou como coordenador em dois IPOs históricos, o do Santander Brasil e o da Cetip.

A oferta do Santander foi emblemática em vários aspectos. Com um volume de 14,1 bilhões de reais, tornou-se o maior IPO da história do Brasil até então, superando em muito o recorde anterior da VisaNet (8,4 bilhões de reais). A operação atraiu forte interesse de investidores estrangeiros, que tradicionalmente compravam dois terços das ofertas iniciais no país. O BTG Pactual atuou ao lado de gigantes globais como Credit Suisse e Merrill Lynch na coordenação da oferta, que precificou as *units* (certificados que combinam uma ação ordinária e duas preferenciais) do banco em 23,50 reais.

Ainda no mesmo mês, o banco participou, como um dos coordenadores, do IPO da Cetip, a maior depositária de títulos privados de renda fixa da América Latina. A operação movimentou 773 milhões de reais e teve a participação dos bancos do país — Itaú BBA como coordenador líder, além de Bradesco BBI e Santander. A precificação ocorreu no piso da faixa indicativa, a treze reais por ação, refletindo um momento de maior cautela do mercado após a euforia com a oferta do Santander.

A participação nessas operações demonstrava que o BTG Pactual havia reconquistado seu espaço entre as principais instituições financeiras do país. O banco conseguira construir uma operação robusta em tempo recorde, estabelecendo-se como um competidor relevante tanto para bancos locais quanto para as grandes instituições internacionais.

Da porta para dentro, a transformação de um banco que crescera de trezentos funcionários para oitocentos trazia consigo traços de amadurecimento. O perfil dos sócios passou a ser mais eclético, refletindo a necessidade de diferentes tipos de liderança no novo momento. A executiva Ana Cristina Costa, por exemplo, estava no banco havia mais de uma década, com uma carreira na área internacional, mas nunca alimentara sonhos de se tornar acionista. Para ela, era evidente que seu perfil destoava do modelo tradicional de sócio do Pactual — predominantemente técnico, masculino e voltado para operações de mercado. Na área administrativa, desenvolvera competências específicas em gestão de pessoas e processos, habilidades que seriam cruciais para um banco em expansão. Sua promoção a sócia em 2009 foi decidida pelo próprio Esteves, após consultas com diversos executivos seniores. Embora alguns expressassem dúvidas sobre a oportunidade, um colega que deixava o banco para se juntar à Vinci Partners, de Sayão, fez um comentário decisivo a Esteves: Ana Cristina havia se "casado com o banco". Deveria, portanto, ser reconhecida por isso. A frase tornou-se a justificativa de Esteves quando questionado por outros sócios sobre a escolha. Por um lado, era o reconhecimento de seu comprometimento com a instituição; por outro, revelava a visão machista que ainda predominava no banco.

Diversificar as competências agora era estratégico e necessário. O banco precisava equilibrar a expertise técnica do mercado financeiro — que o tornara reconhecido nacionalmente — com capacidades gerenciais mais amplas, necessárias para gerir uma instituição que se tornava cada vez mais complexa e, aos poucos, global. Os novos sócios não precisavam mais dominar todas as dimensões do negócio, como era comum na fase anterior, mas deveriam apresentar excelência em áreas específicas que contribuíssem para o crescimento do banco.

Algumas lições aprendidas com o UBS impulsionaram mudanças institucionais e processuais no BTG. Uma delas foi uma reformulação na estrutura da *partnership*. O antigo modelo do Pactual, em que as participações dos sócios eram registradas em anotações informais guardadas pela área administrativa, não atendia mais às necessidades de uma instituição que já mantinha escritórios em grandes cidades dos Estados Unidos, da Europa e da Ásia.

Para a recompra do UBS Pactual e a estruturação do novo modelo societário, o banco contratou o escritório Skadden, uma das mais prestigiadas bancas de advocacia global, especializada em operações financeiras complexas e fusões e aquisições. O advogado Jonathan Bisgaier, que conduziu a operação, foi posteriormente contratado como diretor jurídico do BTG Pactual para formalizar os acordos de acionistas.

Em 2009, após a recompra, o banco criou uma área específica para administrar a *partnership*, que passou a centralizar a gestão dos contratos dos sócios, o controle de extratos e a distribuição de pagamentos. Mas as regras permaneceram as mesmas. O processo de admissão de novos sócios seguia um protocolo específico. O banco financiava a compra das ações pelos novos sócios, que utilizavam seus dividendos e bônus futuros para amortizar a dívida. Os dividendos eram integralmente retidos para pagar o financiamento. Quanto aos bônus, havia um limite estabelecido para uso pessoal — valores acima do teto também eram direcionados para amortização da dívida. Os sócios eram proibidos de vender parte de suas ações — a venda só podia ser total e implicava a saída da sociedade. O banco, por sua vez, mantinha a prerrogativa de recomprar total ou parcialmente a participação de qualquer sócio, pelo valor patrimonial (o mesmo critério para venda), podendo redistribuir essas ações para outros executivos.

O BTG Pactual adotou organizações e processos que profissionalizaram sua estrutura, em comparação com o antigo Pactual. Antes, as distinções entre profissionais júnior e sênior eram informais, baseadas em tempo de experiência. O novo modelo implementou um sistema estruturado de cargos, incluindo analistas e diretores, com variações de senioridade e faixas salariais específicas para cada nível. Nas áreas comerciais, os critérios de avaliação foram ampliados. Além das tradicionais metas de captação, passaram a ser mensurados múltiplos indicadores de performance, incluindo a receita gerada por cliente para o banco.

Do ponto de vista cultural e de processos, o BTG Pactual incorporou práticas de governança de um banco global, buscando manter o máximo possível a agilidade que tinha desde a fundação. O principal aprendizado se deu na área de crédito. No modelo anterior, cada operação seguia um fluxo informal. Um executivo chegava à mesa, conversava com Esteves ou outro diretor sobre determinado cliente, apresentava as garantias e o preço pretendido, e a aprovação acontecia verbalmente. Era um processo que funcionava bem para uma estrutura menor — se surgisse algum problema meses depois, os responsáveis pelo problema eram identificados com facilidade.

O novo protocolo estabeleceu duas etapas de aprovação. Na primeira, um comitê específico para cada operação reunia representantes de diferentes áreas: banco de crédito, originação de clientes, operacional, *compliance* e jurídico. Se passasse dessa primeira barreira, a operação seguia para uma segunda etapa de aprovação. As informações começaram a ser documentadas em formulários padronizados, seguindo um modelo importado do UBS.

A área de *compliance* ganhou mais robustez, com processos detalhados de pesquisa sobre clientes. O setor jurídico passou a fazer parte formalmente de todas as aprovações. Os comitês tornaram-se peça central da governança. Além do comitê de crédito, foram estabelecidos comitês de *compliance* e operacional.

O *research* também incorporou aprendizados do banco suíço. A experiência de Gustavo Gattass no BTG Pactual após a recompra foi marcada por um forte contraste com o passado da instituição. Em 2009, quando Esteves convidou Gattass e outros três analistas seniores do UBS para permanecer na instituição após a recompra, ofereceu a eles sociedade e garantiu independência total à área. Gattass assumiu a coliderança do departamento de *research* ao lado de Rodrigo Goes, reportando-se diretamente a Esteves.

Em 2011, a independência seria posta à prova. A petroleira OGX, de Eike Batista, havia divulgado um relatório da consultoria americana D&M sobre certificação de reservas que apontava apenas 68 milhões de barris de petróleo — muito abaixo dos 3 bilhões que a empresa alegava ter descoberto. Em uma sexta-feira, após analisar os números, Gattass classificou, em conversa com Esteves, os resultados como "catastróficos", dizendo que teria que publicar um relatório a respeito. As únicas orientações que recebeu do presidente do banco foi "escreva com educação e se atente aos fatos".

A equipe passou o fim de semana preparando um relatório crítico sobre a situação. Na segunda-feira, as ações da OGX despencaram 18%. No documento, Gattass escreveu que, apesar de acreditar no futuro da petroleira, "uma empresa pré-operacional como a OGX depende primordialmente de sua habilidade de guiar o mercado. E essa habilidade, acreditamos, a companhia perdeu, pelo menos por ora". Gattass havia recomendado a compra das ações da OGX durante muito tempo. "Se o que eles falavam fosse verdade, a empresa era e estava ótima", explicaria mais tarde. O analista começou a mudar de opinião quando a companhia resistiu a contratar auditores independentes para confirmar os dados que apresentava ao mercado.

Eike Batista, furioso, telefonou para Esteves exigindo a demissão do analista, que tinha fama de arrogante, mas era reconhecido como um dos principais analistas de energia do mundo. O banqueiro manteve a compostura diante dos insultos do empresário. Com tranquilidade, explicou sobre as políticas de segregação entre as áreas do banco, as chamadas *"Chinese wall"*, e alertou que uma demissão forçada seria prejudicial para a reputação do BTG Pactual e da OGX. Batista continuava gritando do outro lado da linha. Esteves não levantou o tom e encerrou o diálogo sem assumir compromissos. Batista ainda enviou uma equipe a São Paulo para se reunir com o comitê executivo do banco, composto de sete pessoas. Durante o encontro, um sócio do BTG Pactual perguntou à turma de Batista se havia erros factuais na análise. A resposta foi que não havia erros, apenas discordância com o tom. Em poucos anos, ficaria provado que a OGX não tinha as reservas anunciadas. Batista, que era próximo de Esteves e que, como muitos no mercado, havia se encantado com o empresário, ficaria seis meses sem falar com ele.

Depois de alguns choques de crescimento num curto período, Esteves sentia-se preparado para liderar seu time em jogos cada vez mais complexos e ousados, que colocariam sob os holofotes não só o banco, mas sua figura pessoal. Seu poder e influência cresciam e, junto com eles, as tentações, os riscos e os perigos.

15
"Vai mudar a nossa responsabilidade"

EM 2009, ENQUANTO O MUNDO DESENVOLVIDO tentava sobreviver à crise financeira desencadeada pelo *subprime* nos Estados Unidos, o Brasil parecia passar com mais suavidade pela tormenta. O país havia acumulado reservas internacionais significativas, tinha um sistema bancário bem regulado e menos exposto a ativos tóxicos, e o ciclo das commodities ainda favorecia suas exportações. Nesse contexto, o excêntrico Eike Batista era o retrato da ostentação. Com patrimônio estimado em cerca de 24 bilhões de dólares, era o homem mais rico do Brasil, e prometia, com sua fanfarronice característica, liderar o ranking de fortunas mundial. Seus empreendimentos, todos marcados com o "X" (símbolo que ele acreditava multiplicar e acelerar a geração de riqueza), captavam bilhões na Bolsa de Valores. A OGX, companhia de petróleo e gás que recebeu investimentos do BTG em sua fundação, levantou 6,7 bilhões de dólares ao abrir seu capital em 2008. Batista construiria um império baseado muito mais em promessas do que em realizações — e enfrentaria em breve os próprios desafios em decorrência desse comportamento.

Mas, àquela altura, reinava no cenário empresarial brasileiro.

Esteves ainda era funcionário do UBS quando observara — com inquietação — a ascensão de Batista e de outros empresários. Entre os que ganhavam crescente destaque estavam os irmãos Joesley e Wesley Batista, que transformaram um pequeno frigorífico goiano na gigante JBS, realizando, em 2007, o maior IPO da história do mercado brasileiro até então; Rubens Ometto, que levara a Cosan à Bolsa de Nova York e se tornara o primeiro bilionário do etanol; e a família Feffer, que vendera a Suzano Petroquímica para a Petrobras por 2,7 bilhões de reais, a fim de focar em papel e celulose.

O momento era especialmente favorável para essas operações. O BNDES, banco de fomento público, implementava sua política de "campeãs nacionais", direcionando expressivos volumes de financiamento subsidiado para grupos empresariais consolidados, com o objetivo de criar gigantes brasileiros com presença global. O modelo, posteriormente questionado por concentrar benefícios em grupos que já tinham acesso a outras fontes de capital, ilustrava bem o espírito daqueles anos de abundância desregrada. Nas palavras de pessoas próximas, o país "bombava", enquanto Esteves estava "perdido em Londres fazendo renda fixa". Ele mesmo sabia disso: era preciso encontrar uma forma de participar daquele novo momento do capitalismo brasileiro. Fazer algo grandioso — e rápido. O BTG Pactual era sua resposta. E traçaria um caminho de expansão e construção nos anos seguintes.

Nas atividades tradicionais de um banco de investimento, o BTG logo se destacaria. Em pouco mais de um ano, liderou o ranking de fusões e aquisições no Brasil, tendo realizado quarenta operações que movimentaram 28,9 bilhões de dólares, incluindo a fusão entre TAM e LAN, que criou a Latam, uma das maiores companhias aéreas do mundo em valor de mercado controlada por grupos privados — e a joint venture entre Cosan e Shell. Assim, o BTG dividia com os bancos globais a liderança em emissões de ações na América Latina, com 29% do mercado.

Em agosto de 2010, a britânica *The Economist* publicou um perfil do banco destacando sua ascensão. Na nova constituição do sistema financeiro global, dizia a revista, o BTG não era mais uma butique de investimentos, mas um *"pocket battleship"* — um navio de batalha compacto e ágil, pronto para competir com os gigantes globais. Os números respaldavam a metáfora criada pela publicação: com capital próprio de 2 bilhões de dólares e projeção de lucro líquido de 750 milhões de dólares para aquele ano, o BTG havia se tornado a maior instituição financeira independente dos mercados emergentes.

A compra da Celfin Capital, em 2011, marcou o início da expansão do BTG na América Latina. A corretora chilena administrava 11 bilhões de dólares de recursos de clientes e controlava 17% dos negócios de corretagem no Chile, além de manter uma operação no Peru. O BTG pagou 245 milhões de dólares em dinheiro para os acionistas da Celfin e lhes transferiu 2,4% de suas ações, numa transação que criava o maior banco de investimento da região.

No Chile, a marca Celfin seria mantida por algum tempo, enquanto no Peru a operação passaria a usar o nome BTG Pactual. O banco planejava replicar nesses países o modelo que o tornara bem-sucedido no Brasil: gestão de recursos, mercado de capitais, fusões e aquisições e crédito corporativo. Fora da América Latina, a estratégia era diferente — os escritórios em Londres, Nova York e Hong Kong funcionavam principalmente como pontes para vender oportunidades dos mercados emergentes a investidores estrangeiros.

Um ano depois, em 2012, a consolidação na América Latina prosseguiu com a aquisição da Bolsa y Renta, maior corretora em volume de transações com ações na Colômbia, por 51,9 milhões de dólares. A operação seguia a mesma lógica estratégica: os principais executivos e acionistas da corretora colombiana permaneceriam à frente do negócio, recebendo 0,25% do capital social do BTG. A Bolsa y Renta agregava uma robusta operação, com 2,57 bilhões de dólares em *wealth management* e 873,8 milhões de dólares em *asset management*, além de forte presença no pujante mercado colombiano.

O movimento refletia a crescente integração das economias latino-americanas. O mercado de capitais se desenvolvia com rapidez em países como a Colômbia, repetindo a trajetória do Brasil, enquanto o Peru e o Chile se destacavam como mercados maduros e atraentes para investimentos.

Enquanto dominava as operações clássicas do mercado de capitais, o BTG apostava em uma nova e arriscada frente: investir diretamente em empresas da economia real. No Brasil, o banco começou a desenvolver sua área de *merchant banking*, inspirado no modelo bem-sucedido do

"VAI MUDAR A NOSSA RESPONSABILIDADE"

Goldman Sachs. Nos Estados Unidos, desde 1986, o Goldman havia construído uma robusta divisão que combinava serviços financeiros tradicionais com investimentos diretos em empresas, gerindo mais de 100 bilhões de dólares em ativos por meio de participações em *private equity*, dívida, imóveis e infraestrutura. Era uma visão que Esteves havia consolidado à medida que ampliava seu trânsito internacional pelo mundo financeiro e empresarial. Em conferências com investidores, ele resumia essa estratégia dizendo que o BTG era "um banco de investimento que investe".

Para observadores atentos do mercado, era impossível não notar uma peculiar coincidência histórica. Investir em empresas da economia real havia sido o projeto que levara à ruína financeira o fundador do Pactual, Luiz Cezar Fernandes. O cenário agora era outro — o banco estava mais maduro, com um caixa robusto após fazer parte do UBS, e suas áreas tradicionais, como *trading* e *asset management*, geravam resultados expressivos que financiavam sua expansão. Ao contrário de Cezar, Esteves tinha o apoio dos sócios para criar institucionalmente essa avenida de negócios — e ganharia dinheiro com ela. Mas o sucesso financeiro da estratégia viria acompanhado de crises que abalariam a imagem do banco.

O modelo de negócio do *merchant banking* se sustentava em alguns princípios fundamentais. Os mercados financeiros tradicionais tinham limitações naturais de crescimento — por maior que fosse a participação de mercado do banco, seu potencial estava atrelado ao tamanho da economia brasileira. O caminho para um crescimento sem limites estava na economia real.

O modelo transformava o banco em sócio dos empreendimentos, com aplicação de capital próprio e de clientes através de fundos estruturados. Essa participação ativa nas empresas acabaria permitindo ao BTG um profundo entendimento de diferentes segmentos de negócio. Como descreveu um sócio da época, era como estar no topo de uma "torre de observação privilegiada", de onde o banco poderia correlacionar dados, identificar tendências emergentes e compreender as intrincadas conexões entre os diversos setores econômicos, antecipando-se, assim, aos movimentos do mercado.

O projeto guardava algumas similaridades com a estratégia de investimentos da antiga PCP, área tocada por Gilberto Sayão até a venda do Pactual para o UBS, que administrava o dinheiro retido dos sócios. Mas a proposta agora era mais ampla. Enquanto a PCP buscava o melhor retorno financeiro em operações de *private equity* tradicionais, com prazos definidos para entrada e saída, o novo modelo pretendia criar uma presença permanente na economia real brasileira.

Para estruturar a operação, foram criadas cinco verticais de negócio: *private equity*, focada em participações empresariais; infraestrutura, voltada a ativos como portos e rodovias; *real estate*, dedicada ao mercado imobiliário comercial e residencial; *timber*, especializada em ativos florestais; e recursos naturais e energia, que se tornaria estratégica num mundo cada vez mais dependente de energia limpa e renovável. Essa estratégia de diversificação passou a ser globalmente conhecida como "*alternative asset management*".

À frente do *merchant bank* do BTG estavam Carlos Fonseca e José Miguel, além dos recém-contratados Marcelo Hallack e Rafael Horta, que chegavam com experiência em *private equity*. O time seguiria fazendo reuniões, todo domingo à noite, das sete às dez e meia, na casa de Esteves, que dava a palavra final sobre os negócios.

Os primeiros aportes foram feitos apenas com capital próprio dos sócios, em uma estrutura que internamente chamavam de "fundo I", mas que, na prática, funcionava como um "*club deals*", modelo em que diferentes investidores se unem para realizar investimentos em conjunto, compartilhando riscos e recursos. Em dezembro de 2008, o BTG — antes da recompra do Pactual — arrematou simultaneamente duas redes de postos de combustível: a Via Brasil, com 94 postos, e a Aster, com 35, em uma transação de cerca de 200 milhões de reais que incluía a assunção de dívidas com bancos e fornecedores.

O BTG logo expandiria sua atuação para outros setores. A ideia de investir em estacionamentos surgiu quando o banco foi convidado a participar de uma concessão no centro de Chicago, uma operação de 2 bilhões de dólares. Esse valor revelou o potencial do setor e levou os sócios a olharem para o mercado brasileiro, onde a Estapar era líder. Na época, os fundadores da empresa, que havia começado com apenas um estacionamento no Paraná em 1981, negociavam sua venda para outra gestora. O BTG interveio no processo e, em maio de 2009, adquiriu 50% da Estapar. A transação foi realizada por meio de um fundo de *private equity*, em um momento em que a empresa operava cerca de 630 estacionamentos e detinha 4% do mercado de vagas no país.

O ritmo de aquisições se intensificaria nos anos seguintes. Entre o final de 2009 e o início de 2010, o empresário Eduardo de Souza Ramos, amigo e cliente antigo do banco, que controlava a rentável operação brasileira da Mitsubishi desde 1990, procurou os sócios do BTG. Inicialmente, propôs que executivos do banco integrassem o conselho de administração de sua empresa. Diante da resistência dos executivos, que alegavam não ter tempo para se dedicar ao conselho, Souza Ramos sugeriu vender uma participação por valor abaixo do mercado em troca do comprometimento do banco com a gestão. O BTG adquiriu 15% do negócio. Souza Ramos havia construído uma operação relevante, com faturamento de 4 bilhões de reais e produção de mais de 32 mil veículos em 2009.

Em setembro de 2010, o BTG adquiriu 25,6% da Rede D'Or, da área de hospitais e atenção à saúde, por 600 milhões de reais. Com esse investimento, a Rede D'Or comprou o Hospital São Luiz por 1 bilhão de reais, fortalecendo sua posição como maior grupo hospitalar do Brasil, com faturamento de 2,3 bilhões de reais. A aquisição foi estratégica para expandir sua presença em São Paulo, onde o grupo já havia iniciado operações com a compra do Hospital Brasil, em Santo André, no início de 2010. Dez anos depois, em 2020, a Rede D'Or abriria capital na Bolsa, alcançando valor de mercado de 115 bilhões de reais.

Na vertical de *real estate*, a BR Properties, em parceria com o BTG, adquiriu as torres do complexo Ventura Corporate Towers, no Rio de Janeiro, por 680 milhões de reais, em agosto de 2010. Sete meses depois, Fonseca recebeu uma ligação de Paulo Remy, então sócio da empreiteira WTorre. O empresário precisava de 350 milhões de reais para cumprir uma obrigação no dia seguinte e queria o apoio do banco. Era fim de tarde de uma quinta-feira, e o sócio do BTG estava no carro, parado no farol da avenida Juscelino Kubitschek, em São Paulo, prestes a virar na Faria Lima. Olhou para as duas torres do JK — um complexo corporativo de alto padrão que a WTorre construía na região —, quase prontas, e fez sua proposta: queria que o banco ficasse com as torres. A negociação virou a noite e foi fechada na manhã seguinte. A operação evoluiu para uma sociedade mais ampla, em que o BTG contribuiria com seus ativos imobiliários, incluindo sua participação no Ventura junto à BR Properties, e assumiria as dívidas da WTorre, ficando com 65% do negócio na nova empresa que seria criada — enquanto WTorre, Santander e Votorantim ficariam com os outros 35%. Em setembro do ano seguinte, a BR Properties anunciou a incorporação de 100% da WTorre Properties, em uma transação que resultaria em um portfólio de mais de 10 bilhões de reais em ativos imobiliários, com o BTG e seus investidores passando a deter 30,8% da BR Properties. Em novembro de 2011, a operação foi concluída com a criação da One Properties, detentora de mais de 700 mil metros quadrados de área locável.

No mesmo período, uma reorganização societária acabaria definindo a futura sede do BTG em São Paulo. O banco adquiriu cinco andares do Pátio Victor Malzoni, no Itaim Bibi, em uma negociação que começou quando a Brookfield, controladora do empreendimento, tentou transferir sua participação para seus fundos no Brasil e no exterior. Mesmo sendo uma movimentação interna, a operação acionou o direito de preferência do sócio minoritário Paulo Malzoni — que resolveu exercê-la. Como não tinha recursos suficientes para adquirir a parte da Brookfield, Malzoni procurou o BTG. Fonseca topou comprar 20 mil metros quadrados do empreendimento, que tinha o metro quadrado mais caro da cidade (17,6 mil reais) e se tornaria a sede do Google no país.

A partir do "fundo II" — estruturado como um fundo de investimento que combinava capital dos sócios com recursos de investidores externos —, o BTG ampliou sua presença em diversos setores da economia, em paralelo aos negócios do fundo I. Os sócios captaram 850 milhões de dólares, com os quais foram feitos investimentos em outras empresas. Uma delas foi a Farmais, adquirida em setembro de 2009. Ela se tornaria a base para a criação de uma empresa chamada Brasil Pharma. Enquanto a líder do setor, Drogasil, tinha 284 lojas, havia espaço para criar um grupo nacional com foco em regiões fora de São

Paulo, onde os custos operacionais eram menores, e a venda de genéricos, com margens de lucro superiores, mais relevante. Inicialmente, a estratégia deu certo. Em 2011 a empresa abriu capital, chegando a ter mais de mil lojas e valor de mercado de 3 bilhões de reais.

No mês seguinte, o fundo II do BTG comprou 23,07% da Empresa de Investimento em Energias Renováveis (Ersa) por 300 milhões de reais, apostando no setor de energia renovável. Em 2010, fez sua primeira incursão no setor de óleo e gás ao comprar 12,92% da Brasbunker (posteriormente Bravante), empresa familiar especializada em serviços marítimos para a Petrobras. Em 2011, assumiu participações minoritárias na Estre Ambiental, empresa de gerenciamento de resíduos, e na CCRR, líder em autoadesivos na América Latina. Em dezembro daquele ano, foram feitos mais dois investimentos estratégicos: uma participação no UOL, porque o banco estava interessado especialmente no potencial da unidade de *data centers* da empresa e no incipiente negócio de pagamentos PagSeguro; e na Brazilian Finance & Real Estate (BFRE), maior financeira independente de crédito imobiliário do país.

O crescimento do banco chamava cada vez mais a atenção dos grandes investidores internacionais — o que sempre fora a intenção de André Esteves e seus sócios. Em dezembro de 2010, após seis meses de negociação, o BTG realizou uma das operações mais importantes de sua história. Tratava-se de uma capitalização privada (*private placement*) de 1,8 bilhão de dólares, a partir de um consórcio de investidores internacionais, que ficariam com 18,65% do banco como contrapartida. Entre os novos sócios estavam — em sua primeira incursão na América Latina — três dos maiores fundos soberanos do mundo: China Investment Corporation (CIC), Government of Singapore Investment Corporation (GIC) e Abu Dhabi Investment Council (ADIC). Fizeram parte do grupo também o fundo de pensão canadense Ontario Teachers e as famílias Rothschild e Agnelli, que controlavam dois dos maiores conglomerados financeiros do mundo. Era a maior capitalização privada realizada na América Latina até aquele momento.

A chegada dos fundos soberanos significou uma mudança na governança do banco. Os novos sócios indicaram três representantes para o conselho de administração. Algumas decisões relacionadas à estrutura de capital, antes tomadas apenas entre os sócios brasileiros, agora precisavam também passar pelo crivo dos investidores internacionais.

A negociação com os fundos soberanos incluía uma cláusula que demonstrava a alta confiança do BTG em sua própria capacidade. O banco deveria garantir um retorno de 20% ao ano até a abertura de capital. Se o IPO não ocorresse até o fim de 2011, a participação dos fundos aumentaria de forma automática em cerca de 20% a cada ano, sem necessidade de novos aportes. Era uma aposta arriscada que refletia tanto a confiança dos sócios no negócio quanto a necessidade do banco de ter capital para crescer rapidamente. A abertura de capital seria concretizada em 2012. Até aquele momento, o banco havia gerado resultados suficientes para manter as participações dos fundos soberanos em seus níveis originais, sem ativar a cláusula de retorno garantido.

A partir de então, uma vez por ano, Esteves visitaria seus sócios no Oriente Médio e na Ásia. Aos poucos, aumentava seu trânsito nos principais fóruns internacionais. Além de participar anualmente do Fórum Econômico Mundial em Davos, integrava o conselho do Council on Foreign Relations (CFR), organização que se dedica a produzir e disseminar conhecimento sobre temas de política externa e relações internacionais, atuando como ponte entre a academia e as políticas públicas. No CFR, participava de discussões ao lado de David M. Rubenstein, presidente do grupo Carlyle, James P. Gorman, presidente do Morgan Stanley, e Jane Fraser, CEO do Citi Private Bank. O *think tank* também era responsável pela publicação da prestigiosa revista *Foreign Affairs*.

O crescimento de sua influência global logo se refletiria no meio acadêmico. Em 2013, Esteves e sua esposa, Lilian, fizeram uma doação à Harvard Business School que, dois anos depois, em abril de 2015, inauguraria o Esteves Hall, um edifício para educação executiva no campus de Boston. Era a primeira vez que a escola nomeava um edifício em homenagem a um empresário latino-americano. A decisão refletia uma visão mais ampla da escola sobre os mercados emergentes — além de Esteves, foram homenageados outros dois empresários de países em desenvolvimento: um indiano, do grupo Tata, e um incorporador chinês. A estrutura foi projetada como instalação residencial com espaços de trabalho em grupo. A doação era atrelada a um propósito específico:

aumentar o número de estudantes brasileiros em Harvard. Desde 2011 o BTG já desenvolvia programas de treinamento para seus executivos com professores da instituição, enviando cerca de cinquenta sócios todo ano para uma semana de estudos em Harvard, o que se tornaria o programa mais longevo de educação executiva da escola.

"Na bacia das almas"

Um ano depois de receber o aporte de 1,8 bilhão de dólares dos fundos soberanos, o BTG Pactual iniciou 2011 com uma das operações mais complexas da história do sistema financeiro brasileiro. Em janeiro, avaliava a aquisição do banco PanAmericano, em crise após a descoberta de um escândalo contábil que ameaçava sua sobrevivência.

O problema começou em novembro de 2010, quando o Banco Central identificou um esquema duvidoso na contabilidade da instituição que pertencia a Silvio Santos. Algumas operações de crédito vendidas a outros bancos permaneciam registradas no balanço como se ainda fossem próprias. A manipulação fazia o PanAmericano parecer maior do que realmente era. O rombo inicial de 2,5 bilhões de reais foi coberto por um empréstimo do Fundo Garantidor de Créditos (FGC), com condições atípicas para o mercado: dez anos para pagamento, três de carência e juros limitados à inflação mais TR. Silvio Santos ofereceu suas outras empresas como garantia para o empréstimo, chegando muito perto da falência.

A situação era ainda mais delicada porque envolvia a Caixa Econômica Federal. O banco público havia adquirido 36,56% do PanAmericano em dezembro de 2009, pagando 739,27 milhões de reais pela participação. No final de 2010, uma segunda auditoria ampliou a gravidade do problema, mostrando que o rombo no banco privado chegava a 4,3 bilhões de reais. Além disso, o banco mantinha compromissos externos significativos, tendo captado 950 milhões de dólares junto a instituições americanas.

Em 30 de janeiro de 2011, um domingo, o presidente do Banco Central, Alexandre Tombini, interrompeu uma viagem à Suíça para comandar uma reunião emergencial em São Paulo. Na sede do Banco Central, na avenida Paulista, ele se encontrou com um grupo de peso do sistema financeiro: Lázaro Brandão e Luiz Carlos Trabuco, da cúpula do Bradesco; Fábio Barbosa, presidente do Santander; e Gabriel Jorge Ferreira e Antonio Carlos Bueno, respectivamente presidente e diretor do FGC.

Na reunião, os banqueiros manifestaram sua oposição a um novo socorro ao grupo de Silvio Santos. O primeiro empréstimo, de 2,5 bilhões de reais, havia sido garantido por bens que valiam menos que o valor concedido. A sugestão era submeter o PanAmericano a uma intervenção — isto é, um regime especial de administração que permitiria acessar o patrimônio pessoal do apresentador. O Banco Central, por sua vez, temia o impacto da medida no restante do sistema financeiro.

Uma alternativa seria encontrar um banco com capacidade e agilidade para executar uma aquisição atípica em tempo recorde e sem *due diligence* em uma instituição que apresentava uma fraude conhecida de quase 5 bilhões de reais. Os banqueiros concluíram que o BTG podia ser a solução. Na mesma hora, Antonio Carlos Bueno, presidente do FGC, entrou em contato com José Luiz Acar Pedro, ex-executivo do BCN e do Bradesco e então diretor do BTG, perguntando se poderiam fazer uma operação estruturada — e muito rápida — de aquisição do PanAmericano, e explicou as condições. Com o sinal verde de Esteves, um grupo de trabalho foi formado para estruturar a operação. Em concordância com os grandes bancos, o FCG assumiu os riscos decorrentes dos problemas contábeis já descobertos no negócio — deixando-os de fora do BTG — e o Banco Central se comprometeu a aprovar tudo num tempo-relâmpago.

Na noite seguinte, veio o desfecho. Silvio Santos comunicou a transferência de sua participação para o BTG, que pagaria 450 milhões de reais, valor que seria direcionado ao FGC para reduzir a dívida existente. O fundo, por sua vez, concedeu no mesmo dia um novo empréstimo de 1,5 bilhão de reais ao PanAmericano.

As negociações prosseguiram tensas até o fim. Por volta das três da tarde daquela segunda-feira, Silvio Santos ainda tentou desistir do negócio, argumentando que o BTG estava levando o banco "na bacia das almas". O empresário mudou de posição ao avaliar duas realidades:

primeiro, aos oitenta anos, livrava-se de uma dívida de 4 bilhões de reais; segundo, o Banco Central já não aceitava sua permanência à frente da instituição após descobrir que o rombo era maior do que fora inicialmente apurado.

Para viabilizar a continuidade das operações do PanAmericano, um segundo acordo foi estabelecido: a Caixa Econômica Federal e o BTG se comprometeram a prover linhas de crédito de 14 bilhões de reais. Desse total, a Caixa disponibilizaria 10 bilhões de reais, sendo 8 bilhões de reais para compra de carteiras de crédito e 2 bilhões de reais em certificados de depósito interbancário. O BTG entraria com 4 bilhões de reais em CDIS. Ao fim do processo, a Caixa manteve sua participação de 36,56% no banco.

Meses depois da aquisição-relâmpago, em junho de 2011, o BTG apresentou ao mercado outra proposta que faria barulho. O plano, estruturado em conjunto com a consultoria Estáter, previa a fusão do Grupo Pão de Açúcar com as operações do Carrefour no Brasil. O momento era estratégico. O varejista francês enfrentava dificuldades em sua filial brasileira após a descoberta de um rombo contábil de 1,2 bilhão de reais no final de 2010, o que aumentava sua disposição para mudanças estruturais.

Para viabilizar a operação, o BTG Pactual criou uma sociedade de propósito específico denominada Gama. A estrutura funcionaria como ponte entre os diferentes interesses envolvidos, em uma das mais notáveis tentativas de fusão do varejo brasileiro. De um lado estava o Carrefour, que enfrentava pressões de seus acionistas para se desfazer da operação no Brasil. De outro, Abílio Diniz, que se aproximava do prazo para transferir o controle do Pão de Açúcar ao grupo Casino em função do acordo firmado em 2005, quando vendera parte da empresa. O BTG, por sua vez, via na operação uma oportunidade de expandir seu portfólio de participações estratégicas.

A tentativa de fusão, que ocorreu em 2011, tinha como objetivo criar um gigante brasileiro do setor de distribuição, com vendas anuais projetadas em 68 bilhões de dólares. O plano tinha o apoio do BTG e uma prometida participação do BNDES — um exemplo típico do modelo intervencionista então vigente no banco público, que direcionava recursos subsidiados para a expansão de grupos empresariais já consolidados, como o de Abílio Diniz, que tinha, em tese, amplo acesso ao mercado privado de crédito. A engenharia financeira era complexa. O BNDESPar contribuiria com 3,91 bilhões de reais por uma fatia de 18% na nova empresa. O BTG ofereceria um empréstimo de 1,15 bilhão de reais. O rearranjo societário reduziria as participações da família Diniz e do Casino de 21,4% e 37%, respectivamente, para 16,9% e 29,8%.

A reação do Casino à notícia foi imediata e contundente. O grupo francês havia adquirido em 2005 o direito contratual de assumir o controle do Pão de Açúcar em 2012. Jean-Charles Naouri, presidente do Casino, entrou com dois pedidos consecutivos de arbitragem na Câmara de Comércio Internacional contra Diniz, alegando violação do acordo de acionistas. O conflito escalou rapidamente. A Justiça francesa autorizou buscas nos escritórios do Carrefour após solicitação do Casino. Em seguida, Naouri viajou ao Brasil para uma reunião com Luciano Coutinho, presidente do BNDES. No encontro, que durou menos de uma hora, o executivo francês reafirmou sua oposição à operação.

Em 12 de julho, após o conselho do Casino votar por unanimidade contra a proposta, o BNDES retirou seu apoio. O BTG ainda tentou alternativas para prosseguir sem os recursos do banco público. Chegou a reunir compromissos de investidores privados que totalizavam 1,7 bilhão de euros, incluindo o fundo soberano do Qatar, mas o fato é que, sem fomento público, o negócio não vingou. A decisão de retirar o BNDES da operação partiu diretamente da presidenta Dilma Rousseff, após avaliar que Diniz não fora transparente sobre a necessidade do aval do Casino para o investimento do banco.

No mesmo dia, o BTG anunciou a suspensão "temporária" da proposta. Em seguida, a holding Península, da família Diniz, reconheceu a inviabilidade do projeto nas condições apresentadas. A tentativa de criar um dos maiores grupos varejistas do mundo, com faturamento estimado em 68 bilhões de reais, chegava ao fim. O desfecho desse episódio coincidiu com um momento crucial: em junho de 2012, o Casino assumiu o controle da Wilkes, dona do GPA, o que marcou oficialmente o início da passagem de bastão da família Diniz ao Casino. Diniz teve sessenta dias para definir como deixaria o controle do GPA. A operação foi determinante para aproximar Esteves de Abílio Diniz. Os dois se tornaram amigos até a morte do empresário, em 2024.

O momento mais esperado pelos sócios

No primeiro trimestre de 2012, o BTG começou a se preparar para o que os sócios consideravam o evento mais importante de sua história: a abertura de capital na Bolsa de Valores brasileira. A instituição reuniu um consórcio de bancos escolhidos estrategicamente, privilegiando parceiros históricos como o Bradesco, com quem mantinha uma sólida relação de longa data. Para as conversas com investidores durante o *roadshow*, a operação foi dividida em quatro equipes: a principal, liderada por André Esteves e João Dantas; uma segunda sob o comando de Marcelo Kalim e Huw Jenkins; uma terceira dirigida por Roberto Sallouti e Persio Arida; e um quarto grupo flexível que se alternava para cobrir mercados secundários na América Latina.

O processo de apresentação aos investidores se estendeu por mais de duas semanas, estabelecendo-se como o *roadshow* mais extenso realizado naquele ano. As equipes conduziram 160 reuniões individuais e dezenove em grupo, em seis cidades na Europa, incluindo Londres, duas no Oriente Médio, duas na Ásia, dez nos Estados Unidos e sete na América Latina. Os encontros eram programados de hora em hora, com início às sete horas da manhã e se estendendo até eventos coletivos às oito da noite. Não havia pausa formal para almoço — os sócios se revezavam, comendo durante o evento enquanto outros conduziam as apresentações. Entre uma cidade e outra, uma estrutura logística especializada cuidava de todos os detalhes, do transporte das bagagens à coordenação dos deslocamentos.

Os encontros eram oportunidades para os investidores de longa data aprofundarem o conhecimento sobre a estrutura do banco. Portanto, iam além das perguntas tradicionalmente feitas em momentos de abertura de capital — por exemplo, como ganhar *market share* e quais os planos de expansão geográfica —, focando também em aspectos específicos do BTG, como a organização da *partnership*, os mecanismos de gestão de risco e os diferenciais competitivos que permitiam ao banco crescer.

Essa extensa jornada pelos principais centros financeiros globais cumpriu seu propósito estratégico: consolidar uma base acionária com forte presença internacional, característica que viria a se tornar uma marca distintiva da composição acionária do banco nos anos seguintes. O BTG realizou a maior oferta inicial de ações desde o IPO do Santander Brasil em 2009, levantando 3,656 bilhões de reais (1,950 bilhão de dólares), o que estabeleceu o valor do banco em 27,9 bilhões de reais. O BTG optou por oferecer *units* (BBTG11), um tipo especial de investimento que combina diferentes perfis de ações em um único pacote — no caso, cada *unit* era composta de uma ação ordinária (que dá direito a voto) e duas ações preferenciais (que têm prioridade nos dividendos). Essa estratégia foi escolhida por oferecer maior liquidez nas negociações e permitir aos investidores acesso aos benefícios de ambos os tipos de ações em uma única compra.

Cada *unit* foi precificada em 31,25 reais. E o banco se tornou a 16ª maior empresa da Bolsa, à frente de gigantes como CSN e Pão de Açúcar. Do total captado, 2,925 bilhões de reais foram para o caixa do banco, enquanto 731,25 milhões de reais bancaram a venda de participações dos investidores do *private placement*, realizada em 2010. "Vai mudar a nossa responsabilidade", declarou Esteves à equipe no dia da estreia do banco na Bolsa, sinalizando o início de um novo capítulo na história da instituição.

No mesmo dia, o BTG deu "fechado" para a compra da Leader, rede varejista com 65 lojas em oito estados brasileiros que vendia de vestuário a eletrodomésticos, e passaria a integrar o portfólio da vertical de *private equity* do *merchant banking*. A operação seria estruturada em duas etapas: uma aquisição direta de 35,88% do capital, por 558,4 milhões de reais, e um aumento de capital de 106,7 milhões de reais, por 6,42% adicionais, com opção de elevar a participação para até 70% nos noventa dias seguintes. Era o primeiro investimento do banco no varejo popular. A aquisição gerou atritos nos bastidores, pois a GP Investimentos — fundo de *private equity* comandado por ex-sócios de Jorge Paulo Lemann, Marcel Telles e Beto Sicupira — era um dos finalistas no processo, avaliando a Leader junto com a Tok&Stok e a Le Biscuit, quando o BTG entrou agressivamente na disputa.

O movimento causou particular desconforto porque Carlos Fonseca dera sua palavra a Antonio Bonchristiano, sócio da GP, de que o BTG não participaria do processo. Mas, nesse caso, Fonseca havia sido voto vencido internamente, enquanto Marcelo Hallack e Roberto Martins, sócio especialista em reestruturação de empresas — que havia chegado ao banco em agosto de 2010 junto com Claudio Galeazzi, ambos veteranos em *turnaround* de companhias em dificuldades —, defenderam fortemente a aquisição para Esteves, que a aprovou. A transação foi executada rapidamente, com a equipe trabalhando três noites seguidas para finalizar a operação antes que entrassem em vigor as novas regras do Conselho Administrativo de Defesa Econômica (Cade), que passariam a exigir aprovação prévia para fechamento de aquisições. A GP acabou focando seus esforços na Centauro, na qual investiriam em 2012.

Esse tipo de situação ajudou a moldar a reputação controversa de Fonseca, tanto dentro quanto fora do BTG Pactual. Ele tinha a confiança de Esteves e era hábil na defesa de suas teses. Apresentava as narrativas dos negócios que queria fazer no *merchant banking* de maneira sedutora e bem estruturada, frequentemente ganhando o aval do chefe — e muitas vezes incomodando outros sócios. Era comum que colegas de área ou participantes dos comitês relacionados às empresas que receberiam os investimentos batessem de frente com ele ou defendessem pontos de vista diferentes para Esteves.

Nas interações pessoais, ele era atencioso, mas tinha dificuldade em dar sequência aos compromissos assumidos, deixando mensagens sem resposta e promessas não cumpridas pelo caminho. Abraçava frentes demais ao mesmo tempo, com uma combinação de excesso de compromissos e falta de foco na execução. Uma pessoa que acompanhou por meio do mercado os primeiros movimentos do *merchant banking* do BTG concluiu que "tudo que saía do normal vinha do Fonseca, havia um tanto de irresponsabilidade no comportamento dele".

Apesar das percepções negativas sobre o líder da área, as investidas do *merchant banking* seguiram por outros setores. Em 2013, o BTG pagou 772 milhões de dólares à Oi pela GlobeNet, dona de 22,5 mil quilômetros de cabos submarinos de fibra óptica ligando quatro países — Brasil, Estados Unidos, Venezuela e Bermudas. O negócio nascia de um processo mais amplo: a Oi, afundada em dívidas, precisava vender ativos não essenciais. Para o BTG, os cabos representavam uma porta de entrada no mercado de infraestrutura digital, que crescia com o aumento do tráfego de dados intercontinental.

No ano seguinte, Fonseca recebeu no escritório do banco o jovem empreendedor André Street, apresentado inicialmente a Esteves por Beto Sicupira, sócio de Lemann na 3G Capital. Street queria criar uma adquirente de cartões voltada para a base da pirâmide, mas precisava de um banco parceiro para obter licenças das bandeiras e concorrer com as gigantes que dominavam o mercado até o momento — Visa e Mastercard. No Brasil, a Visa era controlada principalmente por Bradesco e Banco do Brasil, enquanto a Mastercard tinha como parceiros principais o Itaú e o Santander. Esses quatro bancos dominavam o mercado de varejo e controlavam a emissão da maior parte dos cartões de crédito no país. Fonseca estruturou um acordo com Street. O BTG investiria na empresa, que se chamaria Stone, e o Banco Pan forneceria as licenças necessárias em troca de uma participação. Fecharam negócio. A Stone se tornaria, nos anos seguintes, uma das maiores empresas de meios de pagamento do Brasil. Iniciou suas operações em 2014 e, no ano seguinte, expandiu seu quadro de funcionários de setenta para quinhentas pessoas, estabelecendo-se no mercado de adquirência com foco em pequenos e médios empreendedores.

Entre 2008 e 2015, o BTG realizou sessenta aquisições por meio do *merchant banking*. Durante o mesmo período, se desfez de dez participações em empresas, obtendo receitas de aproximadamente 3 bilhões de reais com as vendas. Os acertos do *merchant banking* pagavam as contas e eram superiores em volume aos casos problemáticos. Mas os erros também deixariam marcas.

A nova área do banco gerava preocupações sobre potenciais conflitos de interesse, já que o BTG poderia competir com seus próprios clientes em diversos setores. É, por exemplo, a opinião de um empresário próximo à instituição: "Um banco que faz muitos negócios proprietários gera confusão, pois o banqueiro deveria ser uma pessoa de confiança e consultor. Quando o banco atua tanto como assessor quanto como investidor direto, muita gente tem um pé atrás". O risco era começar a ter participação em tantas empresas que seus potenciais clientes deixassem de contratá-lo, temendo exposição de informações estratégicas a um possível competidor.

O período foi marcado por um ritmo acelerado de aquisições. Em meio a um contexto macro favorável, com abundância de capital disponível para investimento, essa área do banco adotou uma postura agressiva de alocação. "A turma foi com muita sede ao pote", admitiu depois um dos sócios. As 94 salas de reunião do escritório estavam constantemente ocupadas por pessoas querendo vender seus negócios. "O que você quer comprar? O que eu quisesse comprar naquele momento, eu tinha dinheiro à vontade", relembra um empresário que se tornou sócio do banco à época. "Eles estavam comprando até posto de gasolina pegando fogo naquela época", brincou alguém que acompanhou as transações do período.

A disponibilidade quase ilimitada de recursos, combinada à juventude e à inexperiência de alguns executivos em gestão operacional, levou a investimentos feitos sem a devida diligência. A forma de condução dos negócios gerava desconforto mesmo entre aqueles que tinham relações próximas com o banco. A velocidade com que as aquisições eram fechadas, muitas vezes atropelando processos mais rigorosos de análise, era vista com preocupação.

A relação com os sócios fundadores das empresas adquiridas também costumava ser tensa. Um dos pontos mais sensíveis estava nos contratos. O BTG contava com escritórios bastante especializados que elaboravam documentos complexos, com fórmulas que se relacionavam com as cláusulas e permitiam diferentes interpretações. A assimetria de recursos financeiros e experiência em operações societárias era significativa — por mais que os empresários contratassem bons advogados, muitas vezes o entendimento estabelecido nas conversas iniciais acabava tendo uma interpretação jurídica distinta, tecnicamente correta, mas diferente do que havia sido compreendido pelos empreendedores.

Os problemas se estendiam à gestão do dia a dia, quando jovens recém-saídos de MBAS internacionais eram designados para discutir estratégias com empresários experientes que haviam construído seus negócios do zero. Muitas vezes os sócios ou funcionários do banco faziam análises baseadas apenas em números teóricos. Por exemplo, calculavam a capacidade ociosa de uma fábrica considerando a velocidade nominal das máquinas, sem levar em conta as paradas necessárias para troca de material e ajustes. Era como calcular o tempo de uma viagem imaginando que um carro poderia manter uma velocidade máxima constante de 250 quilômetros por hora, sem levar em conta paradas, abastecimento, trânsito e outros imprevistos do mundo real.

Os resultados dessa abordagem, somados a outros problemas, começaram a aparecer em alguns investimentos. Entre eles, os dois negócios de varejo do BTG, Leader e Brasil Pharma. O banco havia entrado no setor sem a experiência necessária, como seria depois admitido por executivos do banco, que reconheceram suas limitações em áreas específicas como marca, marketing e gestão de estoque. Em 2016, após a Leader acumular uma dívida de aproximadamente 900 milhões de reais, o BTG vendeu sua participação por um valor simbólico de mil reais à Legion Holdings, empresa de reestruturação comandada por Fabio Carvalho, que havia sido diretor da Alvarez & Marsal e se aproximara de Esteves e seus sócios após a liquidação do Lehman Brothers no Brasil, em 2008.

Antes de se desfazer do negócio, o banco vendeu a LeaderCard, subsidiária de cartões da rede, para o Bradesco em março de 2016. No entanto, com os problemas se acumulando e após os fundadores da Seller (rede adquirida pela Leader em 2013) entrarem com pedido de falência por atraso no pagamento, o BTG transferiu o controle para a Legion Holdings, que assumiu as dívidas de 900 milhões de reais.

A Brasil Pharma, que havia sido criada em 2009 como uma tentativa de consolidação do mercado farmacêutico fora de São Paulo, seguiu um caminho similar. A estratégia de focar regiões onde o aluguel e a mão de obra eram mais baratos, e onde havia maior penetração dos medicamentos genéricos, que ofereciam margens de lucro mais altas que os medicamentos de marca, parecera brilhante de início. Após uma série de aquisições e um IPO bem-sucedido em 2011, a companhia parecia crescer de maneira saudável. Mas a partir de 2013 a situação financeira se deteriorou rapidamente devido a problemas na integração das diferentes redes adquiridas, dificuldades na administração das lojas e divergências entre os sócios do banco e das empresas investidas. Sem conseguir pagar fornecedores regularmente, a companhia entrou em um ciclo vicioso de falta de produtos e queda nas vendas.

O caso se estenderia até 2017. Até que, em abril daquele ano, o BTG venderia o controle da empresa por apenas mil reais (mesmo valor da venda da Leader) para a Lyon Capital, do empresário Paulo Remy, que antes havia sido sócio nas operações imobiliárias através de uma estrutura societária nas ilhas Cayman, um paraíso fiscal. Apenas três meses antes da venda, o banco havia injetado 400 milhões de reais na companhia e emitido 511 milhões de reais em CDBS. Com isso, o BTG conseguia se desvencilhar do controle operacional da empresa problemática, mas mantinha sua posição como principal credor — com prioridade em casos de recuperação judicial, o que aconteceu em janeiro de 2018.

Embora o início da segunda década dos anos 2000 tenha sido marcado por expressivo crescimento, lucro consistente e consolidação da presença do BTG na América Latina, a velocidade frenética das aquisições e a condução dos negócios no *merchant banking*, muitas vezes atropelando processos rigorosos de análise, criaram uma zona cinzenta que alimentaria questionamentos sobre suas práticas e que começariam a chamar a atenção do mercado.

16
"O Esteves entende a política"

"AQUELE NEGÓCIO ESTAVA FORA DE ESQUADRO." Essa foi a conclusão de Gustavo Gattass, o analista que cobria a Petrobras no BTG, ao ouvir pela primeira vez sobre o projeto da Sete Brasil em 2010, que faria parte da vertical de infraestrutura do *merchant banking*. A empresa nascia no momento em que o governo brasileiro implementava uma política ativa de desenvolvimento da indústria naval nacional, com exigências de conteúdo local nas atividades de exploração e produção de petróleo. O valor das diárias que a Petrobras se comprometia a pagar pelas sondas — 530 mil dólares por quinze anos — refletia preços de pico do mercado, um momento atípico, que divergia da tradicional política da empresa de buscar contratos longos com valores mais competitivos. Era estranha essa disposição da estatal, pois historicamente a Petrobras era conhecida por ter um "lado de negociação violentíssimo, sempre batendo o pé e marretando para baixo qualquer preço que considerasse excessivo". Gattass não era o único a estar preocupado, e com razão.

O projeto nascera como uma obsessão do então presidente Lula, desde seu primeiro mandato. Ele pressionava constantemente os empreiteiros a construir estaleiros e fabricar sondas para a Petrobras, mas esbarrava sempre na mesma explicação: a conta não fechava. Afinal, era necessário um investimento imenso em tecnologia, formação de mão de obra e infraestrutura com retorno incerto e prazo indefinido. Os empresários argumentavam que seria praticamente impossível competir com as sondas mais baratas produzidas em Singapura e na Coreia do Sul. Em função da diferença de preços, havia ainda uma previsível resistência dos próprios técnicos da Petrobras. Mas Lula, e depois Dilma, transformou isso em um projeto inegociável. Para os empreiteiros, tornou-se cada vez mais difícil recusar as demandas do Planalto.

O discurso era bonito e promissor. As expectativas e o modelo para viabilizar o negócio se inspiravam no caso da exploração do campo de Marlim, na bacia de Campos, uma região que se estende desde o litoral do Espírito Santo, próximo a Vitória, até Arraial do Cabo, no Rio de Janeiro. Descoberto em 1985, o campo tornou-se um marco na produção petrolífera nacional, chegando a fornecer 40% de todo o petróleo produzido no Brasil em 2000, com previsão de continuar suas operações até 2048.

Em termos gerais, a Sete Brasil seguia um modelo semelhante ao que a Noruega adotara na década de 1970 para a exploração do mar do Norte, quando priorizou o desenvolvimento de uma indústria naval local, à diferença da Inglaterra, que optou por uma abordagem mais orientada ao mercado. Mas além das dificuldades de pôr o negócio de pé no contexto brasileiro, a forma como a operação seria estruturada era insólita: a Petrobras, embora detivesse apenas 5% das ações, teria o poder de indicar o presidente da companhia.

Uma vez que havia um problema central de viabilidade econômica, o melhor lugar para o projeto sair do papel seria justamente a área financeira da Petrobras. Foi decidido que a nova empresa ficaria segregada do balanço da estatal para não contaminar a já alta alavancagem da companhia. O CFO, Almir Barbassa, foi quem conversou com os grandes bancos, os mesmos que haviam investido no projeto Marlim — BTG, Santander e Bradesco —, além dos fundos de pensão estatais — Previ, Petros, Funcef e Valia. O BTG entrou com 13,72%, mesma participação dos demais bancos. O projeto começou com sete sondas — o que originou o nome da empresa —, e Carlos Fonseca conduzia as negociações, com envolvimento cada vez maior de Esteves.

Apesar das ressalvas de Gattass, o BTG seguiu adiante, fazendo um aporte inicial de 250 milhões de reais no negócio. Naquele primeiro momento, seria constituída uma empresa de propósito específico, a FIP Sondas, um fundo de investimento em participações criado pela Caixa Econômica Federal, com volume inicial subscrito de 1,8 bilhão de reais — que permitia a realização de um consórcio para financiar o projeto. A Sete Brasil foi estabelecida em dezembro de 2010.

Nos anos seguintes, o projeto se expandiu desenfreadamente: a meta foi ampliada de sete para 28 sondas — um número que acendia mais um sinal de alerta de quem entendia do setor, considerando que havia apenas trinta novas sondas entrando em operação em todo o mundo naquele momento.

À época, o "risco Petrobras" era considerado baixíssimo, o que fazia o aporte funcionar quase como um empréstimo garantido pela estatal — mas com retornos superiores aos de uma operação de crédito tradicional, já que seria estruturado como um investimento em participação. O negócio atraiu capital internacional de peso, como fundos soberanos do Oriente Médio e de pensão canadenses. A sede dos investidores superava a capacidade do projeto — a Petrobras exigia uma divisão de investimento proporcional entre os bancos participantes, o que acabou deixando de fora alguns clientes do BTG. Empolgado com o potencial que o negócio parecia ter e o alto interesse dos investidores, o BTG decidiu aumentar de modo significativo sua exposição à companhia em 2012. Com um investimento adicional de cerca de 1 bilhão de dólares — entre capital próprio e dos clientes, a maior parte estrangeiros —, o banco se tornou o principal cotista da Sete Brasil, elevando sua participação de 13,72% para 27,74%. Santander e Bradesco seguiram mais conservadores no investimento, tendo suas participações diluídas para 6,3% e 3,2%, respectivamente.

Acordo de bilionários

Enquanto a ambição crescia na Sete Brasil, em 2012, um drama se desenrolava no setor de petróleo brasileiro — e acabaria se entrelaçando

"O ESTEVES ENTENDE A POLÍTICA"

à própria história da companhia. A OGX, de Eike Batista, anunciava uma produção de petróleo 90% abaixo do prometido aos investidores. Naquele momento, o grupo EBX — conhecido como grupo X e controlador da OGX e dos outros negócios do empresário — já enfrentava uma severa crise de credibilidade. O mercado percebia como era baixa a chance de Batista honrar suas promessas. Foi quando o empresário resolveu pedir ajuda a André Esteves para recuperar financeiramente as empresas do grupo. Batista enxergava no BTG uma saída para voltar a conquistar a confiança dos investidores. Do outro lado da mesa, naquilo que se configuraria um dos maiores erros de avaliação de sua carreira, Esteves decidiu apoiar o "império X". Sétimo homem mais rico do mundo, Batista era seu maior cliente, tanto do banco de investimento quanto em gestão de fortunas. Além disso, o mandato de reestruturação prometia três anos de operações rentáveis com empresas que, apesar dos problemas evidentes e sinais claros de fragilidade, mantinham ativos supostamente valiosos. Antes de fechar o acordo, contudo, Esteves fez questão de conhecer por si mesmo o principal ativo do grupo: Porto do Açu, em São João da Barra, norte do Rio de Janeiro. A visita evidenciou o potencial do negócio, mas também parte da complexidade do desafio que o banco assumiria.

O tão conhecido conservadorismo na gestão de risco falhou e o BTG decidiu seguir em frente, e, em março, o acordo foi formalizado. Com o acordo, o banco se tornaria protagonista na reestruturação do grupo, com participação direta na gestão por meio de um comitê semanal e de uma linha de crédito substancial. A remuneração do BTG dependeria do sucesso do projeto, atrelada à recuperação do valor das empresas. A Bloomberg captou o espírito desse momento com a manchete "Billionaire Helps Billionaire in EBX-BTG Deal: Corporate Brazil", que enfatizava a parceria entre os dois bilionários. Foi a notícia mais lida no mundo naquele dia.

A relação entre Batista e Esteves era marcada por ciclos de proximidade e afastamento. O fundador do BTG, como outros no mercado, havia sido cativado inicialmente pelo visionário que enxergava oportunidades em recursos naturais e infraestrutura. Mas o temperamento volátil de Batista, que alternava períodos de paixão e inimizade com todos à sua volta, inclusive dentro do próprio EBX, levava a rompimentos frequentes. De tempos em tempos, brigava com Esteves por causa de alguma decepção ou paranoia — a postura inflexível do BTG em certas situações, desconfianças sobre vazamento de informações para a imprensa — e cortava relações. Depois de meses, retornava afetuoso, como se nada tivesse acontecido. Àquela altura, enquanto o banqueiro defendia uma abordagem conservadora para reestruturar o grupo — com cortes de custos, redução de projetos e venda gradual de ativos —, Batista resistia às medidas e seguia apostando em jogadas arriscadas. Em uma ocasião crítica, o BTG interveio para impedir uma movimentação financeira irregular: uma tentativa de transferir recursos para um banco no Togo de modo a driblar uma cobrança do Mubadala, o fundo soberano de Abu Dhabi.

Os meses seguintes reforçaram a dificuldade do BTG de acessar informações técnicas do EBX e traçar um cenário preciso. Só um mês e meio depois de fechar o acordo, numa reunião que o CEO da OGX, Paulo Carneiro, vinha tentando realizar desde o início — sempre encontrando resistência de Batista —, é que o BTG finalmente entendeu a gravidade da situação: não se tratava apenas de problemas de gestão ou da necessidade de capitalização das empresas. Os números apresentados por Carneiro e pelo diretor financeiro da OGX, Roberto Monteiro, revelavam uma produção de petróleo drasticamente inferior às projeções, tanto que se cogitava suspendê-la. O banco, que construiu sua reputação com base na capacidade de análise e leitura precisa de riscos, embarcou num compromisso de 1 bilhão de dólares sem ter tido acesso aos dados cruciais de produção da OGX — fosse por razões regulatórias ou não —, seduzido por uma narrativa que agora se mostrava mirabolante. As revelações provocaram uma queda de 83% nas ações da OGX e de 22% nas do BTG entre março e agosto de 2013, levando o banco a cancelar a linha de crédito prometida.

Naquele mesmo mês, ocorreu a ruptura definitiva entre as duas empresas. O fato derradeiro foi a venda do Porto do Açu. Enquanto Batista insistia que o BTG fosse o comprador, Esteves declarava abertamente que não faria uma oferta superior ao valor de um real por ação, patamar em que os papéis da LLX, detentora de Açu, eram negociados na Bolsa em junho. O que Batista não sabia é que, paralelamente, o fundo americano EIG Global Energy Partners manifestava interesse em adquirir o porto. As sondagens dos americanos eram sistematicamente barradas pela equipe do BTG, que alegava não ser o momento adequado para negociar o ativo, sem comunicar o interesse a Batista. A situação só mudou quando Marcus Berto, presidente da LLX, articulou um canal direto com o EIG por meio de Ricardo Antunes, sócio da mineradora Manabi, da qual os americanos já eram investidores. Ao saber do movimento do BTG de bloquear potenciais compradores, Batista decidiu aceitar a oferta e fechar o negócio, por meio de Berto, sem avisar o BTG. A partir de então, o empresário se distanciou progressivamente do comitê de gestão criado pelo banco. Em 14 de agosto, sem nenhuma participação dos assessores do BTG, assinou em Nova York o acordo que vendeu o controle do Porto do Açu por 1,3 bilhão de dólares, com as ações cotadas a 1,2 real. A operação marcou o fim efetivo da parceria entre o banqueiro e o empresário.

Nos meses seguintes, aconteceu o que naquele momento já era esperado pelo mercado: a OGX e a OSX entraram com pedidos de recuperação judicial, explicitando o colapso do grupo EBX. Somadas, as dívidas superavam 15 bilhões de reais. O BTG mantinha exposição ao grupo sobretudo por meio de fianças bancárias: 21,5 milhões de dólares com a holding OSX Brasil e 5,8 milhões de dólares com a empresa de construção naval, além de 69 milhões de dólares em fianças relacionadas a financiamentos da Caixa Econômica Federal. Embora não houvesse clientes diretamente expostos pelos produtos estruturados do banco, alguns investidores do *private banking* haviam comprado ações do EBX por decisão própria — e sofreram com a queda no valor dos papéis.

O BTG tentou minimizar os prejuízos com aquela parceria negociando a aquisição por dívidas de uma empresa de Batista. Em janeiro de 2014, a Eneva (companhia com ativos estratégicos no setor de energia térmica e chamada na época de MPX) sinalizou que precisaria entrar em recuperação judicial e renegociar suas dívidas. Em vez de buscar executar as garantias com a OGX, o banco sugeriu assumir uma participação na antiga MPX. A exposição do BTG nessa operação era de aproximadamente 300 milhões de reais. Embora a Eneva operasse em um território novo, o setor de energia atraíra o interesse de Esteves. Então, novas ações da companhia foram emitidas e, com isso, se deu um aumento de capital de 2,3 bilhões de reais, que transformou o BTG — até então seu maior credor — no maior acionista da Eneva, com 49,57% de participação. A reestruturação da Eneva só seria concluída em junho de 2016.

Durante esse processo, Esteves negociou com um dos principais acionistas do Itaú, Pedro Moreira Salles. Por meio da Cambuhy, veículo de investimentos de sua família, ele era controlador da Parnaíba Gás Natural (PGN), empresa que fornecia gás para a Eneva. Havia um impasse nas negociações: a Eneva precisava garantir o fornecimento de gás para suas térmicas, mas a PGN exigia um valor adicional para desenvolver seus campos. A certa altura das tratativas, Pedro Moreira Salles sugeriu que a PGN tinha acesso exclusivo a certas áreas de exploração que seriam o "filé" dos campos de gás. Era um blefe — "ninguém sabia se era filé ou não", admitiria depois um executivo próximo à operação. Na dúvida, Esteves não quis ficar sem uma fatia do filé, e passou a defender uma solução mais ampla: a incorporação total da PGN à Eneva. Conseguiu. Em março de 2016, um novo aumento de capital de 1,15 bilhão de reais consolidou a fusão das empresas, com BTG e Cambuhy se tornando os dois principais acionistas da companhia — com 33,7% e 25,7% de participação, respectivamente.

Uma reunião desagradável

A primeira tentativa do BTG de salvar sua parceria com o EBX, contudo, se deu meses antes desse acordo — em um movimento do banco que também tinha por objetivo beneficiar a Sete Brasil. Em janeiro de 2013, emissários de Batista procuraram Carlos Fonseca para discutir um tema específico: a possível junção da OSX — empresa que atuava na construção naval, leasing de embarcações e desenvolvimento de infraestrutura portuária — à empresa de sondas. Com as promessas do petróleo ruindo às vistas do mercado, a união entre as duas companhias poderia ser uma saída para a sobrevivência da empresa de Batista. Para o BTG, a operação fazia sentido principalmente porque o Porto do Açu tinha capacidade ociosa e estava pronto para iniciar as obras de imediato, o que eliminaria o tempo e o investimento necessários para construir novas instalações do zero para a Sete. Além disso, pouparia o trabalho de fazer um novo IPO exclusivo para a Sete Brasil, uma vez que a OSX já tinha ações listadas na Bolsa.

Batista chegou a se reunir com a diretoria da Petrobras, mas sem sucesso. Esteves também buscou uma aproximação entre as empresas. Mas o negócio esbarrou em questões políticas. Embora a Sete Brasil fosse majoritariamente privada, seu único objetivo era fornecer sondas para a Petrobras. A estatal detinha 5% das ações e o poder de indicar a presidência da empresa. Pensando nessa estruturação insólita, Esteves e Batista tentaram convencer Graça Foster, presidente da Petrobras à época, a aprovar a junção da OGX com a Sete.

O banqueiro foi à sede da Petrobras para uma reunião com Graça acompanhado de Guto Quintella, executivo que havia empreendido com sua família no setor agroexportador antes de se tornar diretor de infraestrutura da Vale. Em 2012, Quintella fora um dos principais articuladores da B&A Mineração, joint venture formada entre o BTG e a AGN Agroindustrial, de Roger Agnelli, ex-presidente da Vale. O acordo constituiria mais um negócio do *merchant banking* e abriria caminho para o executivo se tornar, posteriormente, sócio do BTG na área de infraestrutura e *private equity*. Ao lado de Quintella e diante de Graça, Esteves apresentou a proposta de utilizar o estaleiro do Porto do Açu para a construção de algumas das 28 sondas da Sete Brasil. "É uma solução que pode ser boa para todos", disse, ressaltando que o projeto poderia reduzir custos e acelerar o cronograma de entregas ao aproveitar a infraestrutura existente.

Graça ouviu a apresentação com semblante fechado. Quando Esteves terminou, foi direta ao dizer que cabia à Petrobras saber o que era melhor para a empresa — e que não aceitaria interferências em suas decisões estratégicas. A dura reação de Graça deixou Esteves visivelmente constrangido. Ele tentou amenizar o mal-estar, explicando que não tinha a intenção de lhe dar ordens. Falou pouco até o fim da reunião. A tentativa da fusão fora malsucedida.

Esteves até tinha boa entrada no mundo político, mas sua movimentação era limitada. Entre 2010 e 2015, o banqueiro tivera reuniões frequentes com o ministro da Fazenda, Guido Mantega, em São Paulo. Em mais de uma ocasião, diante de alguém que lhe contava ter dificuldade de acessar o ministro, fazia uma demonstração de sua proximidade e influência, intervindo com um pedido para que Mantega recebesse a pessoa. Foi algumas vezes ao Palácio do Planalto se encontrar com a presidenta Dilma para discutir conjuntura econômica. O primeiro presidente da Câmara que conheceu foi Eduardo Cunha, que assumiu em fevereiro de 2015. Com ele, encontrava-se recorrentemente no banco. Mas, nessa época, Esteves se considerava pouco conhecido em Brasília. Ainda não circulava entre ministros de Estado ou dos tribunais superiores. Nunca integrara, nem quis integrar quando foi chamado, o Conselhão, nome informal dado ao colegiado composto de representantes da sociedade civil e empresários criado em 2003 (CDES) — e que seria recriado como CDESS em 2023 para assessorar o presidente em questões relacionadas ao desenvolvimento do país.

Seu primeiro encontro com Lula, por exemplo, foi durante o segundo mandato do petista na presidência, quando convidado para uma reunião no Palácio do Planalto para opinar sobre a taxa de juros, na presença do então presidente do Banco Central, Henrique Meirelles, e da dupla Guido Mantega e Dilma Rousseff, então ministra da Casa Civil. Em 2011 — enquanto o BTG crescia aceleradamente e Esteves começava a se destacar como um dos banqueiros mais influentes do Brasil —, recebeu Lula em sua casa, quando o ex-presidente acabara de passar o bastão para Dilma. No jantar, além de sua esposa, Lilian, estava presente Guto Quintella, que viabilizara o encontro, pois conhecia Lula de longa data. A conversa fluiu em torno das boas perspectivas para o Brasil, num momento de grande otimismo econômico.

A partir de então, o banqueiro e Lula mantiveram alguns encontros anuais até 2015. Nessa época, o então ex-presidente já participava de eventos do BTG como palestrante — uma vez em 2011 e outra em 2013, em Nova York e Londres, discursando para trezentos investidores em cada ocasião. Na viagem a Nova York, passou ainda pelo México, onde se reuniu com investidores do banco num encontro privado. Recebeu por evento entre 150 mil e 200 mil dólares — Bill Clinton, por exemplo, havia recebido um pouco mais, em torno de 250 mil dólares por uma palestra. Em 2012, Lula tratava um câncer, e gravou um depoimento em vídeo para o jantar em que Esteves recebeu o prêmio Person of the Year da Câmara de Comércio Brasil-Estados Unidos, perante uma plateia de centenas de pessoas, referindo-se ao banqueiro como "meu amigo André Esteves".

Alguns sócios do banco tentaram alertar Esteves sobre os riscos de uma proximidade crescente com o setor público. "Estamos atravessando uma linha de muito relacionamento, muito contato", advertiu um deles. Mas nos debates recorrentes sobre o assunto nas reuniões, prevaleceu a opinião de Esteves e de vários outros sócios de que os atores públicos haviam se tornado pilares fundamentais da economia brasileira. Em sua visão, era quase impossível uma instituição do porte do BTG prosperar sem manter interlocução com essas entidades. Para ele, após três mandatos do PT no governo federal, o Estado havia ampliado significativamente sua presença na economia por meio de gigantes como BNDES, Petrobras, Banco do Brasil e Caixa Econômica Federal — tornando-as instituições de peso indiscutível no cenário econômico nacional.

Alguns dos principais sócios do banco demonstravam não só desinteresse, mas certa aversão e falta de familiaridade com temas políticos. "O Esteves entende a política, o BTG, não. Tirando Guilherme Paes, que é irmão do [na época ex-prefeito do Rio de Janeiro] Eduardo Paes, acho que os outros nunca viram um político. O Sallouti, o Renatão [Renato Santos] não têm nenhuma [proximidade com o tema]. O Esteves é o único que tem alguma malícia, o resto é ingênuo para política", afirmaria Guto Quintella. Mesmo Guilherme Paes sempre fez questão de reforçar internamente que preferia manter distância do assunto. Nos primeiros anos do Pactual, seu fundador, Cezar, costumava dizer que era preciso "estar perto o suficiente do governo para poder alcançar, e longe o suficiente para não ser alcançado por ele".

A despeito dessas reservas e do ambiente mais turbulento, Esteves seguia dando sinal verde para o BTG ampliar suas operações com a Petrobras — até aquele momento, os negócios em parceria com o governo pareciam ser promissores financeiramente, na onda das políticas pró-"Brasil Grande".

Em junho de 2013, o banco estruturou sua maior operação até então com a estatal: uma joint venture para participação em ativos de exploração de petróleo na África. Em um processo competitivo, com catorze players convidados, conduzido pessoalmente pela presidente da Petrobras, o BTG adquiriu 50% dos ativos por 1,525 bilhão de dólares. O plano inicial era ambicioso e complexo: usar o fluxo de caixa dos campos produtivos na Nigéria (Akpo e Agbami) para desenvolver o campo de Egina, que exigiria investimentos de 3 bilhões de dólares, e, em paralelo, consolidar o setor comprando empresas médias na África para criar uma grande companhia e abrir capital em Londres.

Oito meses depois de fecharem o negócio, o cenário mudou drasticamente. Houve uma queda histórica no preço do petróleo, que despencou de 114 dólares para 27 dólares por barril — resultado de uma combinação de fatores: o aumento recorde da produção americana de petróleo de xisto, a recusa da Organização dos Países Exportadores de Petróleo (Opep), liderada pela Arábia Saudita, em reduzir sua produção, a perspectiva de retorno do Irã ao mercado e a desaceleração da economia global, em especial da China.

Foi preciso mudar a estratégia e reestruturar o negócio. A empresa deixou os seis países com atividades exploratórias de alto risco e focou nos campos produtivos da Nigéria, melhorando sua eficiência operacional. Com os ajustes de rota, o investimento gerou retornos para o BTG mesmo com a queda no preço do petróleo. Em oito meses, a operação distribuiu dividendos de 300 milhões de dólares.

Outro movimento importante do banco naquele período ocorreu durante as eleições. Entre 2010 e 2014, o BTG aumentou significativamente as doações eleitorais, passando de contribuições de 5,25 milhões de reais para 42,5 milhões de reais — um crescimento de mais de 700%. O banco também partiu para a diversificação nas doações. Em 2010, as doações estavam concentradas sobretudo no PT e no PMDB (63,8% do total) e no PSDB e no DEM (36,2%). Já em 2014, além do volume muito maior, houve uma distribuição mais ampla entre quinze partidos, embora mantendo a concentração nos três principais: PT (13 milhões de reais), PMDB (12 milhões de reais) e PSDB (10,4 milhões de reais). A estratégia de pulverização das doações em 2014 indicava o que logo se tornaria uma clara estratégia de Esteves: manter boas relações em todo o espectro político.

O que parecia uma estratégia acertada. Afinal, o ambiente político-econômico do país estava prestes a sofrer uma transformação dramática.

Uma promessa de limpar o Brasil

Em 17 de março de 2014, a Polícia Federal e o Ministério Público Federal deflagraram uma operação que mudaria o rumo da história recente do país. Batizada de Lava Jato, porque um dos estabelecimentos usados para lavagem de dinheiro era o Posto da Torre, um grande posto de gasolina onde havia um lava-jato em Brasília, englobava investigações iniciadas em 2009.

Mas o que era parecia inicialmente uma investigação sobre doleiros logo se revelou um esquema muito maior, tendo a Petrobras como epicentro. As investigações expuseram um sofisticado cartel formado por grandes empreiteiras que fraudavam licitações da estatal, superfaturando contratos e distribuindo propinas entre executivos da empresa e políticos. Em abril de 2015, a própria Petrobras admitiu ter sofrido um prejuízo de 6,2 bilhões de reais com os desvios investigados, número que posteriormente seria revisado pelo Tribunal de Contas da União para cerca de 29 bilhões de reais, em perdas acumuladas desde 2002.

A operação tomou proporções nacionais e sem precedentes, ramificando-se por diferentes esferas do poder, com desdobramentos que alcançaram as mais altas instâncias políticas e empresariais do país. À época, a imprensa comparou a investigação à Operação Mãos Limpas na Itália dos anos 1990, que havia desmantelado uma vasta rede de corrupção entre empresários e políticos. O juiz Sergio Moro, responsável pelos processos da Lava Jato em Curitiba, era estudioso da Mãos Limpas e havia escrito sobre as suas lições, embora especialistas já divergissem à época sobre a eficácia da operação italiana em eliminar a corrupção sistêmica do país.

Em fins de 2014, os desdobramentos da Lava Jato atingiram a Sete Brasil, confirmando o que os sinais já indicavam: a empresa havia sido criada especificamente para ampliar o petrolão — o esquema de corrupção que desviou bilhões de reais da Petrobras. Em novembro, o ex-gerente da estatal, Pedro Barusco, que havia sido diretor de operações da Sete Brasil, detalharia, em acordo de delação premiada firmado com o Ministério Público Federal, como o mesmo sistema de propinas da estatal foi replicado na empresa de sondas.

O que parecia "fora de esquadro" em 2010 revelava-se agora uma estrutura meticulosamente planejada para desvio de recursos. O projeto total estava orçado em 25 bilhões de reais, para a construção de 28 a 29 sondas. Segundo Barusco, os estaleiros contratados pagavam propina de 0,9% a 1% do valor de cada contrato, totalizando cerca de 224 milhões de dólares. Dois terços desses valores seriam destinados ao PT, por meio de seu então tesoureiro João Vaccari Neto, e o restante seria dividido entre funcionários da Petrobras e da própria Sete Brasil. O esquema inflacionou significativamente os custos da empreitada: o estaleiro Keppel Fels, por exemplo, cobrava, ao participar de cartéis, preços 11% maiores do que aqueles praticados em ambiente competitivo; e 24% superiores quando comparados a licitações similares.

A revelação teve um efeito devastador para a empresa, apesar de não envolver os investidores. O BNDES, que já havia aprovado um financiamento de 5 bilhões de dólares para a Sete Brasil, congelou os repasses. O BTG, como principal acionista privado da empresa, com 27,7% de participação, viu-se obrigado a fazer uma provisão de 280 milhões de reais em seu balanço, por conta dos riscos que agora pairavam sobre o investimento. "Qual foi o nosso erro? A gente tinha entrado pequeno e depois, animados com o interesse dos investidores, aumentamos muito o lote", afirmaria, mais tarde, Carlos Fonseca. "Mas, assim como os outros acionistas, não tínhamos a menor ideia da sacanagem que havia por trás do negócio. Foi um aprendizado caro."

Tratava-se de um erro grave. O BTG era conhecido pela alta qualidade técnica de sua equipe, pela obsessão em destrinchar cada detalhe dos negócios e por estruturar operações complexas. Seu acesso às informações que circulavam nas elites financeira, empresarial e política do país era notório e crescente. Havia muitas formas de perceber que o negócio tinha origem nebulosa e que os números não fechavam, mas a perspectiva de ganhos era alta e aparentemente segura. Com o forte apoio que o projeto tinha do Planalto, da Petrobras e dos fundos de pensão, ninguém acreditava que pudesse dar errado. Se fosse necessário, o governo salvaria a empreitada.

O colapso da Sete Brasil era inevitável. Em 2015, a Petrobras reduziu drasticamente, de 28 para quinze, o número de sondas que alugaria. O BNDES se recusou de vez a liberar o financiamento. Com os repasses já atrasados desde 2014, estaleiros demitiram milhares de trabalhadores, paralisando o ambicioso projeto de revitalização do setor naval. A queda do preço do petróleo, que despencou para 57 dólares o barril (o projeto tinha sido dimensionado para o valor de cem dólares), tornou a exploração do pré-sal menos viável economicamente. Após seis tentativas frustradas de renegociação com os bancos credores (Banco do Brasil, Caixa, Itaú, Bradesco e Santander), a empresa entrou com pedido de recuperação judicial em abril de 2016, com dívidas de 14 bilhões de reais.

Os abusos e excessos da Operação Lava Jato foram posteriormente expostos pelo escândalo da Vaza Jato, quando o site The Intercept Brasil revelou grampos ilegais, uso irrestrito de prisões preventivas como instrumento de pressão, colaborações premiadas direcionadas e uma proximidade imprópria entre juiz e procuradores que comprometia a imparcialidade dos julgamentos. Nada disso, porém, mudaria o fato de a Sete Brasil ter se revelado um dos esquemas mais graves de corrupção nacional.

O começo dos problemas

A expansão do BTG naquele momento não se limitava aos negócios no Brasil. O banco seguia com sua estratégia de internacionalização e, em julho de 2014, realizou seu movimento mais ousado até então: adquiriu o tradicional banco suíço BSI por 1,7 bilhão de dólares. A aquisição marcaria o retorno de André Esteves ao mercado suíço, onde havia construído parte da carreira, no UBS. Para o BTG, a transação representava uma entrada mais expressiva no mercado global. Mas o negócio era particularmente delicado, dadas as investigações em andamento nos Estados Unidos sobre o possível auxílio de bancos suíços a clientes americanos para fins de sonegação fiscal. Esteves entrou em cena garantindo aos investidores que o banco viria "limpinho" para o BTG, com a Generali assumindo eventuais passivos anteriores à venda. De fato, em 2015, antes da aprovação final da compra, o BSI fechou um acordo de 211 milhões de dólares com o Departamento de Justiça americano para encerrar as investigações.

A transação demonstrava que a reputação do BTG se mantinha estável no mercado internacional, apesar dos alvoroços político-empresariais que começavam a afetar o mercado brasileiro. No BTG, a condução simultânea de diferentes negociações enquanto se administravam crises pontuais tornou-se parte da rotina operacional e da cultura corporativa. Os sócios frequentemente trabalhavam durante a madrugada, em fins de semana e, por telefone, durante as férias. O problema que se avizinhava, porém, era de uma complexidade imprevista até para os padrões do BTG.

Em fevereiro de 2015, logo após o Carnaval, a Lava Jato respingou diretamente no banco. Era uma época em que a operação "podia tudo", como definiria um jornalista que cobriu o tema, e seus investigadores protagonistas eram tratados como heróis pela mídia. O doleiro Alberto Youssef, em acordo de delação premiada, fez declarações que mencionavam um suposto esquema envolvendo uma empresa ligada ao BTG e à BR Distribuidora, uma subsidiária integral da Petrobras, que atuava como a maior distribuidora de combustíveis e lubrificantes do Brasil.

O caso envolvia a rede de postos DVBR — aquele primeiro investimento do *merchant banking* do BTG em 2008, tratado internamente como um negócio pequeno e sem muita atenção. A operação havia chegado ao banco por meio de um executivo da Shell, amigo de um ex-sócio do BTG e que foi à primeira reunião acompanhado de Carlos Santiago — um empresário de reputação controversa, acusado anteriormente de adulteração de combustíveis pela ANP e pelas investigações de uma CPI.

O banco tinha visto no negócio uma oportunidade em um setor economicamente resiliente, com características de *"utility"* — um consumo mais previsível e pouco sensível à crise. Para dar credibilidade ao negócio, contrataram o executivo da Shell como CEO, mas, pelo acordo de acionistas, a gestão efetiva da rede ficava com Santiago.

O investimento logo começou a dar problemas. O BTG não acompanhou a operação de perto, já que os sócios estavam mais interessados nos negócios maiores que haviam fechado posteriormente. Nas poucas conversas que tinham com Santiago, ele era evasivo. A relação foi se desgastando, e os executivos do banco acharam melhor se livrar da parceria. Buscaram uma saída por meio do "embandeiramento" dos postos — processo em que uma grande distribuidora assume a rede com sua marca. Seria uma maneira elegante de reduzir a autonomia de Santiago na empresa. Após uma disputa entre Shell e BR Distribuidora, a BR venceu a concorrência em 2011.

Em sua delação, porém, Youssef alegou que esse processo teria envolvido 6 milhões de reais em propina, metade destinada ao senador Fernando Collor, que exercia influência na BR Distribuidora, e o restante dividido entre funcionários da estatal e Pedro Paulo Leoni Ramos (PP), amigo de Collor e apontado como operador do esquema. O ex-diretor da Petrobras Nestor Cerveró posteriormente afirmou ter ouvido de dentro do PP que Collor havia recebido entre 6 milhões e 10 milhões de reais no caso, mas que não havia participado das tratativas. Mais tarde, Collor e PP seriam condenados no processo.

Quatro dos postos envolvidos pertenciam a um irmão de Esteves (por parte de pai), que fora convidado pelo banqueiro a integrar a rede adquirida pelo BTG logo após o início do negócio. No momento da ruptura, as unidades foram vendidas de volta para ele pelo mesmo preço. O banco sustentou que Esteves não tivera nenhuma participação nas negociações — o que ele reafirmaria anos depois — e que, durante o período, executivos do BTG estiveram apenas duas vezes na sede da BR Distribuidora, enquanto Santiago comparecera cerca de cem vezes.

Em setembro de 2015, o BTG parecia ter passado ileso pelos problemas. O regulador suíço aprovara a aquisição do BSI, dobrando os ativos sob gestão do grupo para cerca de 200 bilhões de dólares. Mas dois meses mais tarde, em novembro, outro tema tiraria o sono dos sócios do BTG. E dessa vez traria impactos desproporcionalmente concretos.

17
"Vamos tirar meu amigo de lá"

ERAM SETE HORAS DA MANHÃ DO DIA 25 DE NOVEMBRO DE 2015, e André Esteves se preparava para uma quarta-feira sem nada atípico na agenda: o expediente terminaria no Hotel Sofitel de Copacabana, onde participaria do seminário Perspectivas Econômicas 2016, organizado pelo BTG. Na noite anterior, havia participado, com sua mulher Lilian, de um jantar na casa do empresário José Roberto Marinho, que o acionista da Globo oferecera a cientistas da área ambiental. Esteves começava o dia quando a campainha de seu apartamento à beira-mar em Ipanema tocou. Pelo olho mágico, viu os agentes da Polícia Federal, que entraram sem pedir licença assim que abriu a porta.

Seu primeiro impulso foi pedir para se trocar. Enquanto vestia uma camisa branca e calça social azul, tentava manter a calma. Pela quantidade de policiais e pelo semblante de todos, estava certo de que se tratava de algo sério. Ligou então para Roberto Sallouti, executivo que se tornaria CEO do banco no mês seguinte, mas que ainda ocupava a diretoria de operações do BTG.

"A Polícia Federal está aqui. Antes que confisquem meu telefone, preciso te dizer: na minha ausência, você e o [Marcelo] Kalim [então diretor financeiro] vão tocar o negócio. Vamos botar Persio [Arida] como chairman, o que vai ajudar na imagem. Vão ao Fundo Garantidor de Crédito (FGC), pois temos crédito elegível para descontar. Vendam toda a nossa carteira de crédito para eles ou para o mercado. O banco não tem nenhum problema patrimonial. Não temos nenhuma exposição jurídica que preocupe. Nosso tema agora é liquidez e manter nossa turma de cabeça erguida. O jurídico, vamos resolver cedo ou tarde", concluiu com uma frieza que escondia um turbilhão de emoções negativas.

No mesmo momento em que Esteves recebia os agentes, Fernanda Jorge, advogada que havia entrado como estagiária no Pactual em 2004 e se tornara uma das principais executivas da área jurídica, se preparava para o seu treino matinal no Rio. Ainda por volta das sete da manhã, seu celular tocou — era Bruno Duque, seu chefe, sócio responsável pela área jurídica. Não atendeu, pensando ser um engano àquela hora. Mas quando tocou pela segunda vez, decidiu conferir. "Fê, a polícia está na casa do Esteves, vai para lá agora. É uma busca e apreensão, não fazemos ideia do que está acontecendo." Duque estava indo para a casa do banqueiro em São Paulo, acompanhar outra equipe de policiais que também estava lá. Fernanda saiu às pressas, carregando a mochila de academia e um cabide com a roupa de trabalho. No caminho, tentava insistentemente contatar o marido, Rogério Stallone, também sócio do BTG, que estava em um flat em São Paulo a trabalho. Como ele não atendeu, ligou para o porteiro do prédio, pedindo que "esmurrasse a porta" — precisava que Stallone fosse ao banco ajudar, pois algo grave estava acontecendo. No trajeto, um apito começou a tocar em seu carro, indicando que o motor iria pifar. Fernanda estacionou na avenida Epitácio Pessoa, no bairro da Lagoa, e deu a chave para um flanelinha que avistou na hora, entregando-lhe todo o dinheiro que tinha na carteira, cem reais. "Prometo que alguém vem buscar o carro depois." Correu até o meio-fio e pegou o primeiro táxi que conseguiu.

Quando chegou ao prédio de Esteves, deparou com vários policiais no local. Subiu direto, encontrando mais agentes no apartamento. O clima era pesado. Ela se aproximou dos policiais, tentando entender o que estava ocorrendo. Conversando com um deles, descobriu que não se tratava apenas de uma busca e apreensão. Era uma ordem de prisão temporária — um tipo de detenção com prazo determinado de cinco dias, que visa garantir a eficácia das investigações do inquérito policial.

Por telefone, Duque avisou Fernanda de que na mesma investigação estavam envolvidos o senador Delcídio do Amaral, o ex-diretor da Petrobras Nestor Cerveró e seu advogado Edson Ribeiro. Ele ainda não sabia o teor da acusação, mas aos poucos ia colhendo informações com os policiais em São Paulo. Além disso, desde as seis e meia da manhã daquele dia, já ouvia as notícias sobre o caso pelo rádio. Fernanda chamou Esteves à varanda do apartamento, buscando um momento a sós. Como advogada, precisava entender a razão daquilo. "André, você precisa me dizer o que está acontecendo. Tudo. Daqui a pouco provavelmente a gente não vai ter acesso a você", alertou. Esteves respondeu que não fazia a menor ideia do que se tratava e que nunca tinha ouvido falar das pessoas que estavam sendo acusadas naquela fase da Lava Jato, com exceção de Delcídio, com quem fizera algumas reuniões no banco para discutir conjuntura econômica e política, em especial a possibilidade de recriação da Contribuição Provisória sobre Movimentação Financeira (CPMF). "Fê, deve ser fácil resolver isso, mas pode levar algum tempo e vai nos criar muitos problemas."

Os policiais olhavam em volta, como que mapeando o apartamento, mas não podiam começar as buscas porque aguardavam, de Brasília, uma correção no mandado, que estava incompleto (o documento incluía a autorização para busca e apreensão no banco e na residência do banqueiro em São Paulo, mas não no Rio de Janeiro). Para facilitar o processo, Esteves deu seu consentimento para as buscas e Fernanda fez uma autorização de próprio punho. Começaram, então, uma varredura que duraria três horas, examinando gavetas, armários, pilhas de papéis. Fernanda ainda estava otimista, acreditando que, depois que fossem à delegacia e esclarecessem tudo em um depoimento, acabariam com aquele mal-estar. Mas a situação estava longe do fim.

Antes de ser levado, Esteves pediu a Lilian que ligasse para o advogado Antônio Carlos de Almeida Castro, conhecido como Kakay, e famoso por defender políticos e empresários em processos criminais. Ainda que só conhecesse Kakay socialmente nessa época, avaliou que ele saberia lidar bem com a imprensa, algo fundamental no contexto turbulento do Brasil de então, assolado pelas notícias da Lava Jato.

Uma decisão pesada

A prisão de Esteves de fato se revelaria consequência de um desdobramento da Operação Lava Jato, mas sem relação direta com o cartel das empreiteiras que prendera meses antes vários executivos da construção civil. Esteves era acusado de obstrução ou embaraço à investigação de organização criminosa. De acordo com a denúncia assinada por Rodrigo Janot, procurador-geral da República, em 7 de dezembro de 2015, o banqueiro teria participado de um esquema para impedir que Nestor Cerveró celebrasse acordo de colaboração premiada com o Ministério Público Federal ou, ao menos, que "ocultasse fatos que pudessem relacionar as pessoas de Lula, José Carlos Bumlai [empresário pecuarista] e André Esteves às condutas criminosas". O documento apontava que o BTG estava envolvido em negócios que poderiam ser expostos na colaboração de Cerveró, especificamente o embandeiramento de postos de combustíveis pela BR Distribuidora (em referência à rede de postos que pertencia ao banco e que o doleiro Alberto Youssef já havia mencionado, afirmando, em sua delação em fevereiro de 2015, que havia um suposto esquema de pagamento de propinas) e a aquisição de ativos da Petrobras na África pelo BTG. Segundo a acusação, havia preocupação de que esses assuntos não fossem mencionados na eventual delação de Cerveró.

A acusação se baseava em uma conversa gravada por Bernardo, filho de Cerveró, durante uma reunião em 4 de novembro num quarto do Hotel Royal Tulip, em Brasília. Na gravação de uma hora e meia, feita com um aparelho extra que Bernardo levou escondido após todos guardarem seus celulares, o senador Delcídio do Amaral, líder do governo no Senado, mencionava um encontro com Esteves aonde teria ido "encaminhar definitivamente aquilo que nós conversamos" — uma suposta referência a um acordo pelo qual o BTG bancaria uma mesada de 50 mil reais à família de Cerveró em troca de seu silêncio. Num outro trecho da conversa, o senador sugeria que havia fechado um plano de fuga do Brasil utilizando o avião a jato Falcon 50 para ir direto até a Espanha (o que, na prática, é inviável, já que esse modelo não tem autonomia para um voo dessa distância). Participaram daquela reunião o senador Delcídio do Amaral (líder do governo no Senado), Diogo Ferreira Rodrigues (chefe de gabinete do senador) e o advogado de Cerveró, Edson Ribeiro. Naquele mesmo dia, foram presos o senador, Ferreira e, dois dias depois, Ribeiro, que estava em Miami quando sua prisão foi decretada.

Delcídio do Amaral seria o primeiro senador a ser preso no exercício do cargo na história do país. O ministro Teori Zavascki, relator da Lava Jato no STF, havia telefonado na noite anterior para o presidente do Supremo, Ricardo Lewandowski, comunicando-lhe uma reunião extraordinária da Segunda Turma que aconteceria pela manhã. A ideia era dividir entre os ministros o peso histórico da decisão de prender um senador da República, algo que só poderia acontecer em flagrante.

Assim que tomou ciência da acusação, Kakay decidiu reforçar o time de defesa de Esteves com outra contratação de peso, Sepúlveda Pertence, ex-ministro e ex-presidente do STF e um dos mais respeitados juristas brasileiros — além de especialistas criminais próximas ao BTG, Sônia Ráo e sua sócia Natasha do Lago. Diante da urgência e da peculiaridade do caso do banqueiro, alguns dias depois Kakay recomendou a entrada de mais um medalhão: Nelson Jobim. Ele era respeitado e tinha trânsito no Supremo, onde o processo do banqueiro, que correu do início ao fim em segredo de justiça, tramitava por estar atrelado ao processo de um senador. Ex-ministro da Justiça no governo Fernando Henrique Cardoso, ex-presidente do STF e ex-ministro da Defesa no governo Lula, Jobim, mesmo sem conhecer pessoalmente Esteves, aceitou participar da defesa após examinar o caso e ter uma conversa pessoal com Lilian e Kalim. Nas primeiras petições que fez junto com os advogados, mostrou sua capacidade de síntese, resumindo trinta páginas em cinco.

Kakay, que recebera a ligação de Lilian enquanto se exercitava na esteira pela manhã, foi acompanhar a reunião extraordinária convocada por Zavascki. Foi um encontro protocolar, apenas para formalizar o que já havia sido definido. Um dos argumentos centrais para a decisão era que as acusações — "obstrução das investigações e participação em organização criminosa" — configuravam crime permanente, caracterizando assim o flagrante, exigência para se justificar a prisão do senador.

Operação de guerra

Às 7h56 da manhã que Esteves fora preso, a repórter Daniela Milanese, da Bloomberg, já havia ligado para Alcides Ferreira, então diretor da FSB. A agência de comunicação corporativa de Chiquinho Brandão era a maior do país, famosa por suas conexões políticas, e tinha conquistado havia pouco tempo o BTG como cliente. A repórter queria saber sobre a prisão. Mas Ferreira não tinha a resposta. A equipe da agência montou rapidamente um QG para tratar da crise na sala 26 do 14º andar do prédio do banco, onde Esteves costumava fazer suas principais reuniões. Essa se tornaria a base do comitê de crise. Nos dias e semanas seguintes, seria preciso ocupar também as salas vizinhas: a 25 foi reservada para a assessoria de imprensa do caso, a 24 para a equipe de marketing, e, depois, três salas passariam a ser dedicadas a *calls* com investidores. No primeiro momento, os sócios do banco emitiram apenas uma nota afirmando que colaborariam com as investigações.

A primeira ligação que Roberto Sallouti recebeu naquele dia não foi de Esteves. Minutos antes de o banqueiro acioná-lo, seu telefone já não parava de tocar. Como diretor de operações, Sallouti era o responsável pelos Serviços Gerais do BTG, e uma das únicas funcionárias que já estavam no escritório naquele começo de manhã do dia 25 de novembro informava que a Polícia Federal estava no banco. Enquanto absorvia a informação, apareceu a chamada de Esteves. Já Kalim estava em Lugano, na Suíça, quando foi informado por Duque da presença da PF no banco. Imediatamente telefonou para Carlos Fonseca, que morava a três minutos a pé da sede. Ele sairia correndo para lá.

A sede do banco na Faria Lima havia se transformado num cenário de filme de ação: dezenas de policiais federais truculentos armados com metralhadoras bloquearam o acesso ao *trading floor* — pela primeira vez na história a cortina do vidro que separava o ambiente dos corredores das salas de reunião foi fechada, em uma tentativa de não assustar os funcionários. Cada pessoa que chegava, no entanto, ficava apavorada. Os agentes circularam por todos os andares do escritório, pedindo para abrir salas e depósitos, e remexeram em tudo. Abriram gavetas dos funcionários e, depois de algumas horas, foram embora levando computadores e celulares de muitos colaboradores.

Eles voltariam à tarde — eram agora cerca de seis oficiais —, pedindo para ver a sala de Esteves. Informados de que ele não tinha sala, reagiram com incredulidade, insistindo, até entenderem que não se tratava de um blefe. O banqueiro, como seus colegas, trabalhava em uma mesa no espaço aberto do *trading floor*. Um dos policiais se sentou à cadeira do banqueiro e, não achando nada muito especial ali, analisou alguns papéis que estavam na mesa ao lado, ocupada por Persio Arida. Tratava-se de documentos pessoais, relacionados ao inventário de sua mãe, que havia falecido recentemente.

Na hora do almoço, Esteves foi levado em um carro da polícia para a Superintendência da Polícia Federal. Como se tornara um padrão na Lava Jato, a cena foi midiaticamente orquestrada, com um cinegrafista da TV Globo, em posição estratégica, aguardando a chegada do banqueiro. As imagens de Esteves se tornaram o principal registro do dia. Ao chegar à Superintendência, o banqueiro permaneceu em uma sala com delegados, aguardando a documentação para o interrogatório chegar de Brasília.

Bruno Duque, Sônia Ráo e sua sócia Natasha do Lago chegariam em seguida. Quem falaria com as equipes de TV seria Kakay, reforçando a colaboração do BTG com as autoridades. Todo o time jurídico tentava entender o processo e ter acesso aos autos. Mas tudo ainda era muito confuso e não parecia parar de pé.

Com os jornais divulgando a prisão de Esteves e informações imprecisas sobre seu envolvimento na Lava Jato, o BTG começou a enfrentar uma situação desafiadora. Teve início imediatamente uma corrida bancária (quando muitos clientes sacam dinheiro de uma só vez), o que em geral é motivo de intervenção em instituições financeiras. Dentro do banco, a crise se materializava em números que piscavam nos terminais, sinalizando que a liquidez diminuía em tempo real. Grandes gestores de recursos passaram a evitar exposição ao banco, temendo riscos reputacionais e de contraparte.

Naquele mesmo dia, o Banco Central enviou um representante para acompanhar a posição de caixa do banco, minuto a minuto, em função do risco sistêmico — quando a quebra de um banco pode contaminar rapidamente os concorrentes, já que o sistema é interligado. Os profissionais do bc foram instalados em uma sala com acesso aos sistemas internos, acompanhando cada movimentação financeira. O btg mantinha, naquela época, cerca de 20 bilhões de reais em caixa durante os trimestres normais, mas agora cada entrada e saída eram monitoradas com atenção milimétrica. A maior parte dos recursos estava aplicada em títulos públicos de curto prazo — uma decisão estratégica e conservadora, que privilegiava a liquidez imediata em detrimento de retornos maiores.

Naquele dia, Persio Arida foi nomeado ceo interino (viria a se tornar chairman, como Esteves sugerira a Sallouti, se a situação perdurasse), em uma escolha que se provaria acertada. Além do prestígio acadêmico, o economista carregava a credencial de ter sido um dos arquitetos do Plano Real, além de ex-presidente tanto do Banco Central quanto do bndes. Num momento em que o btg precisava transmitir confiança institucional, poucos nomes no mercado financeiro brasileiro reuniam tantas qualificações. Sua capacidade de articulação e profundo conhecimento do sistema financeiro se mostrariam cruciais nas semanas seguintes, especialmente nas reuniões com reguladores, investidores e clientes.

Às três da tarde, Arida seria convocado para uma reunião com autoridades no Banco Central. Decidiu manter sua participação no seminário sobre as perspectivas econômicas no Rio de Janeiro — o mesmo do qual Esteves pretendia participar. Cancelar seria mais prejudicial para a imagem da instituição, concluiu. O evento reuniu cerca de quatrocentos clientes, a maioria da área de *private banking*. Apesar do momento delicado, ou talvez por causa dele, o auditório estava lotado — muitas pessoas que inicialmente não compareceriam fizeram questão de ir, algumas por curiosidade, outras em demonstração de solidariedade ao btg e a Esteves, incluindo ex-sócios que já haviam vendido suas ações.

Arida se antecipou aos questionamentos sobre a prisão de Esteves, que sem dúvida viriam, abordando o tema e declarando que ainda não sabiam ao certo o teor das acusações. Mas expressou sua descrença na substância delas e garantiu que o banco continuaria operando normalmente. Procurou tranquilizar a plateia, afirmando confiar na Justiça e esperar uma rápida resolução do caso. Ressaltou ainda que a Lava Jato era importante para o país. Quando alguém insistia em saber mais detalhes, reafirmava sua declaração inicial e redirecionava a discussão para o tema do seminário. Junto com Eduardo Loyo, conduziu as discussões sobre PIB e perspectivas da economia global, embora fosse perceptível que a maior parte dos presentes estava mais interessada em entender o que de fato acontecia com o dono do banco.

Naquele longo dia, o banco, numa tentativa de demonstrar confiança aos investidores, anunciou um programa de recompra de até 10% de seus papéis, com prazo de dezoito meses para execução. Mas o expediente se encerrou com números assustadores. As *units* do BTG despencaram 21,01%, fechando a 24,40 reais após atingirem a mínima de 18,86 reais. O impacto na liquidez também foi imediato. Só no dia da prisão, o banco enfrentou saques de 5,1 bilhões de reais. Nos dois dias seguintes, os resgates continuaram intensos: 2,7 bilhões de reais no segundo dia e 1,3 bilhão de reais no terceiro, totalizando 9,1 bilhões de reais em apenas três dias. As ações da Brasil Pharma, ainda controlada pelo BTG naquela época, caíram 10,26% em um dia.

No mercado internacional, o impacto foi igualmente severo. Os eurobônus de cinco anos do BTG tiveram um rendimento de 12,3%, caindo ao nível de emissores especulativos. Isso significava que os investidores estavam vendendo seus títulos em massa, fazendo o preço cair e, em consequência, o rendimento subir até muito acima dos 4% a 6% normais para bancos sólidos, o que indicava forte desconfiança na capacidade do BTG de honrar suas dívidas. A consultoria Eurasia Group alertou pela primeira vez sobre o risco de contágio do setor financeiro. As ações dos outros bancos brasileiros também registraram quedas significativas, embora menores que a do BTG. As agências de classificação de risco Fitch e Moody's puseram os ratings do banco e de suas subsidiárias em observação para um possível rebaixamento — algo que seria concretizado dias depois, devido a "preocupações com a governança e possíveis impactos na capacidade de geração de negócios". O jornal britânico *Financial Times* destacou que era a primeira vez que a Lava Jato atingia o "sofisticado mundo dos negócios na avenida Faria Lima". Para investidores estrangeiros, que viam em Esteves uma história de sucesso no mercado financeiro brasileiro, a prisão foi um susto enorme.

"Tem um shopping por aqui?"

Ao final da tarde, veio a notícia de que o banqueiro teria que passar a noite na PF. Fernanda Jorge foi verificar a cela e descobriu uma situação ainda mais desagradável: o local, além de imundo, estava sujo de sangue — segundo os policiais, em uma aparente brincadeira de mau gosto, um cozinheiro havia sido morto ali na semana anterior. A cela tinha nove metros quadrados. "Se quiser limpar, limpa você", disseram os agentes quando ela pediu que fizessem a assepsia do local. Fernanda ligou para um amigo advogado, Vicente Donnici, pedindo que comprasse materiais de limpeza. Com vassoura, desinfetante e pano de chão, ela mesma limpou a cela. Durante a faxina, teve que tolerar o assédio de um policial que perguntou, em tom jocoso: "Novinha, vai ficar até que horas limpando esse chão?". Fernanda decidiu não ir para casa naquela noite. Optou por ficar sentada em uma cadeira na entrada da carceragem.

Quando o dia chegou ao fim, mais de 1340 notícias haviam sido publicadas sobre a prisão, e a equipe de comunicação havia realizado mais de cem atendimentos à imprensa — muitos deles, off-the-record, conduzidos por Sallouti. O diretor cuidava pessoalmente da comunicação junto com a equipe do setor. Costumava se antecipar a Neuza Sanches, então diretora da área, para responder aos jornalistas, já copiando e orientando os respectivos sócios que deveriam atender a cada solicitação de entrevista.

No dia seguinte, Esteves prestou seu depoimento formal à Polícia Federal, demonstrando a mesma frieza do dia anterior. Afirmou conhecer Amaral apenas "institucionalmente", tendo participado de não mais que cinco encontros com o senador — todos realizados no próprio banco. Garantiu que jamais tinham conversado sobre a Lava Jato ou Nestor Cerveró. Disse ainda que não conhecia Cerveró, tampouco os outros presentes naquela gravação além de Amaral, e informou que não tinha interesse em nenhum desfecho sobre a negociação da delação de Cerveró. Disse ainda que não houve pagamento algum a nenhum dos mencionados.

Enquanto isso, no banco, a estratégia de comunicação já havia sido dividida em três frentes distintas: a crise em si, o *"business as usual"* do banco, e tudo que envolvesse o próprio André Esteves. Era vital separar a figura do banqueiro da instituição — se ele tivesse problemas a responder na Justiça, o banco precisava ser visto como uma entidade à parte. Mas, na prática, isso significava um desafio hercúleo: a imagem de Esteves era o BTG e vice-versa. A corrida bancária iniciada no dia anterior continuou intensa.

Para Esteves, seus advogados e a equipe do banco, o segundo dia foi uma continuação do primeiro. No escritório, Kalim e Sallouti respondiam a demandas da equipe, atendiam o telefone, direcionavam o time de comunicação, traçavam estratégias e cenários com os sócios. O momento crítico evidenciou que a *partnership* funcionava na operação. "As pessoas sabiam o que elas tinham que fazer por instinto e imediatamente. Foi muito interessante de ver, antropologicamente, cada um desempenhando o seu papel", observaria Eduardo Loyo, economista-chefe que permaneceu no BTG após a recompra do Pactual. Diante de Kalim, formavam-se filas para receber orientações objetivas sobre vendas de ativos e gestão de liquidez. Ele despachava os temas com objetividade, um após o outro. Sallouti, por sua vez, procurava manter as pessoas motivadas e a operação do banco funcionando, apesar do caos. Já a estratégia de Arida com os clientes consistiu, desde o primeiro momento, em deixá-los sacar seu dinheiro, sem tentar impedi-los. Em vez de gastar tempo tentando convencê-los do contrário, com certeza em vão, preferiu se concentrar na sobrevivência do negócio.

Ao final do segundo dia, mais uma surpresa desagradável. O ministro Teori Zavascki negou o pedido de revogação da prisão temporária feito pela equipe jurídica de Esteves, argumentando que não havia decorrido o prazo legal de cinco dias estabelecido para a duração da medida. Destacou que, tendo em vista a recente realização de buscas e apreensão relacionadas à investigação, caberia aguardar manifestação da autoridade policial e da Procuradoria-Geral da República sobre eventual necessidade de prorrogação da prisão. Esteves havia removido recentemente uma pinta suspeita nas costas. Em função do procedimento dermatológico, sua defesa havia ainda solicitado que sua prisão fosse convertida em domiciliar. Mas o ministro também rejeitou o pedido, por não encontrar situação de doença grave que justificasse tal decisão.

Zavascki autorizou a transferência de Esteves para o presídio Ary Franco, conforme solicitado pela autoridade policial, antes de seu destino final: a Cadeia Pública Pedrolino Werling de Oliveira, conhecida como Bangu 8 — a unidade do Complexo Penitenciário de Gericinó destinada a presos com nível superior, como empresários e políticos. A transferência começou por volta das dez e meia da noite. A GloboNews, com um helicóptero sobrevoando a região, transmitiu ao vivo todo o trajeto: primeiro a passagem pelo IML para o exame de corpo de delito, depois uma parada no Presídio Ary Franco para uma triagem, e, de lá, seguiu para Bangu. No meio do caminho, preso no trânsito congestionado do centro do Rio, Esteves se tornou alvo de dezenas de fotógrafos enquanto aguardava no carro da PF. Em Bangu 8, rasparam sua cabeça — algo que não se costumava fazer por ali. Além de Esteves, o único detento com o cabelo raspado era o advogado Edson Ribeiro, defensor de Nestor Cerveró e também acusado de tentar obstruir as investigações da Lava Jato, além de patrocínio infiel (pois teria passado a proteger os interesses de Delcídio do Amaral em vez dos interesses de seu cliente). Parecia existir a disposição de demonstrar um certo rigor no tratamento de personalidades importantes. Esteves e Ribeiro se cruzariam na carceragem dias depois. Não podiam ter contato, mas o advogado infringiu a regra para fazer um único comentário: "Sua prisão é um absurdo".

O impacto na confiança do mercado se intensificava naqueles primeiros dias. Na manhã de sexta-feira, 27 de novembro, o banco tinha cerca de 25 bilhões de reais em caixa, mas a pressão dos saques era crescente. Grandes gestores de recursos começaram a retirar seus depósitos, cancelar operações em que o BTG era contraparte e liquidar títulos emitidos pelo banco.

Enquanto isso, a equipe jurídica interna do banco — Bruno Duque, Fernanda Jorge e Iuri Rapoport, sócio antecessor de Duque no cargo e que migrara para a área de responsabilidade social — fez sua primeira visita a Esteves no presídio. O momento misturava tristeza profunda e a exaustão de noites maldormidas, tarefas infindáveis e perspectivas nebulosas. Na hora de decidir quem entraria primeiro no parlatório para falar com Esteves, houve um instante de hesitação. Ficaram os três ali, parados e titubeantes. O poderoso banqueiro que eles tinham orgulho de chamar de "chefe" estava agora em uma cela, vulnerável, contando com o apoio deles para sair dali.

Fernanda foi primeiro. Pegou o telefone que fica do lado dos visitantes e viu Esteves pelo vidro. "Como você está?", perguntou, com cuidado. "Nós estamos muito preocupados. Como você passou a noite?" Ao que Esteves respondeu: "Não se preocupem comigo, estou me adaptando". Queria mesmo era saber todos os detalhes sobre a administração da crise no banco. Insistiu na importância de manterem a equipe confiante, reforçando que o mais importante era preservar a liquidez. Também indicou que deveriam colaborar com todas as investigações sem receio. "Não temos nada a esconder. Vamos resolver isso", repetia, em tom motivacional.

Antes de encerrar a conversa, fez uma pergunta que pegou Fernanda de surpresa: "Fê, você conhece essa região de Realengo, aqui perto?". Queria saber se o bairro populoso e periférico da Zona Oeste do Rio de Janeiro tinha um shopping. Tinha: o Bangu Shopping. "Você não pode ir lá comprar uma chuteira pra mim? Vai ter um futebol dos presos ao meio-dia." Fernanda levou um susto com o sangue-frio do chefe, mas se permitiu rir em seguida. Ao meio-dia, Esteves entrava em campo com a chuteira nos pés.

O banqueiro ficava numa área da prisão com seis celas, relativamente isolada e reservada para acusados de estupro e assassinato. Todas estavam ocupadas. Essa separação era uma política da direção do presídio para evitar conflitos com os demais presidiários. No caso de Esteves, apesar de sua acusação ser de natureza diferente, ele foi alocado ali por ser um empresário potencialmente visado — a administração temia que outros presos pudessem tentar alguma abordagem, dada sua condição financeira. Era uma escolha difícil: expô-lo aos acusados de crimes sexuais e homicídios parecia, por ironia, mais seguro, já que estes não estavam, em princípio, interessados em dinheiro. Embora alguns presos compartilhassem suas histórias "por alto", Esteves mantinha uma distância "cautelosa e estratégica" do passado que os havia levado àquele lugar sombrio. Cada detento tinha sua própria cela, mas as portas permaneciam abertas à noite, sendo trancada apenas a entrada do corredor. Para relaxar minimamente, o banqueiro desenvolveu métodos de sobrevivência. Improvisou um sistema de alerta rudimentar para o caso de alguém tentar atacá-lo durante a madrugada: colocava um objeto de plástico, que lembrava uma pequena estante, em frente à porta da cela que, se derrubada, o acordaria na mesma hora. Nunca aconteceu.

Dormia em um colchão fino sobre uma cama de cimento. Adaptava-se à comida de pouca qualidade servida em marmitas. A remoção recente daquela pinta suspeita exigia curativos diários em um local que não alcançava. O médico do presídio ia apenas uma vez por semana — um profissional atencioso, com quem desenvolveu uma relação cordial e que mais tarde reencontraria em seu consultório no Leblon. Nos outros dias, passou a depender da ajuda improvisada de outro detento, que tinha formação médica.

Sentia medo todos os dias. Com o passar do tempo, no entanto, foi encontrando uma maneira de encarar a nova realidade. Aos poucos, o banqueiro conhecido por cativar empresários e políticos com seu misto de espertaza e carisma foi se enturmando no presídio. Durante as partidas de futebol, de que agora participava com frequência, o clima não era exatamente descontraído. Havia a tensão constante no ar, com discussões recorrentes sobre faltas e pênaltis que poderiam escalar para conflitos mais sérios. Esteves tentava se manter à margem dos embates.

Depois de participar de alguns jogos, um grupo de detentos se aproximou dele para fazer um pedido. Um deles falou: "André, é o seguinte. Aqui tem muito bandido, dá briga toda hora. A gente sabe que você é um cara inteligente, sabe lidar com situação difícil. Então você, a partir de agora, fica de juiz. Pode continuar jogando normal, mas se tiver um lance de dúvida, você é que decide e nego aqui vai ter que aceitar. Tá combinado?". Esteves, sentindo-se lisonjeado e apreensivo, teve que aceitar. Desenvolveu então uma estratégia para tentar manter a paz no campo. Seus jogos sempre terminavam em placares apertados: quando percebia que um time estava dominando demais a partida, encontrava um jeito de equilibrar o jogo, às vezes até marcando um pênalti duvidoso para o time perdedor. Tinha em mente que não podia se indispor com ninguém.

Para enfrentar o calor intenso do verão carioca, tinha um ventilador que os advogados haviam levado. Um dos detentos o ensinou a fazer uma espécie de geladeira improvisada usando materiais básicos — um recipiente de plástico forrado com papelão e fita isolante, já que isopor não era permitido.

Quando sua família enviava comida — como os empadões feitos por sua mãe —, ele fazia questão de esperar os colegas de ala que trabalhavam durante o dia voltarem para jantarem juntos, num esforço de integração. Muitas vezes descobria que alimentos enviados pela família nunca eram entregues.

Durante sua permanência em Bangu, Esteves se transformou em consultor financeiro informal do presídio. "Eu cuidava das finanças, dava conselhos para os agentes penitenciários", contaria depois. Explicava, por exemplo, como usar o crédito consignado para quitar dívidas de cartão de crédito, que tinha juros muito altos, fazia as contas mostrando quanto economizariam com juros, e chegou a conversar com a esposa de um deles, que era quem cuidava das finanças da família.

Seu conhecimento jurídico também cresceu exponencialmente naquele período. Leu o Código Penal inteiro, além de diversos livros de direito penal e processual. Isso lhe renderia uma brincadeira recorrente no futuro: "Se eu fizer a prova da OAB [Ordem dos Advogados do Brasil], eu passo. Abraham Lincoln tinha o Bar [exame estadual para licença de advocacia nos Estados Unidos] sem ser advogado, porque ele fez a prova e ganhou o direito de advogar. É o direito que eu também reivindico". Com o tempo, começou a desenvolver habilidades jurídicas práticas. Escreveu rascunhos de habeas corpus de alguns colegas detentos. Para isso, pedia para relatarem sua história em detalhes.

"Meu único emprego"

Na manhã de 27 de novembro, dois dias após a prisão de Esteves, Persio Arida enviou uma carta aos clientes do banco, incluindo os estrangeiros, detalhando as medidas tomadas desde então. Com a habilidade diplomática que o caracterizava, enfatizou pontos estratégicos: ressaltou que o BTG não era alvo de nenhuma investigação, destacou os excelentes resultados do último trimestre — que incluíam um lucro líquido de 1,51 bilhão de reais (aumento de 96% em relação ao mesmo período do ano anterior), receitas totais de 2,56 bilhões de reais e um expressivo retorno sobre o patrimônio de 28,8% — e a forte presença internacional do banco (menos de 40% da receita era proveniente do Brasil). Mencionou também a expansão bem-sucedida das operações na América Latina e na Suíça através do BSI. Para transmitir segurança aos investidores, sublinhou que a parceria na sociedade permanecia intacta, com 80% das ações nas mãos de mais de duzentos sócios. A mensagem era clara: apesar da crise, a instituição mantinha sua solidez.

Foi nesse dia que aconteceu a primeira reunião com os dez principais sócios (o comitê executivo), sem Esteves, na hora do almoço. Em condições normais, os encontros semanais ocorriam às segundas-feiras, na sala 14. Naquele dia, sexta-feira, tratava-se de uma reunião extraordinária para deixar todos a par da situação e do que estava sendo feito. Durante o período em que Esteves esteve na prisão, sua cadeira ficou vazia. Kalim, que era um dos mais próximos do chefe do banco, surpreendeu a todos com um discurso emocionado. Foi uma reação inédita para os outros sócios, já que se destacava pela frieza no trato. Como CFO do banco, tinha poucas pessoas sob seu comando direto, atuando mais como um pensador estratégico.

Às dezoito horas, a empresa toda foi convocada para ouvir a diretoria em meia hora, no auditório, numa reunião que lembrava os tempos de UBS, pela formalidade que sugeria o encontro corporativo. Arida fez um discurso sóbrio sobre sua experiência com outras crises, buscando transmitir confiança. O ponto alto, mais uma vez, seria Kalim. Ele, que sempre falava sobre números, dessa vez mudou o tom: "Hoje estou aqui para falar da nossa casa". Com a voz embargada e os olhos marejados, explicou as ações tomadas naqueles dias e proclamou que não se abateriam e que sairiam mais fortes. Terminou com uma declaração emocionada, que levou muitos às lágrimas: "E vamos tirar meu amigo de lá!".

Roberto Sallouti encerrou o encontro reforçando a mensagem de união e a importância de cada funcionário naquele momento. A determinação de manter a normalidade das operações era evidente — após a reunião, um grupo de executivos conduziu entrevistas com candidatos a trainee. Abriam as conversas dizendo que o banco estava bem, cooperando com as investigações, e tranquilo, pois não tinha nada a esconder. Em um desses encontros, quando indagados sobre suas trajetórias, os entrevistadores revelaram histórias que captavam a essência da instituição: "Engenharia, dezoito anos de banco, meu único emprego", disse um. "Engenharia, quinze anos de banco, meu único emprego", seguiu outro. "Engenharia, dezoito anos de banco, meu único emprego", continuou uma executiva. Por fim, um sócio em tom bem-humorado: "Eu tenho mais tempo de banco que você tem de vida... Informática, 26 anos de banco e meu único emprego".

No domingo, 29 de novembro, Esteves completava os cinco dias da prisão temporária. Entre os sócios, advogados e sua família, havia a esperança de que fosse solto. A acusação parecia inconsistente, sem novas revelações, e os advogados trabalhavam para convencer as autoridades disso. Mas não foi o que aconteceu. O ministro Teori Zavascki determinou a conversão da prisão temporária em preventiva — ou seja, sem prazo determinado para terminar. O argumento do magistrado era que soltar Esteves representaria risco à ordem pública, à ordem econômica e à própria instrução criminal do caso. Kakay ficou especialmente preocupado com a decisão, pois sua experiência indicava que, no contexto da Lava Jato, não havia precedentes de prisões preventivas com duração inferior a seis meses. Comunicou a preocupação a Esteves, preparando-o para uma potencial temporada prolongada em Bangu. O banqueiro, acostumado a comandar quase tudo ao seu redor, estava apreensivo, amedrontado, e se sentia, acima de tudo, impotente.

Sem perspectivas de sair da prisão, acionou o plano de contingência do banco, concebido anos antes para o caso de sua morte. O plano indicava a conversão de suas ações ordinárias em preferenciais, que seriam transferidas para um grupo específico de acionistas — o G7, formado pelos sete principais sócios: Persio Arida, Marcelo Kalim, Roberto Sallouti, Renato Santos, Guilherme Paes, James Oliveira e Antônio Carlos Canto Porto Filho (Totó). Era uma decisão que envolvia riscos pessoais significativos: afinal, como controladores, eles poderiam ter seus bens bloqueados caso o banco quebrasse. Todos aceitaram o risco.

No mesmo dia, o banco anunciou a renúncia formal de Esteves aos cargos de presidente do conselho de administração e diretor-presidente, tanto do BTG Pactual quanto do BTG Participations (holding da *partnership*). O conselho oficializou então o que já vinha funcionando na prática: Persio Arida assumiu como chairman (presidente do conselho), tendo Huw Jenkins como vice-presidente, enquanto Kalim e Sallouti foram formalmente designados co-CEOs. Esteves renunciou também a todos os cargos em conselho de administração de que participava, no Brasil e no exterior: BM&F Bovespa (integrante desde março de 2013), Council on Foreign Relations (CFR) e Conservation International.

O escrutínio sobre o banco intensificou-se não apenas pelas buscas e apreensões realizadas em suas dependências, mas também por uma série de reportagens na imprensa, que relacionavam o BTG e Esteves a diferentes temas — alguns que, posteriormente, se transformariam em inquéritos. Entre os casos noticiados estavam questionamentos sobre a aquisição de ativos da Petrobras na África, com alegações de que o valor pago estaria abaixo do mercado; suposta influência do banco em medidas provisórias através de relações com o então presidente da Câmara, Eduardo Cunha; e investigações sobre a contratação de palestras do ex-presidente Lula. Em relação às palestras do ex-presidente, o banco confirmou ter contratado Lula para três eventos — um em 2011 e dois em 2013 —, realizados em Nova York e Londres para cerca de trezentos investidores em cada um. O BTG ressaltou que regularmente convidava ex-presidentes para seus eventos internacionais, como Nicolás Sarkozy (França), Cesar Gaviria (Colômbia), Alan García (Peru), Álvaro Uribe (Colômbia) e Sebastián Piñera (Chile).

Havia ainda a grave situação da Sete Brasil, que se desenrolava nas investigações da Lava Jato, frequentemente com menção ao BTG, que, junto a outros bancos, era sócio da Petrobras no negócio. Essas investigações surgiam como manchetes nos jornais e obrigavam os sócios do banco a prestar esclarecimentos em entrevistas — geralmente em off —, ainda que sem desfecho claro.

Um exemplo ocorreu em 2 de dezembro de 2015, quando *O Globo* publicou que o BTG havia orientado Eduardo Cunha em alterações na medida provisória 627, que regulava a tributação de empresas no exterior. O jornal teve acesso a trocas de e-mails entre a direção do banco e o então deputado, que era relator da MP. A correspondência, de cunho técnico, datada de dezembro de 2013 a fevereiro de 2014, continha sugestões de mudanças no texto, em especial em relação à dedutibilidade de impostos pagos no exterior. Cunha confirmou a troca de mensagens na época, esclarecendo que, como relator, havia recebido centenas de sugestões de diferentes instituições bancárias e empresas com operações internacionais — a MP recebeu 516 emendas na comissão especial. O episódio evidenciava os canais existentes entre o banco e parlamentares-chave, que poderiam apresentar seus interesses em matérias legislativas sensíveis ao setor financeiro — uma relação delicada e potencialmente conflituosa, porque misturava expertise técnica com interesses corporativos na construção de legislações que afetariam toda a sociedade. Um ano antes de Cunha assumir a presidência da Câmara, ele e Esteves tinham se tornado próximos. Em janeiro de 2014, o político entregou ao banqueiro o currículo da filha, a advogada Camilla Dytz da Cunha, para concorrer a uma vaga no BTG. Ela foi aprovada, segundo os sócios, "por méritos absolutamente próprios", e passou a integrar a equipe jurídica do banco. Camilla faria carreira na instituição por mais de uma década, assumindo o departamento jurídico da *trading* de commodities do BTG.

"Em tese"

Na sexta-feira, dia 4 de dezembro, o BTG conseguiu que o FGC disponibilizasse um crédito de 6 bilhões de reais em financiamento emergencial — sugestão que Esteves apresentara no telefonema para Sallouti pouco antes de ser preso. Para acessar o valor, o banco deu como garantia 8 bilhões de reais em créditos. O acordo com o FGC exigia que não só os sócios, mas também suas esposas (mesmo as casadas com separação total de bens) assinassem o acordo.

Ainda que afastado oficialmente do banco, Esteves mantinha um canal com a instituição por meio das visitas diárias que recebia dos advogados sócios do BTG. Na prática, continuava a opinar nas principais decisões estratégicas do banco, mesmo que o dia a dia da crise fosse administrado por Sallouti, Kalim e os outros sócios do G7. Por recomendação dos advogados, desenvolveu um código particular para suas comunicações: utilizava a expressão "em tese" antes de suas orientações. Era uma forma de se proteger em termos jurídicos, já que estava formalmente afastado da gestão.

Para a família, as visitas eram permitidas às quartas e sábados, das dez da manhã às quatro da tarde. Apenas sua mãe, Tania, e sua esposa, Lilian, iam vê-lo — uma decisão tomada por ele para proteger os filhos. Como as outras mulheres que visitavam os parentes presos, elas precisavam pegar um micro-ônibus na entrada do complexo penitenciário que as deixava nos respectivos pavilhões e passavam pela revista-padrão. Todo alimento levado era submetido a um exame minucioso, com os agentes furando até mesmo os empadões enviados por Tania para verificar se não havia algo escondido. Esteves as esperava sempre arrumado — só não podia fazer a barba. Lilian conversava diariamente com os sócios do marido e os advogados, tendo participação ativa nas estratégias de defesa e nas decisões do BTG.

As notícias sobre a prisão de Esteves geraram alguns episódios de desinformação. Um jornal do Rio de Janeiro, por exemplo, publicou que sua esposa — que, como ele, é formada em matemática, mas foi descrita incorretamente como ex-modelo — teria conseguido autorização especial para levar bacalhau do restaurante Antiquarius para o marido na prisão. Era mentira. A notícia ganhou repercussão na imprensa. Um dos jornais que primeiro divulgou a história publicou depois uma nota afirmando que a assessoria do banqueiro negou que ele tivesse recebido a "mordomia", quando o time de comunicação do BTG sugeriu usarem imagens das câmeras de segurança do presídio para provar que se tratava de uma informação falsa. Em sua coluna no jornal *O Globo*, Lauro

Jardim acompanhou o caso com uma série de notas sobre a prisão. O colunista sugeria que haveria mais "revelações" por vir em uma nota intitulada "Esteves: Seu inferno está no começo". O tom por vezes debochado ficava evidente em alguns trechos, como quando descreveu o calor na cela: "O tempo está quente em Brasília. Mas o que ferve mesmo é a cela de André Esteves em Bangu 8". Anos depois, num encontro de reconciliação na casa de Chiquinho Brandão, da FSB, o jornalista reconheceria ao próprio Esteves que fora "cruel" na cobertura.

Apesar do bom humor e da leveza que conseguia manter nas interações dentro da prisão — e que usaria nos relatos quebra-gelo que faria no mercado ao se recordar desse período no futuro —, Esteves vivia um turbilhão interno. Por trás da aparente tranquilidade, sentia-se constantemente angustiado, temendo por sua integridade física e pela possibilidade de uma detenção prolongada.

Do lado de fora, à frente do banco, Persio Arida representava a sofisticação intelectual e a credibilidade institucional que o momento exigia. Em reuniões com clientes e autoridades, sua capacidade de articulação e prestígio continuavam sendo fundamentais para transmitir ao mercado a confiança de que o banco sobreviveria à crise. Com toda a sua experiência acadêmica — incluindo sua passagem por MIT, Oxford, Princeton e USP — e como ex-presidente de bancos públicos, tinha profunda consciência da gravidade de uma corrida bancária daquela magnitude. Não se recordava de nenhum caso em que uma instituição financeira tivesse superado uma crise similar no mundo sem ajuda do Banco Central. Mas não deixava o pensamento perdurar porque, ao lado dos outros sócios, estava decidido a mudar a história.

18
"O evento"

EM 1º DE DEZEMBRO, uma semana depois da prisão de André Esteves, o presidente da BM&F Bovespa, Edemir Pinto, deu um ultimato ao BTG. Sob forte pressão do mercado, em virtude da alavancagem das operações a termo do banco — transações em que o investidor compra ou vende um ativo a preço fixado no momento, mas com a liquidação em data futura definida —, ele determinou que, se a instituição não apresentasse garantias adicionais até o fechamento do mercado, ele "apertaria o botão", liquidando todas as posições do banco. Se isso acontecesse, o BTG ficaria potencialmente inadimplente. Era bem provável que houvesse perdas no próprio banco e uma desconfiança generalizada, que desencadearia um efeito dominó no sistema financeiro, levando à restrição de crédito, ao aumento de juros e à possível intervenção governamental para evitar um colapso no setor inteiro. Faltando poucos minutos para as cinco da tarde, o dinheiro entrou na conta.

O clima era de alerta e tensão constantes. Os telefones tocavam sem parar. Eram clientes querendo entender o que estava acontecendo, jornalistas em busca de informações sobre os movimentos do banco e o desdobramento do processo de Esteves, ex-sócios oferecendo ajuda. As pessoas corriam pelos corredores, reuniam-se em grupos para discutir estratégias de sobrevivência e comunicação, desabafavam no banheiro. A incerteza quanto à veracidade e ao fundamento das acusações era maior entre aqueles de cargo mais baixo na hierarquia da empresa. Havia medo no ar — de ter algo errado na conduta no banco, de perderem o emprego, do que os outros iam pensar sobre aquela confusão. Durante o período, funcionários e sócios do banco passaram por momentos desagradáveis em encontros familiares ou entre amigos, quando era frequente as pessoas comentarem o que liam nos jornais, perguntando se era verdade, ou, em algumas situações piores, concluindo que era. "Foi muito duro ter que explicar toda hora pra minha mãe que o que saía nos jornais estava distorcido", contou um ex-sócio. Outra executiva relatou ter ido embora de um aniversário depois de ouvir comentários pejorativos sobre seu chefe, de pessoas que não o conheciam.

Para garantir a sobrevivência do BTG, a ordem era se desfazer de todos os ativos para os quais houvesse comprador. Em 2 de dezembro, dia seguinte ao do ultimato da Bolsa de Valores, foi anunciado o negócio mais significativo do período: a venda dos 12% de participação na Rede D'Or, que já era o maior grupo de hospitais privados do país. O comprador era o GIC, fundo soberano de Singapura, que detinha 16% da empresa desde o início daquele ano. A negociação foi rápida. No domingo anterior, 29 de novembro, os principais sócios do banco se reuniram na sede em São Paulo para finalizar a venda por 2,38 bilhões de reais — valor abaixo do que a operação renderia em condições normais, mas fundamental na situação-limite em que se encontravam. A transação exigiu que Paulo Moll (filho do fundador da rede, Jorge Moll), CEO da companhia e empresário próximo ao banco, adiasse uma viagem para acertar os últimos detalhes. "Em tese", Esteves era contra a operação. Mas foi obrigado a aceitar — com os saques seguidos durante a crise, o banco havia perdido 90% de sua liquidez.

Mais alguns dias se passaram, e os sócios se desfizeram de toda a carteira de crédito, em uma sequência de operações. O Bradesco comprou um lote de 1,2 bilhão de reais em empréstimos corporativos por 1,15 bilhão de reais, e o Itaú ficou com cerca de 900 milhões de reais em créditos e títulos de renda fixa. No fim de dezembro, o banco ainda venderia a Recovery, sua empresa de recuperação de créditos, ao Itaú, por 640 milhões de reais, junto com um portfólio de 38 bilhões de reais em direitos creditórios não performados (crédito inadimplente, adquirido de outras instituições financeiras), por 570 milhões de reais.

Foi preciso pôr à venda também o banco suíço BSI. Sua aquisição, concluída apenas dois meses antes, havia sido um movimento estratégico do BTG na expectativa de globalizar-se — e o banco conseguiu encontrar uma maneira de não se desfazer totalmente dele. Em fevereiro de 2016, o BSI seria adquirido pelo também suíço EFG, por 1,34 bilhão de dólares. A instituição brasileira passou a ter uma participação de 20% no EFG, tornando-se um dos principais acionistas do banco, que saltaria da décima para a quinta posição entre os maiores da Suíça nos anos seguintes.

Os sócios que agora controlavam o BTG se dividiam nas diferentes frentes, liderados por Marcelo Kalim — que ficaria conhecido como "o salvador do banco na crise", pois era quem tomava as principais decisões operacionais —, por Persio Arida, que seguia acalmando o mercado, e por Sallouti, que tentava manter a equipe confiante.

Quando chegava em casa, quem mantinha Sallouti firme era a esposa, que estava sempre acordada. Uma noite, ela o recebeu com uma folha de papel cheia de frases motivacionais que havia pesquisado na internet na tentativa de contribuir para a missão do marido. "Eu, literalmente, chorei", contaria Sallouti, que nos dias seguintes lançou mão das frases durante as comunicações que fazia para o banco todo.

Enquanto o BTG vendia ativos valiosos e tentava manter as pessoas unidas, Esteves enfrentava desafios pessoais em Bangu. Os dias se passavam, e seu caso não avançava. As buscas da Polícia Federal no escritório e nas duas casas do banqueiro, com acesso total a seus e-mails e documentos, não produziram as evidências esperadas pelos investigadores. Depois de duas semanas detido, ele perdeu a calma em uma conversa com os advogados do banco: "Se não tem lógica, como vai ser? Vocês são advogados, vão ter que inventar alguma história pra me tirar daqui".

Esteves registrava momentos da rotina, pensamentos e emoções em um caderno escolar, que nunca mostrou a ninguém. No dia da conversa com os advogados, escreveu sobre o medo e a falta de controle que sentia. Entre as anotações, destacava-se uma conclusão que se transformaria mais tarde em um mantra, repetido com frequência: "A liberdade é mais importante que a saúde, porque com ela você consegue até lutar para se tornar saudável. Mas sem liberdade, não tem nada". Em uma das visitas, o banqueiro comentou com seus defensores: "Todo juiz deveria passar uma semana como carcereiro para conhecer o sistema prisional antes de enviar alguém para cá. Isso é um horror, não dá para descrever. Daqui a trezentos anos, nós vamos falar disso como um passado distante, em que as pessoas iam presas para lugares assim, da mesma maneira que falamos hoje de barbaridades como a escravidão".

Apesar dos receios de Kakay quanto ao tempo-padrão para os presos na Lava Jato serem libertos, a equipe de defesa de Esteves apresentou um segundo pedido de revogação da prisão ao ministro Teori Zavascki, em 9 de dezembro. Cinco dias depois, reforçaram o pedido com um memorial de quatro páginas, que sintetizava seus principais argumentos. A defesa afirmava que a denúncia era "confusa" e não havia revelado nenhum fato além de suposições, e que Delcídio do Amaral "bravateou" que o banqueiro garantiria pagamentos que nunca teriam sido prometidos por ele.

Uma das principais acusações refutadas pela equipe jurídica do banqueiro se referia a uma reunião realizada em 19 de novembro no escritório do advogado Edson Ribeiro, no Rio de Janeiro. O encontro havia sido citado, em depoimento à Procuradoria-Geral da República (PGR), por Bernardo Cerveró, filho de Nestor Cerveró, que disse ter sido convidado por Edson Ribeiro via Telegram, e que o advogado mencionara que "ele" estaria presente, numa referência a Esteves. Com imagens das câmeras internas do BTG, a defesa demonstrou que o banqueiro estava em São Paulo naquela manhã, entre 9h08 e 11h29, o que era corroborado pelas agendas dele e do empresário Enéas Pestana, que havia deixado a presidência do Grupo Pão de Açúcar dois anos antes e, na ocasião, prestava uma consultoria ao BTG. Quando solicitado pelos advogados de Esteves, Pestana aceitou fazer uma carta confirmando o encontro.

Dessa vez, funcionou. No dia 18 de dezembro, Esteves foi solto. O ministro considerou frágeis as provas contra ele. Em sua decisão, citou documentos apresentados pela defesa que indicavam que Esteves trabalhava no BTG Pactual em São Paulo no horário em que teria ocorrido a suposta reunião de 19 de novembro de 2015. O ministro também afirmou que não foram encontrados em poder do investigado documentos sigilosos relacionados à colaboração premiada de Nestor Cerveró — contradizendo a acusação da denúncia de que Esteves estaria tentando impedir a colaboração ou influenciar Cerveró a omitir parte das condutas criminosas de que tinha ciência, relacionando-as a André Esteves.

Como as investigações prosseguiam, a libertação veio com medidas restritivas: recolhimento domiciliar integral, entrega do passaporte, proibição de manter contato com outros investigados e obrigação de comparecer quinzenalmente à Justiça. Zavascki não exigiu que Esteves usasse tornozeleira eletrônica. O banqueiro também ficou impedido de retornar à direção do banco — uma condição que ele antecipara com sua renúncia executiva e a troca de ações com os sócios.

Naquela mesma noite, Esteves foi de helicóptero com a família do Rio de Janeiro para São Paulo. Em casa, recebeu os principais sócios num encontro emocionado. Na sala e no quintal, próximos à piscina, todos brindaram, choraram, riram, se abraçaram. As conversas alternavam assuntos sérios, dúvidas institucionais e jurídicas e histórias bem-humoradas que Esteves escolhia contar sobre a prisão. "Do dia 25 de novembro até o dia 17 de dezembro foi um dia só", sintetizaria Sallouti.

Em defesa própria

Ainda na prisão, num esforço para acelerar o processo judicial e provar a inocência do banco e a sua, Esteves propusera a contratação de um escritório internacional de peso — "de preferência, o melhor do mundo e que não conheça a gente" — para conduzir uma investigação interna "à vera" no banco. Sob a supervisão do conselheiro independente do BTG, Mark Maletz, ex-sócio da consultoria McKinsey & Company e professor de Harvard, chegaram ao renomado Quinn Emanuel Urquhart & Sullivan, de Nova York, liderado por William Burck, ex-procurador da Casa Branca. O escopo da investigação incluiu todas as alegações relacionadas à prisão de Esteves e outras denúncias veiculadas pela imprensa no período. Entre elas, supostas irregularidades envolvendo Nestor Cerveró e Eduardo Cunha, e transações financeiras suspeitas com José Carlos Bumlai, Fernando Collor (no caso dos postos de gasolina relatado por Alberto Youssef, primeira menção a Esteves na Lava Jato), a Sete Brasil, a Petrobras na África e o ex-presidente Lula. Esteves acreditava que a investigação independente ajudaria a recuperar a reputação do banco, principalmente no exterior.

O trabalho durou quatro meses e foi conduzido em duas fases, análise de documentos e entrevistas. Foram investigados cerca de 430 mil arquivos eletrônicos e físicos de mais de cinquenta funcionários do banco, somando mais de 1 milhão de páginas. Cada documento foi analisado individualmente por advogados fluentes em inglês e português. Em paralelo, cerca de trinta executivos seniores e funcionários do BTG passaram por entrevistas em profundidade. Esteves, de Bangu, respondeu por escrito a questões detalhadas por meio de seus advogados.

Entre os casos examinados pela investigação do Quinn Emanuel estava a transação envolvendo uma fazenda da família Bumlai — citada na denúncia da PGR contra Esteves. Responsável pela operação na área de *special assets* do BTG, Marcelo Fiorellini isolou-se por dois meses em uma sala no 15º andar do banco, onde reuniu e analisou meticulosamente todos os documentos, desde a primeira conversa com Bumlai em 2011. Para preservar suas anotações na lousa, trancava a sala toda noite, deixava a chave na recepção e pegava de volta na manhã seguinte. A transação envolvia a Fazenda Cristo Rei, uma propriedade de 132 mil hectares em Miranda e Corumbá (MS), antes pertencente a Walter Moreira Salles e Nelson Rockefeller. Em vez de estruturar um empréstimo tradicional, o banco comprou a fazenda por 200 milhões de reais — valor abaixo da avaliação de 320 milhões de reais —, oferecendo uma opção de recompra a Bumlai. A estrutura foi desenhada para evitar os riscos de inadimplência de um empréstimo convencional, protegendo assim o patrimônio do banco. O negócio contou com rigoroso controle de fluxo financeiro pela KPMG, priorizando pagamentos de salários atrasados e impostos pendentes. Com os problemas enfrentados na

Lava Jato, Bumlai não exerceria a opção de recompra, e a fazenda, após investimentos adicionais de 19 milhões de reais em melhorias, foi incorporada ao fundo de investimentos agrícolas do BTG.

O relatório final, com aproximadamente 140 páginas, concluiu que não havia indícios de envolvimento de Esteves, do BTG ou de seus funcionários em atos ilícitos ou de corrupção em nenhum dos temas em que ele era acusado. O banco preparou uma versão resumida, com cerca de catorze páginas, que foi distribuída para a imprensa, agências de rating e órgãos reguladores. A investigação auxiliaria o banco a publicar seus demonstrativos financeiros sem ressalvas no início do ano seguinte.

Em paralelo às investigações oficiais, o banco implementava medidas drásticas para garantir sua sobrevivência. Em 28 de janeiro de 2016 foi anunciado o desligamento de 305 funcionários do BTG no Brasil, de um total de 1653, como parte de um programa para reduzir 25% dos custos totais. "Aos trinta anos, eu tive que demitir uma moça com vinte anos de banco. Quando eu tinha nove anos, ela já trabalhava no Pactual. Era família, sabe? Foi duro", comentaria um ex-diretor.

Em meio às dificuldades, um ex-sócio foi pessoalmente ao BTG para confirmar que manteria seus 100 milhões de dólares depositados: "Todo o meu dinheiro foi ganhado aqui. Conheço bem o Esteves e sei muito bem como o banco faz seus negócios. Podem contar comigo". Outro antigo sócio, mesmo enfrentando repetidos pedidos de aumento de garantia da Bolsa de Valores, manteve sua posição alavancada em ações do banco.

Expectativas e frustrações

Quatro meses depois de Esteves voltar para casa, em abril de 2016, Teori Zavascki o liberaria para retornar ao banco, mantendo apenas a obrigação de comparecer a todos os atos do processo, a proibição de contato com outros investigados e restrições de viagem ao exterior.

Mas a ausência do banqueiro no escritório durante o período havia provocado mudanças que transcendiam o vazio de sua cadeira no comitê executivo e a formalidade de cargos e papéis. O trauma coletivo e a falta de sua liderança presencial geraram novas dinâmicas nas relações internas, que agora buscavam um equilíbrio diferente.

Era esperado que a experiência da detenção tivesse minado a energia de Esteves, mas ele chegou ao banco demonstrando a mesma disposição de antes. Ao falar sobre a prisão, compartilhava apenas histórias leves e anedotas do convívio com outros detentos — escolha que fizera, como mais tarde revelaria, por saber que seus companheiros já estavam sobrecarregados com suas próprias tensões. Embora o BTG tivesse superado a pior parte da crise, expectativas criadas na sua ausência levariam a divergências entre os sócios e a novas rupturas.

Esteves queria retornar ao trabalho imediatamente. Criou para si um cargo formal de consultor sênior, tomando a decisão de se manter fora do grupo de controle enquanto existissem investigações contra ele. Como maior acionista (detinha a mesma participação de antes, só que agora com apenas 49% de ações votantes), considerava legítima sua atuação. Persio Arida se opôs ao plano. Mais conservador, argumentava que o arranjo criava uma situação delicada: como presidente do conselho naquele momento, era ele o responsável formal perante o Banco Central, e não se sentia à vontade que Esteves, sem cargo executivo, voltasse a tomar as principais decisões. Ele argumentava que o banqueiro não deveria voltar a mandar na instituição até o processo se encerrar por completo, para evitar que passassem por outro sufoco como aquele.

Mas Esteves estava lá no dia seguinte, e no outro, e no outro. Para ele, se afastar do BTG não era uma opção — e o restante dos sócios o apoiava. As conversas entre Arida e Esteves sobre o tema eram contidas. Não havia gritos nem discussões abertas. O pomo da discórdia, claro, era que nenhum dos dois estava disposto a ceder. E todos sabiam, a despeito do que estava escrito no estatuto do banco naquele momento, que opinião prevaleceria.

Nesse período, outro incômodo se somava às preocupações regulatórias de Arida. Na posição de chairman, com Sallouti e Kalim como co-CEOS, o economista começou a se referir aos executivos como "meus CEOS" em conversas com clientes e outros interlocutores do mercado.

A expressão irritava os sócios, que viam nela sinais de como a cadeira temporária parecia ter despertado outras ambições em Arida. Sallouti e Kalim, como executivos com mais tempo de banco, se sentiam mais donos do negócio do que Arida — embora não desmerecessem a importância que o economista tivera durante o período mais crítico, transmitindo credibilidade ao mercado. A divergência silenciosa começou a causar mal-estar no centro de poder do btg.

O clima piorou nos meses seguintes. Nas reuniões de sócios frequentemente havia embates, faíscas resultantes das discussões envolvendo Arida, Kalim e Sallouti. Até que em maio de 2017, não vislumbrando solução para o impasse, Arida anunciou sua saída. Numa postura cordial e diplomática com os sócios, enviou um e-mail a todos os funcionários explicando que aceitara um convite para lecionar em Oxford. A saída do banco marcou o fim de sua história no setor financeiro, ao qual se dedicara por três décadas.

A situação com Kalim era ainda mais complexa e dolorosa. Durante a ausência de Esteves, na trincheira operacional, ele coordenou, com Sallouti, a estratégia que impediu o colapso da instituição. Fazia anos que ele e Sallouti eram a dupla mais próxima de Esteves — Kalim era considerado "mais que amigo, um irmão". A dupla tinha uma relação de confiança absoluta, embora a abordagem racional de Sallouti se alinhasse mais às decisões de negócio de Esteves. Kalim se dava bem com todos os sócios principais, mas sempre tivera seus rompantes, mesclando ideias consideradas geniais com propostas que soavam radicais. Em outros tempos, Esteves funcionara como um filtro para essas oscilações, aproveitando o que considerava as melhores contribuições e contendo os excessos.

A lealdade de Kalim ao amigo vinha acompanhada de certas expectativas. Após sua atuação no momento mais crítico da história do banco, ele esperava um reconhecimento diferente — provavelmente com o aumento de sua participação acionária e sua indicação como ceo. Embora não houvesse reivindicações públicas, executivos que conviviam com ele percebiam sua insatisfação. Especulava-se que, no íntimo, ele talvez duvidasse da capacidade do chefe de retomar seu posto, por questões pessoais ou por resistência do mercado. Era como se o sofrimento compartilhado, as decisões difíceis e a dedicação irrestrita de Kalim e dos demais sócios, na ausência do chefe, devessem ter transformado de alguma maneira a configuração no topo da *partnership*.

Aos poucos, porém, ele constatou que não apenas não havia mudança na postura de Esteves como sua já notória autoconfiança parecia ainda maior. Em vez de abatido, parecia ter voltado da prisão mais determinado: como se aquelas circunstâncias o desafiassem a mostrar do que ele e o banco eram capazes. E o distanciamento entre Esteves e Kalim se cristalizava dia após dia. Os gestos de intimidade e camaradagem — sorrisos, abraços, tapinhas nas costas — foram rareando, e as conversas se tornavam tensas e breves. As divergências sobre os negócios, antes resolvidas com naturalidade, agora eram encerradas abruptamente. E o ressentimento de Kalim se tornava difícil de disfarçar.

A frustração se tornou visível durante uma das primeiras reuniões de sócios após o retorno de Esteves. O banqueiro chegou animado, anunciando a compra, no mercado, de mais ações do banco. Explicava a atitude como prova do comprometimento total com a instituição. Enquanto os demais executivos demonstraram satisfação, Kalim permaneceu impassível, sua expressão tensa mal contendo a indignação. Para ele, era um balde de água fria, uma indicação de que não seria aberto o espaço que ele esperava na liderança.

A partir de então, seu comportamento mudou drasticamente. O que antes era uma tensão velada se transformou em algo perceptível nas reuniões do comitê executivo. O antes propositivo sócio agora permanecia em silêncio, absorto no celular, enquanto Esteves reassumia sua posição de liderança. "Era um clima ruim, de guerra fria", definiria um sócio. O impasse durou cerca de três meses.

A discordância entre Esteves e Kalim se materializava sobretudo nos debates sobre o futuro digital do banco. O mercado bancário brasileiro estava em transformação. O Banco Original havia acabado de se tornar o primeiro 100% digital do país, o Nubank crescia exponencialmente desde seu lançamento em 2013, e os grandes bancos tradicionais corriam para criar suas próprias operações online. O BTG também começava a desenhar sua estratégia para entrar no varejo por meio de tecnologia, mas os dois sócios tinham visões fundamentalmente diferentes sobre como executá-la. Kalim defendia a criação de uma conta digital a partir de um investimento inicial, agressivo e imediato, de 100 milhões de reais em marketing, apostando num lançamento impactante. Esteves afirmava que precisavam primeiro pôr o negócio de pé, construindo um aplicativo e recuperando a reputação da marca. "Não é uma campanha de marketing que vai resolver", insistia o banqueiro, em discussões cada vez mais acaloradas. Classificava a proposta de Kalim para o banco digital como uma de suas "ideias malucas" e tinha o apoio de Sallouti e dos demais sócios, o que deixava o então co-CEO numa posição cada vez mais solitária dentro do banco.

A gota d'água seria a insistência de Kalim para que Carlos Fonseca, seu grande amigo, assumisse o projeto digital, embora já se previsse que Marcelo Flora, responsável pela distribuição de fundos, se tornaria o novo líder da área. Para a maioria do comitê, o digital era uma evolução natural do trabalho que ele já fazia. Também contava a favor de Flora seu perfil disciplinado.

No final de 2017, após alguns meses de tensão, Kalim anunciou sua saída do BTG. Não houve embate final ou discussão decisiva. Como acontecera com gerações anteriores de sócios do Pactual, as divergências em relação ao futuro do banco e os desgastes diários haviam tornado a situação insustentável. Para muitos no banco, sua saída, embora dolorosa, trazia certo alívio e uma leveza maior para o dia a dia.

Pouco mais de um ano após sua saída, em março de 2018, Kalim lançaria o projeto que tentara em vão criar no BTG, ao lado de outros dois sócios que deixaram a instituição com ele: Carlos Fonseca, que havia liderado o *merchant banking*, e Leandro Torres, responsável pela corretora. O C6 Bank chegava imponente, com uma sede de 8 mil metros quadrados na avenida Nove de Julho, uma das principais vias de São Paulo, e investimentos de 500 milhões de reais em um ano. Antes mesmo de iniciar as operações, o banco já realizava aquisições estratégicas, como a NTK Solutions (posteriormente PayGo) e a Besser Partners. Depois do êxito inicial, a empresa enfrentaria desafios: os prejuízos se acumulariam, chegando a 2,2 bilhões de reais em 2022, enquanto o índice de Basileia, que mede a saúde financeira da instituição, cairia de 21,3% para 11,9% em menos de um ano.

Um novo impulso seria dado pelo JPMorgan, que em 2021 adquiriu 40% do banco, transformando-o em um unicórnio brasileiro. Dois anos mais tarde, o banco americano aumentou sua participação para 46%. Muitos no mercado viam o C6 como uma resposta de Kalim ao ceticismo de seu antigo amigo e sócio. Em conversas, Esteves comentava que o que "salvou" o projeto do ex-sócio foi conseguir o aporte do banco americano. Nos anos seguintes, o banco de Kalim demonstraria sinais de recuperação, com melhorias graduais em seus indicadores financeiros e operacionais, mas continuaria enfrentando desafios, como inadimplência, necessidade de novos aportes para manter o ritmo de crescimento e o aumento da competição no segmento digital, em que diversos bancos e fintechs disputam o mesmo público.

Um problema resolvido e vários outros criados

Em março de 2016, Esteves seguia em recolhimento domiciliar quando foi homologada a delação premiada do senador Delcídio do Amaral, assinada no mês anterior. Seu relato trazia versões diferentes e confusas da mesma história. Agora, o pecuarista José Carlos Bumlai, amigo próximo e conselheiro informal do ex-presidente Lula, aparecia como real protagonista da tentativa de silenciar Cerveró que levara Esteves à prisão. Segundo um aditamento que foi feito à denúncia, José Carlos Bumlai e seu filho Maurício Bumlai seriam responsáveis pelo pagamento de 50 mil reais mensais ao advogado de Cerveró. Cinco pagamentos, totalizando 250 mil reais, teriam sido realizados, até a operação ser interrompida após a revista *Época* publicar uma notícia sobre a colaboração premiada de Nestor Cerveró.

Com a interrupção dos pagamentos de Bumlai, Delcídio do Amaral agora dizia que Esteves dera a entender que aceitaria pagar 1,5 milhão de reais em honorários advocatícios para comprar o silêncio do diretor da Petrobras, mas que depois teria recuado, dizendo que seria melhor "segurar, por enquanto". Esteves sempre negou a participação no caso.

Mas foi a mudança do papel atribuído a ele na história de Amaral (de protagonista para potencial coadjuvante) que em breve o libertaria da prisão.

Esses pagamentos nunca se concretizaram, e o próprio Amaral voltaria atrás em seus relatos, afirmando em memoriais de defesa entregues à Segunda Turma do STF "que André Esteves jamais teve qualquer participação nos fatos narrados, e que a menção de seu nome foi um blefe para dar à família de Cerveró uma ideia de que poderia obter algum consolo ou mesmo a tão exigida vantagem com que havia muito tempo vinha fustigando o ora investigado".

Mas a mesma delação gerou novos inquéritos. Isso porque o ex-senador voltou a citar outras acusações já feitas a Esteves — sem informações novas nem seu testemunho direto. Um deles investigaria os supostos pagamentos de propina no embandeiramento dos postos de gasolina dos quais o BTG era sócio. Iniciadas com a denúncia de Alberto Youssef no final de 2014, as investigações já haviam culminado em acusação formal em meados de 2015, sem incluir Esteves ou o BTG. Mas o tema ainda assim foi citado na acusação da PGR que levara o banqueiro à prisão, apareceu em seguida na delação de Nestor Cerveró (que também não trazia nenhum elemento novo e não mencionava Esteves) e, agora, mais uma vez, surgia na delação de Amaral. Depois de tramitar por quase cinco anos sem produzir provas, esse inquérito foi arquivado em 2021 pelo ministro Gilmar Mendes, do STF, que apontou ausência de elementos mínimos para corroborar as acusações.

O segundo inquérito decorrente da delação de Amaral se referia a uma suposta intermediação de Eduardo Cunha em medidas provisórias, especificamente a MP 608 de 2013, que tratava da utilização de créditos tributários por instituições financeiras. A denúncia, que alegava que o BTG fizera um pagamento de 45 milhões de reais ao então deputado, continha uma contradição fundamental: a emenda em questão propunha suprimir o próprio artigo que permitiria ao BTG utilizar os créditos tributários do Bamerindus, avaliados em 2 bilhões de reais, que eram o principal interesse do banco na aquisição da instituição. O STF arquivou o inquérito em 2018 por falta de provas.

Em maio de 2016, dois meses depois de sua delação se tornar pública, o senador teria seu mandato cassado pelo Senado. Em julho, o processo que incluía Esteves passou a ser conduzido pelo juiz federal substituto da 10ª Vara Criminal da Justiça Federal em Brasília, Ricardo Leite. Em janeiro do ano seguinte, Teori Zavascki, do Supremo, morreu em um acidente de avião em Paraty. A aeronave pertencia ao empresário Carlos Alberto Filgueiras, dono do Hotel Emiliano e sócio do BTG por meio da empresa Forte Mar Empreendimentos, dona de resorts no Nordeste, da qual detinha 10% das ações (os outros 90% pertenciam ao Development Fund Warehouse, um fundo de investimentos do BTG). A partir de então, a relatoria da Lava Jato foi assumida pelo ministro Edson Fachin, definido por sorteio eletrônico entre os ministros da Segunda Turma do STF, em 2 de fevereiro de 2017.

Depois de quase um ano sem sobressaltos, em abril de 2017 uma nova operação da Polícia Federal, batizada de Conclave, voltou a bater às portas de Esteves. Foram feitas buscas na sede do BTG e na residência do banqueiro. A investigação apurava supostas fraudes na compra de ações do Banco PanAmericano pela CaixaPar em 2009 — dois anos antes de o BTG adquirir o controle do PanAmericano. O inquérito seria encerrado em 2020 sem envolver ninguém do BTG entre os catorze indiciados.

No mesmo mês, com a divulgação das delações dos executivos da Odebrecht feitas à Lava Jato (em dezembro de 2016), surgiria mais uma investigação, envolvendo uma tentativa de apoio financeiro à revista *CartaCapital*, que tinha linha editorial pró-governo. Segundo Emílio Odebrecht, em agosto de 2012, após uma reunião entre Lula, André Esteves e os economistas Delfim Netto e Luiz Gonzaga Belluzzo (segundo a Polícia Federal, registrada na agenda presidencial), o ex-presidente Lula teria solicitado apoio financeiro à revista. Odebrecht afirmou ter sugerido Esteves como coordenador da operação, mas admitiu não saber se a coordenação foi efetivamente implementada.

O caso tinha antecedentes: em outubro de 2011, por indicação de Totó Porto, sócio do BTG, seu então genro Luis Antonio Moraes assumira a gerência geral da revista, onde permaneceu até novembro de 2015. O pedido de indicação partiu de Delfim Netto, que logo depois passaria a integrar o recém-criado conselho editorial da publicação. Esteves nega ter recebido qualquer pedido de Lula e afirma que o banco nunca fez operação estruturada com a revista, mencionando "apenas uma compra corriqueira no valor de cerca de 50 mil reais" em anúncios vinculados ao prêmio de Líder Mais Admirado do Ano, que ele recebeu da *CartaCapital* em 2011 e 2012.

Em meio às diversas e complexas investigações, um episódio peculiar ilustrava como, em alguns casos, as pistas podiam levar a destinos mais prosaicos que conspiratórios. Um mandado de busca e apreensão no BTG foi motivado por um e-mail enviado por Marcelo Odebrecht a Esteves e Nelson Jobim, com o assunto: "Segue receita da torta búlgara". Os policiais não estavam conseguindo abrir o anexo por algum motivo técnico. O tema gerou uma análise de dezoito páginas sobre possíveis códigos que relacionariam a mensagem à então presidenta Dilma Rousseff, de ascendência búlgara. Quando afinal abriram o arquivo no banco, descobriu-se que se tratava literalmente de uma receita de sobremesa servida em um casamento da família Safra. Odebrecht havia pedido à sua esposa, que sabia preparar o doce, para compartilhá-la com os outros convidados, incluindo Esteves e Nelson Jobim.

Depois de mais alguns meses, em setembro de 2017, o procurador Ivan Cláudio Marx apresentou as alegações finais do Ministério Público Federal (MPF), e pediu a absolvição de André Esteves — "o que raramente acontece na prática jurídica", segundo Sônia Ráo, advogada do banqueiro com quarenta anos de experiência na área criminal. Ao analisar o caso, o procurador concluiu que não havia provas suficientes contra ele. Os documentos mostravam que, embora Amaral tivesse procurado Esteves para conseguir apoio financeiro, o banqueiro não aceitara ajudar. Para os demais réus, o MPF teve entendimento diferente: pediu a condenação de Delcídio do Amaral, Edson Ribeiro, Diogo Ferreira e dos empresários Maurício e José Carlos Bumlai. No caso específico de Amaral, o procurador recomendou que perdesse os benefícios de seu acordo de colaboração por ter mentido e feito falsas acusações.

Mas todos os réus seriam absolvidos em 12 de julho de 2018 — dia em que Esteves completava cinquenta anos. A sentença estabeleceu significativo precedente jurídico. O juiz Ricardo Leite considerou que acusações baseadas apenas em delações, sem outras evidências corroborativas, não poderiam sustentar condenações. A decisão fundamentou-se na insuficiência probatória — no fato de que o áudio "não constitui prova válida para ensejar qualquer decreto condenatório". A absolvição foi fundamentada pelo artigo 386, inciso III do Código de Processo Penal, que se refere a "não constituir o fato infração penal".

A prisão de André Esteves se tornaria um dos episódios mais controversos da Operação Lava Jato. Em 5 de dezembro de 2018, ao votar pelo arquivamento de uma das investigações contra o banqueiro, Gilmar Mendes fez uma autocrítica, chamando o episódio da prisão de "caso clássico de um grotesco erro judiciário perpetrado pelo Supremo, eu inclusive, nessa sanha punitiva".

Mesmo com o caso da prisão encerrado, as outras investigações ainda estavam em curso, e novas surgiriam a partir da divulgação da delação premiada de Antonio Palocci, em 2019. O ex-ministro fez uma série de acusações contra Esteves e o BTG, mencionando a existência de um suposto fundo para gerir vantagens indevidas destinadas ao PT, alegando ter havido pagamentos ligados ao pré-sal e apontando supostas irregularidades na compra dos ativos da Petrobras na África pelo banco.

Com base nessas alegações, especificamente as relacionadas aos ativos africanos da Petrobras, a Polícia Federal deflagrou em agosto daquele ano a Operação Pentiti, conduzida a partir de Curitiba, na 64ª fase da Lava Jato, que realizou buscas e apreensões em endereços ligados a Esteves, ao BTG e à ex-presidente da Petrobras, Graça Foster. O caso tratava da venda de 50% dos ativos africanos da Petrobras para o BTG em 2013. O Ministério Público apontava que esses ativos, inicialmente avaliados entre 5,6 bilhões de dólares e 8,4 bilhões de dólares, haviam sido vendidos por 1,5 bilhão de dólares — o que poderia ter causado prejuízo de 6 bilhões de reais aos cofres públicos. Os investigadores questionavam a rapidez da aprovação e alegavam possível restrição da concorrência e acesso a informações privilegiadas.

Em junho de 2020, os advogados de Esteves pediram ao STF a suspensão das investigações derivadas da busca, argumentando que a medida havia sido autorizada com base em alegações frágeis e vagas, sem qualquer elemento que comprovasse sua veracidade. Com relação ao investimento na África, a defesa afirmou que a aprovação da operação obedecera a todos os trâmites necessários na Petrobras. Os advogados também mencionaram que, em 2018, a Petrobras alienou a outra metade dos ativos vendidos ao BTG praticamente pelo mesmo valor de 2013, o que sugeria que o valor pago pelo banco estava adequado. Em novembro daquele ano, de fato, a Petrobras comunicou ao mercado a venda desses ativos para a empresa Petrovida por 1,530 bilhão de dólares.

Dois meses mais tarde, em agosto de 2020, o ministro Gilmar Mendes suspendeu os efeitos da busca e apreensão da Operação Pentiti. Em sua decisão, considerou que as medidas se baseavam apenas em delações sem qualquer evidência corroborativa. Mais quatro meses se passaram, e o ministro encerrou as investigações de Curitiba, concluindo que Esteves se encontrava em situação de constrangimento ilegal por ter sofrido medidas "com base em fundamentos genéricos e inadequados". Depois as outras investigações iniciadas com base na delação do ex-ministro seriam também encerradas. O delegado da Polícia Federal Marcelo Daher constatou que todas as informações de Palocci ligadas ao BTG pareciam extraídas de pesquisas na internet e notícias de jornal, sem nenhum elemento adicional que pudesse comprová-las.

Dentro do banco, as pessoas passariam a se referir àqueles dias de novembro de 2015 simplesmente como "o evento" — uma maneira de ressignificar o trauma, mantendo a força de um acontecimento que jamais seria esquecido.

Os processos iniciados em 2015 — incluindo o que levara o banqueiro à prisão — chegaram ao fim em 2021, com o arquivamento de todas as investigações, sem que o BTG fosse condenado em nenhuma delas. Em abril de 2022, Esteves retornou à cadeira de presidente do Conselho de Administração, posição que ocupara até 2015.

Analistas de mercado comentariam, nos anos seguintes, que "onde há fumaça, há fogo". Concordavam que a prisão de Esteves havia sido uma injustiça, mas suspeitavam que haveria algum fundamento para que ele fosse vítima de um problema tão expressivo. O próprio Esteves, durante sua trajetória nos primeiros governos petistas, costumava afirmar que não havia como "ser empresário e crescer no Brasil sem esbarrar em alguma ponta do governo". Ter se aproximado demais do setor público talvez tenha sido o maior risco assumido por ele e seus sócios na trajetória do banco.

Mas o intenso escrutínio pelo qual a instituição passou em decorrência de tantas acusações e investigações simultâneas — sem que nenhuma prova incriminatória tivesse sido encontrada — daria resiliência ao banqueiro e se tornaria a base sólida para o que o BTG Pactual construiria a seguir.

19
"O André é amigo de todo mundo"

"NÃO TEMOS QUE TER MEDO DE ERRAR. Só temos que aprender com o erro e errar do nosso tamanho. Mas errar é um bom sinal. Só erra quem faz." A equipe de André Esteves já tinha ouvido dele frases como essas muitas vezes ao longo dos anos, mas a reflexão, repetida com ênfase depois da experiência em Bangu, carregava agora um significado mais específico. Juridicamente, o episódio parecia estar superado. Mas, da porta do banco para dentro, era inevitável fazer uma avaliação sobre o que a instituição e os sócios, incluindo ele, precisavam aprender "para que nada parecido se repetisse", ele mesmo dizia.

Esteves considerava um erro pessoal ter personalizado demais a imagem do banco no mercado financeiro e na imprensa, ao mesmo tempo que negligenciara a importância de ser conhecido mais profundamente pela elite política e jurídica do país. "Só passamos por aquele terror porque as pessoas não sabiam quem a gente era de verdade", concluiria depois. A partir de então, passou a se aproximar de autoridades como ministros dos tribunais superiores, ministros de Estado, lideranças parlamentares e governadores. A ideia soava contraintuitiva. Em vez de se distanciar do poder público após as recentes aproximações terem gerado associações negativas e investigações policiais, optou por um relacionamento ainda mais próximo.

Na prática, sua nova estratégia se desdobrou em duas ações: compartilhar o protagonismo do banco com outros sócios no mercado e na mídia, e estabelecer uma presença mais forte em Brasília por meio de uma rede de contatos pessoais. Na primeira frente, de governança, a decisão mais significativa foi a nomeação definitiva de Roberto Sallouti como CEO do banco. A escolha refletia um plano de longo prazo e reconhecia o mérito do executivo, que tinha uma longa história no BTG.

O executivo, que teve participação crucial para salvar o banco durante a crise de 2015, conquistou o respeito de equipe e clientes com uma abordagem pragmática e objetiva. Não compartilhava o mesmo carisma do fundador do BTG — "aquele encantamento é do Esteves", diziam os funcionários —, mas desenvolveu seu próprio estilo de liderança. "O Roberto tem uma personalidade executiva, é disciplinado, *hard worker*, mas sabe correr risco", afirmaria Esteves sobre o sócio e amigo.

Sallouti mostrava-se confortável como braço direito do banqueiro, demonstrando orgulho e satisfação em seu papel, que, na prática, era de "número dois" no banco. A sintonia entre a dupla era notória — algo que Esteves reforçava com comentários como "eu praticamente não discordo do Roberto em nada" — e logo se tornou claro que o caminho mais eficiente para se chegar ao chefe passava por Sallouti. O que o CEO julgasse relevante seria repassado a Esteves.

Em linha com a nova estratégia, Sallouti assumiu um papel mais ativo na atração de talentos e no fortalecimento da marca BTG. Tornou-se "a cara do banco" nas redes sociais, gerenciando pessoalmente seus perfis no Instagram e LinkedIn, onde acumularia, respectivamente, dezenas e centenas de milhares de seguidores nos anos seguintes. Seus posts mantinham um tom profissional, revelando bastidores de reuniões, celebrações e participações em eventos. Dedicava atenção especial aos jovens em início de carreira e às homenagens a funcionários veteranos do BTG.

A frente externa da estratégia de Esteves incluiu a chegada de nomes que reforçariam a presença do banco em Brasília. Em julho de

2016, três meses depois de Esteves ter tido o recolhimento domiciliar revogado, Nelson Jobim, que fizera parte de sua equipe jurídica de defesa e desenvolveu uma amizade com o banqueiro, foi convidado a se tornar sócio e assumir a área de *compliance* do BTG. Como deputado federal do PMDB nos anos 1980, tivera atuação destacada na Assembleia Nacional Constituinte, em 1988, durante a qual foi líder do partido e, posteriormente, relator da revisão constitucional. Apesar do currículo de peso, sua migração para o setor privado era controversa, suscitando interpretações opostas à esperada por Esteves. Sua extensa rede de contatos em Brasília alimentava especulações. Ele era conhecido por transitar entre diferentes mundos — fora conselheiro do ex-presidente Lula, mantinha relações próximas com lideranças do PSDB e do PMDB, além de amizade com ministros do Supremo.

No centro do debate estava a natureza da chamada "porta giratória" entre setor público e privado: o risco de que conhecimento privilegiado e redes de relacionamento construídas durante o serviço no governo fossem usados para beneficiar interesses privados. De um lado, críticos apontavam os potenciais conflitos de interesse. De outro, defensores — incluindo os sócios do BTG que apoiavam a entrada de ex-servidores do governo — argumentavam que a experiência no setor público era fundamental para instituições financeiras navegarem na complexidade institucional do Brasil.

Mas Jobim não expressou nenhum desconforto em migrar do governo para um banco de investimento, tratando o assunto como "mais uma das mudanças" que havia feito na carreira. Nos bastidores do mercado, surgiram rumores sobre um suposto pacote de 60 milhões de reais para atraí-lo, o que ele e o BTG negaram. Para liderar o *compliance*, ele apresentou dois pedidos ao banqueiro. Primeiro, que esse se tornasse um departamento independente do jurídico (ao qual estava subordinado até então), reportando-se diretamente ao CEO. Segundo, que fosse designado alguém que conhecesse o BTG por dentro para complementar sua experiência de fora. A escolhida foi a economista Mariana Cardoso, executiva com mais de vinte anos de banco. Na primeira reunião com a equipe, ele teria declarado: "Assumo com vocês com absoluta lealdade, mas não faço concessões".

Logo outros ex-funcionários públicos se juntariam ao BTG. O primeiro, ainda em 2019, foi Eduardo Guardia.* Doutor em economia, ele havia sido ministro da Fazenda no governo Michel Temer e secretário do Tesouro Nacional no governo Fernando Henrique Cardoso, além de diretor-executivo da Bolsa de Valores de São Paulo — então BM&F Bovespa, que em 2017 se fundiria à Central de Custódia e Liquidação Financeira de Títulos (Cetip), formando a B3.

Um ano mais tarde, Guardia reencontrou no banco seu antigo colega Mansueto Almeida, economista com quem havia trabalhado no Ministério da Fazenda durante o governo Temer. Mansueto comandara a Secretaria de Acompanhamento Econômico e, mais tarde, assumiu o cargo de secretário do Tesouro Nacional no governo de Jair Bolsonaro, a partir de 2018. Nessa função, o economista trabalhou diretamente com Paulo Guedes, um dos fundadores do Pactual e então ministro da Economia de Bolsonaro. Sua transição chamou a atenção do mercado por ter sido anunciada ainda durante seu período no cargo público, antes do início da quarentena obrigatória de seis meses.

Como sócio e economista-chefe, Mansueto se tornaria um dos principais porta-vozes do BTG para clientes institucionais. Passou a dividir com Esteves a presença em algumas palestras e reuniões em que o tema era macroeconomia. "Eu não rodo modelo, não faço trabalhos econométricos. De toda a experiência que tenho, minha grande habilidade é falar, comunicar, traduzir", resumiria, confirmando a importância de seu perfil naquele novo momento do banco.

O BTG realizou duas contratações de ex-integrantes do governo Bolsonaro em 2023: Fábio Faria, que ocupou o cargo de ministro das Comunicações, e Bruno Bianco, que atuou como advogado-geral da União. Durante sua gestão como ministro das Comunicações, Faria autorizou trinta empresas a captarem recursos incentivados para projetos de 5G. Entre elas estava a V.tal — que não chegou a utilizar o dispositivo. A decisao gerou repercussão na imprensa devido à posterior contratação do ex-ministro pelo BTG, que tinha a V.tal em seu portfólio. Em respos-

---

* Eduardo Guardia viria a falecer em abril de 2022, aos 56 anos.

ta, ele esclareceu que sua assinatura era uma ação protocolar, posterior à análise técnica realizada pela Secretaria de Telecomunicações. Três meses depois de deixar o cargo, assumiu a posição de gerente sênior de relacionamento no BTG. O comitê de ética dispensou-o da quarentena, com a condição de não atuar em assuntos relacionados a telecomunicações durante esse período.

Faria teria um papel de bastidor no banco. Sua função principal era estabelecer pontes e fortalecer relações com autoridades-chave em Brasília com as quais tinha proximidade, incluindo ministros do STF e lideranças políticas. Por exemplo, com os ministros do STF Alexandre de Moraes e Dias Toffoli, o presidente do TCU, Bruno Dantas, além de políticos influentes como o senador Ciro Nogueira, que se posicionou de modo bastante favorável no Congresso em relação à autonomia do Banco Central, entre outras pautas econômicas de interesse do setor.

A chegada de Faria e Bianco, ambos com experiência em Brasília, foi comemorada abertamente por alguns dos principais sócios de Esteves. Mas não escondiam a preocupação com o nível de exposição política pessoal do fundador do BTG e temiam que, ao contrário do que o banqueiro previa, isso pudesse trazer novos problemas para a instituição. Ter representantes do banco para fazer o trabalho na capital federal parecia uma ótima ideia, mas Esteves seguiu conduzindo ele mesmo boa parte da agenda. Faria sentia ter muito tempo livre. Então, um ano depois, deixaria a sociedade no BTG para se tornar consultor, agendando conversas pontuais. Seguiria como integrante dos conselhos da V.tal e da vertical de *private equity* do capital privado do banco. Havia ainda outros consultores em situação semelhante, como os cientistas políticos Murillo de Aragão e Luciano Dias, que atendiam o BTG e diversas outras instituições.

A postura de Esteves em Brasília se diferenciava da de seus pares no mercado financeiro. Outros banqueiros mantinham contatos esporádicos por meio de equipes dedicadas a visitas protocolares à capital federal, enquanto ele seguia com sua abordagem mais pessoal. "O André é amigo de todo mundo", diria um dos empresários mais experientes do país. Sua atitude era vista, por alguns participantes do mercado, com um misto de reserva, admiração e curiosidade sobre seu modus operandi.

Entre os argumentos de Esteves para seu trânsito pessoal em Brasília estava o de que ele e o banco eram apartidários. "O interlocutor político não é o que você escolhe, é o que se apresenta. Sendo um grande *player*, temos que ajudar a empurrar as decisões na direção certa. Se qualquer presidente da República quiser conversar comigo, eu vou, sem a menor dúvida, faz parte da minha obrigação", comentaria ele. Dizia, porém, que evitava receber deputados e senadores individualmente, para não gerar "conversas esquisitas".

A rede singular de contatos internacionais de Esteves ajudava a qualificá-lo como um interlocutor interessante para especialistas em diferentes setores de Brasília. Havia anos que participava de algumas das principais conferências de lideranças empresariais pelo mundo, como Davos, na Suíça, Milken Institute, nos Estados Unidos, e Future Investment Initiative, na Arábia Saudita. Era também membro ativo dos conselhos não governamentais aos quais retornou após sua absolvição na Justiça: Council of Foreign Relations (CFR) e Conservation International. Essa conexão global enriquecia suas conversas com parlamentares ou líderes do Supremo: quando não havia uma pauta específica a ser discutida, ele apresentava análises sobre tecnologia ou cenários geopolíticos envolvendo Estados Unidos, China e outros países.

Sua rotina em Brasília era marcada por uma agenda intensa de encontros individuais, sem pauta determinada, que se estendiam por almoços, jantares e reuniões noite adentro — às vezes com mais de um compromisso por noite, e com grupos diferentes. Embora fosse conhecido por atrasos consistentes de até duas horas, mantinha uma disciplina rara durante as reuniões: não olhava o celular nem transparecia pressa, numa demonstração de atenção exclusiva — mesma postura adotada em reuniões do banco. Alternava entre amenidades, risadas e comentários sobre o noticiário, sempre aparentando interesse por assuntos tanto pessoais quanto profissionais. Quando discordava do interlocutor, evitava confrontos diretos. Procurava entender a perspectiva da outra pessoa e, mesmo diante de opiniões que considerava equivocadas, mantinha uma postura construtiva. Questionado sobre assuntos desconfortáveis, mostrava uma frieza que acabava por desarmar ou desviar a atenção do interlocutor.

Um aspecto controverso de sua atuação era, em alguns momentos, conduzir conversas particulares. A prática levantava questões sobre governança corporativa e transparência, como traduziria o comentário de um ex-político de quem fora próximo: "Ninguém consegue pegar o André — isso, se tiver alguma coisa para pegar, porque eu mesmo nunca vi. Mas se tiver algum problema, ninguém vai descobrir. Porque ele mantém relações pessoais, não põe terceiro na conversa. Ele vai sozinho".

A administração estratégica das relações pessoais ficava evidente na maneira como gerenciava seus contatos. Após ser apresentado a uma autoridade, logo assumia o diálogo direto, frequentemente excluindo o intermediário original — prática que às vezes gerava ressentimentos. Como admitiu um ex-parlamentar que o apresentou a algumas autoridades: "Às vezes fico [chateado] porque eu acho que com ele eu construí uma relação de amizade e eu acho que às vezes ele... ele está enrolado e, é claro, eu não estou mais no governo. Mas todo ser humano é vaidoso, né? Eu o considero um cara relevante pra mim".

Ao longo dos anos, André Esteves seguiu sua lógica de manter canais de diálogo com diferentes interlocutores da administração pública. Durante o governo Bolsonaro, participou de três encontros documentados com o presidente. O primeiro foi uma reunião reservada na residência do ministro do STF Dias Toffoli, em outubro de 2021, onde estava também o procurador-geral da República, Augusto Aras. Depois, Esteves e Bolsonaro estiveram juntos em um evento no Hotel Fasano Boa Vista, no interior de São Paulo, em maio de 2022, quando Elon Musk visitou o Brasil a convite do então ministro das Comunicações, Fábio Faria, para discutir projetos de conectividade e proteção da Amazônia. Esteves era um entre dezenas de líderes empresariais de diversos setores, como Zeco Auriemo, do Grupo JHSF (dono do empreendimento imobiliário que sediou o evento), Rubens Ometto, da Cosan, e Rubens Menin, da MRV e Banco Inter. Houve ainda um almoço com empresários em São Paulo, em agosto de 2022. Um ex-funcionário do governo nesse período diria que o presidente não "se encantava com a Faria Lima", o que fazia com que a relação com o banqueiro se mantivesse protocolar.

Com Arthur Lira, presidente da Câmara dos Deputados entre 2021 e 2025, Esteves estabeleceu uma relação direta que acabaria exposta publicamente. Em outubro de 2021, o vazamento de um áudio do evento Future Leaders, com clientes do BTG filhos de grandes empresários, revelou os bastidores da relação do banqueiro com o parlamentar. No áudio, ele mencionava ter recebido uma ligação de Lira, pouco antes de começar sua fala, para consultá-lo sobre a debandada de secretários do Ministério da Economia: "O secretário do Tesouro acabou de renunciar, com mais três outros [...]. Eu atrasei um pouquinho aqui porque o presidente da Câmara me ligou para perguntar o que eu achava". A relação com Lira não apenas gerou repercussão na imprensa e debates sobre os limites da influência do setor privado sobre decisões públicas, como também provocou algum desconforto no Congresso. Parlamentares reclamavam do fato de o banqueiro discutir com o então presidente da Câmara as pautas econômicas em tramitação, analisando item por item, sem passar pelas lideranças partidárias.

No terceiro mandato de Lula, sua tentativa de manter boas relações simultâneas com diferentes grupos políticos começou a encontrar resistência. Em seus comentários públicos, Esteves criticava especialmente a condução da política econômica, alertando sobre os riscos inflacionários: "Não podemos esquecer que somos um alcoólatra momentaneamente curado. Portanto, não nos chamem para uma degustação de vinho". Em outras ocasiões, questionava a estratégia do governo: "Essa tese de ter um pouco mais de inflação para o juro baixar é perigosa para um país que tem um passado como o nosso". Em 2024, teve três encontros com Lula no Palácio do Planalto — em abril, setembro e outubro. Na primeira reunião estava ainda o ministro Fernando Haddad; a segunda foi uma conversa de uma hora a sós com o mandatário, ao fim do expediente; e a terceira foi uma reunião mais ampla, com representantes do setor bancário. A diversos interlocutores do setor público, o presidente manifestava incômodo com os comentários de Esteves sobre o governo. Em determinado momento, chegou a repreender o ministro da Fazenda, Fernando Haddad, que estabelecera uma relação próxima com o banqueiro desde o início do mandato. Lula comentava que o dono do BTG tinha pouca preocupação com os assuntos do governo e só se interessava pelos assuntos ligados à pauta econômica.

Menos barulho, mais disciplina

Se Esteves estava mais ousado em seu trânsito político em Brasília, no BTG ele e os sócios reforçavam a governança. O *merchant banking*, área que no passado dera muita dor de cabeça ao banco com uma sequência de aquisições complicadas, agora passava por uma reestruturação. O departamento foi rebatizado como "capital privado" e passou a ser liderado por Renato Mazzola, dono de um perfil conservador e disciplinado — com um jeito sistemático de expor verbalmente suas ideias, como se reproduzisse o conteúdo de um documento escrito. Com passagem por JPMorgan e Banco Interamericano de Desenvolvimento (BID), havia ingressado no BTG em 2011 para montar a área de infraestrutura (uma das verticais do *merchant banking*). Agora liderava o braço de investimento na economia real, com uma estratégia baseada em novos critérios: concentrar-se em setores essenciais e, portanto, com menor volatilidade, contratos de longo prazo e receitas previsíveis. Além disso, buscava uma posição relevante para o BTG nas operações investidas — sempre que possível, como controlador. Houve também uma mudança na origem do capital. Os investimentos migraram do banco para a *partnership*. A separação tornava mais clara a análise financeira do balanço da instituição pelos investidores.

As cinco verticais iniciais do *merchant banking* se tornaram quatro no capital privado. Duas delas se mantiveram: *private equity* e infraestrutura — esta última incluindo energia. Outras duas passaram a fazer parte da unidade: *venture capital*, direcionada a empresas de tecnologia, fintechs e novos negócios digitais; e investimentos de impacto, que seria criada em 2021, em parceria com o time de impacto do banco, para identificar e gerir investimentos a partir de métricas de ESG. A área de florestas, que estava sob o guarda-chuva do *merchant banking* desde 2012, quando foi adquirido o primeiro fundo no setor, se descolaria dos negócios do capital privado para se tornar uma nova área, crescendo em paralelo.

Entre 2016 e 2025, a área de Mazzola adquiriu participações em 53 empresas, com um total aproximado de 34 bilhões de reais em investimentos. Em 2025, o portfólio tinha 35 companhias investidas, distribuídas em doze fundos. Entre os clientes, estavam fundos soberanos internacionais, pessoas físicas, *family offices*, gestores de patrimônio e institucionais brasileiros. A taxa de reinvestimento chegava a 90%, indicando alta fidelização. Os retornos dos fundos se destacavam consistentemente acima do mercado, com reconhecimento internacional, o que se traduzia em diversos prêmios concedidos pela mídia especializada.

Uma dessas empresas, oriunda da fase anterior da área, se tornaria uma das principais operações do banco. Como relatado, a participação na Eneva havia sido adquirida como parte do pagamento da dívida de Eike Batista ao banco na época da tentativa de reestruturação de seu grupo X, e tinha sua gestão compartilhada entre BTG e Cambuhy — empresa de investimento da família Moreira Salles. A estrutura colocava frente a frente dois estilos distintos de fazer negócios no Brasil. De um lado, André Esteves, que havia construído seu negócio praticamente do zero; de outro, Pedro Moreira Salles, herdeiro de uma das famílias mais tradicionais do país, criado com tutores e filho de Walter Moreira Salles, banqueiro, empresário e ex-embaixador do Brasil nos Estados Unidos. O encontro desses dois mundos na mesma empresa gerava tensões naturais.

Enquanto Esteves buscava maior controle operacional e influência nas decisões estratégicas, Salles mantinha a postura de investidor institucional, mais distanciado da gestão, deixando as discussões estratégicas restritas aos encontros no conselho de administração. As divergências ficaram evidentes durante a tentativa de aquisição da AES Tietê em meio à pandemia de covid-19, em 2020. Em uma reunião a portas fechadas entre os dois principais acionistas, eles tentaram chegar a um acordo sobre a estrutura da operação. O BTG defendia uma abordagem mais alavancada para manter o controle, enquanto o Cambuhy preferia uma atitude mais conservadora, levando em conta as incertezas do momento. A operação acabou não avançando. Os banqueiros, apesar das diferenças de estilo, mantiveram uma relação cordial.

Em julho de 2024, a relação entre BTG e Eneva passou por mais uma mudança. O banco realizou um aumento de capital de 4,2 bilhões de reais na companhia, que usou parte desses recursos (2,9 bilhões de reais) para comprar quatro termelétricas do próprio BTG. A operação reunia usinas que haviam sido contratadas pelo banco anos antes, em uma jogada arrojada, durante o leilão emergencial de 2021, realizado no decorrer da maior crise hídrica das últimas décadas no Brasil até então.* O banco participou daquele leilão num momento em que outros investidores se mantiveram distantes. O edital exigia a construção de térmicas em nove meses — quando o prazo usual do mercado era de dois a três anos. Além do cronograma apertado, houve diversos obstáculos durante a construção das usinas, desde interrupções no fornecimento de equipamentos devido à guerra da Rússia contra a Ucrânia até a necessidade de construir quinze quilômetros de estradas para transporte. Em compensação, os contratos eram de quatro anos e previam valores superiores aos praticados em leilões convencionais.

A transferência das térmicas para a Eneva ocorreu quando ainda restavam dois anos dos contratos originais. Com a operação, a empresa se tornou a maior geradora térmica do país e obteve ativos que poderiam participar de futuros leilões com contratos de longo prazo. O BTG, que elevou sua participação na empresa para 48,5%, converteu investimentos diretos em infraestrutura em uma participação acionária maior na companhia.

Outro negócio que se destacaria na nova fase da área de capital privado era o da V.tal. Em 2020, quando a Oi, em processo de recuperação judicial, anunciou a separação estrutural de sua unidade de infraestrutura de fibra óptica (InfraCo), o BTG, que já era dono da GlobeNet (empresa de cabos submarinos) desde 2013, inicialmente hesitou em fazer uma aquisição. A operação parecia arriscada demais: havia dúvidas a respeito da saúde financeira da Oi e incertezas sobre o mercado de rede neutra — modelo em que uma empresa oferece sua infraestrutura para uso compartilhado de várias operadoras. Mas uma análise mais profunda mostrou que o negócio se encaixava bem nos novos critérios da área. Em 2021, o banco arrematou a unidade por 12,9 bilhões de reais, numa operação que combinava dinheiro e ativos, incluindo a GlobeNet. O negócio nasceu oferecendo sua rede para

---

* A crise seria superada por outra ainda maior, em 2024.

outras operadoras de telefonia conectarem seus clientes sem precisar construir infraestrutura própria — modelo que atraiu sobretudo a TIM e os operadores independentes como clientes, enquanto a Claro preferiu desenvolver sua própria rede.

Para liderar a V.tal, o BTG designou Amos Genish, que em 2019 passara a integrar o time de sócios do banco, inicialmente responsável pela área digital. O executivo havia fundado a GVT (operadora de telecomunicação brasileira, vendida à Telefónica por 9 bilhões de dólares em 2014) e ficara como CEO da Telefónica Brasil até 2016. Depois assumiria a liderança da Telecom Italia por mais um ano. Genish se encaixava na nova estratégia do BTG de ter outros rostos além do de Esteves (e agora de Sallouti) na linha de frente. Sua chegada gerou ampla repercussão na mídia especializada, que destacava a participação de 1% na instituição. Agora, ele deixava a área digital para assumir como presidente executivo do conselho e CEO da V.tal, tendo José Miguel Vilela (sócio que atuara na primeira fase do *merchant banking*) como vice-presidente financeiro.

Com o tempo, descobriram novas formas de fazer dinheiro com a infraestrutura além do serviço básico de banda larga. A empresa passou a fornecer conexão para torres de 5G e a instalar antenas especiais em locais movimentados como shoppings e estádios, além de criar uma divisão de *data centers*. No final de 2024, a V.tal também comprou a base de clientes de banda larga da Oi, com aproximadamente 4 milhões de usuários, criando uma empresa específica chamada New para gerenciar esses clientes. O robusto investimento foi financiado não só pelo BTG, mas também pelo GIC, fundo soberano de Singapura, e o CPPIB, fundo de pensão canadense, parceiros históricos do banco.

A frente dedicada ao setor florestal também ganharia notoriedade naquele novo momento do banco. A TTG Brasil Investimentos Florestais — primeira empresa do setor adquirida pelo BTG Pactual, em 2012, fundada por Gerrity Lansing, que depois se tornaria sócio responsável pela área no banco — daria origem ao BTG Pactual Timberland Investment Group (TIG). De início, reunia 110 mil hectares de ativos florestais e 800 milhões de dólares sob sua gestão na América Latina.

Em 2013, o BTG comprara o Regions Timberland Group, divisão de gestão de ativos florestais do Regions Bank, que administrava 3 bilhões de dólares em ativos na América do Norte, Europa e África, expandindo suas operações globalmente. O modelo de negócio passou a se dividir entre florestas comerciais (eucalipto e pinus) e restauração de biomas nativos, com potencial para geração de créditos de carbono. A operação, gerida por Gerrity em Nova York, se estabeleceu majoritariamente em quatro países: Brasil, Chile, Uruguai e Estados Unidos, administrando cerca de 1,2 milhão de hectares. Em 2023, o banco lançou o The Restoration Fund, de 1 bilhão de dólares, focado na recuperação de pastagens degradadas no Cerrado e sul da Amazônia. No ano seguinte, captou 1,24 bilhão de dólares para o BTF II, segundo fundo focado em ativos florestais, direcionado a investimentos em florestas maduras na América do Sul. O BTG se tornaria assim o segundo maior administrador de florestas do mundo, com um total sob gestão de cerca de 8 bilhões de dólares.

Na mesa com Nescau

Entre os negócios que iam além do mercado puramente financeiro, um dos mais relevantes para o banco seria a *trading* de energia — uma mesa de operações (que não tinha nada a ver com os investimentos de *private equity* no setor) especializada em compra e venda no mercado livre — ambiente em que empresas podem negociar sua energia diretamente com fornecedores, sem passar pelas distribuidoras tradicionais. Em 2024, essa operação respondia por aproximadamente 40% do consumo total de energia no Brasil, tornando o banco um dos principais atores do mercado.

A história começara com Cláudio "Nescau" Monteiro (conhecido por ser muito parecido com o garoto-propaganda do achocolatado nos anos 1980), que havia construído sua carreira no pregão viva-voz da BM&F — a arena onde, antes da era digital, cerca de mil operadores se reuniam diariamente para negociar futuros e derivativos aos gritos e entre gestos codificados. Como *scalper*, ele se especializara em realizar múltiplas operações em períodos curtíssimos, lucrando com pequenas variações de preço. A estratégia exigia agilidade e alta tolerância a risco — durante seis anos consecutivos, seu volume individual de operações tornaria seu desempenho como pessoa física comparável ao das dez maiores instituições do Brasil.

Em 2005, cansado do ritmo intenso do pregão e das oscilações bruscas entre ganhos e perdas, Nescau identificou uma oportunidade de ganhar dinheiro negociando energia. Enquanto no mercado financeiro os spreads — diferença entre os preços de compra e venda de um ativo — eram controlados por mecanismos como depósitos compulsórios e regulações do Banco Central, além de uma maior competição no setor de energia havia mais liberdade para definir essas margens, que, segundo Nescau, poderiam chegar a vários pontos percentuais. Com dois sócios, fundou a Coomex, para operar nesse mercado, ainda pouco desenvolvido no Brasil. Em quatro anos, a empresa se destacava no ainda incipiente mercado de energia nacional, transformando-se na maior *trading* do setor do país.

Em 2009, na então recém-criada BTG Investimentos, Nescau procurou Esteves com um pedido específico: precisava de recursos para uma compra antecipada de energia de geradores. Ouvindo sobre o potencial lucrativo do setor, em vez de emprestar o dinheiro, o banqueiro quis participação no resultado. A operação deu certo, e, meses depois, os executivos do banco voltaram com uma proposta mais robusta: queriam comprar a Coomex. Em junho de 2010, o acordo foi fechado. Cerca de quarenta dos sessenta profissionais da empresa migraram para a sede da instituição na Faria Lima, dando origem à BTG Pactual Energia. Em três anos, transformaram a área na maior *trading* de energia do Brasil. Nesse período, Nescau decidiu deixar o BTG. O ritmo intenso do banco de investimentos, com sua cultura jovem e competitiva, já não combinava com seus planos de vida.

Ao longo dos anos, o banco desenvolveu novos produtos para o mercado livre, incluindo serviços para pequenas e médias empresas migrarem do mercado regulado. Segundo Artur Hannud, sócio responsável pela área comercial da mesa de energia, os clientes podiam economizar até 30% ao mês na conta de luz, além da isenção na taxa de gestão por não haver mais intermediação da distribuidora.

Enquanto uma turma de sócios do BTG reconstruía sua forma de fazer negócios, outra se preparava para dar os primeiros passos num novo universo — um projeto que, no passado, havia sido um dos principais motivos de discordância entre os sócios fundadores e que agora, ironicamente, se tornava um destino inevitável.

20
"Aqui a gente não personaliza"

LUIZ CEZAR FERNANDES ESTAVA CERTO EM SUAS PREVISÕES. O fundador do Pactual, que vislumbrava um mundo em que cada pessoa teria uma tela de computador à sua frente e que o varejo seria parte do futuro para o banco que ele criara, só não acertou no timing. Duas décadas depois de sua saída, o número de investidores na Bolsa de Valores saltaria de 583 mil em 2011 para 19 milhões em 2024 — um crescimento de mais de 3000%. Embora o tema tivesse surgido nas discussões do comitê executivo do BTG em 2014, e avançado para um projeto digital do banco em 2015, foi desacelerado durante a prisão de Esteves e os meses que se seguiram. Apesar das conversas no passado sobre uma possível entrada no varejo, o banco, tradicionalmente líder de mercado e reconhecido por sua agilidade, acabaria chegando atrasado numa disputa que alterava o setor de forma radical.

Os grandes bancos, que historicamente concentravam mais de 90% dos recursos sob custódia no país, começavam a perder espaço para novos modelos de negócio. O movimento foi catalisado pela XP Investimentos, fundada por Guilherme Benchimol em 2001. A empresa revolucionou o setor ao desenvolver uma extensa rede de agentes autônomos, democratizando o acesso a produtos financeiros antes exclusivos dos clientes mais ricos dos bancos de investimento. A chegada das fintechs consolidou essa mudança — empresas como o Nubank, fundado em 2013, demonstraram que era possível desafiar o domínio dos bancos tradicionais combinando tecnologia com uma experiência centrada no cliente, de início oferecendo cartões de crédito e serviços bancários básicos totalmente digitais.

Um dos que puxaram o assunto dentro do BTG foi Marcelo Flora, que aos 37 anos era responsável pela distribuição de fundos e produtos de renda fixa do banco. Em janeiro de 2014, depois de perder seu mandato na frente de renda fixa (devido a uma reorganização estrutural do banco, que centralizou as áreas por produtos em vez de por clientes), ele se viu com tempo livre. Observando o mercado em busca de oportunidades para empreender dentro do BTG, ponderou se não havia chegado a hora de entrarem com mais força no varejo. Até então, a única presença nesse segmento se dava por meio do Banco Pan (antigo PanAmericano), adquirido do Grupo Silvio Santos em 2011, que atendia o público de renda média e baixa, com crédito consignado, financiamento de veículos e cartões de crédito.

Antes de fazer alarde, Flora mergulhou num estudo sobre como o tema avançava no mundo. Durante seis meses, analisou cerca de quarenta estudos de casos sobre instituições financeiras que haviam feito esse movimento, como Fidelity, Morgan Stanley, Dean Witter, Salomon Brothers, Smith Barney e ING Direct. Uma das pioneiras era a Charles Schwab, corretora americana que se transformara no 14º maior banco dos Estados Unidos e servira de inspiração para a XP criar seu modelo de plataforma aberta com a democratização de investimentos. Fundada em 1971, a Charles Schwab revolucionara o mercado nos Estados Unidos. Sua abordagem por meio de assessores comissionados em vez de assalariados e da construção de uma ampla rede de distribuição de produtos financeiros criou um paradigma que seria replicado em vários países, incluindo o Brasil.

Flora buscou entender por que tentativas anteriores de digitalização do mercado financeiro brasileiro não haviam prosperado. Casos emblemáticos como o MaxBlue, parceria entre Deutsche Bank e Banco do Brasil, e o Patagon, que resultara em significativo prejuízo ao Santander, haviam fracassado na virada do milênio. Sua análise o levou a uma conclusão importante: entre outros fatores negativos, essas iniciativas haviam nascido quando o mercado ainda não estava maduro o suficiente. Agora, no entanto, o cenário parecia propício para uma transformação digital bem-sucedida.

As condições do mercado financeiro brasileiro haviam mudado consideravelmente desde os anos 1990, quando os juros atingiam 49,75% e a tecnologia era limitada. No novo cenário, taxas de juros mais baixas se aliavam à popularização de smartphones e aplicativos, além de um ambiente regulatório mais favorável. Inspirado por essa transformação, Flora buscou referências no Nubank. Por meio do LinkedIn, contatou David Vélez, cofundador colombiano da fintech, para conhecer sua operação. A visita à sede da empresa — uma casa simples onde desenvolvedores trabalhavam até na cozinha — serviu como catalisador. Ver um estrangeiro sem experiência prévia em cartões de crédito ou vivência no Brasil revolucionando o mercado financeiro nacional foi decisivo. Flora refletiu: "Se ele conseguiu esse feito, eu, com minha experiência em fundos e renda fixa no maior banco de investimentos do país, também posso fazer algo transformador".

O sucesso do BTG havia se construído sobre um modelo que privilegiava a customização de soluções para grandes clientes — famílias bilionárias, empresas e investidores institucionais e estrangeiros —, sempre seguindo os passos do Goldman Sachs. Mas naquele momento já estava claro que ir para o varejo e crescer digitalmente já não era questão de opção. A pergunta era "quando e como" investir em novos canais de distribuição.

Em agosto de 2014, o comitê executivo aprovou um projeto sem nome que seria desenvolvido ao longo de 2014 e 2015, com uma equipe de cinquenta pessoas. O primeiro passo foi criar uma plataforma digital para pessoa física, lançada em junho de 2016. O tíquete mínimo de investimento foi reduzido de 2 milhões de reais para 50 mil reais, e os clientes tinham acesso a fundos de investimento, renda fixa, previdência privada e COE (Certificado de Operações Estruturadas).

Dois anos após o lançamento de sua plataforma digital voltada ao consumidor final (B2C), o banco deu um novo passo estratégico no varejo. A meta era desenvolver um canal de distribuição para empresas (b2b), inspirado no bem-sucedido modelo de assessores autônomos da xp. Para construir rapidamente sua rede, o btg identificou uma fonte única de profissionais qualificados: seus concorrentes diretos.

O marco inicial foi a compra da Network Partners em junho de 2018, uma empresa estabelecida em 2015 por três executivos oriundos da xp. A companhia, que iniciou suas operações com câmbio, contava na época da aquisição com aproximadamente novecentos assessores individuais e trezentos escritórios independentes. O acordo incluía um *earn-out* (pagamento adicional condicionado a metas) no segundo ano, uma vez que o btg ainda avaliava o potencial do mercado. O sucesso da integração foi tão expressivo que o banco optou por antecipar o pagamento adicional, fortalecendo a parceria.

Para comunicar a decisão, Esteves planejou uma encenação. Organizou uma reunião com os empreendedores e trouxe, além de Flora e Sallouti, que regularmente participavam dessas discussões, Nelson Jobim, diretor de *compliance*. O banqueiro iniciou criando apreensão, ao declarar, com semblante grave, que havia questões com a operação. "Olha, eu trouxe aqui o Nelson Jobim, porque esse assunto de câmbio está complicado…". O ex-ministro mantinha um semblante impassível. À medida que Esteves prosseguia, o grupo da Network demonstrava crescente desconforto. Após cinco minutos, ele não resistiu, abriu um sorriso e revelou: "Isso aqui é tudo uma sacanagem, o negócio está indo muito bem. Na verdade, é o contrário: nós vamos acabar com o *earn-out* e incorporar imediatamente a Network no banco".

Os donos do mercado

Em 2016, o btg foi incluído como um dos coordenadores da abertura de capital da xp, num gesto de deferência de Benchimol com o banco de Esteves. Porém, os planos mudaram quando a xp optou por vender 49,9% de seu capital ao Itaú Unibanco por 6,3 bilhões de reais, cancelando o ipo (nos anos seguintes, o Itaú reduziria sua participação, tornando-se minoritário na empresa de Benchimol). Embora o btg já tivesse planos para implementar sua plataforma, o convite para coordenar o IPO da XP fez com que os sócios adiassem por um tempo o projeto B2B — em respeito ao convite cordial naquele momento delicado pós-prisão de Esteves. Mas quando o Itaú, seu maior concorrente, se tornou acionista relevante da XP, Esteves e seus sócios sentiram-se livres para competir diretamente.

A partir de então, XP e BTG protagonizaram uma das maiores guerras comerciais do mercado financeiro brasileiro, disputando palmo a palmo o mercado de agentes autônomos. O embate resultou em alguns casos judiciais. Um dos primeiros, e de maior repercussão, foi um processo de 2019, da XP contra o BTG, acusando o banco de usar informações confidenciais obtidas durante o processo do IPO para estruturar sua plataforma digital. O BTG, em resposta, afirmou que sua plataforma já havia sido lançada em 2016, antes mesmo de assinar o acordo de confidencialidade do IPO, argumentando que "a XP não detém o monopólio desse mercado e ter agentes autônomos fez parte do nosso projeto desde o início". O juiz do caso considerou que não havia provas do uso indevido de informações confidenciais.

Em 2018, a XP dominava o mercado com 4 mil dos 4655 agentes autônomos do país e, nos bastidores, inicialmente menosprezava a capacidade do BTG de construir uma rede significativa. Em reuniões internas, seus executivos argumentavam que o banco jamais se igualaria a eles no relacionamento com os escritórios, apontando para o contraste no estilo dos líderes. Acreditavam que, enquanto Benchimol se dedicava a encontros pessoais diários com diferentes escritórios, Esteves não se disporia a percorrer o interior do país para reuniões com agentes autônomos.

Mas o BTG entrou na disputa com uma estratégia agressiva para virar o jogo. Além de Esteves e seus sócios passarem a se reunir diariamente com escritórios de agentes autônomos, o banco começou a oferecer pacotes milionários para atrair parceiros à sua plataforma — com algumas ofertas superando 50 milhões de reais. Em resposta, a XP tentou conter a evasão oferecendo empréstimos milionários com cláusulas que impediam quitação antecipada e exigia que os agentes reportassem qualquer negociação com concorrentes, sob pena de perder acesso aos sistemas. Em paralelo, estabeleceu contratos de exclusividade, também milionários, com seus maiores escritórios.

O BTG respondeu denunciando práticas monopolistas da XP ao Cade. A corretora estava impedida de estabelecer contratos de exclusividade com agentes autônomos por determinação do próprio órgão, condição imposta na aprovação da entrada do Itaú em seu capital. O banco também reivindicou 50 milhões de reais por danos morais relacionados ao processo sobre seu papel no IPO. Em março de 2020, o Cade, embora tenha arquivado a denúncia contra a XP por práticas anticompetitivas, decidiu manter a empresa sob monitoramento até 2023.

O caso mais emblemático da disputa foi o da EQI Investimentos, um dos três maiores escritórios autônomos da XP, que tinha, em 2020, 9,5 bilhões de reais sob gestão e 40 mil clientes. Fundada por Juliano Custódio, ex-gerente regional da própria XP entre 2003 e 2008, a EQI havia começado como um blog de educação financeira e se transformara em uma operação que ia além do modelo tradicional de distribuição. Em vez de manter assessores na rua prospectando clientes, o escritório desenvolveu um modelo industrial de vendas ancorado em marketing digital intensivo, com profissionais atuando em sua própria sede.

O anúncio de sua migração para o BTG, em julho daquele ano, foi especialmente doloroso para a XP porque, às vésperas da mudança, a EQI havia recebido um prêmio da XP durante a Expert, principal evento da casa, em reconhecimento ao seu tamanho e desempenho. O acordo com o BTG previa que o banco ficaria com 49,9% do negócio e ajudaria a EQI a se tornar uma corretora independente.

O modelo do BTG, inaugurado com o escritório EQI, estabeleceu um padrão: o banco não teria o controle do negócio, mantendo no comando os sócios originais. Além da participação societária, a instituição oferecia sua infraestrutura como *"white label"* — como um *back office* terceirizado —, permitindo que os escritórios mantivessem suas marcas próprias. Essa abordagem resolvia uma antiga frustração dos agentes autônomos da XP: a impossibilidade de serem donos de fato de suas carteiras de clientes, com sócios investidores.

Com a nova abordagem do concorrente, a XP, no começo resistente a mudanças em seu modelo, foi forçada a se adaptar. Em 2021, anunciou parcerias similares com alguns de seus maiores escritórios, como a Messem (com 50,1% de participação do escritório), a Monte Bravo (55%) e a Faros (72%). No entanto, a empresa de Benchimol mantinha sua visão de que o modelo ideal seria permitir que os agentes autônomos tivessem sócios capitalistas sem necessariamente se tornarem corretoras — uma estrutura mais leve e rentável, segundo a companhia. A CVM lançou, em novembro de 2020, um estudo recomendando o fim da exclusividade para agentes autônomos, desde que fossem estabelecidas responsabilidades claras nos contratos entre as partes, mas a XP se posicionou contra a mudança pura e simplesmente, argumentando que ela só faria sentido se acompanhada de maior responsabilização dos agentes. A discussão não avançou.

A competição acabou beneficiando o mercado, que cresceu, e os agentes autônomos, que ganharam mais opções de modelos de negócio e maior poder de barganha. Entre 2017 e 2018, houve um aumento de 32% no número desses profissionais no país.

Em 2022, quando as duas redes de distribuição (escritórios de agentes autônomos que representavam cada uma das marcas) tinham tamanhos parecidos, Esteves e Benchimol sentaram para conversar e estabelecer uma trégua. Historicamente, os dois mantinham uma boa relação, mas estavam distantes naquele período de disputas. Agora chegavam finalmente a um acordo informal de moderação mútua em relação à captação de funcionários e agentes autônomos do concorrente.

Após o acordo, o mercado gradualmente se estabilizou. As movimentações entre as empresas continuaram, porém em menor escala e com maior formalidade. A XP conservou sua posição dominante, passando de 12,6 mil assessores em 2022 para 18,4 mil no início de 2025, somando profissionais próprios e de escritórios parceiros. O BTG contava com cerca de 4 mil assessores em 2022. Em 2024, Esteves reconheceu que a rede da XP ainda era "um pouco" maior e sugeriu informalmente que via potencial em uma eventual fusão, destacando a complementaridade dos negócios: enquanto a XP se aproximava do modelo Charles Schwab, com foco em uma ampla rede de agentes autônomos, o BTG seguia uma estratégia similar à do Morgan Stanley ou do Goldman Sachs, conjugando banco de investimento com uma expressiva rede de distribuição de produtos financeiros.

Depois da aquisição da Network e dos ex-sócios da XP, o BTG comprou cerca de quinze outras corretoras, incluindo Elite, Fator, Planner e Necton — esta última escolhida como a "marca de combate" do banco, mantendo seu nome no mercado (estratégia que permite competir por preços mais baixos sem comprometer a imagem premium da marca principal). "Nossa estratégia era 'eu desenvolvi e fiz tanto investimento em tecnologia que agora o que eu preciso é ter clientes e ter ativos que vão me ajudar a pagar esse investimento o mais rápido possível'. Foi com esse racional, foi dentro desse contexto, que fez tantas aquisições", explicava Flora à época.

A compra da corretora Fator traria uma surpresa: Esteves e Flora conduziram as negociações diretamente com Gabriel Galípolo, então CEO da instituição, que mais tarde seria indicado por Lula para a presidência do Banco Central.

Com uma plataforma digital e uma rede de agentes autônomos, o BTG finalmente tirava o atraso da concorrência que a crise impusera. Agora faltava se diferenciar do mercado.

Banqueiros para todos

Em abril de 2019, Guilherme Pini, executivo do *private banking* do BTG que havia se juntado ao banco em 1997 e residia em Lugano, na Suíça, desde a compra do BSI, estava de passagem por São Paulo. Na ocasião, ele aguardava uma resposta sobre sua potencial transferência para Miami, além de detalhes sobre um novo e enigmático projeto de varejo denominado internamente O2 Investimentos.

Por volta das duas da tarde de seu último dia na capital paulista, ao sair de uma reunião com os principais sócios, Esteves o acompanhou no corredor: "Que horas você volta para a Suíça?". Era uma sexta-feira e o voo estava marcado para as onze da noite. Pini teria que sair até as oito horas do banco. "Tenho uma reunião agora, mas volto para falar com você", disse o banqueiro. Pini esperou sentado no banquinho com almofada verde que ficava ao lado da mesa do chefe — um lugar familiar para quem frequentava aquele escritório. Quando faltavam dez minutos para o horário-limite do sócio, Esteves chegou.

Naqueles dez minutos de conversa, o banqueiro descartou a ida de Pini para Miami e fez sua proposta: o BTG precisava construir mais um canal de distribuição, um modelo de negócios ainda inédito no Brasil e inspirado numa iniciativa do Morgan Stanley. Em 2009, após a crise financeira global, o banco americano havia adquirido a Smith Barney, braço de assessoria financeira do Citibank. Até então conhecido principalmente por seu banco de investimentos que rivalizava com o Goldman Sachs, o Morgan Stanley incorporou uma rede de 20 mil consultores financeiros especializados em gestão patrimonial. Os consultores atuavam como banqueiros pessoais, oferecendo assessoria personalizada e produtos financeiros aos clientes. Ao contrário dos agentes autônomos, que tinham liberdade para trabalhar com múltiplas instituições e produtos, os consultores do Morgan Stanley eram funcionários do banco, operando exclusivamente sob sua marca e tendo acesso direto a seus produtos e serviços de banco de investimento.

Três meses depois da conversa com Pini, em julho de 2019, o BTG anunciou a aquisição da Ourinvest. A operação marcava a criação de um quarto canal de distribuição do banco. A nova unidade, inspirada no modelo americano, seria batizada de BTG Pactual Advisors. Tratava-se de um modelo híbrido, em que os profissionais seriam funcionários do banco, com salário fixo e benefícios, mas sua remuneração variável seguiria regras objetivas baseadas em captação e receita — sem as discussões discricionárias de bônus típicas do mercado financeiro. A estrutura visava atrair gerentes experientes dos bancos tradicionais, que buscavam maior autonomia e uma remuneração ligada à sua performance, mas também não queriam empreender como agentes autônomos.

A nova área logo ganharia sede própria, com projeto arquitetônico assinado por Arthur Casas, consagrado pelo estilo contemporâneo e sustentável de suas obras, na avenida Europa, em São Paulo. A escolha do local — próximo a concessionárias de marcas de luxo como Lamborghini e Ferrari — foi aprovada por Esteves em menos de um minuto de reunião, depois que Pini e sua equipe apresentaram um slide simulando o logo do banco na fachada do imóvel. Era a primeira vez que a marca BTG Pactual aparecia nas ruas, refletindo o prestígio que o banco buscava para esse novo canal.

A nova frente de negócio se expandiu rapidamente. Em três anos, o BTG Pactual Advisors chegou a 25 escritórios no Brasil. Os banqueiros vinham principalmente de grandes bancos tradicionais. Alguns eram incorporados por meio de aquisições de corretoras que o banco faria nos meses seguintes. Parte das equipes da Fator (comprada em 2021) e da Órama (em 2023) migrou para o Advisors.

Como desdobramento natural de sua expansão, em setembro de 2020 o banco passou a rivalizar com fintechs como Nubank e Banco Inter, através do lançamento do BTG+, uma plataforma que disponibilizava serviços bancários convencionais, incluindo conta-corrente e cartões de crédito e débito. Paralelamente, inaugurou o BTG+ Business, focado em pequenas e médias empresas, implementando um motor de crédito baseado em inteligência artificial para personalizar a precificação das operações por cliente.

Com essas novas frentes, o BTG reestruturou sua distribuição em quatro segmentos: o tradicional *wealth management*, o B2C (plataforma digital), B2B (agentes autônomos) e BTG Pactual Advisors. Para sustentar sua expansão no varejo, realizou duas ofertas subsequentes de ações (*follow-on*) entre 2020 e 2021. Em janeiro de 2021, captou 2,57 bilhões de reais com a venda de *units* a 92,52 reais. Em junho do mesmo ano, obteve mais 2,98 bilhões de reais negociando *units* a 122,01 reais.

O reforço no patrimônio do banco foi fundamental para impulsionar a área de crédito do BTG, que se desenvolveu em duas frentes principais. No crédito corporativo, sob comando de Rogério Stallone — sócio e marido de Fernanda Jorge, a advogada que acompanhara Esteves durante a prisão —, o departamento se concentrava em operações ligadas ao banco de investimento. Em paralelo, Alexandre Câmara liderava a unidade de *special situations* — área criada por Esteves no início de sua carreira —, especializada em adquirir ativos problemáticos com desconto no mercado secundário. Câmara, que ingressara no banco nos anos 1990 para estruturar uma unidade de desconto de recebíveis em cadeias de fornecedores, expandiu sua atuação para participar ativamente de processos de recuperação judicial e falências, agregando mais uma camada de sofisticação ao portfólio de serviços do banco.

A supervisão do risco de crédito nas três frentes ficava com André Fernandes, que também crescera no Pactual desde os anos 1990 até se tornar responsável por todo o controle de risco do BTG. Mais tarde, as operações seriam reunidas sob o guarda-chuva batizado de Corporate Lending e Business Banking. O crescimento foi expressivo em todas as frentes: no final de 2024, o portfólio total de crédito do banco alcançava 221,6 bilhões de reais, sendo 26 bilhões de reais — ou 12% do total — referentes à carteira de pequenas e médias empresas.

Um negócio um pouco diferente

Enquanto o BTG avançava rapidamente em sua expansão no varejo através de produtos financeiros e canais de distribuição, Esteves estava de olho em oportunidades menos óbvias para ampliar sua presença junto ao público investidor. Uma dessas apostas surgiria em meio à crise de um dos maiores grupos de mídia do país.

Em meados de 2018, um jornalista telefonou para Fabio Carvalho, empresário especialista em recuperar negócios em crise e amigo de longa data de Esteves. A editora Abril, que chegou a ser a maior da América Latina, com mais de 150 títulos, estava em profunda crise financeira, prestes a entrar em recuperação judicial, com uma dívida de 1,6 bilhão de reais — sendo 1,1 bilhão de reais com bancos e 500 milhões de reais com fornecedores e tributos. Estudando os números e ativos do grupo, Carvalho, que já havia feito a varejista Casa&Vídeo ir do prejuízo ao lucro a partir de um empréstimo do BTG, se interessou pelo negócio. Propôs suspender os processos de venda para fazer uma oferta pelo grupo todo — levando consigo dívidas e ativos.

Dias depois, recebeu uma ligação de Esteves, interessado em comprar a revista *Exame*. Marcou então uma reunião com o amigo e expôs sua tese. Entre as operações da editora, Carvalho identificou uma que passava despercebida: a estrutura de distribuição do Grupo Abril, segunda maior operação de entrega domiciliar do país, perdendo apenas para os Correios. O grupo havia adquirido uma empresa de entregas para e-commerce em Barueri que atendia clientes como Amazon, Mercado Livre e Magazine Luiza.

Para viabilizar qualquer reestruturação, era preciso primeiro resolver o problema da dívida bilionária da Abril com os três maiores bancos privados do país, Itaú, Bradesco e Santander. Carvalho apresentou para Esteves uma proposta com duas frentes para o BTG apoiá-lo financeiramente na empreitada. Na primeira, precisava de um empréstimo DIP (*debtor-in-possession financing*, ou financiamento do devedor em posse indicando que a empresa mantém o controle de seus ativos enquanto renegocia dívidas) para pagar as rescisões trabalhistas. Na segunda, o BTG compraria as dívidas dos outros credores. Negócio fechado. O BTG adquiriu essas dívidas por cerca de 85 milhões de reais, tornando-se assim o maior credor da recuperação judicial.

Com o acordo, Esteves manifestou satisfação de ir a leilão para arrematar a *Exame*. Mas um detalhe deixava Carvalho numa posição delicada: como credor de mais de 1 bilhão de reais, o BTG poderia aumentar seus lances indefinidamente; então ele incluiu no plano de recuperação judicial a exigência de um pagamento mínimo de 75 milhões de reais em dinheiro. Em dezembro de 2019, o BTG foi o único participante do leilão, embora XP, Safra e Bradesco tenham informalmente manifestado interesse.

A revista foi comprada pelo BTG. Inicialmente, os principais anunciantes — Itaú, Bradesco e Santander — zeraram suas verbas publicitárias, temerosos de que a publicação se tornasse um instrumento do banco concorrente.

Esse era o tipo de operação que agradava Esteves — complexa, inusitada e com múltiplas camadas de interpretação. Como plano de negócios, o banqueiro via na *Exame* um veículo para expandir a presença digital do BTG, como um possível ponto de partida para a venda de análises de empresas para o varejo. A inspiração inicial para o formato eram casas independentes, que cresciam no mundo digital a partir de uma base de milhares de clientes, como Empiricus, que vendia relatórios para pessoas físicas, e InfoMoney, veículo de mídia comprado pela xp em 2011.

Mas ele tinha uma motivação maior para o negócio. Acreditava que aquela seria uma oportunidade de ajudar a escrever a história do capitalismo brasileiro, a partir de sua visão "construtiva", do "copo meio cheio". "O brasileiro tem uma síndrome de vira-lata. Não tem uma publicação no país que mostre aspectos positivos. Não estou falando de esconder problemas, mas sim de valorizar os aprendizados, as superações e as histórias inspiradoras de empresários", explicaria mais tarde. Para Esteves, a *Exame* seria uma plataforma para dar voz ao empreendedorismo e às histórias de sucesso do mercado, mantendo-se à margem do debate político. Havia, entre alguns sócios, a percepção de que o chefe enxergava na aquisição novas possibilidades de influência institucional. "Todo mundo ficou meio reticente, pensando 'depois de tudo o que a gente passou, vamos ser donos de mídia? No que queremos nos meter?'", diria um ex-sócio. Como a aquisição se referia a um veículo de mídia, que nada tinha a ver com os outros negócios do grupo, os sócios decidiram deixar a marca subordinada à *partnership*, sempre com pressão para que se encontrasse uma maneira de o negócio — que chegou deficitário — gerar lucro.

A premissa de um banco ser dono de um veículo de imprensa levantava questões sobre governança editorial e independência jornalística. O potencial conflito de interesses nascia da possibilidade de interferência na cobertura de temas financeiros e econômicos — e num possível direcionamento da narrativa de acordo com interesses próprios. No caso da *Exame*, a visão de Esteves se traduziu na linha editorial da publicação — pró-empreendedorismo, economicamente liberal e de pretensão apolítica. Mas, assim que fechou o negócio, ele mesmo criou uma regra para dissolver preocupações tanto dos sócios quanto dos jornalistas que trabalhavam na revista: executivos do btg deveriam manter distância da revista.

A interação começou limitada a dinâmicas comuns em redações e em suas áreas de negócio, com comunicações pontuais — e não pedidos de permissão — sobre o tema da capa. Mas, ironicamente, alguns jornalistas começaram a ter o incômodo inverso ao esperado. O distanciamento excessivo gerou desconforto na redação. Em vez das temidas interferências autoritárias da diretoria do BTG, o que se via era um afastamento contraproducente. Quando o banco fazia algum movimento com potencial noticioso, como investimentos em arte ou futebol, preferia divulgar por outros veículos. Além disso, fontes internas que antes falavam normalmente com os repórteres passaram a evitar contato, temendo influenciar a cobertura.

Uma das situações mais delicadas dessa relação aconteceu em outubro de 2020, com a publicação de uma reportagem sobre o IPO da CSN Mineração. A reportagem, assinada pela editora Graziella Valenti, apontava que o principal obstáculo para a abertura de capital era a desconfiança dos investidores em relação ao histórico de Benjamin Steinbruch, dono da empresa — o texto o chamava de "rei da desconfiança" e afirmava que ele "vive achando que estão querendo lhe passar a perna".

A reportagem gerou forte reação da CSN. Marcelo Ribeiro, então CFO da companhia, entrou em contato com Guilherme Paes, já que o BTG era um dos coordenadores principais do IPO, ao lado do Morgan Stanley. Benjamin Steinbruch havia ficado muito irritado com a matéria. Na reunião que se seguiu, Paes e Adriano Borges, sócio do BTG e diretor do *investment banking*, explicaram que o banco não tinha ingerência sobre o conteúdo editorial. O argumento foi que jornalistas têm suas próprias fontes e que a repórter provavelmente havia captado percepções do mercado. Embora o BTG tenha permanecido como coordenador da oferta, o banco deixou a posição de liderança do sindicato e passou a ocupar uma posição intermediária na operação, que aconteceu em fevereiro de 2021.

A repercussão da reportagem coincidiu com uma reunião que alguns editores já vinham solicitando a Pedro Thompson, executivo então responsável pelo negócio da *Exame* no BTG. A pauta era discutir a relação entre o banco e a revista, principalmente no que dizia respeito ao acesso às fontes.

Esteves compareceu brevemente ao final do encontro. Após ouvir as preocupações da equipe editorial sobre as dificuldades criadas pela regra de distanciamento, e embora reconhecendo que as informações publicadas sobre a CSN eram verdadeiras, deixou uma orientação que se tornaria a nova diretriz: "Aqui a gente pode ser crítico, mas a gente não personaliza as coisas".

A relação mais natural que se estabeleceu após o episódio com Esteves não impediu que surgissem novas tensões nos bastidores. Um dos principais casos ocorreu durante a produção da edição 1218, quando a revista já estava na gráfica. Rodrigo Goes, diretor do BTG que havia chefiado o departamento de análise e fora designado para supervisionar o investimento na *Exame*, solicitou uma alteração "para ajustar a chamada à nossa linha editorial". O texto em questão divulgava uma pesquisa realizada em parceria com o Instituto Ideia. A versão original da chamada afirmava: "Que Brasil o Brasil quer? Uma pesquisa exclusiva *Exame*/Ideia mostra que os brasileiros desejam menos impostos e mais programas sociais. Um Estado generoso aliviou as dificuldades da pandemia, mas escancarou a fragilidade do projeto liberal. As incoerências são latentes — a dificuldade de reconstrução, também". Goes alterou a segunda parte do texto, transformando as críticas à agenda liberal em sua defesa: "O auxílio emergencial aliviou as dificuldades da pandemia. Agora é hora de retomar a agenda liberal de que o Brasil tanto precisa em sua reconstrução".

A continuidade da revista era inquestionável, mas isso já não bastava — o negócio precisava se tornar rentável. Com essa missão, Renato Mimica, ex-analista-chefe do BTG, com passagem pela Merrill Lynch em Nova York, foi encarregado de traçar uma estratégia que fosse além do jornalismo convencional. A primeira ideia foi criar uma casa de análise digital, mas não foi em frente devido à forte competição que havia no mercado naquele momento. A área de produtos digitais para o mercado financeiro, embora tivesse crescido durante a pandemia, não manteve o crescimento no mesmo ritmo.

O BTG, então, redirecionou o foco para produtos educacionais de maior valor agregado, como pós-graduações. A estratégia começou com cursos livres, evoluindo para a verticalização completa da operação educacional com a aquisição da IPD Digital. Depois, o grupo Exame (como passou a se chamar a divisão) adquiriu a Witseed, focada em ensino B2B, e, em dezembro de 2024, a Saint Paul Escola de Negócios.

Quatro anos após sua aquisição, a *Exame* se transformou em uma operação híbrida, com a maior parte da receita proveniente da área educacional. O jornalismo manteve-se estratégico para a reputação da marca e a captação de alunos. Os grandes bancos voltaram — embora com um tíquete mais baixo que o de antes.

Com a entrada do BTG no varejo e no mercado digital, a transformação na empresa foi profunda, o que pode ser medido pela mudança em seu *funding* — dinheiro que um banco capta para poder emprestar ou investir. Se até 2014 apenas 3% dos recursos provinham de pessoas físicas e pequenos investidores, com o restante oriundo de grandes instituições como Itaú, Bradesco e fundos de pensão, em 2024 esse percentual chegaria a mais de 35%. A mudança alterou o perfil de captação do banco, migrando para uma base mais pulverizada de investidores menores. Isso teve duas consequências importantes: reduziu a dependência do banco em relação a grandes investidores institucionais e barateou seu custo de captação, já que investidores menores, mais pulverizados, tendiam a aceitar retornos menores que grandes investidores. O BTG também passava a depender menos de concorrentes para distribuir seus produtos.

Uma nova história

Em dez anos — de 2015 a 2025 —, André Esteves e seus sócios alcançaram o que parecia impossível no mercado financeiro global. O que começou como uma luta pela sobrevivência se transformou em uma história de crescimento expressivo e em múltiplas frentes. O BTG, que esteve à beira do colapso com a prisão de seu controlador, se tornaria o maior banco de investimentos da América Latina e de todos os mercados emergentes. Com cerca de 2 trilhões de reais em ativos sob gestão e valor de mercado de 180 bilhões de reais atingido em 2024, posicionou-se logo depois do Itaú Unibanco no ranking geral dos bancos brasileiros.

A trajetória de recuperação foi consolidada pelas três ofertas subsequentes de ações entre 2019 e 2022, que captaram mais de 8 bilhões de reais. Os sócios tinham a convicção de que, nessa nova etapa, precisavam estabelecer uma base de capital comparável à dos principais bancos comerciais do país. Pois o BTG Pactual não apenas sobreviveu, mas reinventou-se por completo.

A presença internacional do banco também se ampliou em uma década. O BTG estabeleceu, em sequência, corretoras de valores em Lisboa (2022) e Madri (2023) e adquiriu o FIS Privatbank em Luxemburgo por 21,3 milhões de euros — um banco especializado em gestão de patrimônio e de ativos que administrava cerca de 500 milhões de euros —, consolidando sua base bancária europeia. Em 2024, ampliou sua atuação nos Estados Unidos, com a aquisição do banco nova-iorquino da família Safra, MY (em referência às iniciais do fundador, Moise Yacoub, irmão do falecido Joseph Safra), e, em janeiro de 2025, incorporou a operação brasileira do Julius Baer por 615 milhões de reais.

Paralelamente ao avanço nos negócios tradicionais, o banco fortaleceu suas operações globais em *trading* de mercados específicos. Além da *trading* de energia, a de commodities, criada em 2013, cresceu nos anos seguintes, firmando o banco como protagonista no agronegócio brasileiro. Em 2024, originou mais de 10 milhões de toneladas de commodities agrícolas e conectou produtores a mais de 45 países.

Em meio a toda essa transformação, o BTG preservou sua essência: manteve a estrutura de *partnership* com aproximadamente 380 sócios e associados — cerca de 5% do total de funcionários —, um modelo único entre os bancos listados em bolsa no mundo.

A volta por cima estava completa.

EPÍLOGO
"André Esteves produziu uma notícia boa"

AO LONGO DE MAIS DE QUARENTA ANOS, o banco idealizado por Luiz Cezar Fernandes e recriado por André Esteves passou por transformações que iam muito além da expansão dos negócios. Permeando todas as áreas, consolidava-se uma cultura organizacional que amadurecia com o tempo, mas que carregava em sua essência características dos dois protagonistas daquela história: a valorização dos talentos e a capacidade de reuni-los em torno de objetivos comuns.

Cezar se destacava por sua visão na estruturação de times, buscando sócios com formação internacional e habilidades complementares às suas — era sobretudo um empreendedor com talento para negócios e relacionamentos. Implementou uma política de sempre contratar pessoas melhores que seus antecessores, com um sistema que premiava o alto desempenho. Mas, em 1980 e 1990, os comportamentos no banco refletiam a mentalidade de um *hedge fund*, com posturas individualistas e busca por resultados a curto prazo.

A cultura do banco evoluiu ao longo dos anos. Em 2024, com 9 mil funcionários (sendo 3 mil na área de tecnologia) e a liderança no mercado, o BTG passou a operar com uma abordagem mais integrada. A meritocracia, a competição e o trabalho intenso permaneceram como elementos centrais, mas foram adaptados a um olhar de médio e longo prazos condizente com uma companhia de seu porte, em que os objetivos individuais precisam estar alinhados aos do coletivo para a perenidade do grupo.

A evolução cultural do BTG Pactual refletia uma visão mais ampla sobre o papel da instituição na sociedade brasileira. Esteves costumava comentar que era um dos poucos bilionários brasileiros* a manter seu patrimônio e sua cidadania fiscal no país. Depois do que passara em Bangu, afirmava ter bons motivos para se mudar para os Estados Unidos ou a Europa com a família em busca de paz. Mas, em vez disso, enfatizava que ficara no Brasil, investindo por meio de seu banco. "A gente precisa estar aqui para empurrar este lugar para a frente", dizia.

Foi esse entendimento sobre o papel do empresariado brasileiro que levou Esteves e Roberto Sallouti a expandirem sua atuação para além das fronteiras do mercado financeiro. Durante uma viagem ao Vale do Silício, ouviram uma crítica específica de um dos principais investidores globais: "O Brasil não forma engenheiros suficientes". A frase os fez refletir: ia ao encontro de uma inquietação que já existia entre os dois sócios — a vontade de criar um projeto "transformacional" para a sociedade. Eles acreditavam que a maneira mais efetiva de causar um impacto real seria por meio da educação.

Após três anos de estudos sobre diferentes modelos educacionais — de Stanford ao MIT —, os banqueiros decidiram investir 200 milhões de reais na criação do Instituto de Tecnologia e Liderança (Inteli). A sede da instituição foi instalada em um dos galpões mais antigos do Instituto de Pesquisas Tecnológicas (IPT), dentro do campus da Universidade de São Paulo (USP) — uma construção de 1902 que teve papel fundamental no desenvolvimento industrial brasileiro na primeira metade do século XX.

O projeto acadêmico foi concebido com a inversão da lógica tradicional do ensino superior. Em vez de disciplinas isoladas, os alunos aprendem por meio de projetos reais para atender necessidades de grandes

---

*   Em 2024, ele era dono da nona maior fortuna do país.

empresas. As turmas são divididas em grupos de oito pessoas, sem lugar marcado. Para isso, as salas de aula também foram redesenhadas, com mesas redondas e monitores em todas as paredes, o que permite que qualquer aluno compartilhe seu trabalho enquanto o desenvolve.

Em fevereiro de 2022, a primeira turma de 170 estudantes iniciou as aulas nos quatro cursos oferecidos: engenharia da computação, engenharia de software, ciência da computação e sistemas de informação. O processo seletivo havia atraído mais de 2350 inscrições e privilegiava, além do conhecimento técnico, características como capacidade de trabalho em equipe e potencial de liderança.

A "igualdade de oportunidades" — nas palavras de Esteves — foi uma preocupação central desde a concepção do projeto. Com um robusto programa de bolsas financiado por mais de cinquenta doadores, o instituto atraiu alunos de mais de cem cidades brasileiras. Em 2024, 58% dos estudantes eram bolsistas, totais ou parciais, recebendo mensalidade, auxílios para moradia, alimentação, computador e curso de inglês. O percentual de mulheres nos cursos de tecnologia chegava a 27% — mais que o dobro da média nacional de 11%.

As histórias de transformação dos alunos que receberam bolsas e vislumbravam mudanças em sua vida foram tema de uma coluna do consagrado jornalista Elio Gaspari na *Folha de S.Paulo*, intitulada "André Esteves produziu uma boa notícia". No texto, ele relatava casos de estudantes que viam na oportunidade uma chance de transformação.

Maíra Habimorad, presidente do Inteli, constatara na prática que o modelo de ensino por projetos, embora desafiador, difícil de implementar, provou-se mais efetivo que o tradicional. Os resultados começaram a aparecer ainda no primeiro ano, com os estudantes desenvolvendo, em parceria com o Hospital das Clínicas da USP, um modelo preditivo para determinar a sequência ideal entre quimioterapia e cirurgia no tratamento de pacientes. No terceiro ano, já estagiando em grandes empresas, uma turma criou para a Volkswagen um *dashboard* para monitoramento da saúde mental dos funcionários, agregando dados de diferentes plantas industriais.

Em 2024, o Inteli ocupava 10 mil metros quadrados, divididos entre o prédio acadêmico e um centro de bem-estar com restaurante e academia. O campus não tinha papel nem impressoras — o tradicional mural de avisos foi substituído por telões espalhados pelos corredores. Com 449 alunos matriculados, 307 projetos desenvolvidos e mais de 35 empresas parceiras, a instituição se preparava para formar sua primeira turma em 2025.

Um encontro de décadas

O espírito de comunidade de Esteves se acentuava com o passar do tempo. Quando o banco completou quarenta anos, em dezembro de 2023, ele e os demais diretores decidiram organizar uma festa para todos os sócios da história da instituição, na Hípica Santo Amaro, em São Paulo. O evento reuniu cerca de oitocentas pessoas, entre convidados e acompanhantes.

Para Esteves, aquela não era apenas uma celebração, mas a coroação dos "alumni" — termo usado em universidades para designar ex-alunos, que ele adaptava para o contexto do banco, referindo-se aos profissionais que haviam feito parte daquela história. O banqueiro comemorava o fato de a maioria dos sócios, depois de tantas turbulências nas diferentes gerações, agora se admirarem, se respeitarem e se orgulharem por terem construído uma parte do negócio que se tornara simplesmente gigante.

No meio da festa, Esteves subiu ao palco e agradeceu cada parceiro que estava ali, homenageando os que chegaram primeiro na história do banco e ressaltando que o "filho" deles estava bem cuidado e cada vez mais próspero. Deu ênfase especialmente a Cezar, por ter começado tudo aquilo.

A certa altura do evento, de improviso, o próprio Cezar pegou o microfone e começou seu discurso. Com a voz rouca, cabelos e barba brancos, sem a jovialidade de outrora, recordou o passado. Relembrou a origem do nome Pactual — P de Paulo, A de André e C de Cezar — e enalteceu a geração do presente, especialmente o controlador que o sucedeu. A plateia respondeu com entusiasmo, soltando gritos de apoio e aplausos. Esteves, então, comentou com um sócio que estava ao seu lado em tom de brincadeira: "Muito bom, mas melhor a gente ir lá. Se não, daqui a pouco, ele acha que é ele que está tocando tudo isso aqui".

AGRADECIMENTOS

O MERGULHO QUE RESULTOU NESTE LIVRO contou com o apoio e o incentivo das pessoas que me acompanharam ao longo de quase cinco anos.

Sou grata a cada um dos entrevistados, em especial aos protagonistas desta história, Luiz Cezar Fernandes e André Esteves, que primeiro depositaram sua confiança em mim. E a todos que também abriram suas portas e compartilharam histórias e conhecimentos comigo.

Agradeço aos pesquisadores que me deram suporte, debruçando-se sobre os mais diversos temas, e que se tornaram confidentes nessa missão — Rafael Faustino, Natália Tavares e Julia Fregonese. Obrigada pela disposição infinita de buscar informações, me oferecendo respaldo nesse percurso não linear.

À minha amiga Luciana Seabra, parceira de aventuras nada convencionais durante a elaboração deste livro, como nossa visita à Fazenda Marambaia — cenário de passagens aqui relatadas e onde escolhi escrever os primeiros parágrafos do texto. À amiga Silvia Balieiro, interlocutora de conquistas e dilemas, com quem compartilhei desde a primeira versão do projeto deste livro até os desafios finais da apuração.

Ao meu editor, Otávio Marques da Costa, pela parceria valiosa que me fez mergulhar ainda mais fundo nesta história. Aos meus pais, pelo cuidado com meu filho enquanto eu gestava outro. Às responsáveis pelas transcrições de algumas das entrevistas: Nara Abdallah — minha irmã nesta vida —, Marina Jarouche e Ana Luiza Couto. Ao Claudio de Lara Haddad, pela companhia, pelo apoio e pelo diálogo quase monotemático durante o processo de escrita. Ao meu terapeuta, que me acompanha há dezenove anos, por me ajudar a não esquecer minhas reais motivações e os princípios mais caros nos momentos desafiadores do processo.

Há inúmeras outras pessoas que fizeram parte da minha vida nesse período, a quem agradeço a parceria, que me permitiu, direta ou indiretamente, ter as ferramentas necessárias para escrever esta história. Obrigada.

Este livro é fruto do meu trabalho somado à cumplicidade de cada um de vocês.

FONTES

Só foi possível reconstituir a história do BTG Pactual porque mais de uma centena de pessoas aceitou me contar o que viveram e o que sabiam. Algumas preferiram se manter anônimas; outras me deram a honra de poder mencionar seus nomes, que seguem (em ordem alfabética):

Alessandro Horta
Ana Cristina Costa
André Esteves
Antônio Carlos de Almeida Castro (Kakay)
Antônio Carlos Porto (Totó)
Bruno Amaral
Bruno Duque
Bruno Levacov
Carlos Eduardo Gomes
Carlos Fonseca
Carlos Wöelz
Claudio "Nescau" Monteiro
Claudio Pracownik
Corrado Varoli
Daniela de Paoli Gontijo Alexander
Delcídio do Amaral
Eduardo Coutinho
Eduardo Loyo

Eduardo Plass
Eduardo Rosman
Emmanuel Hermann
Enéas Pestana
Fábio Carvalho
Fábio Faria
Fernanda Jorge
Florian Bartunek
Francisco Müssnich
Gilberto Sayão
Gilmar Mendes
Graziella Valenti
Guilherme Aché
Guilherme Paes
Guilherme Pini
Gustavo Gattass
Guto Quintella
Guy Perelmuter
Huw Jenkins
Iuri Rapoport
James Oliveira
João Dantas
João Emílio Ribeiro Neto
Jorge Bannitz
Jorge Paulo Lemann
José Elias Abeid
José Miguel Vilela
José Vita
José Zitelmann
Lauro Jardim
Lilian Esteves
Luciane Ribeiro
Lucilene Carvalho
Luis Nassif
Luiz Cezar Fernandes
Maíra Habimorad
Mansueto Almeida
Marcelo Fiorellini
Marcelo Flora
Marcelo Hallack
Marcelo Kayath
Marcelo Serfaty

Marcio Fainziliber
Márcio Moraes Martins
Marcos Pinheiro
Mariana Cardoso
Marlon Carvalho da Silva
Natasha Lago
Nelson Jobim
Nizan Guanaes
Oswaldo Assis
Patricia Vianna
Paulo Bilyk
Paulo Guedes
Pedro Thompson
Radamés Fidelis
Renato Mazzola
Renato Mimica
Renato Santos
Roberto Sallouti
Roberto Setubal
Rodolfo Riechert
Rodrigo Goes
Rodrigo Maia
Rodrigo Xavier
Rogério Pessoa
Rogerio Xavier
Rubens Ometto
Sônia Ráo
Steve Jacobs
Tania Cruz
Tom Freitas Valle
Vlademir Silva

PRÓLOGO: "QUEBREI"

Notícias

"FUNDADOR do Garantia e Pactual, Luiz Cezar Fernandes abre escritório em SP e tenta se reerguer após perder o Dresdner". *O Globo*, 2 jul. 2011. Disponível em: <https://bit.ly/40LwkuN>. Acesso em: 16 fev. 2025.

"BANQUEIRO pela terceira vez". *IstoÉ Dinheiro*, 4 mar. 2009. Disponível em: <https://bit.ly/40MSVao>. Acesso em: 16 fev. 2025.

"INTERNET via rádio, wi-fi na lanchonete: Como comunidades rurais se conectam na pandemia". Agência Pública, 2 jun. 2021. Disponível em: <https://bit.ly/4aLx4Vo>. Acesso em: 16 fev. 2025.

"PAPÉIS do BTG Pactual na Bolsa já caíram 32% desde prisão de Esteves". G1, 1 dez. 2015. Disponível em: <https://bit.ly/42IxqdE>. Acesso em: 16 fev. 2025.

"BTG tenta 'business as usual', mas a vida ficou mais dura". Brazil Journal, 26 nov. 2015. Disponível em: <https://bit.ly/42MNb3j>. Acesso em: 16 fev. 2025.

"COM BASE em ONS e PNS, BTG supera Bradesco em valor de mercado, diz Trademap". *Valor Econômico*, 8 ago. 2023. Disponível em: <https://bit.ly/4guhrTI>. Acesso em: 16 fev. 2025.

"HOLDING compra 54% das ações da Teba". *Folha de S.Paulo*, 1 jan. 1994. Disponível em: <https://bit.ly/3EpJNB6>. Acesso em: 16 fev. 2025.

"REESTRUTURAÇÃO". *Jornal do Brasil*, 4 ago. 1996.

"LARANJA doce". *Jornal do Brasil*, 9 nov. 1994.

"CTM Citrus é controlada pela Latinpart". *O Globo*, 5 jan. 1996.

"POUSADA em Petrópolis tem a cara da dona: Sem regras nem modismos". *Folha de S.Paulo*, 10 jan. 2019. Disponível em: <https://bit.ly/4aKew82>. Acesso em: 17 fev. 2025.

"ADMINISTRADOR aposta na reestruturação de empresas". *Folha de S.Paulo*, 28 jan. 1996. Disponível em: <https://bit.ly/3El34np>. Acesso em: 17 fev. 2025.

"ANDRÉ Esteves é o 12º bilionário mais rico do país". *Exame*, 8 mar. 2012. Disponível em: <https://bit.ly/3WPbEkr>. Acesso em: 17 fev. 2025.

Páginas consultadas

"A POUSADA". Pousada Alcobaça. Disponível em: <https://bit.ly/3EpritL>. Acesso em: 17 fev. 2025.

"VOICE over Internet Protocol (VoIP) Market". Global Market Insights, ago. 2023. Disponível em: <https://bit.ly/4aIraEF>. Acesso em: 17 fev. 2025.

1. "Me deu poder, então já viu"

Notícias

"BANCO surge em 43 no interior de SP". *Folha de S.Paulo*, 28 jan. 1999. Disponível em: <http://bit.ly/4jSxIEX>. Acesso em: 17 fev. 2025.

"DE elefante a formiga". *piauí*, nov. 2006. Disponível em: <https://bit.ly/4jQJD5Q>. Acesso em: 17 fev. 2025.

"CONHEÇA a história da maior bolha financeira do Brasil". *Você S/A*, 24 jan. 2024. Disponível em: <https://bit.ly/3WR6ggF>. Acesso em: 17 fev. 2025.

"WALL Street Is Buzzing about Repo Rates. Here's Why". *The New York Times*, 18 set. 2019. Disponível em: <https://bit.ly/4hqGyb3>. Acesso em: 17 fev. 2025.

Páginas consultadas

"INFLAÇÃO no Brasil". Brasil Escola. Disponível em: <https://bit.ly/3WSjSbI>. Acesso em: 17 fev. 2025.

"DESVENDANDO a crise econômica dos anos 70: Uma análise sociológica". Rabisco da História. Disponível em: <https://bit.ly/4jLc6u3>. Acesso em: 17 fev. 2025.

"DECRETO-LEI nº 157, de 10 de fevereiro de 1967". Presidência da República do Brasil. Disponível em: <https://bit.ly/4hMsB7j>. Acesso em: 17 fev. 2025.

"ANDIMA". Status Invest, 1 set. 2021. Disponível em: <https://bit.ly/3WRz5Kd>. Acesso em: 17 fev. 2025.

"DOCUMENTÁRIO: 40 anos do Selic (Sistema Especial de Liquidação e de Custódia)". Anbima, 22 nov. 2019. Disponível em: <https://bit.ly/4aSfIpP>. Acesso em: 17 fev. 2025.

Livros

CARVALHO, Ney. *A saga do mercado de capitais no Brasil*. São Paulo: Saint Paul, 2014.

BRESSER-PEREIRA, Luiz Carlos. *Desenvolvimento e crise no Brasil: História, economia e política de Getúlio Vargas a Lula*. São Paulo: Editora 34, 2003.

Artigos acadêmicos

GALVÊAS, Ernane. "O mercado brasileiro de capitais". *Revista de Direito Bancário e do Mercado de Capitais*, Brasília, v. 11, n. 41, pp. 14-21, 2008. Disponível em: < https://bit.ly/3Fdye0p >. Acesso em: 17 fev. 2025.

MACARINI, José Pedro. "Um aspecto da política econômica do 'milagre brasileiro': A política de mercado de capitais e a bolha especulativa 1969-1971". *Estudos Econômicos*, São Paulo, v. 38, n. 1, pp. 151-72, 2008. Disponível em: <https://bit.ly/3WQddPo>. Acesso em: 17 fev. 2025.

2. "VOCÊS ESTÃO DOIDOS? ISSO NÃO VAI FUNCIONAR"

Notícias

"BEATO Salu, vítima da hipocrisia nacional". *CartaCapital*, 18 out. 2021. Disponível em: <https://bit.ly/4htwNZR>. Acesso em: 17 fev. 2025.

"OPERAÇÃO especulativa D-0 puxa alta na bolsa do Rio". *Jornal do Brasil*, 10 mar. 1989. Disponível em: <https://bit.ly/4OIeFV4>. Acesso em: 17 fev. 2025.

"O FIADOR". *piauí*, set. 2018. Disponível em: <https://bit.ly/40N41fP>. Acesso em: 17 fev. 2025.

Páginas consultadas

"OS ANOS 80 no Brasil: Aspectos políticos e econômicos". Brasil Escola. Disponível em: <https://bit.ly/4jHhvCh>. Acesso em: 17 fev. 2025.

"NAJI Nahas: A história do homem que QUEBROU A BOLSA DE VALORES sozinho". Eu Quero Investir (YouTube), 30 nov. 2019. Disponível em: <https://bit.ly/42GBHOs>. Acesso em: 17 fev. 2025.

"PLANO CRUZADO". Atlas Histórico do Brasil. Rio de Janeiro: FGV, 2023. Disponível em: <https://bit.ly/40H76ON>. Acesso em: 17 fev. 2025.

"PLANO VERÃO". Atlas Histórico do Brasil. Rio de Janeiro: FGV, 2023. Disponível em: <https://bit.ly/40X3fOp>.

Livros

FERREIRA, Alcides. *BM&F: A história do mercado futuro no Brasil*. São Paulo: Cultura, 1996.

LEMGRUBER, Carlos. *História contada do Banco Central do Brasil*. Brasília: Banco Central do Brasil, 2019. v. 11. Disponível em: <https://bit.ly/3WOGZUt>. Acesso em: 17 fev. 2025.

BARTUNEK, Florian; MOREAU, Pierre; NAPOLITANO, Giuliana (Orgs.). *Fora da curva 1: Os segredos dos grandes investidores do Brasil — e o que você pode aprender com eles*. São Paulo: Portfolio-Penguin, 2016.

CARVALHO, Ney. *A saga do mercado de capitais no Brasil*. São Paulo: Saint Paul, 2014.

Artigos acadêmicos

PAULA, Luiz Fernando Rodrigues de. "Tamanho, dimensão e concentração do sistema bancário no contexto de alta e baixa inflação no Brasil". *Nova Economia*, Belo Horizonte, v. 8, n. 1, pp. 87-116, 1998. Disponível em: <https://bit.ly/4aSURCX>. Acesso em: 17 fev. 2025.

AVERBUG, Marcello. "Plano Cruzado: Crônica de uma experiência". *Revista do BNDES*, Rio de Janeiro, v. 12, n. 24, pp. 211-40, 2005. Disponível em: <https://bit.ly/3CzAqyg>. Acesso em: 17 fev. 2025.

Documentos oficiais

"RELATÓRIO de estabilidade financeira". Banco Central do Brasil, nov. 2022. Disponível em: <https://bit.ly/40LwaUb>. Acesso em: 17 fev. 2025.

"1983 Annual Meetings of the Boards of Governors: Summary Proceedings". Banco Mundial. Disponível em: <https://bit.ly/40IY57p>. Acesso em: 17 fev. 2025.

3. "MEU FILHO, VOCÊ VAI ACREDITAR EM BANQUEIRO?"

Notícias

"DE elefante a formiga". *piauí*, nov. 2006. Disponível em: <https://bit.ly/4jQJD5Q>. Acesso em: 17 fev. 2025.

"PLANO Collor". *Memória Globo*, 28 out. 2021. Disponível em: <https://bit.ly/4jKoxGl>. Acesso em: 17 fev. 2025.

"ENTRE infartos, falências e suicídios: Os 30 anos do confisco da poupança". BBC News Brasil, 17 mar. 2020. Disponível em: <https://bit.ly/4aTSXlI>. Acesso em: 17 fev. 2025.

"O QUE foi o confisco da poupança?". *Você S/A*, 9 set. 2022. Disponível em: <https://bit.ly/413xy69>. Acesso em: 17 fev. 2025.

Página consultada

"DESCUBRA o que são ADRs para também investir nos Estados Unidos". Blog Toro Investimentos, 31 maio 2024. Disponível em: <https://bit.ly/419gJa8>. Acesso em: 17 fev. 2025.

Livro

BARTUNEK, Florian; MOREAU, Pierre; NAPOLITANO, Giuliana (Orgs.). *Fora da curva: Os segredos dos grandes investidores do Brasil — e o que você pode aprender com eles*. São Paulo: Portfolio-Penguin, 2016.

4. "UM DINHEIRO ENTERRADO NAS LETRAS MIÚDAS"

Notícias

"ENTENDA o que são moedas 'podres'". *Folha de S.Paulo*, 1 dez. 1995. Disponível em: <https://bit.ly/3Q463TC>. Acesso em: 17 fev. 2025.

"TURBULÊNCIAS políticas repercutem no mercado financeiro". *Jornal Nacional*, 1992. Disponível em: <https://bit.ly/4jMxgry>. Acesso em: 17 fev. 2025.

"DANIEL Dantas: O banqueiro mais polêmico do Brasil". *Curioso Mercado*, 1 fev. 2024. Disponível em: <https://bit.ly/4jN1DOS>. Acesso em: 17 fev. 2025.

"COLLOR faz o maior choque e revoluciona toda a economia". *Folha de S.Paulo*, 17 mar. 1990.

Páginas consultadas

"O QUE é Taxa Referencial (TR)?". Blog Genial Investimentos, 7 nov. 2023. Disponível em: <https://bit.ly/4hGvbvw>. Acesso em: 17 fev. 2025.

"PLANOS econômicos". Frente Brasileira pelos Poupadores (Febrapo). Disponível em: <https://bit.ly/4jGMs9N>. Acesso em: 17 fev. 2025.

Artigos acadêmicos

GARCIA, Márcio G. P. "Política monetária, depósitos compulsórios e inflação". *Revista de Economia Política*, São Paulo, v. 15, n. 2, pp. 270-83, 1995. Disponível em: <https://bit.ly/3ElW09P>. Acesso em: 17 fev. 2025.

LEAL, Ricardo Pereira Câmara; RÊGO, Ricardo Bordeaux. "Impacto do Anexo IV no mercado de capitais brasileiro". *Revista de Administração*, São Paulo, v. 32, n. 3, pp. 82-8, 1997. Disponível em: <https://bit.ly/4OIZ73k>. Acesso em: 17 fev. 2025.

Documentos oficiais

"RELATÓRIO Anual 1990 — Telebrás". Disponível em: <https://bit.ly/4OIfQns>. Acesso em: 17 fev. 2025.

"RELATÓRIO Anual 1991 — Telebrás". Disponível em: <https://bit.ly/4gr9vlZ>. Acesso em: 17 fev. 2025.

Livros

BARTUNEK, Florian; MOREAU, Pierre; NAPOLITANO, Giuliana (Orgs.). *Fora da curva: Os segredos dos grandes investidores do Brasil — e o que você pode aprender com eles*. São Paulo: Portfolio-Penguin, 2016.

5. "PROCURAM-SE CÉREBROS"

Notícias

"O CLUBE em que os eleitores não entram". *Jornal do Brasil*, 19 set. 1993. Disponível em: <https://bit.ly/4aRvrWv>. Acesso em: 17 fev. 2025.

"FASE 3 ainda é incógnita para economistas". *Jornal do Brasil*, 15 mar. 1994. Disponível em: <https://bit.ly/4gwAmNH>. Acesso em: 17 fev. 2025.

"O SAPO e a estrela". *Jornal do Brasil*, 17 maio 1994. Disponível em: <https://bit.ly/3QtEbsx>. Acesso em: 17 fev. 2025.

"BELLUZZO: Câmbio valorizado desde Plano Real minou indústria". Senado Notícias, 25 jun. 2013. Disponível em: <https://bit.ly/4hpB0Ok>. Acesso em: 17 fev. 2025.

"REAL veio com crítica ao processo de industrialização, relata Belluzzo". *Programa Faixa Livre*, 1 jul. 2019. Disponível em: <https://bit.ly/4aObCz0>. Acesso em: 17 fev. 2025.

"A PRÓXIMA inflação". *Jornal do Brasil*, 12 maio 1994. Disponível em: <https://bit.ly/414aDHI>. Acesso em: 17 fev. 2025.

"AS CORREÇÕES de rumo que o Plano Real exige". *Jornal do Brasil*, 1 jul. 1994.

Artigos acadêmicos

SICSÚ, João. "A URV e sua função de alinhar preços relativos". *Revista de Economia Política*, São Paulo, v. 16, n. 2, pp. 236-51, 1996. Disponível em: <https://bit.ly/413Iy3u>. Acesso em: 17 fev. 2025.

CYSNE, Rubens Penha; COSTA, Sérgio Gustavo Silveira da. "Reflexos do Plano Real sobre o sistema bancário brasileiro". *Revista Brasileira de Economia*, Rio de Janeiro, v. 51, n. 3, pp. 325-46, 1997. Disponível em: <https://bit.ly/413y3O1>. Acesso em: 17 fev. 2025.

Página consultada

"PLANO REAL". Atlas Histórico do Brasil. Rio de Janeiro: FGV, 2023. Disponível em: <https://bit.ly/4gwAwVj>. Acesso em: 17 fev. 2025.

6. "SE ACONTECEU COM ELE, POR QUE NÃO COM A GENTE?"

Notícias

"TERMINA a concordata da Mesbla". *Folha de S.Paulo*, 12 dez. 1997. Disponível em: <https://bit.ly/42Fv0wc>. Acesso em: 17 fev. 2025.

"O SALVAMENTO da Mesbla". *Folha de S.Paulo*, 21 fev. 1997. Disponível em: <https://bit.ly/3WMMliS>. Acesso em: 17 fev. 2025.

"ASSINADO o acordo para salvar a Mesbla". *Folha de S.Paulo*, 12 out. 1996. Disponível em: <https://bit.ly/3CFPvyf>. Acesso em: 17 fev. 2025.

"MAPPIN e Mesbla devem R$ 1,2 bilhão". *Folha de S.Paulo*, 12 set. 1999. Disponível em: <https://bit.ly/4hEyFP4>. Acesso em: 17 fev. 2025.

"A CRISE produziu uma novidade: O empresário de passeata". *Folha de S.Paulo*, 6 jun. 1999. Disponível em: <https://bit.ly/4gnk0Xr>. Acesso em: 17 fev. 2025.

"MANSUR transfere imóveis para filhas". *Folha de S.Paulo*, 11 ago. 1999. Disponível em: <https://bit.ly/40ZkMFO>. Acesso em: 17 fev. 2025.

"O FANTASMA do Mappin: Crise da Americanas lembra aspectos da falência da famosa rede paulistana". *Folha de S.Paulo*, 14 jan. 2023. Disponível em: <https://bit.ly/4gqP0Gb>. Acesso em: 17 fev. 2025.

"AMÉRICA Latina perdeu US$ 8,9 bilhões". *Jornal do Brasil*, 5 jan. 1994. Disponível em: <https://bit.ly/4jLiC3R>. Acesso em: 17 fev. 2025.

"CONTROLE da Lacta muda de mãos". *Folha de S.Paulo*, 30 abr. 1996. Disponível em: <https://bit.ly/3EoD2zA>. Acesso em: 17 fev. 2025.

"ADMINISTRADOR aposta na reestruturação de empresas". *Folha de S.Paulo*, 28 jan. 1996. Disponível em: <https://bit.ly/3El34np>. Acesso em: 17 fev. 2025.

"SETOR têxtil é a prioridade". *Folha de S.Paulo*, 3 out. 1994. Disponível em: <https://bit.ly/413jqKh>. Acesso em: 17 fev. 2025.

"WESTHEM relança marca Fiorucci". *Folha de S.Paulo*, 3 out. 1994. Disponível em: <https://bit.ly/42IZugS>. Acesso em: 17 fev. 2025.
"CTM Citrus é consolidada pela Latinpart". *O Globo*, 5 jan. 1996.
"LARANJA doce (Teba/Latinpart)". *Jornal do Brasil*, 9 nov. 1996.
"REESTRUTURAÇÃO (Teba/Latinpart)". *Jornal do Brasil*, 4 ago. 1996.
"LOCADORA Hertz volta ao Brasil". *Jornal Panrotas*, 27 dez. 1994. Disponível em: <https://bit.ly/3CozZH6>. Acesso em: 17 fev. 2025.

Artigos acadêmicos

GARCIA, Márcio. "Juros e câmbio no Brasil: Avanços e desafios". PUC-Rio, 2015. Disponível em: <https://bit.ly/40IMq8v>. Acesso em: 17 fev. 2025.
COELHO, Sávio. "Adiós México: Uma breve história da crise financeira de 1994". *Economia Mainstream*, 25 nov. 2021. Disponível em: <https://bit.ly/4gr24eO>. Acesso em: 17 fev. 2025.
MODENESI, André de Melo. "Política monetária no Brasil pós-Plano Real (1995-2008): Um breve retrospecto". *Economia & Tecnologia*, Curitiba, ano 6, v. 21, pp. 21-30, 2010. Disponível em: <https://bit.ly/3EoOknq>. Acesso em: 17 fev. 2025.
OMAR, Jabr H. D. "Taxa de juros: Comportamento, determinação e implicações para a economia brasileira". *Revista de Economia Contemporânea*, Rio de Janeiro, v. 2, n. 3, pp. 463-90, 2008. Disponível em: <https://bit.ly/4gqReoP>. Acesso em: 17 fev. 2025.
MENDONÇA, Mario Jorge Cardoso de; MEDRANO, Luis Alberto; SACHSIDA, Adolfo. "Efeitos da política monetária na economia brasileira: Resultados de um procedimento de identificação agnóstica". *Pesquisa e Planejamento Econômico*, Brasília, v. 40, n. 3, pp. 367-94, 2010. Disponível em: <https://bit.ly/4jL9w7m>. Acesso em: 17 fev. 2025.
ALMENDRA, Carlos César. *A crise do México de 1994/1995 e o Efeito Tequila na América Latina*. São Paulo: USP, 2003. Dissertação (Mestrado em Integração da América Latina). Disponível em: <https://bit.ly/4guUTCd>. Acesso em: 17 fev. 2025.

Páginas consultadas

"TAXA de juros Selic". Receita Federal. Disponível em: <https://bit.ly/4gqRrID>. Acesso em: 17 fev. 2025.
"TABELA Selic: Entenda a evolução da taxa ao longo da história". Onze. Disponível em: <https://bit.ly/4hqNgy6>. Acesso em: 17 fev. 2025.
"CRISE do México traz impactos ao Brasil". Memorial da Democracia. Disponível em: <https://bit.ly/40QQS5s>. Acesso em: 17 fev. 2025.
"TAXA de Juros de Longo Prazo (TJLP)". BNDES. Disponível em: <https://bit.ly/3ElW0Xv>. Acesso em: 17 fev. 2025.

Livros

CORREA, Cristiane. *Sonho grande*. Rio de Janeiro: Sextante, 2013.

GARCIA, Lara Dacosta. "Efeito Tequila: Papel do Estado regulador, a garantia dos direitos humanos e a globalização econômica". In: VASCONCELOS, Adaylson Wagner Sousa de (Org.). *Caminhos da justiça: Explorando o mundo do direito 4*. Ponta Grossa: Atena, 2024, pp. 24-43. Disponível em: <https://educapes.capes.gov.br/handle/capes/744654>. Acesso em: 17 mar. 2025.

7. "PRECISO DE LIQUIDEZ"

Notícias

"EM 1997, crise na Ásia atingiu emergentes". *Folha de S.Paulo*, 20 dez. 2006. Disponível em: <https://bit.ly/3QapA4M>. Acesso em: 18 fev. 2025.

"CRISE da Ásia completa 10 anos". G1, 1 jul. 2007. Disponível em: <https://bit.ly/4hP3u3A>. Acesso em: 18 fev. 2025.

"COMO investir em ETF: Confira o guia completo". InfoMoney, 7 nov. 2022. Disponível em: <https://bit.ly/4gwWt6o>. Acesso em: 18 fev. 2025.

"CRISE asiática de 1997: Entenda como aconteceu a crise dos Tigres Asiáticos". *Suno Artigos*, 9 mar. 2019. Disponível em: <https://bit.ly/3CQ3hhJ>. Acesso em: 18 fev. 2025.

"ETFS ganham complexidade e diversidade — no mundo e no Brasil". *Bora Investir*, 17 jul. 2024. Disponível em: <https://bit.ly/42G7C1H>. Acesso em: 18 fev. 2025.

"1997: A crise asiática que fez a antiga Bovespa adotar o *circuit breaker* pela primeira vez na história". InfoMoney, 24 out. 2020. Disponível em: <https://bit.ly/40NvFJw>. Acesso em: 18 fev. 2025.

"CRISE no Sudeste Asiático". *Memória Globo*, 28 out. 2021. Disponível em: <http://glo.bo/3WPAq3Y>. Acesso em: 18 fev. 2025.

"CREDIT Suisse fecha compra do Garantia". *Folha de S.Paulo*, 10 jun. 1998. Disponível em: <https://bit.ly/3WSljH8>. Acesso em: 18 fev. 2025.

"CRISE asiática acelerou venda do Garantia". *Folha de S.Paulo*, 11 jun. 1998. Disponível em: <https://bit.ly/4jKppe5>. Acesso em: 18 fev. 2025.

"A NOVA face do setor bancário brasileiro". *Jornal do Brasil*, 31 maio 2005. Disponível em: <https://bit.ly/4aMYEBR>. Acesso em: 18 fev. 2025.

"CREDIREAL sai do mercado em 16 de março". *Folha de S.Paulo*, 7 fev. 1998. Disponível em: <https://bit.ly/3WSC9pb>. Acesso em: 18 fev. 2025.

"BRADESCO irá adquirir o controle do BCN". *Folha de S.Paulo*, 28 out. 1997. Disponível em: <https://bit.ly/3Q8uXS7>. Acesso em: 18 fev. 2025.

"MERIDIONAL vai a leilão hoje no Rio". *Jornal do Brasil*, 4 dez. 1997. Disponível em: <https://bit.ly/3Q8zLH6>. Acesso em: 18 fev. 2025.

"PACTUAL compra Banco Sistema". *Folha de S.Paulo*, 19 dez. 1997. Disponível em: <https://bit.ly/413IO2s>. Acesso em: 18 fev. 2025.

"BANCO Pactual assume Sistema". *Jornal do Brasil*, 25 dez. 1997. Disponível em: <https://bit.ly/415tanf>. Acesso em: 18 fev. 2025.

"O BCN do B". *Jornal do Brasil*, 31 dez. 1997. Disponível em: <https://bit.ly/413IQr6>. Acesso em: 18 fev. 2025.

"FAZENDO cash". *Jornal do Brasil*, 15 ago. 1998. Disponível em: <https://bit.ly/3CE1zjC>. Acesso em: 18 fev. 2025.

"RECUO estratégico". *Jornal do Brasil*, 12 ago. 1998. Disponível em: <https://bit.ly/3WP7WqY>. Acesso em: 18 fev. 2025.

"BRADESCO oferece mais que BBV e pode levar BCN". *O Globo*, 25 out. 1997.

"BRADESCO fecha compra do BCN e consolida liderança". *O Globo*, 4 dez. 1997.

"CREDIREAL recebe R$ 346 milhões". *Jornal do Brasil*, 10 maio 1997. Disponível em: <https://bit.ly/415yIxV>. Acesso em: 18 fev. 2025.

"VENDA do banco Sistema está sendo negociada". *Jornal do Brasil*, 20 out. 1998. Disponível em: <http://bit.ly/3Xu5Zkn>. Acesso em: 18 fev. 2025.

Páginas consultadas

"CONHEÇA todos os títulos do Tesouro Direto". Tesouro Direto. Disponível em: <https://bit.ly/3WNtuEw>. Acesso em: 18 fev. 2025.

"O IMPACTO da crise asiática sobre o Brasil". Fundação Maurício Grabois, 1 maio 1998. Disponível em: <https://bit.ly/4jKoXwp>. Acesso em: 18 fev. 2025.

"MERCADO de capitais brasileiro aumentou quatro vezes em 25 anos". Anbima, 20 dez. 2022. Disponível em: <https://bit.ly/4hoIuBd>. Acesso em: 18 fev. 2025.

Artigos acadêmicos

CARVALHO, Francisco Bonadio de. *A importância do mercado de capitais: Considerações das teorias econômica e financeira*. Araraquara: FCLAR-Unesp, 2014. Monografia (Bacharelado em Ciências Econômicas). Disponível em: <https://bit.ly/3Et51y6>. Acesso em: 18 fev. 2025.

BAHRY, Thaiza Regina. "A crise asiática e suas consequências para o Brasil". São Paulo: Associação Brasileira de Pesquisadores em História Econômica (ABPHE), 2014. Disponível em: <https://bit.ly/3WSlYbA>. Acesso em: 18 fev. 2025.

ROSA, Lucas Silva da. *Crise e contágio: A crise asiática de 1997/1998 impactou a economia brasileira?*. Porto Alegre: FCE-UFRGS, 2014. Monografia (Bacharelado em Ciências Econômicas). Disponível em: <https://bit.ly/42PxesX>. Acesso em: 18 fev. 2025.

ASSIS, Milton de. "A origem das crises financeiras internacionais: Fracos fundamentos ou puro contágio? Uma análise empírica". XXXIX Encontro da Associação Nacional dos Centros de Pós-Graduação em Economia, Foz do Iguaçu, 2001. *Anais*... Anpec: 2001. Disponível em: <https://bit.ly/4gC5YBs>. Acesso em: 18 fev. 2025.

LUZ, Ivoir da; VIDEIRA, Sandra Lúcia. "A privatização dos bancos estaduais no Brasil". Guarapuava-PR: Unicentro, 2009. Disponível em: <https://bit.ly/4gyPKsW>. Acesso em: 18 fev. 2025.

Livros

CARDOSO, Fernando Henrique. *Diários da Presidência*. São Paulo: Companhia das Letras, 2015. v. 1: 1995-1996.
CORREA, Cristiane. *Sonho grande*. Rio de Janeiro: Sextante, 2013.

Documentos oficiais

GOMES, Keiti da Rocha; SECUNHO, Leandro Puccini; ROMERA, Márcia Paim. "TEXTO para discussão n. 34: A experiência do Tesouro Nacional na criação do ETF de Renda Fixa no Brasil". Tesouro Nacional, 2021. Disponível em: <https://bit.ly/4gAydAq>. Acesso em: 18 fev. 2025.
"BOLETIM do Banco Central do Brasil — Relatório 1997". Banco Central do Brasil. Disponível em: <https://bit.ly/4hNXd8A>. Acesso em: 18 fev. 2025.

8. "ISSO AQUI É O *TITANIC*. QUEM ESTIVER DENTRO VAI AFUNDAR COM ELE"

Notícias

"PACTUAL foi um dos bancos que mais lucraram em 99". *Folha de S.Paulo*, 22 maio 2001. Disponível em: <https://bit.ly/4aKrkeA>. Acesso em: 18 fev. 2025.
"MOSCOU torna-se o epicentro da crise". *Folha de S.Paulo*, 14 ago. 1998. Disponível em: <https://bit.ly/40YKvxY>. Acesso em: 18 fev. 2025.
"MUDANÇA desvaloriza o real". *Folha de S.Paulo*, 14 jan. 1999. Disponível em: <https://bit.ly/3WPrE6e>. Acesso em: 18 fev. 2025.
"BC confirma que socorreu Marka, banco que quebrou". *Folha de S.Paulo*, 26 mar. 1999. Disponível em: <https://bit.ly/4hMcGGd>. Acesso em: 18 fev. 2025.
"CPI condenou ajuda a bancos em 99". *Folha de S.Paulo*, 2 fev. 2000. Disponível em: <https://bit.ly/411kSwI>. Acesso em: 18 fev. 2025.
"AJUDA a bancos pode ter sido erro, diz FHC". *Folha de S.Paulo*, 10 abr. 1999. Disponível em: <https://bit.ly/3CyaCCH>. Acesso em: 18 fev. 2025.
"MAIS provas contra Lopes". *Jornal do Brasil*, 25 abr. 1999. Disponível em: <https://bit.ly/40KaNTl>. Acesso em: 18 fev. 2025.
"MINISTÉRIO Público prepara novas denúncias no caso Marka/FonteCindam". *Folha de S.Paulo*, 19 maio 2001. Disponível em: <https://bit.ly/4aJZIGA>. Acesso em: 18 fev. 2025.
"LOPES decidiu operação, afirma banqueiro". *Folha de S.Paulo*, 6 maio 1999. Disponível em: <https://bit.ly/4gnkTPL>. Acesso em: 18 fev. 2025.
"EX-NAMORADA de Bragança diz que estranhou enriquecimento rápido". *Folha de S.Paulo*, 9 jun. 2000. Disponível em: <https://bit.ly/42L38H1>. Acesso em: 18 fev. 2025.

"AMIGO de Lopes negociou ajuda ao Marka, diz Cacciola". *Folha de S.Paulo*, 23 abr. 1999. Disponível em: <https://bit.ly/42On9we>. Acesso em: 18 fev. 2025.

"CASO Marka/FonteCindam é encerrado após prescrição, sem condenações". G1, 11 out. 2016. Disponível em: <https://bit.ly/4gpamDL>. Acesso em: 18 fev. 2025.

"ENVOLVIDOS no caso Marka estão soltos, menos Cacciola". *Repórter Diário*, 19 jul. 2008. Disponível em: <https://bit.ly/4hKBQom>. Acesso em: 18 fev. 2025.

"13 de janeiro de 1999: A queda de Gustavo Franco". *O Globo Memória*. Disponível em: <https://bit.ly/4jMlHR6>. Acesso em: 18 fev. 2025.

"PROCURADORIA pede à PF inquérito sobre Pactual". *O Globo*, 22 maio 2021.

"REABERTO o caso Marka". *O Globo*, 21 maio 2001.

"FUGA de capitais faz país perder US$ 1 bi de reservas". *O Globo*, 13 jan. 1999.

"CACCIOLA lança livro para contar versão sobre ajuda ao Banco Marka". *O Globo*, 15 dez. 2001.

"SALVEI o país da moratória". *Jornal do Brasil*, 24 maio 2001. Disponível em: <https://bit.ly/3Q2nOCG>. Acesso em: 18 fev. 2025.

"TRECHOS da reportagem da revista". *Jornal do Brasil*, 20 maio 2001. Disponível em: <https://bit.ly/4hJ4Rke>. Acesso em: 18 fev. 2025.

"LOPES reage a denúncias contra amigos". *Jornal do Brasil*, 18 abr. 1999. Disponível em: <https://bit.ly/4hMcVB7>. Acesso em: 18 fev. 2025.

"LOPES autorizou ajuda ao Marka". *Jornal do Brasil*, 27 mar. 1999. Disponível em: <https://bit.ly/3WQrMCj>. Acesso em: 18 fev. 2025.

"MAIS provas contra Lopes". *Jornal do Brasil*, 25 abr. 1999. Disponível em: <https://bit.ly/4hH4c31>. Acesso em: 18 fev. 2025.

"BILHETE atribuído a Lopes ordena operação bancária". *Folha de S.Paulo*, 21 abr. 1999. Disponível em: <https://bit.ly/4aLAmbc>. Acesso em: 18 fev. 2025.

"DO Banco Central ao banco dos réus". *Valor Econômico*, 29 jul. 2005. Disponível em: <https://bit.ly/4aN6yv5>. Acesso em: 18 fev. 2025.

"MERCADANTE denuncia nove bancos". *Jornal do Brasil*, 24 fev. 1999. Disponível em: <https://bit.ly/4aIvWC7>. Acesso em: 18 fev. 2025.

"SALVATORE Cacciola é preso em Mônaco". G1, 15 set. 2007. Disponível em: <https://bit.ly/4gsrF6M>. Acesso em: 18 fev. 2025.

"DONO do Marka é preso pela PF". *Folha de S.Paulo*, 8 jun. 2000. Disponível em: <https://bit.ly/4graO4n>. Acesso em: 18 fev. 2025.

"STF nega pedido de habeas corpus para Salvatore Cacciola". G1, 15 abr. 2010. Disponível em: <https://bit.ly/3QpbahD>. Acesso em: 18 fev. 2025.

"CACCIOLA é solto no Rio após obter liberdade condicional". G1, 25 ago. 2011. Disponível em: <https://bit.ly/42IFg6N>. Acesso em: 18 fev. 2025.

"JUSTIÇA extingue pena de Salvatore Cacciola". G1, 17 abr. 2012. Disponível em: <https://bit.ly/42BHDZf>. Acesso em: 18 fev. 2025.

"CACCIOLA livra-se de processo por porte de arma". *Consultor Jurídico*, 18 mar. 2010. Disponível em: <https://bit.ly/42GCU8I>. Acesso em: 18 fev. 2025.

"CONSULTORIA está em crise financeira desde 98". *Diário do Grande ABC*, 21 abr. 1999. Disponível em: <https://bit.ly/3Q76BZ3>. Acesso em: 18 fev. 2025.

"DE elefante a formiga". *piauí*, nov. 2006. Disponível em: <https://bit.ly/4hKHR4s>. Acesso em: 18 fev. 2025.

"OS FUNDOS do dinheiro sujo". *IstoÉ*, 2 jul. 2003. Disponível em: <https://bit.ly/4hJx2zS>. Acesso em: 18 fev. 2025.

"QUANDO gênios falham: Lições do fundo LTCM 25 anos após o colapso". *Valor Investe*, 26 set. 2023. Disponível em: <https://bit.ly/3Qpbs8d>. Acesso em: 18 fev. 2025.

Páginas consultadas

"SERGIO Bermudes". Bermudes Advogados. Disponível em: <https://bit.ly/4jK7tjF>. Acesso em: 18 fev. 2025.

"WHAT Was Long-Term Capital Management (LTCM) and What Happened?". Investopedia, 19 dez. 2023. Disponível em: <https://bit.ly/40JSON1>. Acesso em: 18 fev. 2025.

"JOHN Meriwether e o Long-Term Capital Management (Parte II)". Suno, 8 nov. 2019. Disponível em: <https://bit.ly/40ClAyM>. Acesso em: 18 fev. 2025.

"EM apuros, Rússia decreta moratória". Memorial da Democracia. Disponível em: <https://bit.ly/4jHozyO>. Acesso em: 18 fev. 2025.

Artigos acadêmicos

ALMEIDA, Mírian; FONTES, Rosa; ARBEX, Marcelo A. "Retrospectiva dos regimes cambiais brasileiros com ênfase em bandas de câmbio". *Ensaios FEE*, Porto Alegre, v. 21, n. 1, pp. 7-43, 2000. Disponível em: <https://bit.ly/40NIvHJ>. Acesso em: 18 fev. 2025.

AMARAL, Carlos André Monteiro do. *O sistema cambial brasileiro entre 1968 e 1999: Apresentação de alguns efeitos sobre dívida, crescimento e inflação*. Fortaleza: FAAC-UFC, 2002. Monografia (Bacharelado em Ciências Econômicas). Disponível em: <https://bit.ly/4hABVeF>. Acesso em: 18 fev. 2025.

AVERBUG, André; GIAMBIAGI, Fabio. "A crise brasileira de 1998/1999: Origens e consequências". BNDES, Textos para discussão, n. 77, 2000. Disponível em: <https://web.bndes.gov.br/bib/jspui/handle/1408/21443>. Acesso em: 17 mar. 2025.

Documentos oficiais

"IMF News: Press Release n. 98/49". Fundo Monetário Internacional. Disponível em: <https://bit.ly/3EmWOvg>. Acesso em: 18 fev. 2025.

"RELATÓRIO final da CPI dos Bancos". Congresso Nacional. Disponível em: <https://bit.ly/4hmuQOL>. Acesso em: 18 fev. 2025.

9. "UM BANDO DE AMERICANO BUROCRATA E COMPLICADO"

Notícias

"MARCELO Kalim". *Bloomberg Línea*, 17 set. 2023. Disponível em: <https://bit.ly/3WOGNER>. Acesso em: 18 fev. 2025.

"RODOLFO Riechert e André Schwartz concentram controle na Genial". *Valor*, 29 jun. 2023. Disponível em: <https://bit.ly/4hklseL>. Acesso em: 18 fev. 2025.

"ALBERTO Ramos, do Goldman Sachs: 'Se Brasil não desacelerar, cresce 4%'". *Veja*, 11 set. 2023. Disponível em: <https://bit.ly/4jYyHDF>. Acesso em: 18 fev. 2025.

"FUNDOS acusam Opportunity de cobrar R$ 10 milhões em taxas indevidas". *O Globo*, 22 jul. 2000.

"GOVERNO inicia privatização do setor elétrico pela Escelsa". *Folha de S.Paulo*, 12 jul. 1995. Disponível em: <https://bit.ly/4hnNlCD>. Acesso em: 18 fev. 2025.

"LEIA íntegra da carta de Lula para acalmar o mercado financeiro". *Folha de S.Paulo*, 24 jun. 2002. Disponível em: <https://bit.ly/4i8L3aM>. Acesso em: 18 fev. 2025.

"OPOSIÇÃO e guinada ao centro fazem Lula e PT vencerem a primeira eleição presidencial". *Folha de S.Paulo*, 27 out. 2002. Disponível em: <https://bit.ly/4aKjvWi>. Acesso em: 18 fev. 2025.

"LULA e Serra disputarão segundo turno". Senado Notícias, 6 out. 2002. Disponível em: <https://bit.ly/42OoFOW>. Acesso em: 18 fev. 2025.

"TEMOR do mercado de vitória de Lula nas eleições de 2002 faz dólar subir até 76%". *O Globo*, 16 mar. 2016. Disponível em: <https://bit.ly/4aKVSNf>. Acesso em: 18 fev. 2025.

"DÍVIDA, inflação, fome e desemprego desafiam novo governo". Senado Notícias, 31 dez. 2002. Disponível em: <https://bit.ly/4gthAqg>. Acesso em: 18 fev. 2025.

"DE Golbery a Dirceu". *Folha de S.Paulo*, 25 nov. 2012. Disponível em: <https://bit.ly/4gqTVqr>. Acesso em: 18 fev. 2025.

"DE carta ao Brasil à Lava Jato: A virada que tornou Palocci algoz de Lula". *Folha de S.Paulo*, 16 out. 2017. Disponível em: <https://bit.ly/4hhWAnI>. Acesso em: 18 fev. 2025.

"MINISTÉRIOS de Lula em 2003, 2007 e 2023: Compare os gabinetes dos três governos do petista". *O Globo*, 2 jan. 2023. Disponível em: <https://bit.ly/3EkzuOS>. Acesso em: 18 fev. 2025.

"UM ano de governo Lula: O que 2003 deixou de legado para a economia e política". InfoMoney, 29 dez. 2003. Disponível em: <https://bit.ly/4hKDMgC>. Acesso em: 18 fev. 2025.

"GOVERNO decide quitar toda a dívida com o FMI". *Folha de S.Paulo*, 14 dez. 2005. Disponível em: <https://bit.ly/4hA0iJc>. Acesso em: 18 fev. 2025.

"NA era Lula, bancos tiveram lucro recorde de R$ 199 bilhões". *O Globo*, 25 fev. 2011. Disponível em: <https://bit.ly/3EoQuU4>. Acesso em: 18 fev. 2025.

"PALOCCI, o liberal do PT". G1, 26 set. 2016. Disponível em: <https://bit.ly/4hH5OtB>. Acesso em: 18 fev. 2025.

"o poder de André". *O Globo*, 18 jan. 2005.

"mudanças no Pactual". *Veja*, 3 set. 2003.

"cep expõe concentração de riqueza". *Folha de S.Paulo*, 6 mar. 2005. Disponível em: <https://bit.ly/4hKDUg6>. Acesso em: 18 fev. 2025.

"radical Chique". *Jornal do Brasil*, 16 maio 2006. Disponível em: <https://bit.ly/4hJ6TAS>. Acesso em: 18 fev. 2025.

"são Paulo 470 anos: Como a Faria Lima se tornou o principal centro financeiro do país". *Gazeta do Povo*, 25 jan. 2024. Disponível em: <https://bit.ly/4hMhawt>. Acesso em: 18 fev. 2025.

"inaugurado em 1966, Iguatemi foi o primeiro shopping do Brasil". *Veja São Paulo*, 25 ago. 2016. Disponível em: <https://bit.ly/4jK98FV>. Acesso em: 18 fev. 2025.

"memória: Faria Lima, como surgiu o principal centro financeiro do Brasil". *Gazeta SP*, 29 abr. 2021. Disponível em: <https://bit.ly/4hGyov4>. Acesso em: 18 fev. 2025.

"em Pinheiros, começa a nascer o novo Centro". *Folha de S.Paulo*, 15 mar. 1971.

"prédios espelhados e vãos-livres marcam arquitetura da Faria Lima". *Folha de S.Paulo*, 17 abr. 2016. Disponível em: <https://bit.ly/3WIpvt2>. Acesso em: 18 fev. 2025.

"vida da empresa define destino do imóvel". *Folha de S.Paulo*, 9 mar. 1997. Disponível em: <https://bit.ly/40NxFBk>. Acesso em: 18 fev. 2025.

"prédio 'inteligente' encarece Faria Lima". *Folha de S.Paulo*, 19 maio 1996. Disponível em: <https://bit.ly/40JUnKT>. Acesso em: 18 fev. 2025.

"bancos ocuparão as joias imobiliárias de São Paulo". *Exame*, 30 dez. 2013. Disponível em: <https://bit.ly/3WKIRNS>. Acesso em: 18 fev. 2025.

"na disputa dos bancos, btg Pactual se consolida como segundo mais valioso do país". *NeoFeed*, 7 fev. 2024. Disponível em: <https://bit.ly/40CpKa4>. Acesso em: 18 fev. 2025.

anúncio sobre a nova sede do Pactual em São Paulo. *Jornal do Brasil*, 19 dez. 2005. Disponível em: <https://bit.ly/40IL6CQ>. Acesso em: 18 fev. 2025.

Páginas consultadas

"sócios". Vinci Partners. Disponível em: <https://bit.ly/40YMBOm>. Acesso em: 18 fev. 2025.

"gs no Brasil". Goldman Sachs. Disponível em: <https://bit.ly/3CxIgIJ>. Acesso em: 18 fev. 2025.

"cayman, Ilhas". Portal Contemporâneo da América Latina e do Caribe. Disponível em: <https://bit.ly/4hJyD8Q>. Acesso em: 18 fev. 2025.

"entenda o histórico da reforma tributária". Câmara dos Deputados, 4 mar. 2005. Disponível em: <https://bit.ly/4lOwEqU>. Acesso em: 18 fev. 2025.

"pavilhão Mourisco, símbolo da arquitetura 'neoislâmica' no Rio". [Plata]forma, 13 set. 2014. Disponível em: <https://bit.ly/4aKtU4g>. Acesso em: 18 fev. 2025.

"série 'O Rio de Janeiro desaparecido' x — No Dia dos Namorados, um pouco da história do Pavilhão Mourisco em Botafogo". Brasiliana Fotográfica, 12 jun. 2020. Disponível em: <https://bit.ly/4guX7S5>. Acesso em: 18 fev. 2025.

"EMPREENDEDORES digitais: Marcelo Kalim". Sebrae, 9 mar. 2023. Disponível em: <https://bit.ly/4hjPJtW>. Acesso em: 18 fev. 2025.

"BIOGRAFIA de Marcelo Kalim". Suno. Disponível em: <https://bit.ly/4hm1i41>. Acesso em: 18 fev. 2025.

"COMPOSIÇÃO societária". BTG Pactual. Disponível em: <https://bit.ly/4hLqVL5>. Acesso em: 18 fev. 2025.

"BTG PCP International CP IE". Mais Retorno. Disponível em: <https://bit.ly/40LA27F>. Acesso em: 18 fev. 2025.

"QUEM foi o brigadeiro Faria Lima?". SãoBernardo.info, 27 mar. 2023. Disponível em: <https://bit.ly/4hnpJho>. Acesso em: 18 fev. 2025.

"GOVERNO lança programa Fome Zero". Memorial da Democracia. Disponível em: <https://bit.ly/4hEBPSW>. Acesso em: 18 fev. 2025.

Artigos acadêmicos

FIGUEIREDO, Rubens; COUTINHO, Ciro. "A eleição de 2002". *Opinião Pública,* Campinas, v. 9, n. 2, pp. 93-117, 2003. Disponível em: <https://bit.ly/4guor2G>. Acesso em: 18 fev. 2025.

PENTEADO, Claudio Luis de Camargo. *O show da Estrela: Estudo da campanha presidencial do PT em 2002.* São Paulo: PUC-SP, 2005. Tese (Doutorado em Ciências Sociais). Disponível em: <https://bit.ly/4hnO6LZ>. Acesso em: 19 fev. 2025.

RAMALHO, Gustavo Henrique Pontes Guimarães. *A construção da imagem política de Lula: Uma análise da Carta ao Povo Brasileiro.* Brasília: ICH-UNB, 2021. Monografia (Licenciatura/Bacharelado em História). Disponível em: <https://bit.ly/3ElZCZr>. Acesso em: 19 fev. 2025.

BALASSIANO, Marcel. "Mercado financeiro e eleições". Blog do IBRE- FGV, 4 jul. 2018. Disponível em: <https://bit.ly/4jN7kvV>. Acesso em: 19 fev. 2025.

CAMARGO, Adriana Rolim. *Continuidade e mudança em políticas urbanas: O caso da Avenida Faria Lima em São Paulo —1968 e 1993".* São Paulo: EAESP-FGV, 2000. Dissertação (Mestrado em Administração Pública). Disponível em: <https://bit.ly/4hnzgou>. Acesso em: 19 fev. 2025.

RODRIGUES, Carlos Henrique Lopes; JURGENFELD, Vanessa Follmann. "Desnacionalização e financeirização: Um estudo sobre as privatizações brasileiras (de Collor ao primeiro governo FHC)". *Economia e Sociedade,* Campinas, v. 28, n. 2, pp. 393-420, 2019. Disponível em: <https://bit.ly/3Q78O6N>. Acesso em: 19 fev. 2025.

Documentos oficiais

"REGULAMENTO do Fundo de Investimento Multimercado BTG PCP International Crédito Privado — Investimento no exterior". Disponível em: <https://bit.ly/3CsQxOa>. Acesso em: 19 fev. 2025.

"BTG Pactual define novos presidente e vice-presidente do Conselho de Administração e aponta co-CEOS". BTG Pactual, 29 nov. 2015. Disponível em: <https://bit.ly/4hJyIta>. Acesso em: 19 fev. 2025.

Livros

CARNEIRO Ricardo (Org.). *A supremacia dos mercados e a política econômica do governo Lula*. Araraquara: Unesp, 2016. Disponível em: <https://bit.ly/3CsQz8K>. Acesso em: 19 fev. 2025.

10. "CARTAS DE AMOR"

Notícias

"OGIER Cayman Completes Reorganisation of BTG Pactual". *PR Newswire*, 24 jun. 2011. Disponível em: <https://bit.ly/4aNUdq9>. Acesso em: 19 fev. 2025.

"AÇÚCAR Guarani capta R$ 665 milhões com oferta de ações". G1, 20 jul. 2007. Disponível em: <https://bit.ly/4gtiovi>. Acesso em: 19 fev. 2025.

"BC já recomendou que Esteves, do BTG, fosse banido de bancos". *O Estado de S. Paulo*, 8 jan. 2016. Disponível em: <https://bit.ly/4gpcFXr>. Acesso em: 19 fev. 2025.

"O MERCADO nunca foi tão feliz como na Era Lula". The Intercept Brasil, 27 set. 2018. Disponível em: <https://bit.ly/4ON8TBg>. Acesso em: 19 fev. 2025.

"POR perdas no Pactual, comitê do BC recomendou inabilitação de Esteves". *O Globo*, 8 jan. 2016. Disponível em: <https://bit.ly/4aMv5Ag>. Acesso em: 19 fev. 2025.

"NOVO mercado de Ações será lançado no dia 11". *Folha de Londrina*, 28 nov. 2000. Disponível em: <https://bit.ly/4aKuuis>. Acesso em: 19 fev. 2025.

"IPO da Amil: Ações fecham pregão de estreia na Bovespa com ganhos de mais de 16%". InfoMoney, 29 out. 2007. Disponível em: <https://bit.ly/4jIHPfm>. Acesso em: 19 fev. 2025.

"QUAIS as lições deixadas pelo boom de IPOS visto na bolsa brasileira em 2007?". InfoMoney, 16 jul. 2010. Disponível em: <https://bit.ly/3WMjb3C>. Acesso em: 19 fev. 2025.

"A FILOSOFIA é crescimento, crescimento, crescimento". *O Estado de S. Paulo*, 15 jan. 2007.

"EXPLOSÃO na Bolsa de Valores gera novos capitalistas". *O Estado de S. Paulo*, 3 jun. 2007.

"OFERTAS de ações: 2007 foi ano de recordes, com IPO histórico de Bovespa e BM&F". InfoMoney, 28 dez. 2007. Disponível em: <https://bit.ly/3CFyjZH>. Acesso em: 19 fev. 2025.

"NATURA lançará ações". *O Globo*, 26 mar. 2004.

"PACTUAL venderá 50% do negócio ao Goldman Sachs". *O Globo*, 19 jan. 2005.

"GOLDMAN pode comprar participação no Pactual". *O Estado de S. Paulo*, 19 jan. 2005.

"ANDRÉ Esteves: Um banqueiro controvertido que virou um dos homens mais ricos do Brasil". *Época*, 25 nov. 2015. Disponível em: <https://bit.ly/3WLe9Eq>. Acesso em: 19 fev. 2025.

"TRILHÕES, crimes e segredos". *piauí*, 3 out. 2021. Disponível em: <https://bit.ly/3WKSXOZ>. Acesso em: 19 fev. 2025.

"BANCOS brasileiros com subsidiárias e/ou dependências no exterior". *F5 News*, 15 out. 2017. Disponível em: <https://bit.ly/40NyQ3I>. Acesso em: 19 fev. 2025.

"CADA vez mais investidores brasileiros são atraídos por paraísos fiscais". *Correio Braziliense*, 30 ago. 2020. Disponível em: <https://bit.ly/4jGoGL1>. Acesso em: 19 fev. 2025.

"PARAÍSO fiscal recebe 45% do dinheiro brasileiro no exterior". *Folha de S.Paulo*, 4 nov. 2005. Disponível em: <https://bit.ly/40YYqUT>. Acesso em: 19 fev. 2025.

"PF abre inquérito para indiciar 18 bancos". *Folha de S.Paulo*, 19 fev. 2006. Disponível em: <https://bit.ly/40LCye9>. Acesso em: 19 fev. 2025.

"O IMBRÓGLIO Varig". *Folha de S.Paulo*, 19 maio 2005. Disponível em: <https://bit.ly/3Q5fPoM>. Acesso em: 19 fev. 2025.

"BTG Pactual deve emitir US$ 3 bilhões em títulos nas ilhas Cayman". InfoMoney, 12 set. 2012. Disponível em: <https://bit.ly/4jHUork>. Acesso em: 19 fev. 2025.

"A CAMINHO do córner". *Folha de S.Paulo*, 25 maio 2005. Disponível em: <https://bit.ly/414Pb5K>. Acesso em: 19 fev. 2025.

"A LICENCIOSIDADE offshore". *Folha de S.Paulo*, 27 maio 2005. Disponível em: <https://bit.ly/412fdXh>. Acesso em: 19 fev. 2025.

"OS VÁRIOS Brasis e a Daslu". *Folha de S.Paulo*, 17 jul. 2005. Disponível em: <https://bit.ly/41bQBLP>. Acesso em: 19 fev. 2025.

"UMA QUESTÃO de tributo". *Folha de S.Paulo*, 28 jul. 2005. Disponível em: <https://bit.ly/40X7wRX>. Acesso em: 19 fev. 2025.

"O CASO Pactual". *Folha de S.Paulo*, 15 set. 2005. Disponível em: <https://bit.ly/40YGYQq>. Acesso em: 19 fev. 2025.

"A SINUCA do Banco Central". *Folha de S.Paulo*, 21 set. 2005. Disponível em: <https://bit.ly/42BxxYm>. Acesso em: 19 fev. 2025.

"CAPITALISMO à brasileira". *Folha de S.Paulo*, 4 out. 2005. Disponível em: <https://bit.ly/40Y0v3o>. Acesso em: 19 fev. 2025.

"COMPRA do banco Pactual é suspensa". *Folha de S.Paulo*, 18 nov. 2005. Disponível em: <https://bit.ly/40YNDdc>. Acesso em: 19 fev. 2025.

"FUSÃO entre Pactual e Goldman não vai sair". *O Estado de S. Paulo*, 18 nov. 2005.

"PLEASE, Sir, I Want Some More". *New York Magazine*, 26 nov. 2005. Disponível em: <https://bit.ly/42IHfYN>. Acesso em: 19 fev. 2025.

"BOECHAT, Ricardo (coluna)". *Jornal do Brasil*, 13 jan. 2005. Disponível em: <https://bit.ly/41O7EUc>. Acesso em: 19 fev. 2025.

"EM baixa". *Jornal do Brasil*, 2 mar. 2006. Disponível em: <https://bit.ly/4gsu6pW>. Acesso em: 19 fev. 2025.

"ex-sócio pode reassumir a Bombril". *Folha de S.Paulo*, 2 set. 2005. Disponível em: <https://bit.ly/3WLMVNW>. Acesso em: 19 fev. 2025.

"fora do script". *Jornal do Brasil*, 29 set. 2005. Disponível em: <https://bit.ly/42HpCZr>. Acesso em: 19 fev. 2025.

"bc aumenta juros nesta quarta-feira, diz ft". *Folha de S.Paulo*, 19 jan. 2005. Disponível em: <https://bit.ly/3WIqSrG>. Acesso em: 19 fev. 2025.

"santander paga R$ 7,05 bi por banco; ágio vai a 281%". *Folha de S.Paulo*, 21 nov. 2000. Disponível em: <https://bit.ly/42IHDGJ>. Acesso em: 19 fev. 2025.

"sai o valor mínimo do Banespa". *O Globo*, 4 out. 2000.

"unpacking the 20 Most Impactful Financial Regulations from the Last 20 Years". *The Trade*, 30 abr. 2024. Disponível em: <https://bit.ly/42GQQzh>. Acesso em: 19 fev. 2025.

Páginas consultadas

"os impactos positivos do mercado de capitais na economia brasileira". Anbima. Disponível em: <https://bit.ly/42GRcpB>. Acesso em: 19 fev. 2025.

"regulation NMS", U. S. Securities and Exchange Commission. Disponível em: <https://bit.ly/42DAoA5>. Acesso em: 19 fev. 2025.

"o que é o Novo Mercado da B3?", Atlas Governance, 23 mar. 2023. Disponível em: <https://bit.ly/4aNRNry>. Acesso em: 19 fev. 2025.

"b3 — Novo Mercado". Banco do Brasil. Disponível em: <https://bit.ly/42FSBga>. Acesso em: 19 fev. 2025.

"goldman Sachs no Brasil". Goldman Sachs. Disponível em: <https://bit.ly/4gr5nTg>. Acesso em: 19 fev. 2025.

"aprovação da celebração de termos de compromisso". cvm, 11 jul. 2007. Disponível em: <https://bit.ly/4glVKFe>. Acesso em: 19 fev. 2025.

"banco btg Pactual (Cayman Branch)". Cbonds. Disponível em: <https://bit.ly/3CyeONV>. Acesso em: 19 fev. 2025.

Artigos acadêmicos

borges, Ana Cláudia Giannini; costa, Vera Mariza Henriques de Miranda. "Fusões e aquisições: Caracterização e evolução no Brasil no período 1992-2007". *Revista GeSec*, São Paulo, v. 14, n. 3, pp. 3042-62, 2023. Disponível em: <https://bit.ly/4aNBk6R>. Acesso em: 19 fev. 2025.

marques, Rosa Maria; nakatani, Paulo. "O governo Lula: Estagnação e aprofundamento da subordinação financeira". *Problemas del Desarrollo*, Cidade do México, v. 37, n. 147, pp. 2006. Disponível em: <https://bit.ly/4gpd4ZX>. Acesso em: 20 fev. 2025.

baltar, Paulo. "Crescimento da economia e mercado de trabalho no Brasil". Texto para discussão 2036. ipea, 2015. Disponível em: <https://bit.ly/4glVOos>. Acesso em: 20 fev. 2025.

ARAUJO, Victor Leonardo de. "O primeiro governo Lula (2003-2006): Retomada do crescimento e bonança internacional". Sociedade Brasileira de Economia Política, 2019. Disponível em: <https://bit.ly/4guphwm>. Acesso em: 20 fev. 2025.

SASSO, Rafael de Campos. *Qualidade de lucros e estrutura de propriedade: A indústria de* private equity *no Brasil*. São Paulo: FEA-USP, 2012. Dissertação (Mestrado em Contabilidade). Disponível em: <https://bit.ly/4aKl4Ua>. Acesso em: 20 fev. 2025.

CARVALHO, Antonio Gledson de; GALLUCCI NETTO, Humberto; SAMPAIO, Joelson Oliveira. "Private Equity and Venture Capital in Brazil: An Analysis of its Evolution". *Revista Brasileira de Finanças*, Rio de Janeiro, v. 12, n. 4, pp. 499-515, 2014. Disponível em: <https://bit.ly/4hGzcQC>. Acesso em: 20 fev. 2025.

ORTIGARA, Marina Fernandes; GUARAGNI, Fábio André. "O crime de lavagem de dinheiro e o papel do advogado frente aos honorários advocatícios maculados". *Revista Jurídica*, Curitiba, v. 34, n. 1, 2014. Disponível em: <https://bit.ly/4hI3SB3>. Acesso em: 20 fev. 2025.

Documentos oficiais

"FUSÕES e Aquisições no Brasil — Julho de 2010". PwC. Disponível em: <https://bit.ly/3CqVDdN>. Acesso em: 20 fev. 2025.

"SESSÃO de julgamento do processo administrativo sancionador CVM n. 28/05". Comissão de Valores Mobiliários. Disponível em: <https://bit.ly/40YNW7Q>. Acesso em: 20 fev. 2025.

"DESPACHO do Superintendente — 2006 — Processo Administrativo Sancionador CVM n. 13/04". Comissão de Valores Mobiliários. Disponível em: <https://bit.ly/4hn77OB>. Acesso em: 20 fev. 2025.

"CUMPRIMENTO de Termo de Compromisso — PAS n. 13/2004 — Romanche Investment Corporation LLC e outros". Comissão de Valores Mobiliários. Disponível em: <https://bit.ly/4hJAudz>. Acesso em: 20 fev. 2025.

"A EVOLUÇÃO histórica das alíquotas de imposto de renda em diferentes países e as potenciais consequências para o Brasil". Confederação Nacional da Indústria. Disponível em: <https://bit.ly/3CKEwU8>. Acesso em: 20 fev. 2025.

"THE SWISS Federal Act on Banks and Savings Bank". KPMG. Disponível em: <https://bit.ly/3EpQ2ow>. Acesso em: 20 fev. 2025.

Livros

MEIR, Henri B. Meier et al. *Swiss Finance*. Cham: Palgrave Macmillan, 2023. Disponível em: <https://bit.ly/40YHFt0>. Acesso em: 20 fev. 2025.

SANTANA, Maria Helena et al. *Novo Mercado and Its Followers: Case Studies in Corporate Governance Reform*. World Bank Group, 2008. Disponível em: <https://bit.ly/4aN9tUz>. Acesso em: 20 fev. 2025.

11. "*HABEMUS* CONTRATO!"

Notícias

"SWISS Bank compra el Banco Omega". *El País*, 20 nov. 1997. Disponível em: <https://bit.ly/4hO4PYx>. Acesso em: 20 fev. 2025.

"IG anuncia venda de 15% do capital, por US$ 100 mi". *Folha de S.Paulo*, 20 jun. 2000. Disponível em: <https://bit.ly/3Q8Ro9H>. Acesso em: 20 fev. 2025.

"SANTANDER anuncia compra de ações do Banespa e papéis sobem 1,32%". *Folha de S.Paulo*, 23 fev. 2001. Disponível em: <https://bit.ly/4gvADjO>. Acesso em: 20 fev. 2025.

"SÓCIOS da Intelig buscam investidores estratégicos". *Folha de S.Paulo*, 21 nov. 2001. Disponível em: <https://bit.ly/4hpBOmk>. Acesso em: 20 fev. 2025.

"FRAGA diz a analistas de Wall Street que nervosismo foi exagerado". *Folha de S.Paulo*, 2 ago. 2002. Disponível em: <https://bit.ly/3EF1DQz>. Acesso em: 20 fev. 2025.

"PARA Meirelles, país não depende de novos saques do FMI". *Folha de S.Paulo*, 14 mar. 2003. Disponível em: <https://bit.ly/3CI3Jig>. Acesso em: 20 fev. 2025.

"EMBRATEL assinará acordo de leasing para compra da Vésper". *Folha de S.Paulo*, 12 ago. 2003. Disponível em: <https://bit.ly/4hqXtKH>. Acesso em: 20 fev. 2025.

"SP quer vender mais ações da Nossa Caixa". *Folha de S.Paulo*, 29 ago. 2006. Disponível em: <https://bit.ly/3CHtXRN>. Acesso em: 20 fev. 2025.

"JURO menor não afetará lucro de bancos". *Folha de S.Paulo*, 21 abr. 2006. Disponível em: <https://bit.ly/4hsHZFZ>. Acesso em: 20 fev. 2025.

"MERCADO vê caso particular, e não consolidação". *Folha de S.Paulo*, 3 maio 2006. Disponível em: <https://bit.ly/4hsimW3>. Acesso em: 20 fev. 2025.

"NOVAS fusões bancárias à vista". *Jornal do Brasil*, 3 maio 2006. Disponível em: <https://bit.ly/414bHvc>. Acesso em: 20 fev. 2025.

"UBS compra Pactual por até US$ 2,5 bilhões". *Exame*, 10 out. 2010. Disponível em: <https://bit.ly/4gvmcfx>. Acesso em: 20 fev. 2025.

"UBS to Buy Brazilian Bank for Up to $2.6 Billion". *NBC News*, 9 maio 2006. Disponível em: <https://bit.ly/4aOObpw>. Acesso em: 20 fev. 2025.

"UBS to Buy Banco Pactual". *Investment Executive*, 9 maio 2006. Disponível em: <https://bit.ly/42JVFrK>. Acesso em: 20 fev. 2025.

"UBS Completes Acquisition of Brazil Bank Pactual". Reuters, 9 ago. 2007. Disponível em: <https://bit.ly/3EweWD1>. Acesso em: 20 fev. 2025.

"DAS Bahamas para a Suíça". *Folha de S.Paulo*, 9 maio 2006. Disponível em: <https://bit.ly/4hJIk75>. Acesso em: 20 fev. 2025.

"BANCO suíço UBS compra o Pactual por US$ 2,6 bi". *O Estado de S. Paulo*, 10 maio 2006. Disponível em: <https://bit.ly/3Q7IZ6r>. Acesso em: 20 fev. 2025.

"A LÓGICA tributária da venda do Pactual". *Folha de S.Paulo*, 10 maio 2006. Disponível em: <https://bit.ly/4hpCcBi>. Acesso em: 20 fev. 2025.

"A CONTA não fecha". *Jornal do Brasil*, 10 maio 2006. Disponível em: <https://bit.ly/4jQLGa4>. Acesso em: 20 fev. 2025.

"COMPRAS recentes de bancos superam US$ 5 bi". *Folha de S.Paulo*, 11 maio 2006. Disponível em: <https://bit.ly/3Q76e0n>. Acesso em: 20 fev. 2025.

"BOM negócio". *Jornal do Brasil*, 18 maio 2006. Disponível em: <https://bit.ly/40GNr0M>. Acesso em: 20 fev. 2025.

"SÓCIO do banco Pactual vai dirigir UBS na América Latina". *Folha de S.Paulo*, 15 maio 2006. Disponível em: <https://bit.ly/4hrw5MN>. Acesso em: 20 fev. 2025.

"CRESCE a concentração bancária no país". *Folha de S.Paulo*, 22 maio 2006. Disponível em: <https://bit.ly/3WNu3y8>. Acesso em: 20 fev. 2025.

"LUCRO do Pactual excede no primeiro semestre". *O Globo*, 13 set. 2006.

"BANCO suíço anuncia conclusão da compra do brasileiro Pactual". *Jornal do Brasil*, 5 dez. 2006. Disponível em: <https://bit.ly/4gvn8AL>. Acesso em: 20 fev. 2025.

"ANDRÉ Esteves". *IstoÉ Dinheiro*, 13 dez. 2006. Disponível em: <https://bit.ly/417Lhch>. Acesso em: 20 fev. 2025.

Páginas consultadas

"BTG Pactual — Relatório de distribuição, julho de 2013". Órama. Disponível em: <https://bit.ly/3WQ7TeG>. Acesso em: 20 fev. 2025.

"BTG define novos presidente e vice-presidente do Conselho de Administração e aponta co-CEOs", BTG Pactual, 29 nov. 2015. Disponível em: <https://bit.ly/4hJyIta>. Acesso em: 20 fev. 2025.

Artigo acadêmico

"Conglomerados financeiros". *Conjuntura Econômica*, jun. 2007. Disponível em: <https://bit.ly/4aOLGn0>. Acesso em: 20 fev. 2025.

Livro

MÜSSNICH, Francisco. *Cartas a um jovem advogado*. Rio de Janeiro: Sextante, 2019.

12. "OU NOSSA VIDA SERÁ UM INFERNO, OU VAI SER UMA MARAVILHA"

Notícias

"BB bate bancos privados em rentabilidade, diz FGV". *O Estado de S. Paulo*, 12 jun. 2007.

"ELEITOS os melhores do mercado financeiro". *Jornal do Brasil*, 26 jun. 2007. Disponível em: <https://bit.ly/4aIzx33>. Acesso em: 20 fev. 2025.

"UBS Pactual fará gestão de ativos no México". *Folha de S.Paulo*, 20 out. 2007. Disponível em: <https://bit.ly/3WO2TY2>. Acesso em: 20 fev. 2025.

"UBS vai operar no México". *Jornal do Brasil*, 20 out. 2007. Disponível em: <https://bit.ly/4hMiy2d>. Acesso em: 20 fev. 2025.

"DO jeito dele, com o dinheiro dele". *Época Negócios*, 1 ago. 2007.

"AMBIENTE". *Folha de S.Paulo*, 17 jun. 2007. Disponível em: <https://bit.ly/4aN9wQ6>. Acesso em: 20 fev. 2025.

"GOVERNO critica isenções fiscais, mas Lula criou 1/3 dos benefícios pagos". UOL Notícias, 8 jul. 2024. Disponível em: <https://bit.ly/4hoSUAy>. Acesso em: 20 fev. 2025.

"INVESTIMENTOS no PAC atingiram 63% do previsto, diz governo". *O Globo*, 4 fev. 2010. Disponível em: <https://bit.ly/3Em2Tbb>. Acesso em: 20 fev. 2025.

"MENOS de 10% das obras do PAC foram concluídas, diz ONG Contas Abertas". *O Globo*, 28 dez. 2009. Disponível em: <https://bit.ly/3Es1PTu>. Acesso em: 20 fev. 2025.

"OBRAS citadas na Lava Jato ficam R$ 162 bilhões mais caras e acumulam atrasos". UOL Notícias, 1 maio 2016. Disponível em: <https://bit.ly/4OZRfeW>. Acesso em: 20 fev. 2025.

"BRASIL atingiu grau de investimento em abril de 2008". G1, 24 mar. 2014. Disponível em: <https://bit.ly/40XauWB>. Acesso em: 20 fev. 2025.

"A DURA negociação entre Gilberto Sayão e Rodrigo Galindo". *Relatório Reservado*, 7 ago. 2024. Disponível em: <https://bit.ly/3Es1SyE>. Acesso em: 20 fev. 2025.

"THE DAY UBS, the Biggest Swiss Bank, Was Saved". SwissInfo, 16 out. 2018. Disponível em: <https://bit.ly/4aMyjDS>. Acesso em: 20 fev. 2025.

"BÔNUS de executivos brasileiros gera atritos no UBS Pactual". SwissInfo, 25 jan. 2008. Disponível em: <https://bit.ly/4gxSEhj>. Acesso em: 20 fev. 2025.

"PERDAS com derivativos desencadearam acordo". *Folha de S.Paulo*, 19 maio 2009. Disponível em: <https://bit.ly/4gurTdE>. Acesso em: 20 fev. 2025.

"RECRUTA". *O Estado de S. Paulo*, 8 maio 2007.

Páginas consultadas

"JORGE Paulo Lemann: O sonhador que criou um império". InfoMoney. Disponível em: <https://bit.ly/4gqEqiw>. Acesso em: 20 fev. 2025.

"ASSOCIADO — Gilberto Sayão". Iepe/CdG. Disponível em: <https://bit.ly/42EpJF5>. Acesso em: 20 fev. 2025.

"QUEM somos". Vinci Fundos Listados. Disponível em: <https://bit.ly/4jMriH6>. Acesso em: 20 fev. 2025.

"FUNDO Renda Fixa Kinea RF Absoluto". Kinea. Disponível em: <https://bit.ly/42JnFMk>. Acesso em: 20 fev. 2025.

"SWISS Banks Now and in the Global Financial Crisis: Is This Time Different?". Economics Observatory. Disponível em: <https://bit.ly/4aLGpfU>. Acesso em: 20 fev. 2025.

Artigos acadêmicos

NERI, Marcelo Cortes. "Desigualdade de renda na década". FGV-CPS, 2011. Disponível em: <https://bit.ly/4hpzJ9S>. Acesso em: 20 fev. 2025.

MAKHIJA, Anmol. "Switzerland: UBS Restructuring, 2008". *Journal of Financial Crises*, v. 6, n. 1, pp. 559-82, 2024. Disponível em: <https://bit.ly/40CrmAs>. Acesso em: 20 fev. 2025.

MORA, Mônica. "A evolução do crédito no Brasil entre 2003 e 2010". Ipea, 2015. Disponível em: <https://bit.ly/4gqXYTF>. Acesso em: 20 fev. 2025.

MESQUITA, Mário; TORÓS, Mario. "Considerações sobre a atuação do Banco Central na crise de 2008". Banco Central do Brasil, 2010. Disponível em: <https://bit.ly/4hkjI55>. Acesso em: 20 fev. 2025.

13. "ESTOU CANSADO"

Notícias

"A CRISE não vai chegar ao Brasil". *O Estado de S. Paulo*, 15 mar. 2007.

"ANDRÉ Esteves é o homem do risco". *Exame*, 28 jun. 2012. Disponível em: <https://bit.ly/40RxCEV>. Acesso em: 20 fev. 2025.

"EX-SÓCIO do Pactual assume setor de venda de títulos de renda fixa do suíço UBS". *Folha de S.Paulo*, 4 ago. 2007. Disponível em: <https://bit.ly/3EF2mkL>. Acesso em: 20 fev. 2025.

"ANDRÉ Esteves será chefe global de renda fixa do UBS Investment". *O Globo*, 3 ago. 2007. Disponível em: <https://bit.ly/3WPBYei>. Acesso em: 20 fev. 2025.

"UBS Names Pactual CEO as Fixed Income Head". Reuters, 9 ago. 2007. Disponível em: <https://bit.ly/4gC6Ups>. Acesso em: 20 fev. 2025.

"UBS teme impacto nos lucros". *O Estado de S. Paulo*, 15 ago. 2007.

"SUBPRIME Mortgage Crisis". *Federal Reserve History*, 22 nov. 2013. Disponível em: <https://bit.ly/4gv7aGO>. Acesso em: 20 fev. 2025.

"CRISE financeira: Um colapso que ameaçou o capitalismo". UOL, 10 out. 2021. Disponível em: <https://bit.ly/4gqq2GU>. Acesso em: 20 fev. 2025.

"BÔNUS de executivos brasileiros gera atritos no UBS Pactual". SwissInfo, 25 jan. 2008. Disponível em: <https://bit.ly/3CE2Ozi>. Acesso em: 20 fev. 2025.

"IBRE propõe reforma simples e transparente". *Folha de S.Paulo*, 15 fev. 2008. Disponível em: <https://bit.ly/4aUFqtV>. Acesso em: 20 fev. 2025.

"CRISE nas bolsas americanas afeta negócios". *Jornal do Brasil*, 24 fev. 2008. Disponível em: <https://bit.ly/4aRcDGL>. Acesso em: 21 fev. 2025.

"O SOCORRO ao UBS — sem brasileiros". *Época Negócios*, 27 fev. 2008. Disponível em: <https://bit.ly/4158pYD>. Acesso em: 21 fev. 2025.

"RISCO EUA derruba bolsas mundiais". *Jornal do Brasil*, 18 mar. 2008. Disponível em: <https://bit.ly/40GX5AI>. Acesso em: 21 fev. 2025.

"DUPLA do barulho". *O Globo*, 21 mar. 2008.

"BANCO UBS dobra perdas com crise hipotecária". BBC Brasil, 1 abr. 2008. Disponível em: <https://bit.ly/415yrLz>. Acesso em: 21 fev. 2025.

"ex-presidente do ubs pede a venda do banco Pactual". *Folha de S.Paulo*, 5 abr. 2008. Disponível em: <https://bit.ly/4k34bsj>. Acesso em: 21 fev. 2025.

"ubs Brazil Unit Sale to Attract Interest". Reuters, 6 abr. 2008. Disponível em: <https://bit.ly/4aXmpas>. Acesso em: 21 fev. 2025.

"executivo brasileiro perde cargo de chefia global no ubs". *Folha de S.Paulo*, 15 maio 2008. Disponível em: <https://bit.ly/4aTdUxa>. Acesso em: 21 fev. 2025.

"andré Esteves deixa a presidência do ubs no Brasil". *Época*, 18 jun. 2008. Disponível em: <https://bit.ly/3EDgRpc>. Acesso em: 21 fev. 2025.

"andré Esteves sai do ubs Pactual para montar uma companhia de investimentos". *Época Negócios*, 18 jun. 2008. Disponível em: <https://bit.ly/4htrgm1>. Acesso em: 21 fev. 2025.

"ubs Pactual troca comando e tenta manter desempenho". *Folha de S.Paulo*, 23 jun. 2008. Disponível em: <https://bit.ly/3WPdRfG>. Acesso em: 21 fev. 2025.

"o preço do fico". *O Globo*, 26 jun. 2008.

"entre paredes blindadas". *O Globo*, 28 jun. 2008.

"página virada na ubs Pactual". *IstoÉ Dinheiro*, 25 jun. 2008. Disponível em: <https://bit.ly/3EulDFC>. Acesso em: 21 fev. 2025.

"andré Esteves deixa o ubs Pactual". *Época Negócios*, 30 jun. 2008. Disponível em: <https://bit.ly/3CJAdsn>. Acesso em: 21 fev. 2025.

"ubs perde executivo e muda diretoria no Brasil". SwissInfo, 25 jul. 2008. Disponível em: <https://bit.ly/4hol52A>. Acesso em: 21 fev. 2025.

"andré Esteves recompra o Pactual". *Exame*, 10 out. 2010. Disponível em: <https://bit.ly/3CI8JTQ>. Acesso em: 21 fev. 2025.

"key Events in Subprime Fallout at ubs". Reuters, 12 ago. 2008. Disponível em: <https://bit.ly/4gEFMX6>. Acesso em: 21 fev. 2025.

"com aperto no crédito, bancos iniciam demissões". *Folha de S.Paulo*, 1 dez. 2008. Disponível em: <https://bit.ly/4aOYhGM>. Acesso em: 21 fev. 2025.

"chaos bei der brasilianischen ubs-Tochter". *Tages-Anzeiger*, 22 dez. 2008. Disponível em: <https://bit.ly/3WSHTiJ>. Acesso em: 21 fev. 2025.

"ex-ubs Man's Key Role in Brazil Bank". *Financial Times*, 6 dez. 2010. Disponível em: <https://on.ft.com/3CEl2ke>. Acesso em: 21 fev. 2025.

"btg reduz participação em empresa operadora de transporte marítimo". *IstoÉ Dinheiro*, 15 out. 2015. Disponível em: <https://bit.ly/4aKpFpo>. Acesso em: 21 fev. 2025.

"btg Pactual enfrenta seu maior desafio". *Época Negócios*, 25 nov. 2015. Disponível em: <https://bit.ly/40IV4nt>. Acesso em: 21 fev. 2025.

"oncoclínicas (onco3): Goldman Sachs faz cisão da participação na rede de oncologia e aumenta especulações sobre venda". *Seu Dinheiro*, 7 nov. 2024. Disponível em: <https://bit.ly/4jLQjCq>. Acesso em: 21 fev. 2025.

"oncoclínicas levanta R$ 1,5 bi a R$ 13/ação; Master ancora; Goldman continua". Brazil Journal, 22 maio 2024. Disponível em: <https://bit.ly/40RrOek>. Acesso em: 21 fev. 2025.

Páginas consultadas

"QUEM somos". Genial Investimentos. Disponível em: <https://bit.ly/3WSrDhQ>. Acesso em: 21 fev. 2025.

"FUNDOS de Previdência: Os melhores em julho de 2024". Quantum Finance. Disponível em: <https://bit.ly/40OMzHB>. Acesso em: 21 fev. 2025.

"SÓCIOS". Vinci Partners. Disponível em: <https://bit.ly/40YMBOm>. Acesso em: 21 fev. 2025.

"MELHORES do mercado 2024: Os vencedores do ranking de fundos em 7 categorias". JGP, 23 fev. 2024. Disponível em: <https://bit.ly/4hsnIR9>. Acesso em: 21 fev. 2025.

"ASCENSÃO e queda de banqueiros: André Esteves". Blog Cidadania & Cultura, 6 mar. 2016. Disponível em: <https://bit.ly/42PBZCP>. Acesso em: 21 fev. 2025.

Artigo

BLUNDELL-WIGNALL, Adrian; ATKINSON, Paul. "The Sub-Prime Crisis: Causal Distortions and Regulatory Reform". *RBA Annual Conference*, 2008. Disponível em: <https://bit.ly/42LSuzL>. Acesso em: 21 fev. 2025.

Livro

BUSCH, Alexander. *Brasil, país do presente: O poder econômico do "Gigante Verde"*. São Paulo: Cultrix, 2010.

Relatórios financeiros

"UBS First Quarter 2008 Financial Reporting". UBS. Disponível em: <https://bit.ly/4jR2Bta>. Acesso em: 21 fev. 2025.

"UBS Second Quarter 2008 Financial Reporting". UBS. Disponível em: <https://bit.ly/4jKw485>. Acesso em: 21 fev. 2025.

"UBS Third Quarter 2008 Results". UBS. Disponível em: <https://bit.ly/4hPZIXF>. Acesso em: 21 fev. 2025.

"UBS Fourth Quarter 2008 Results". UBS. Disponível em: <https://bit.ly/4jKwsU5>. Acesso em: 21 fev. 2025.

14. "BACK TO THE GAME" (OU "BETTER THAN GOLDMAN")

Notícias

"BTG, de André Esteves, compra ativos do Lehman Brothers no país". Reuters, 14 out. 2008. Disponível em: <https://bit.ly/3Q3hYB5>. Acesso em: 21 fev. 2025.

"BTG compra negócios do Lehman no Brasil". *O Estado de S. Paulo*, 15 out. 2008. Disponível em: <https://bit.ly/3EyO4SI>. Acesso em: 21 fev. 2025.

"FUNDO de investimento brasileiro compra Lehman Brothers no país". *Folha de S.Paulo*, 14 out. 2008. Disponível em: <https://bit.ly/4gmRc1v>. Acesso em: 21 fev. 2025.

"ESTEVES compra Lehman Brothers brasileiro". *Folha de S.Paulo*, 15 out. 2008. Disponível em: <https://bit.ly/4OGtY0t>. Acesso em: 21 fev. 2025.

"BTG contrata seis executivos do Credit Suisse". *O Estado de S. Paulo*, 21 maio 2009. Disponível em: <https://bit.ly/4jCp0ua>. Acesso em: 21 fev. 2025.

"EMPRESA de Arida gerencia US$ 1,5 bilhão". *Folha de S.Paulo*, 1 jun. 2009. Disponível em: <https://bit.ly/4i3XKDG >. Acesso em: 21 fev. 2025.

"RECOMPRA do Pactual". *O Globo*, 20 dez. 2007. Disponível em: <https://bit.ly/4hKHPcO>. Acesso em: 21 fev. 2025.

"A PARTILHA". *O Globo*, 22 nov. 2007.

"CRESCE preocupação com crédito à pessoa física, diz Tendências". *Folha de S.Paulo*, 22 jul. 2008. Disponível em: <https://bit.ly/3Q2Zkta>. Acesso em: 21 fev. 2025.

"SINDUSCON-SP prevê alta dos preços dos imóveis em 2009". *Folha de S.Paulo*, 6 set. 2008. Disponível em: <https://bit.ly/3Q1QvQv>. Acesso em: 21 fev. 2025.

"QUASE parando". *Folha de S.Paulo*, 18 mar. 2009. Disponível em: <https://bit.ly/4hpxEus>. Acesso em: 21 fev. 2025.

"ANDRÉ Esteves recompra Banco Pactual, informa Sonia Racy". *O Estado de S. Paulo*, 20 abr. 2009. Disponível em: <https://bit.ly/4htEZcz>. Acesso em: 21 fev. 2025.

"ANDRÉ Esteves recompra o Banco Pactual". *O Estado de S. Paulo*, 20 abr. 2009. Disponível em: <https://bit.ly/4ONcpvP>. Acesso em: 21 fev. 2025.

"BANCO suíço UBS vende brasileiro Pactual por US$ 2,5 bi". *Folha de S.Paulo*, 20 abr. 2009. Disponível em: <https://bit.ly/3Q4PdnK>. Acesso em: 21 fev. 2025.

"COMPRA do Pactual pelo BTG reforça internacionalização de bancos locais". *Monitor Mercantil*, 20 abr. 2009. Disponível em: <https://bit.ly/41IoXRo>. Acesso em: 21 fev. 2025.

"OPERAÇÃO Guigal". *O Globo*, 21 abr. 2009.

"A AQUISIÇÃO do UBS Pactual é mais a exceção do que a regra". *O Estado de S. Paulo*, 21 abr. 2009. Disponível em: <https://bit.ly/413q2bz>. Acesso em: 21 fev. 2025.

"BANCOS de investimento enfrentam crise". *Folha de S.Paulo*, 21 abr. 2009. Disponível em: <https://bit.ly/4OZd6Dr>. Acesso em: 21 fev. 2025.

"DIETA". *Folha de S.Paulo*, 24 abr. 2009. Disponível em: <https://bit.ly/3EBEUEY>. Acesso em: 21 fev. 2025.

"MÔNICA Bergamo: Compra do UBS-Pactual deve provocar cortes". *Folha de S.Paulo*, 24 abr. 2009. Disponível em: <https://bit.ly/4jOfBzZ>. Acesso em: 21 fev. 2025.

"SÓCIO". *Folha de S.Paulo*, 28 abr. 2009. Disponível em: <https://bit.ly/4jYDqFp>. Acesso em: 21 fev. 2025.

"CRISE econômica nem começou ainda, diz Esteves". *Folha de S.Paulo*, 28 set. 2008. Disponível em: <https://bit.ly/4grcVoQ>. Acesso em: 21 fev. 2025.

"A MAIOR aposta de Esteves". *Época Negócios*, 1 jun. 2009. Disponível em: <https://bit.ly/3CFaCRl>. Acesso em: 21 fev. 2025.

"CACHIMBO da paz". *Veja*, 5 jun. 2009. Disponível em: <https://bit.ly/4jHuGDg>. Acesso em: 21 fev. 2025.

"LUCRO das siderúrgicas cai 60% no 1º semestre, afirma Serasa". *Folha de S.Paulo*, 17 set. 2009. Disponível em: <https://bit.ly/4hjTIXq>. Acesso em: 21 fev. 2025.

"DE volta, Esteves sonha em virar lenda". *O Estado de S. Paulo*, 20 set. 2009. Disponível em: <https://bit.ly/40Cui08>. Acesso em: 21 fev. 2025.

"ESTEVES assume o Pactual e 25 sócios deixarão o banco". *O Estado de S. Paulo*, 16 set. 2009. Disponível em: <https://bit.ly/3COho7f>. Acesso em: 21 fev. 2025.

"EX-SÓCIOS do Pactual vão criar seguradora". *O Estado de S. Paulo*, 8 abr. 2010. Disponível em: <https://bit.ly/40ITCl1>. Acesso em: 21 fev. 2025.

"LEHMAN Brothers: História para uma geração que não viveu a crise de 2008". *InvestNews*, 15 set. 2023. Disponível em: <https://bit.ly/3CDKBSw>. Acesso em: 21 fev. 2025.

Documento oficial

"BTG Pactual nasce como maior banco de investimentos independente baseado em mercados emergentes". BTG Pactual, 21 set. 2009. Disponível em: <https://bit.ly/40YLOZ4>. Acesso em: 21 fev. 2025.

Livro

GASPAR, Malu. *Tudo ou nada: Eike Batista e a verdadeira história do grupo X*. Rio de Janeiro: Record, 2014.

15. "VAI MUDAR A NOSSA RESPONSABILIDADE"

Notícias:

"GP Investments compra 30% da Centauro, diz jornal". *Exame*, 9 nov. 2012. Disponível em: <https://bit.ly/4hMG2Em>. Acesso em: 21 fev. 2025.

"GUIA da delação da JBS: Entenda as acusações que abalaram o mundo político". BBC News Brasil, 19 maio 2017. Disponível em: <https://bit.ly/42Lx7i5>. Acesso em: 21 fev. 2025.

"EIKE Batista, uma parábola do Brasil recente". DW Brasil, 1 fev. 2017. Disponível em: <https://bit.ly/3WTYoeC>. Acesso em: 21 fev. 2025.

"BANCO de Esteves entra na gestão da TAM". *Folha de S.Paulo*, 31 jul. 2009. Disponível em: <https://bit.ly/3EuX6QT>. Acesso em: 21 fev. 2025.

"ANDRÉ Esteves é o homem do risco". *Exame*, 28 jun. 2012. Disponível em: <https://bit.ly/40RxCEV>. Acesso em: 21 fev. 2025.

"HOLDING indica André Esteves e Marco Bologna para conselho da TAM". *O Globo*, 31 jul. 2009. Disponível em: <https://bit.ly/4k0xThi>. Acesso em: 21 fev. 2025.

ANÚNCIO do BTG Pactual sobre fusão da TAM com a LAN. *O Globo*, 17 ago. 2010.

"LATAM, criada pela fusão da LAN e da TAM, estará nas mãos dos chilenos". *Exame*, 10 out. 2010. Disponível em: <https://bit.ly/4hK5J8o>. Acesso em: 21 fev. 2025.

"THREE Kings". *The Economist*, 22 nov. 2010. Disponível em: <https://bit.ly/3Q8CUXt>. Acesso em: 21 fev. 2025.

"THE Origins of a New Species". *The Economist*, 26 ago. 2010. Disponível em: <https://bit.ly/41xcbcm>. Acesso em: 21 fev. 2025.

"COSAN-SHELL impulsiona etanol no mundo". *Folha de S.Paulo*, 2 fev. 2010. Disponível em: <https://bit.ly/3Etmpmk>. Acesso em: 21 fev. 2025.

"UNIÃO de Shell e Cosan cria gigante de combustíveis". *O Globo*, 2 fev. 2010.

"COSAN e Shell assinam acordo de parceria em combustível". G1, 25 ago. 2010. Disponível em: <https://bit.ly/4jH8R6Z>. Acesso em: 21 fev. 2025.

"FUSÕES e aquisições crescem 82%". *O Globo*, 6 out. 2010.

"BTG Pactual lidera fusões e aquisições no Brasil". *Exame*, 10 out. 2010. Disponível em: <https://bit.ly/3EtmtT6>. Acesso em: 21 fev. 2025.

"BTG lidera ranking de fusões e aquisições no Brasil em 2011". *Folha de S.Paulo*, 2 jan. 2012. Disponível em: <https://bit.ly/4jQ6m1X>. Acesso em: 21 fev. 2025.

"BTG negocia fusão bilionária com chilenos". *Folha de S.Paulo*, 25 ago. 2011. Disponível em: <https://bit.ly/3CGrHu6>. Acesso em: 21 fev. 2025.

"BTG conclui fusão com a Celfin Capital". *Época Negócios*, 8 fev. 2012. Disponível em: <https://bit.ly/3Ct8nk8>. Acesso em: 21 fev. 2025.

"BTG Pactual conclui fusão com chilena Celfin". *Folha de S.Paulo*, 8 fev. 2012. Disponível em: <https://bit.ly/3wqpifo>. Acesso em: 21 fev. 2025.

"APÓS Celfin, BTG se diz pronto para novas aquisições". *Folha de S.Paulo*, 8 fev. 2012. Disponível em: <https://bit.ly/413thQb>. Acesso em: 21 fev. 2025.

"BTG Pactual conclui aquisição da Bolsa y Renta". *Exame*, 20 dez. 2012. Disponível em: <https://bit.ly/413m4zs>. Acesso em: 22 fev. 2025.

"BOLSA y Renta cambia de manos y ahora es de BTG Pactual". *Semana*, 14 jun. 2012. Disponível em: <https://bit.ly/4gNbVvH>. Acesso em: 22 fev. 2025.

"BTG Pactual anuncia acordo para compra da Bolsa y Renta por US$ 51,9 milhões". InfoMoney, 14 jun. 2012. Disponível em: <https://bit.ly/3CKspqf>. Acesso em: 22 fev. 2025.

"BTG Pactual compra corretora na Colômbia". *Folha de S.Paulo*, 15 jun. 2012. Disponível em: <https://bit.ly/3Etd9i6>. Acesso em: 22 fev. 2025.

"BTG Pactual investe em *merchant banking*". Terra, 4 ago. 2010. Disponível em: <https://bit.ly/3EwrgTW>. Acesso em: 22 fev. 2025.

"FOI uma solução engenhosa, diz Delfim". *Folha de S.Paulo*, 14 maio 2009. Disponível em: <https://bit.ly/4hs2h2y>. Acesso em: 22 fev. 2025.

"BTG, de Esteves, compra 50% da Estapar". *O Estado de S. Paulo*, 18 maio 2009. Disponível em: <https://bit.ly/42NVHPk>. Acesso em: 22 fev. 2025.

"BTG Pactual vê Estapar como ilha de serviços". Sindepark, 15 out. 2009. Disponível em: <https://bit.ly/40PI8MJ>. Acesso em: 22 fev. 2025.

"BTG, de Esteves, compra redes Via Brasil e Aster". *O Estado de S. Paulo*, 23 dez. 2008. Disponível em: <https://bit.ly/3QtNloV>. Acesso em: 22 fev. 2025.

"NOVA tacada de Esteves". *O Globo*, 2 mar. 2010.

"BTG Pactual adquire parte do capital da Mitsubishi no Brasil". *Folha de S.Paulo*, 2 mar. 2010. Disponível em: <https://bit.ly/3EpWo7g>. Acesso em: 22 fev. 2025.

"BANCO BTG Pactual compra o controle do hospital São Luiz". Investe SP, 3 set. 2010. Disponível em: <https://bit.ly/3CPdMBW>. Acesso em: 22 fev. 2025.

"REDE D'Or compra Hospital Assunção, no ABC Paulista". *Exame*, 10 out. 2010. Disponível em: <https://bit.ly/42Gf3WF>. Acesso em: 22 fev. 2025.

"ANDRÉ Esteves: Um banqueiro dos Rothschild à farmácia popular". *O Globo*, 5 fev. 2011. Disponível em: <https://bit.ly/3WLwKA7>. Acesso em: 22 fev. 2025.

"REDE D'Or compra Nossa Senhora de Lourdes". *Valor Econômico*, 15 fev. 2012. Disponível em: <https://bit.ly/3WRIJwp>. Acesso em: 22 fev. 2025.

"REDE D'Or compra hospitais Santa Luzia e Coração do Brasil, no DF". *Valor Econômico*, 20 abr. 2012. Disponível em: <https://bit.ly/4hu5hLG>. Acesso em: 22 fev. 2025.

"AS 25 empresas das quais o BTG Pactual é sócio no Brasil". *Exame*, 26 out. 2012. Disponível em: <https://bit.ly/4aSmSuc>. Acesso em: 22 fev. 2025.

"BTG assume a WTorre Properties e cria nova empresa". *Exame*, 17 mar. 2011. Disponível em: <https://bit.ly/4hOcoOR>. Acesso em: 22 fev. 2025.

"BANCO BTG Pactual compra parte da WTorre". *Folha de S.Paulo*, 17 mar. 2011. Disponível em: <https://bit.ly/3EFe2E7>. Acesso em: 22 fev. 2025.

"BR Properties vai incorporar WTorre e BTG será sócio". *Folha de S.Paulo*, 14 set. 2011. Disponível em: <https://bit.ly/4jOLBUj>. Acesso em: 22 fev. 2025.

"WTORRE Properties anuncia conclusão da operação com o BTG Pactual". InfoMoney, 23 nov. 2011. Disponível em: <https://bit.ly/4jR5x9a>. Acesso em: 22 fev. 2025.

"BTG Pactual compra 100% da rede Farmais". *O Globo*, 25 set. 2009.

"BRAZIL Pharma levanta R$ 481 milhões em oferta na Bolsa". *Folha de S.Paulo*, 22 jun. 2012. Disponível em: <https://bit.ly/4gwPk6l>. Acesso em: 22 fev. 2025.

"BRAZIL Pharma incorpora Farmais, mas marca continua existindo". *Folha de S.Paulo*, 3 dez. 2012. Disponível em: <https://bit.ly/3WSrI4W>. Acesso em: 22 fev. 2025.

"MERCADO de cerveja espera novo impulso no Carnaval". *Folha de S.Paulo*, 30 jan. 2013. Disponível em: <https://bit.ly/4aSoLah>. Acesso em: 22 fev. 2025.

"BTG investe em empresa de energia". *Folha de S.Paulo*, 14 out. 2009. Disponível em: <https://bit.ly/4hqVy8R>. Acesso em: 22 fev. 2025.

"BTG acha uma saída na Brasbunker: Provisão e 'venda'". Brazil Journal, 18 ago. 2015. Disponível em: <https://bit.ly/3WRJ4iF>. Acesso em: 22 fev. 2025.

"ANDRÉ Esteves é um dos banqueiros mais influentes do Brasil". *Folha de S.Paulo*, 25 nov. 2015. Disponível em: <https://bit.ly/3WThpOh>. Acesso em: 22 fev. 2025.

"O BTG Pactual de olho no UOL". *Exame*, 12 dez. 2011. Disponível em: <https://bit.ly/4aSzTnB>. Acesso em: 22 fev. 2025.

"BTG Pactual vende 18,65% do banco por US$1,8 bi a consórcio". G1, 6 dez. 2010. Disponível em: <https://bit.ly/4aRBL02>. Acesso em: 22 fev. 2025.

"FUNDOS asiáticos viram sócios do BTG Pactual". *O Globo*, 7 dez. 2010.

"ANDRÉ Esteves é o homem do risco". *Exame*, 28 jun. 2012. Disponível em: <https://bit.ly/40RxCEV>. Acesso em: 22 fev. 2025.

"NOVO dono de banco de Silvio é personalidade do mundo financeiro". *Folha de S.Paulo*, 1 fev. 2011. Disponível em: <https://bit.ly/40IJ99k>. Acesso em: 22 fev. 2025.

"SILVIO Santos diz que banco PanAmericano já é do BTG Pactual". *Folha de S.Paulo*, 31 jan. 2011. Disponível em: <https://bit.ly/3CCJT83>. Acesso em: 22 fev. 2025.

"SILVIO Santos se diz feliz com venda do PanAmericano". *Folha de S.Paulo*, 31 jan. 2011. Disponível em: <https://bit.ly/416kuNm>. Acesso em: 22 fev. 2025.

"PACTUAL leva banco de Silvio por R$ 450 mi". *Folha de S.Paulo*, 1 fev. 2011. Disponível em: <https://bit.ly/3CQd33p>. Acesso em: 22 fev. 2025.

"AÇÕES do PanAmericano disparam 16% com venda para Pactual". *Folha de S.Paulo*, 1 fev. 2011. Disponível em: <https://bit.ly/413RHsQ>. Acesso em: 22 fev. 2025.

"O SILVIO que não sorri". *Folha de S.Paulo*, 6 fev. 2011. Disponível em: <https://bit.ly/42LfuPB>. Acesso em: 22 fev. 2025.

"BC forçou bancos a salvar PanAmericano". *Folha de S.Paulo*, 11 fev. 2011. Disponível em: <https://bit.ly/415COWZ>. Acesso em: 22 fev. 2025.

"CAIXA não colocará dinheiro no banco". *Folha de S.Paulo*, 2 fev. 2011. Disponível em: <https://bit.ly/4gCvUwF>. Acesso em: 22 fev. 2025.

"PANAMERICANO receberá R$ 14 bi da Caixa e do BTG". *Folha de S.Paulo*, 3 fev. 2011. Disponível em: <https://bit.ly/4gvXw6H>. Acesso em: 22 fev. 2025.

"CAIXA confirma injeção de até R$ 10 bi no PanAmericano". *Folha de S.Paulo*, 11 fev. 2011. Disponível em: <https://bit.ly/40Rz4XC>. Acesso em: 22 fev. 2025.

"PANAMERICANO confirma rombo de R$ 1,3 bi e adia balanço". *Folha de S.Paulo*, 3 fev. 2011. Disponível em: <https://bit.ly/40RMdzQ>. Acesso em: 22 fev. 2025.

"TÉCNICOS não acham desvio no banco PanAmericano". *Folha de S.Paulo*, 4 fev. 2011. Disponível em: <https://bit.ly/3CHcIA4>. Acesso em: 22 fev. 2025.

"JUSTIÇA bloqueia contas no caso PanAmericano". *Folha de S.Paulo*, 7 fev. 2011. Disponível em: <https://bit.ly/3Qfiw6V>. Acesso em: 22 fev. 2025.

"PANAMERICANO divulga balanço confirmando rombo de R$ 4,3 bi". *Folha de S.Paulo*, 16 fev. 2011. Disponível em: <https://bit.ly/3WPoIXb>. Acesso em: 22 fev. 2025.

"BANCO PanAmericano amarga prejuízo de R$ 133,6 milhões em dezembro". *Folha de S.Paulo*, 16 fev. 2011. Disponível em: <https://bit.ly/3WNBNAc>. Acesso em: 22 fev. 2025.

"CADE aprova compra do PanAmericano pelo BTG Pactual". *Folha de S.Paulo*, 4 maio 2011. Disponível em: <https://bit.ly/4gvIY7k>. Acesso em: 22 fev. 2025.

"BANCO PanAmericano revela lucro de R$ 76,1 milhões no trimestre". *Folha de S.Paulo*, 16 maio 2011. Disponível em: <https://bit.ly/3Cvh2CF>. Acesso em: 22 fev. 2025.

"PANAMERICANO precisa receber R$ 600 milhões". *Folha de S.Paulo*, 15 nov. 2011. Disponível em: <https://bit.ly/42LbkqU>. Acesso em: 22 fev. 2025.

"EX-CONTADOR do PanAmericano acusa ex-diretor por fraude". *Folha de S.Paulo*, 16 maio 2011. Disponível em: <https://bit.ly/3WThP7j>. Acesso em: 22 fev. 2025.

"PF muda investigação sobre PanAmericano". *Folha de S.Paulo*, 22 out. 2011. Disponível em: <https://bit.ly/4jLYgrg>. Acesso em: 22 fev. 2025.

"BC bane executivos do PanAmericano". *Folha de S.Paulo*, 26 out. 2011. Disponível em: <https://bit.ly/42NeBFX>. Acesso em: 22 fev. 2025.

"EX-DIRIGENTES do banco pedem acesso a contas e patrimônio bloqueado". *Folha de S.Paulo*, 20 nov. 2011. Disponível em: <https://bit.ly/4aMjUYt>. Acesso em: 22 fev. 2025.

"POLÍCIA Federal indicia o ex-diretor do PanAmericano por lavagem de dinheiro". *O Globo*, 1 nov. 2011.

"PANAMERICANO compra financeira e entra no setor imobiliário". *Folha de S.Paulo*, 28 dez. 2011. Disponível em: <https://bit.ly/414JLHJ>. Acesso em: 22 fev. 2025.

"APÓS ser vendido, PanAmericano tem lucro de R$ 67 mi em 2011". *Folha de S.Paulo*, 14 fev. 2012. Disponível em: <https://bit.ly/4hxlwYI>. Acesso em: 22 fev. 2025.

"PANAMERICANO tem queda de 96,2% no lucro do 1º trimestre". *Folha de S.Paulo*, 10 maio 2012. Disponível em: <https://bit.ly/4gvY2Sb>. Acesso em: 22 fev. 2025.

"PREJUÍZO do PanAmericano é resultado de mudança de estratégia". *Folha de S.Paulo*, 9 ago. 2012. Disponível em: <https://bit.ly/4gzvmIb>. Acesso em: 22 fev. 2025.

"PREJUÍZO do PanAmericano cresce dez vezes no 2º trimestre". *Folha de S.Paulo*, 9 ago. 2012. Disponível em: <https://bit.ly/3Q95KqB>. Acesso em: 22 fev. 2025.

"PANAMERICANO tem prejuízo de R$ 603 milhões em 2012". *Folha de S.Paulo*, 19 fev. 2013. Disponível em: <https://bit.ly/4jLYsqu>. Acesso em: 22 fev. 2025.

"JUSTIÇA aceita denúncia contra envolvidos no caso PanAmericano". *Folha de S.Paulo*, 4 set. 2012. Disponível em: <https://bit.ly/413oQES>. Acesso em: 22 fev. 2025.

"MP quer investigar BC por autorizar venda do banco de Silvio Santos". *O Estado de S.Paulo*, 1 ago. 2014. Disponível em: <https://bit.ly/40Vy5pE>. Acesso em: 22 fev. 2025.

"ANDRÉ Esteves é o homem do risco". *Exame*, 28 jun. 2012. Disponível em: <https://bit.ly/40RxCEV>. Acesso em: 22 fev. 2025.

"POR dentro do negócio". *Folha de S.Paulo*, 29 dez. 2011. Disponível em: <https://bit.ly/3CPjTWU>. Acesso em: 22 fev. 2025.

"NEGOCIAÇÃO entre Diniz e Carrefour leva Casino a pedir arbitragem internacional". *O Globo*, 1 jun. 2011.

"DINIZ pede serenidade a diretores do Pão de Açúcar". *O Globo*, 2 jun. 2011. Disponível em: <https://bit.ly/43un29z>. Acesso em: 22 fev. 2025.

"EMPRESA da BTG Pactual é peça-chave para fusão CBD-Carrefour". *Folha de S.Paulo*, 28 jun. 2011. Disponível em: <https://bit.ly/4aSsJ2E>. Acesso em: 22 fev. 2025.

"SAÍDA à francesa". *O Globo*, 29 jun. 2011.

"CASINO abre guerra contra Diniz e declara que negociação é ilegal". *O Globo*, 29 jun. 2011. Disponível em: < https://bit.ly/3FevVu0>. Acesso em: 22 fev. 2025.

"COMUNICADO ao Mercado". Casino. *O Globo*, 29 jun. 2011.

"OS NEGOCIADORES por trás da fusão bilionária". *O Globo*, 29 jun. 2011.

"HOMEM forte de Diniz negociou pelo BTG". *O Globo*, 29 jun. 2011.
"ABILIO Diniz abre guerra contra sócio francês". *O Globo*, 1 jul. 2011.
"REAÇÃO do Casino sobre fusão no varejo espanta o BTG Pactual". *Folha de S.Paulo*, 11 jul. 2011. Disponível em: <https://bit.ly/4gzO6XX>. Acesso em: 22 fev. 2025.
"BNDES recua de financiar fusão, e proposta do Pão de Açúcar é suspensa". BBC News Brasil, 12 jul. 2011. Disponível em: <https://bit.ly/3EGrTtO>. Acesso em: 22 fev. 2025.
"PACTUAL levantou € 1,7 bi para 'se livrar' do BNDES". *Folha de S.Paulo*, 17 jul. 2011. Disponível em: <https://bit.ly/4jNrjuq>. Acesso em: 22 fev. 2025.
"ARTILHARIA francesa". *O Globo*, 5 jul. 2011.
"SOU otimista. Acredito em Deus". *O Globo*, 6 jul. 2011.
"DILMA manda BNDES sair do negócio com Pão de Açúcar". *O Globo*, 12 jul. 2011. Disponível em: < https://bit.ly/3FfMeXy>. Acesso em: 22 fev. 2025.
"DINIZ sem saída". *O Globo*, 13 jul. 2011.
"FUNDO do Qatar ofereceu US$ 1 bi para Pão de Açúcar-Carrefour". *Folha de S.Paulo*, 26 set. 2011. Disponível em: <https://bit.ly/42LO2kB>. Acesso em: 22 fev. 2025.
"ANDRÉ Esteves, o banqueiro que pode salvar Eike, em 20 fotos". *Exame*, 30 ago. 2013. Disponível em: <https://bit.ly/40NQFQj>. Acesso em: 22 fev. 2025.
"BTG Pactual entra com pedido de companhia aberta na CVM". *Folha de S.Paulo*, 19 ago. 2011. Disponível em: <https://bit.ly/40P3zgT>. Acesso em: 22 fev. 2025.
"Better Than Goldman?". *The Economist*, 10 mar. 2012. Disponível em: <https://bit.ly/3WTwBuN>. Acesso em: 22 fev. 2025.
"BTG Pactual é um 'Goldman Sachs com cachaça', compara *FT*". *Exame*, 1 mar. 2012. Disponível em: <https://bit.ly/4hQ7ml9>. Acesso em: 22 fev. 2025.
"BTG Pactual se prepara para lançar ações na Bolsa". *Folha de S.Paulo*, 27 fev. 2012. Disponível em: <https://bit.ly/3EuyKXl>. Acesso em: 22 fev. 2025.
"BTG se firma entre grupos mais valiosos com oferta de ações". *Folha de S.Paulo*, 1 mar. 2012. Disponível em: <https://bit.ly/42Ngu5Q>. Acesso em: 22 fev. 2025.
"OFERTA de ações do BTG Pactual pode movimentar mais de R$ 4 bi". *Folha de S.Paulo*, 3 abr. 2012. Disponível em: <https://bit.ly/4jNrBBw>. Acesso em: 22 fev. 2025.
"CAPTAÇÃO do BTG Pactual na Bolsa pode alcançar valor de R$ 4,1 bilhões". *Folha de S.Paulo*, 4 abr. 2012. Disponível em: <https://bit.ly/415w23h>. Acesso em: 22 fev. 2025.
"BTG Pactual dá prazo a investidor que quiser desistir de oferta". *Folha de S.Paulo*, 17 abr. 2012. Disponível em: <https://bit.ly/3CIrPJK>. Acesso em: 22 fev. 2025.
"BANCO BTG Pactual levanta R$ 3,656 bi em oferta de ações". *Folha de S.Paulo*, 24 abr. 2012. Disponível em: <https://bit.ly/3CG5NqV>. Acesso em: 22 fev. 2025.
"BTG faz a maior abertura de capital em quase três anos". *Folha de S.Paulo*, 25 abr. 2012. Disponível em: <https://bit.ly/4hNUHyO>. Acesso em: 22 fev. 2025.
"BTG Pactual estreia na Bolsa com alta nos papéis". *Folha de S.Paulo*, 26 abr. 2012. Disponível em: <https://bit.ly/416WdGU>. Acesso em: 22 fev. 2025.

"BTG estreia papéis com alta de 0,6% na Bolsa". *Folha de S.Paulo*, 27 abr. 2012. Disponível em: <https://bit.ly/40HbEnG>. Acesso em: 22 fev. 2025.

"BACK to Basics". *The Economist*, 28 abr. 2012. Disponível em: <https://bit.ly/3WUfLMm>. Acesso em: 22 fev. 2025.

"BTG eleva para 70% participação na varejista carioca Leader". *Folha de S.Paulo*, 20 set. 2012. Disponível em: <https://bit.ly/4aRhiZe>. Acesso em: 22 fev. 2025.

"VAREJO tem número recorde de fusões e aquisições no 1º semestre". *Folha de S.Paulo*, 8 out. 2012. Disponível em: <https://bit.ly/3Q6CbpV>. Acesso em: 22 fev. 2025.

"BTG paga R$ 665 mi por 40% das lojas Leader". *Folha de S.Paulo*, 30 maio 2012. Disponível em: <https://bit.ly/3EwHdcM>. Acesso em: 22 fev. 2025.

"BTG considera aquisições para fazer varejista Leader crescer". *Folha de S.Paulo*, 29 maio 2012. Disponível em: <https://bit.ly/4grKE1D>. Acesso em: 22 fev. 2025.

"BTG compra fatia da varejista Leader e deve assumir controle". *Folha de S.Paulo*, 29 maio 2012. Disponível em: <https://bit.ly/4grKM17>. Acesso em: 22 fev. 2025.

"BTG anuncia compra 40% da varejista Leader por R$ 665 milhões". *Época Negócios*, 29 maio 2012. Disponível em: <https://bit.ly/4gvrLec>. Acesso em: 22 fev. 2025.

"CADE aprova operação para Bradesco assumir LeaderCard". G1, 10 mar. 2016. Disponível em: <https://bit.ly/40NTBwm>. Acesso em: 22 fev. 2025.

"BRADESCO deve assumir subsidiária de cartões da varejista Lojas Leader". *Folha de S.Paulo*, 1 mar. 2016. Disponível em: <https://bit.ly/4hHXryt>. Acesso em: 22 fev. 2025.

"BTG vende varejista Leader por R$ 1 mil e dívida de R$ 900 milhões". *Folha de S.Paulo*, 14 abr. 2016. Disponível em: <https://bit.ly/416Wvxu>. Acesso em: 22 fev. 2025.

"BTG Pactual vende fatia na Lojas Leader por valor simbólico". *Exame*, 13 abr. 2016. Disponível em: <https://bit.ly/3QbWUbP>. Acesso em: 22 fev. 2025.

"EX-DONOS pedem falência das Lojas Leader, do BTG". *Exame*, 18 jan. 2016. Disponível em: <https://bit.ly/4k06goO>. Acesso em: 22 fev. 2025.

"JUSTIÇA decreta a falência da Brasil Pharma". G1, 11 jun. 2019. Disponível em: <https://bit.ly/3WSJCom>. Acesso em: 22 fev. 2025.

"JUSTIÇA suspende plano de recuperação da Brasil Pharma". *Valor Econômico*, 6 mar. 2019. Disponível em: <https://bit.ly/42LuSLR>. Acesso em: 22 fev. 2025.

"EXISTE saída para a BR Pharma?". *IstoÉ Dinheiro*, 20 abr. 2018. Disponível em: <https://bit.ly/40RVlVv>. Acesso em: 22 fev. 2025.

"OS ERROS e a queda da BR Pharma, criada com planos grandiosos". *Exame*, 15 jan. 2018. Disponível em: <https://bit.ly/40Sv6Ou>. Acesso em: 22 fev. 2025.

"COM dívidas de mais de R$ 1 bi, Brasil Pharma pede recuperação judicial". *Folha de S.Paulo*, 10 jan. 2018. Disponível em: <https://bit.ly/4hEPMjU>. Acesso em: 22 fev. 2025.

Páginas consultadas

"GRUPO Bravante — Quem somos". Disponível em: <https://bit.ly/4gvL0nR>. Acesso em: 22 fev. 2025.

"ESTAPAR — TIMELINE 2009". Disponível em: <https://bit.ly/4hoDexe>. Acesso em: 22 fev. 2025.
POSTAGEM de Marcelo Flora sobre a cultura de *partnership*. LinkedIn, 2023. Disponível em: <https://bit.ly/4jR9drq>. Acesso em: 22 fev. 2025.
"JBS — HISTÓRICO". Disponível em: <https://bit.ly/4hs0ASK>. Acesso em: 22 fev. 2025.
"JOESLEY Batista". Suno. Disponível em: <https://bit.ly/3CJhFbI>. Acesso em: 22 fev. 2025.
"EIKE Batista: O empresário que criou e faliu um conglomerado em menos de uma década". InfoMoney. Disponível em: <https://bit.ly/3WReUM9>. Acesso em: 22 fev. 2025.
"O HOMEM de 16,6 bilhões de dólares!". Estratégia Empresarial, 25 jan. 2008. Disponível em: <https://bit.ly/4gvH8mI>. Acesso em: 22 fev. 2025.

Artigo acadêmico

WEGELIN, Maria Júlia Castro. *O impacto da política de crédito do BNDES no desenvolvimento econômico e social dos municípios brasileiros*. Rio de Janeiro: Ibmec, 2014. Dissertação (Mestrado em Economia). Disponível em: <https://bit.ly/416wONM>. Acesso em: 22 fev. 2025.

Livro

CARNEIRO, Ricardo; BALTAR, Paulo; SARTI, Fernando (Orgs.). *Para além da política econômica*. São Paulo: Unesp, 2018. Disponível em: <https://bit.ly/3ErbPMN>. Acesso em: 22 fev. 2025.
OMETTO, Rubens; SILVA, Aguinaldo. *O inconformista: A trajetória e as reflexões do empresário que fez da Cosan um dos maiores sucessos corporativos do Brasil*. São Paulo: Portfolio-Penguin, 2021.

16. "O ESTEVES ENTENDE A POLÍTICA"

Notícias

"SETE Brasil recebe aporte de R$ 5,5 bi". *Valor Econômico*, 6 ago. 2012. Disponível em: <https://bit.ly/3EoH6zH>. Acesso em: 22 fev. 2025.
"FGTS investirá até R$ 2,5 bi na Sete Brasil, do setor de petróleo". G1, 20 fev. 2013. Disponível em: <https://bit.ly/42COdib>. Acesso em: 22 fev. 2025.
"SETE Brasil, a nova empresa da Petrobras". *Exame*, 14 mar. 2012. Disponível em: <https://bit.ly/4hGCVO6>. Acesso em: 22 fev. 2025.
"FUTURO da Sete Brasil dependente da Petrobras há um ano". Sindicato Nacional da Indústria da Construção e Reparação Naval e Offshore (Sinaval), 16 out. 2015. Disponível em: <https://bit.ly/4aKotlU>. Acesso em: 22 fev. 2025.

"FIM da Sete Brasil tornaria perda do BB a maior entre bancos". TMA Brasil, 9 dez. 2015. Disponível em: <https://bit.ly/4hLvjd1>. Acesso em: 22 fev. 2025.

"BTG Pactual investe US$ 1 bilhão na Sete Brasil". *Exame*, 3 ago. 2012. Disponível em: <https://bit.ly/42GV8Xp>. Acesso em: 22 fev. 2025.

"ENTENDA a crise que abalou o império de Eike Batista em 2013". UOL, 11 dez. 2013. Disponível em: <https://bit.ly/4jHYzU2>. Acesso em: 22 fev. 2025.

"PREJUÍZO das empresas de Eike mais que dobra em 2012". *Exame*, 27 mar. 2013. Disponível em: <https://bit.ly/3Q3JdLT>. Acesso em: 22 fev. 2025.

"EIKE contrata consultoria do BTG Pactual, do banqueiro André Esteves". *Folha de S.Paulo*, 6 mar. 2013. Disponível em: <https://bit.ly/3CP3cea>. Acesso em: 22 fev. 2025.

"ANDRÉ Esteves e Eike Batista anunciam parceria". *Época Negócios*, 6 mar. 2013. Disponível em: <https://bit.ly/3Q3OlSO>. Acesso em: 22 fev. 2025.

"COMO o banqueiro André Esteves arma o resgate do bilionário Eike Batista". *GZH*, 19 abr. 2013. Disponível em: <https://bit.ly/40QYLb4>. Acesso em: 22 fev. 2025.

"O QUE o BTG pode fazer pela EBX". *IstoÉ Dinheiro*, 13 mar. 2013. Disponível em: <https://bit.ly/4aLHLr0>. Acesso em: 22 fev. 2025.

"APÓS parceria com BTG, ações das empresas de Eike sobem entre 12% e 18%". *Folha de S.Paulo*, 7 mar. 2013. Disponível em: <https://bit.ly/3Q6bAsW>. Acesso em: 22 fev. 2025.

"AÇÕES da MMX, de Eike, caem mais de 4% após prejuízo 37 000% maior em 2012". *Folha de S.Paulo*, 19 mar. 2013. Disponível em: <https://bit.ly/40Y4Gw6>. Acesso em: 22 fev. 2025.

"EIKE deve captar R$ 1,9 bi com venda de metade de sua participação na MPX". *Folha de S.Paulo*, 19 mar. 2013. Disponível em: <https://bit.ly/4grdChW>. Acesso em: 22 fev. 2025.

"EIKE Batista vende 24,5% das ações da MPX para alemã E.ON". *Folha de S.Paulo*, 28 mar. 2013. Disponível em: <https://bit.ly/411cwoN>. Acesso em: 22 fev. 2025.

"CAIXA e BNDES têm quase metade da dívida da OSX, de Eike". *Folha de S.Paulo*, 23 jun. 2013. Disponível em: <https://bit.ly/3CzJP92>. Acesso em: 22 fev. 2025.

"BANCOS cortam preço-alvo da OGX, de Eike, para R$ 0,10 e Bolsa cai". *Folha de S.Paulo*, 2 jul. 2013. Disponível em: <https://bit.ly/412SpGw>. Acesso em: 22 fev. 2025.

"CRISE azeda parceria entre Eike e André Esteves, do BTG Pactual". *Folha de S.Paulo*, 30 ago. 2013. Disponível em: <https://bit.ly/4gIF1MJ>. Acesso em: 22 fev. 2025.

"OSX entra com pedido de recuperação judicial". *Folha de S.Paulo*, 11 nov. 2013. Disponível em: <https://bit.ly/4hKajDK>. Acesso em: 22 fev. 2025.

"EIKE Batista␣cederá el control de MPX a E.ON". *El Economista*, 27 fev. 2013. Disponível em: <https://bit.ly/4gnsuOh>. Acesso em: 22 fev. 2025.

"BTG Pactual assume 49,57% de participação na Eneva". *Valor Econômico*, 5 nov. 2015. Disponível em: <https://bit.ly/3QQcQAD >. Acesso em: 22 fev. 2025.

"ENEVA, a empresa que nasceu das cinzas dos negócios de Eike Batista e virou uma ação com alto potencial". *Seu Dinheiro*, 24 maio 2020. Disponível em: <https://bit.ly/4gtn8kA>. Acesso em: 22 fev. 2025.

"PETROBRAS vende metade de seus ativos na África ao BTG Pactual por US$ 1,5 bi". *Folha de S.Paulo*, 14 jun. 2013. Disponível em: <https://bit.ly/4aQlatp>. Acesso em: 22 fev. 2025.

"BTG e Petrobras lucram com sociedade na África". *Exame*, 9 abr. 2014. Disponível em: <https://bit.ly/3EoHAG1>. Acesso em: 22 fev. 2025.

"PETROBRAS nega favorecimento ao BTG na África e defende parceria". *Veja*, 26 jan. 2015. Disponível em: <https://bit.ly/4hmB6pJ>. Acesso em: 22 fev. 2025.

"A PRIVATARIA petista na Petrobras africana". *Folha de S.Paulo*, 25 jan. 2015. Disponível em: <https://bit.ly/4hLvxAT>. Acesso em: 22 fev. 2025.

"LAVA JATO descobre que a estatal Sete Brasil foi criada para ajudar na corrupção". *Época*, 21 abr. 2016. Disponível em: <https://bit.ly/3COhT17>. Acesso em: 22 fev. 2025.

"BANCOS credores da Sete Brasil ainda confiam em reestruturação". *Folha de S.Paulo*, 28 nov. 2015. Disponível em: <https://bit.ly/3Eo31al>. Acesso em: 22 fev. 2025.

"PETROBRAS e Sete Brasil fecham acordo para salvar a empresa de sondas". *Folha de S.Paulo*, 28 ago. 2015. Disponível em: <https://bit.ly/3Q3jmnh>. Acesso em: 22 fev. 2025.

"EM carta, ex-presidente da Sete Brasil admite ter recebido propina". *Folha de S.Paulo*, 20 jul. 2015. Disponível em: <https://bit.ly/3CFD71b>. Acesso em: 22 fev. 2025.

"BANCOS e estaleiros vão pôr mais US$ 4 bi na Sete Brasil". *Folha de S.Paulo*, 11 jun. 2015. Disponível em: <https://bit.ly/3Q49Tfx>. Acesso em: 22 fev. 2025.

"SETE Brasil não teve envolvimento direto no esquema de corrupção, diz presidente". *Zero Hora*, 7 maio 2015. Disponível em: <https://bit.ly/42BCksO>. Acesso em: 22 fev. 2025.

"REESTRUTURAÇÃO da Sete Brasil exigirá US$ 1,2 bilhão de sócios". *Folha de S.Paulo*, 9 maio 2015. Disponível em: <https://bit.ly/3WLRpnK>. Acesso em: 22 fev. 2025.

"FORNECEDORA do pré-sal vai ter ajuda para 'sair da UTI'". *Folha de S.Paulo*, 31 jan. 2015. Disponível em: <https://bit.ly/3CBjV4J>. Acesso em: 22 fev. 2025.

"DILMA quer socorro à maior fornecedora de sondas da Petrobras". *Folha de S.Paulo*, 16 jan. 2015. Disponível em: <https://bit.ly/4jKgRDV>. Acesso em: 22 fev. 2025.

"GENERALI vende BSI para BTG Pactual por 1,5 bi de francos suíços". *O Estado de S. Paulo*, 14 jul. 2014. Disponível em: <https://bit.ly/42ImxbF>. Acesso em: 22 fev. 2025.

"BTG Pactual compra banco suíço BSI". *O Estado de S. Paulo*, 14 jul. 2014. Disponível em: <https://bit.ly/42Hu76h>. Acesso em: 22 fev. 2025.

"SÓCIOS do BTG ganham mais de R$ 1 bi em acordo com a Generali". Brazil Journal, 12 jun. 2020. Disponível em: <https://bit.ly/4gqH3AO>. Acesso em: 22 fev. 2025.

"POR QUE o escândalo envolvendo o BSI pode atrapalhar o BTG". *Exame*, 27 maio 2016. Disponível em: <https://bit.ly/4gIFjmN>. Acesso em: 22 fev. 2025.

"BTG Pactual conclui compra de suíço BSI por US$ 1,29 bilhão". *Folha de S.Paulo*, 15 set. 2015. Disponível em: <https://bit.ly/411cpcH>. Acesso em: 22 fev. 2025.

"BANCO comprado pelo BTG paga US$ 211 mi por sonegação nos EUA". *Folha de S.Paulo*, 31 mar. 2015. Disponível em: <https://bit.ly/4hI8I1b>. Acesso em: 22 fev. 2025.

"COM nova compra, BTG dobra área de gestão". *O Estado de S. Paulo*, 15 jul. 2014. Disponível em: <https://bit.ly/4jHYZd4>. Acesso em: 22 fev. 2025.

"BTG Pactual receberá BSI 'limpinho' de processos nos EUA". *O Estado de S. Paulo*, 14 jul. 2014. Disponível em: <https://bit.ly/3EquND9>. Acesso em: 22 fev. 2025.

"YOUSSEF cita BTG em esquema com propina". *Folha de S.Paulo*, 2 mar. 2015. Disponível em: <https://bit.ly/3EoKCu2>. Acesso em: 22 fev. 2025.

"DOLEIRO Alberto Youssef envolve André Esteves, do BTG Pactual, no petrolão". *Época*, 27 fev. 2015. Disponível em: <https://bit.ly/40XcMVH>. Acesso em: 22 fev. 2025.

"EM delação, Cerveró diz que André Esteves pagou propina a Collor". *Folha de S.Paulo*, 25 nov. 2015. Disponível em: <https://bit.ly/4hJEivC>. Acesso em: 22 fev. 2025.

"CONTRATO da BR suspeito de render propina a Collor é alvo de auditoria". *Folha de S.Paulo*, 15 jul. 2015. Disponível em: <https://bit.ly/3EoI3Ih>. Acesso em: 22 fev. 2025.

"DOAÇÕES de campanha somam R$ 1 bi, das quais metade vem de 19 empresas". *O Estado de S. Paulo*, 15 set. 2014. Disponível em: <https://bit.ly/4jG7ogZ>. Acesso em: 22 fev. 2025.

"BTG Pactual é o segundo maior doador eleitoral entre bancos". *Extra*, 29 nov. 2015. Disponível em: <https://bit.ly/4aNZXjH>. Acesso em: 22 fev. 2025.

"PETROBRAS perde R$ 6,2 bi com corrupção e prejuízo soma R$ 21,6 bi em 2014". Agência Brasil, 22 abr. 2015. Disponível em: <https://bit.ly/42BCLTY>. Acesso em: 22 fev. 2025.

"ENTENDA vazamento envolvendo Moro, Lava Jato e hackers em 500 palavras". BBC News Brasil, 31 jul. 2019. Disponível em: <https://bit.ly/4jGtPTl>. Acesso em: 22 fev. 2025.

"O NEGÓCIO que deu nome à Operação Lava Jato". *O Estado de S. Paulo*, 9 dez. 2014. Disponível em: <https://bit.ly/4jCA1vL>. Acesso em: 22 fev. 2025.

"BTG reduz participação em empresa operadora de transporte marítimo". *IstoÉ Dinheiro*, 15 out. 2015. Disponível em: <https://bit.ly/4aKpFpo>. Acesso em: 22 fev. 2025.

"BTG Pactual enfrenta seu maior desafio". *Época Negócios*, 25 nov. 2015. Disponível em: <https://bit.ly/40IV4nt>. Acesso em: 22 fev. 2025.

"EUFORIA do pré-sal 'sucumbe à realidade', diz *Wall Street Journal*". BBC News Brasil, 9 jul. 2012. Disponível em: <https://bit.ly/4aJmb6s>. Acesso em: 22 fev. 2025.

"ÁFRICA Oil compra participação da BTG em joint venture de ativos da Nigéria". *Terra*, 24 jun. 2024. Disponível em: <https://bit.ly/3WOMl29>. Acesso em: 22 fev. 2025.

"(ENEVA+PGN-DÍVIDA) = a fórmula da escala no gás". Brazil Journal, 29 mar. 2016. Disponível em: <https://bit.ly/4aJmfDe>. Acesso em: 22 fev. 2025.

"BILLIONAIRE Helps Billionaire in EBX-BTG Deal: Corporate Brazil". Bloomberg, 8 mar. 2013. Disponível em: <https://bit.ly/3Q3Eo5j>. Acesso em: 22 fev. 2025.

FONTES

Artigo acadêmico

RESENDE, Marco Flávio da Cunha; TERRA, Fábio Henrique Bittes. "Ciclo, crise e retomada da economia brasileira: Avaliação macroeconômica do período 2004-2016". *Economia e Sociedade*, Campinas, v. 29, n. 2, pp. 469-96, 2020. Disponível em: <https://bit.ly/3Q66gWC>. Acesso em: 22 fev. 2025.

MAGALHÃES, Aline Souza; DOMINGUES, Edson Paulo. "Bênção ou maldição: Impactos do pré-sal na indústria brasileira". Cedeplar-UFMG. Disponível em: <https://bit.ly/42HdjfL>. Acesso em: 22 fev. 2025.

Páginas consultadas

"FUNDO FIM CP Bintang IE". Mais Retorno. Disponível em: <https://bit.ly/411cT2v>. Acesso em: 22 fev. 2025.

"NOTA sobre a Sete Brasil". Funcef. Disponível em: <https://bit.ly/3WJbXNK>. Acesso em: 23 fev. 2025.

"FATO relevante — Formação de joint venture para atuação em E&P no continente africano". BTG Pactual, 14 jun. 2013. Disponível em: <https://bit.ly/40ZVoiZ>. Acesso em: 23 fev. 2025.

"LINHA do tempo — Operação Lava Jato". Ministério Público Federal. Disponível em: <https://bit.ly/40ZeHJr>. Acesso em: 23 fev. 2025.

Documentos oficiais

"RELATÓRIO da Administração — 2011". Caixa Econômica Federal. Disponível em: <https://bit.ly/3Q24XYy>. Acesso em: 23 fev. 2025.

"DEMONSTRAÇÕES financeiras — Fundo de Investimento em Quotas de Fundos de Investimento Multimercado Crédito Privado Luca 51 — Investimento no Exterior". Ernst & Young. Disponível em: <https://bit.ly/42N011v>. Acesso em: 23 fev. 2025.

"BOLETIM anual de exploração e produção de petróleo e gás natural — 2017". Ministério de Minas e Energia, 2018. Disponível em: <https://bit.ly/4jII9KW>. Acesso em: 23 fev. 2025.

Livros

DE NEGRI, João Alberto; ARAÚJO, Bruno César Pino Oliveira de; BACELETTE, Ricardo (Orgs.). *Desafios da nação: Artigos de apoio*. Brasília: Ipea, 2018. v. 2. Disponível em: <https://bit.ly/414UDWg>. Acesso em: 23 fev. 2025.

TORRES, Ernani; PUGA, Fernando; MEIRELLES, Beatriz (Orgs.). *Perspectivas do investimento: 2010-2013*. Rio de Janeiro: BNDES, mar. 2011. Disponível em: <https://bit.ly/4hLE7js>. Acesso em: 23 fev. 2025.

GASPAR, Malu. *Tudo ou nada: Eike Batista e a verdadeira história do grupo X*. Rio de Janeiro: Record, 2014.

17. "VAMOS TIRAR MEU AMIGO DE LÁ"

Notícias

"BANQUEIRO André Esteves é preso pela Polícia Federal no Rio de Janeiro". G1, 25 nov. 2015. Disponível em: <https://bit.ly/415jSra>. Acesso em: 23 fev. 2025.

"BANQUEIRO André Esteves é preso no Rio de Janeiro". *SBT News*, 25 nov. 2015. Disponível em: <https://bit.ly/4htKDeJ>. Acesso em: 23 fev. 2025.

"AÇÕES do BTG Pactual desabam e prisões deixam mercado tenso". *Exame*, 25 nov. 2015. Disponível em: <https://bit.ly/4hqO8ml>. Acesso em: 23 fev. 2025.

"ANDRÉ Esteves, sócio do banco BTG Pactual, é preso no Rio". *Jornal da Globo*, 25 nov. 2015. Disponível em: <https://bit.ly/3WT0eMB>. Acesso em: 23 fev. 2025.

"CERVERÓ fecha delação após entregar gravações que incriminaram senador". *Folha de S.Paulo*, 25 nov. 2015. Disponível em: <https://bit.ly/3WR6jt2>. Acesso em: 23 fev. 2025.

"SENADOR propôs a Cerveró R$ 50 mil mensais e fuga pelo Paraguai com jato Falcon 50". *Folha de S.Paulo*, 25 nov. 2015. Disponível em: <https://bit.ly/4jR9ydG>. Acesso em: 23 fev. 2025.

"BANQUEIRO preso ofereceu R$ 4 mi para Cerveró, diz ministro do STF". *Folha de S.Paulo*, 25 nov. 2015. Disponível em: <https://bit.ly/3CPuaCs>. Acesso em: 23 fev. 2025.

"PF prende senador Delcídio do Amaral e banqueiro André Esteves em desdobramento da Lava Jato". *Folha de S.Paulo*, 25 nov. 2015. Disponível em: <https://bit.ly/40HfVaU>. Acesso em: 23 fev. 2025.

"FILHO de Cerveró levou 4 gravadores para encontro com Delcídio". *Folha de S.Paulo*, 25 nov. 2015. Disponível em: <https://bit.ly/3WNjBXx>. Acesso em: 23 fev. 2025.

"BANCO de André Esteves doou R$ 600 mil à campanha de Delcídio em 2014". *Folha de S.Paulo*, 25 nov. 2015. Disponível em: <https://bit.ly/40SsBvw>. Acesso em: 23 fev. 2025.

"FILHO de Cerveró buscou PGR após desconfiar de 'jogo-duplo' de advogado". *Folha de S.Paulo*, 25 nov. 2015. Disponível em: <https://bit.ly/3CKJK2j>. Acesso em: 23 fev. 2025.

"DÓLAR sobe para R$ 3,75 e Bolsa tomba quase 3% com prisões da Lava Jato". *Folha de S.Paulo*, 25 nov. 2015. Disponível em: <https://bit.ly/4hr77gh>. Acesso em: 23 fev. 2025.

"GOVERNO vai monitorar saúde financeira do BTG Pactual". *Folha de S.Paulo*, 25 nov. 2015. Disponível em: <https://bit.ly/3Q6Q9YG>. Acesso em: 23 fev. 2025.

"DÓLAR e juros sobem com prisão de André Esteves, do BTG; Bolsa cai". *Folha de S.Paulo*, 25 nov. 2015. Disponível em: <https://bit.ly/4hOVRdG>. Acesso em: 23 fev. 2025.

"ANDRÉ Esteves está perplexo, afirma advogado". *Folha de S.Paulo*, 25 nov. 2015. Disponível em: <https://bit.ly/3CxyDd8>. Acesso em: 23 fev. 2025.

"APÓS ser preso, André Esteves chega à sede da PF no Rio". *Folha de S.Paulo*, 25 nov. 2015. Disponível em: <https://bit.ly/42Hgfck>. Acesso em: 23 fev. 2025.

"EM depoimento, André Esteves confirma encontro com Delcídio na sede do banco". *Época*, 25 nov. 2015. Disponível em: <https://bit.ly/4aSPweL>. Acesso em: 23 fev. 2025.

"EM depoimento, banqueiro diz conhecer senador 'institucionalmente'". *Folha de S.Paulo*, 26 nov. 2015. Disponível em: <https://bit.ly/4hOoLdL>. Acesso em: 23 fev. 2025.

"BANQUEIRO André Esteves é transferido para presídio no Rio". *Folha de S.Paulo*, 26 nov. 2015. Disponível em: <https://bit.ly/3EDACwU>. Acesso em: 23 fev. 2025.

"APÓS prisão, PGR analisa celulares de Delcídio e André Esteves". *Folha de S.Paulo*, 26 nov. 2015. Disponível em: <https://bit.ly/3CtoTAE>. Acesso em: 23 fev. 2025.

"STF nega soltar banqueiro e determina transferência para presídio". *Folha de S.Paulo*, 26 nov. 2015. Disponível em: <https://bit.ly/416BaUY>. Acesso em: 23 fev. 2025.

"BANQUEIRO André Esteves passa noite em presídio de Bangu, no Rio". G1, 27 nov. 2015. Disponível em: <https://bit.ly/42O4AIU>. Acesso em: 23 fev. 2025.

"COMO foi a primeira noite do banqueiro André Esteves na prisão". *Pragmatismo Político*, 26 nov. 2015. Disponível em: <https://bit.ly/4gyiIJx>. Acesso em: 23 fev. 2025.

"DUAS advogadas faxinam cela do bilionário André Esteves na carceragem da PF no Rio". *Época*, 26 nov. 2015. Disponível em: <https://bit.ly/4aNjLUB>. Acesso em: 23 fev. 2025.

"BANQUEIRO André Esteves recebe visita da mulher em Bangu 8". *Folha de S.Paulo*, 28 nov. 2015. Disponível em: <https://bit.ly/4htDLOq>. Acesso em: 23 fev. 2025.

"DONO do BTG está em cela com TV, lavatório e buraco sanitário". *Folha de S.Paulo*, 28 nov. 2015. Disponível em: <https://bit.ly/3Q9ZGOU>. Acesso em: 23 fev. 2025.

"DELCÍDIO contradiz Esteves e diz que falou com banqueiro sobre Cerveró". *Folha de S.Paulo*, 27 nov. 2015. Disponível em: <https://bit.ly/40RvLQo>. Acesso em: 23 fev. 2025.

"TEORI mantém prisão de André Esteves a pedido do Ministério Público". *Folha de S.Paulo*, 29 nov. 2015. Disponível em: <https://bit.ly/3Q7uOhF>. Acesso em: 23 fev. 2025.

"BRASIL é *House of Cards* sob efeito de ácido, diz diretor do BTG Pactual". *Folha de S.Paulo*, 19 jun. 2017. Disponível em: <https://bit.ly/3Q9ZRty>. Acesso em: 23 fev. 2025.

"BTG Pactual: Brazil Is Like *House of Cards* on Acid". *Financial Times*, 18 jun. 2017. Disponível em: <https://bit.ly/4aNkc1b>. Acesso em: 23 fev. 2025.

"VINGANÇA da formiga sobre o elefante". Blog Cidadania e Cultura, 6 jan. 2016. Disponível em: <https://bit.ly/3CJzQhs>. Acesso em: 23 fev. 2025.

"MPF denuncia Lula, Delcídio e André Esteves por obstrução à Justiça". UOL, 21 jul. 2016. Disponível em: <https://bit.ly/4b7CkDf>. Acesso em: 23 fev. 2025.

"MERCADO acredita que BTG tem caixa para honrar compromissos". *Folha de S.Paulo*, 26 nov. 2015. Disponível em: <https://bit.ly/3EveHbp>. Acesso em: 23 fev. 2025.

"BTG Pactual enfrenta seu maior desafio". *Época Negócios*, 25 nov. 2015. Disponível em: <https://bit.ly/4OIV4nt>. Acesso em: 23 fev. 2025.

"COMO reconstruir um banco". *Época Negócios*, 1 jun. 2016. Disponível em: <https://bit.ly/3QaQObM>. Acesso em: 23 fev. 2025.

"BTG não é feito de apenas uma pessoa, diz substituto de André Esteves". *Folha de S.Paulo*, 25 nov. 2015. Disponível em: <https://bit.ly/40Hgwta>. Acesso em: 23 fev. 2025.

"BTG nomeia Persio Arida como interino no lugar de André Esteves". *Folha de S.Paulo*, 25 nov. 2015. Disponível em: <https://bit.ly/4hp6dkD>. Acesso em: 23 fev. 2025.

"'ESTAMOS tristes' com prisão de Esteves, diz CEO interino do BTG". G1, 26 nov. 2015. Disponível em: <https://bit.ly/40Ld54N>. Acesso em: 23 fev. 2025.

"ANDRÉ Esteves renuncia ao cargo de conselheiro da BM&F Bovespa". *Folha de S.Paulo*, 30 nov. 2015. Disponível em: <https://bit.ly/3CPuVvi>. Acesso em: 23 fev. 2025.

"PRESO por tempo indeterminado, Esteves renuncia ao comando do BTG". *Folha de S.Paulo*, 29 nov. 2015. Disponível em: <https://bit.ly/4hHYlel>. Acesso em: 23 fev. 2025.

"PÉRSIO Arida envia carta a clientes do BTG e relata medidas pós-prisão de Esteves". *Folha de S.Paulo*, 27 nov. 2015. Disponível em: <https://bit.ly/4gy8QiE>. Acesso em: 23 fev. 2025.

"NA Faria Lima, rádio-peão discute prisão do dono do BTG André Esteves". *Sãopaulo*, 29 nov. 2015. Disponível em: <https://bit.ly/4hmP3nE>. Acesso em: 23 fev. 2025.

"SÓCIOS do BTG Pactual estudam comprar controle acionário do banco". *Folha de S.Paulo*, 28 nov. 2015. Disponível em: <https://bit.ly/4hqOOrT>. Acesso em: 23 fev. 2025.

"BANCO Central estuda como evitar que André Esteves volte à chefia do BTG". *Folha de S.Paulo*, 27 nov. 2015. Disponível em: <https://bit.ly/4hLpyvX>. Acesso em: 23 fev. 2025.

"AGÊNCIAS ameaçam rebaixar classificação de risco do BTG Pactual". *Folha de S.Paulo*, 26 nov. 2015. Disponível em: <https://bit.ly/4jHcREi>. Acesso em: 23 fev. 2025.

"BTG arma estratégia para reforçar caixa e conter crise de credibilidade". *Folha de S.Paulo*, 2 dez. 2015. Disponível em: <https://bit.ly/3EmZZD5>. Acesso em: 23 fev. 2025.

"SAQUES de fundos do BTG Pactual somam ao menos R$ 9,2 bi". *Folha de S.Paulo*, 2 dez. 2015. Disponível em: <https://bit.ly/4gzPWbj>. Acesso em: 23 fev. 2025.

"BTG Pactual Soldiers On". *The Economist*, 2 dez. 2015. Disponível em: <https://bit.ly/4hJ6dLY>. Acesso em: 23 fev. 2025.

"APÓS Moody's, agência de risco S&P rebaixa nota de crédito do BTG Pactual". *Folha de S.Paulo*, 2 dez. 2015. Disponível em: <https://bit.ly/3WT17EV>. Acesso em: 23 fev. 2025.

"APÓS suspensão, Bolsa retoma negociações com papéis do BTG". *Folha de S.Paulo*, 2 dez. 2015. Disponível em: <https://bit.ly/4aTxLfG>. Acesso em: 23 fev. 2025.

"SÓCIOS do BTG tiram André Esteves do comando para blindar o banco". *Folha de S.Paulo*, 3 dez. 2015. Disponível em: <https://bit.ly/4aMOTU9>. Acesso em: 23 fev. 2025.

"BTG Pactual consegue crédito de R$ 6 bilhões de fundo garantidor". *Folha de S.Paulo*, 4 dez. 2015. Disponível em: <https://bit.ly/3WTy4Bb>. Acesso em: 23 fev. 2025.

"CUNHA diz ser vítima de armação em denúncia de benefício ao BTG". *Folha de S.Paulo*, 30 nov. 2015. Disponível em: <https://bit.ly/3WQCJEa>. Acesso em: 23 fev. 2025.

"CAMPANHA de Cunha em 2014 recebeu R$ 500 mil do banco de André Esteves". *Folha de S.Paulo*, 30 nov. 2015. Disponível em: <https://bit.ly/3CD0OY7>. Acesso em: 23 fev. 2025.

"BTG orientou Cunha a alterar MP que trata de tributação no exterior". *O Globo*, 2 dez. 2015. Disponível em: <https://bit.ly/4grMtvv>. Acesso em: 23 fev. 2025.

"ANOTAÇÃO diz que BTG pagou R$ 45 milhões a Cunha para mudar MP". *Folha de S.Paulo*, 29 nov. 2015. Disponível em: <https://bit.ly/3EFqSlN>. Acesso em: 23 fev. 2025.

"BACALHAU na cadeia: André Esteves diz que vai comer refeição dos presos". *O Globo*, 1 dez. 2015. Disponível em: <https://bit.ly/4hK7dQ3>. Acesso em: 23 fev. 2025.

"ESTEVES: Seu inferno está no começo". *O Globo*, 26 nov. 2015. Disponível em: <https://bit.ly/4hoEEI4>. Acesso em: 23 fev. 2025.

"A LAVA Jato no encalço do PMDB". *Época*, 24 mar. 2017. Disponível em: <https://bit.ly/416daBu>. Acesso em: 23 fev. 2025.

"MPF alivia acusações contra Milton Lyra". *O Globo*, 17 jun. 2022. Disponível em: <https://bit.ly/3Q6DMfp>. Acesso em: 23 fev. 2025.

"FILHA de Cunha diz em rede social que é advogada do BTG Pactual". *O Estado de S. Paulo*, 25 nov. 2015. Disponível em: <https://bit.ly/3CEqYK0>. Acesso em: 23 fev. 2025.

"LEIA e ouça a íntegra da conversa que levou o senador Delcídio à prisão". G1, 25 nov. 2015. Disponível em: <https://bit.ly/4aSQveX>. Acesso em: 23 fev. 2025.

"BANCOS: Por que eles quebram". *Você S/A*, 14 abr. 2023. Disponível em: <https://bit.ly/4aSmGLD>. Acesso em: 23 fev. 2025.

Página consultada

"FALCON 50". Força Aérea Portuguesa. Disponível em: <https://bit.ly/4aNnJfZ>. Acesso em: 23 fev. 2025.

Documento oficial

"HOMOLOGAÇÃO de acordo de colaboração premiada pelo Supremo Tribunal Federal — Delcídio do Amaral". Ministério Público Federal. Disponível em: <https://bit.ly/4hQyQah>. Acesso em: 24 fev. 2025.

Livro

GASPAR, Malu. *A organização: A Odebrecht e o esquema de corrupção que chocou o mundo*. São Paulo: Companhia das Letras, 2020.

18. "O EVENTO"

Notícias

"BTG Pactual vende fatia na Rede D'Or a fundo de Cingapura por R$ 2,38 bi". *Folha de S.Paulo*, 2 dez. 2015. Disponível em: <https://bit.ly/4aQYqJV>. Acesso em: 24 fev. 2025.

"BTG vende crédito para Bradesco por R$ 1,15 bilhão para ganhar fôlego". *Folha de S.Paulo*, 4 dez. 2015. Disponível em: <https://bit.ly/3EsSDy6>. Acesso em: 24 fev. 2025.

"ITAÚ compra fatia do BTG na Recovery e portfólio de crédito inadimplente por R$ 1,2 bi". *Folha de S.Paulo*, 31 dez. 2015. Disponível em: <https://bit.ly/4b723vz>. Acesso em: 24 fev. 2025.

"PARTICIPAÇÃO do banco BTG Pactual na BR Properties cai para 18,83%". *Folha de S.Paulo*, 15 dez. 2015. Disponível em: <https://bit.ly/4hNkJ5g>. Acesso em: 24 fev. 2025.

"BTG Pactual analisa venda de empresa de recuperação de crédito Recovery". *Folha de S.Paulo*, 18 dez. 2015. Disponível em: <https://bit.ly/4b724j7>. Acesso em: 24 fev. 2025.

"BANCO BTG Pactual confirma venda de carteiras para Itaú BBA por R$ 900 mi". *Folha de S.Paulo*, 18 dez. 2015. Disponível em: <https://bit.ly/4jM82K2>. Acesso em: 24 fev. 2025.

"BTG Pactual deve levantar R$ 1 bilhão com venda de ações da BR Properties". *Folha de S.Paulo*, 12 dez. 2015. Disponível em: <https://bit.ly/4aPP5ls>. Acesso em: 24 fev. 2025.

"BTG Pactual assina acordo para vender BSI ao banco suíço EFG". *Folha de S.Paulo*, 22 fev. 2016. Disponível em: <https://bit.ly/4b72aY1>. Acesso em: 24 fev. 2025.

"BANCO suíço EFG negocia compra do BSI, que pertence ao BTG". *Folha de S.Paulo*, 19 fev. 2016. Disponível em: <https://bit.ly/4aMJ9d7>. Acesso em: 24 fev. 2025.

"CINGAPURA manda fechar unidade do banco suíço BSI em investigação". *Folha de S.Paulo*, 24 maio 2016. Disponível em: <https://bit.ly/4gyDI2u>. Acesso em: 24 fev. 2025.

"BTG Pactual vai buscar indenização do grupo Generali por punições ao BSI". *Folha de S.Paulo*, 24 maio 2016. Disponível em: <https://bit.ly/4aMMIjx>. Acesso em: 24 fev. 2025.

"UNIDADE suíça do BTG tem saída de recursos de US$ 6,4 bi no 2º tri". *Folha de S.Paulo*, 10 ago. 2016. Disponível em: <https://bit.ly/4gAl6PI>. Acesso em: 24 fev. 2025.

"BTG Pactual conclui venda do banco suíço BSI". *Folha de S.Paulo*, 1 nov. 2016. Disponível em: <https://bit.ly/4gxwfkg>. Acesso em: 24 fev. 2025.

"STF manda soltar banqueiro André Esteves e mantém Delcídio preso". *Folha de S.Paulo*, 17 dez. 2015. Disponível em: <https://bit.ly/4gzcQ2x>. Acesso em: 24 fev. 2025.

"TEORI determina soltura de André Esteves, mas mantém Delcídio preso". *Folha de S.Paulo*, 17 dez. 2015. Disponível em: <https://bit.ly/4aQYF7N>. Acesso em: 24 fev. 2025.

"DEFESA de Esteves pede soltura ao STF e diz que fala de Delcídio foi 'bravata'". *Folha de S.Paulo*, 16 dez. 2015. Disponível em: <https://bit.ly/4gzcRn7>. Acesso em: 24 fev. 2025.

"AUDITORIA interna aponta que Esteves e BTG não participaram de 'atos ilícitos'". *Folha de S.Paulo*, 7 abr. 2016. Disponível em: <https://bit.ly/4aOEZ4k>. Acesso em: 24 fev. 2025.

"BTG Pactual demite 305 empregados no Brasil para reduzir 25% dos custos". *Folha de S.Paulo*, 29 jan. 2016. Disponível em: <https://bit.ly/40QTf8g>. Acesso em: 24 fev. 2025.

"BTG Pactual Axes Near Fifth of Brazil Workers". *Financial Times*, 28 jan. 2016. Disponível em: <https://bit.ly/4gzcSYd>. Acesso em: 24 fev. 2025.

"STF revoga prisão domiciliar de André Esteves e libera volta ao BTG". *Folha de S.Paulo*, 25 abr. 2016. Disponível em: <https://bit.ly/3CTemP4>. Acesso em: 24 fev. 2025.

"ANDRÉ Esteves, poder total no BTG". *O Globo*, 12 fev. 2017. Disponível em: <https://bit.ly/42LeVoN>. Acesso em: 24 fev. 2025.

"ANDRÉ Esteves volta a trabalhar no BTG Pactual após prisão na Lava Jato". *Folha de S.Paulo*, 27 abr. 2016. Disponível em: <https://bit.ly/4guQwHq>. Acesso em: 24 fev. 2025.

"PERSIO Arida deixa BTG e vende ações do banco". *Folha de S.Paulo*, 26 maio 2017. Disponível em: <https://bit.ly/4gr8RoN>. Acesso em: 24 fev. 2025.

"BTG perde Arida, e sócios reclamam de 'algemas'". Brazil Journal, 30 maio 2017. Disponível em: <https://bit.ly/3Ew7J64>. Acesso em: 24 fev. 2025.

"BTG tenta 'business as usual', mas a vida ficou mais dura". Brazil Journal, 27 mar. 2017. Disponível em: <https://bit.ly/42MNb3j>. Acesso em: 24 fev. 2025.

"NOVOS modelos de instituições financeiras acirram concorrência no setor bancário". *Folha de S.Paulo*, 13 jan. 2019. Disponível em: <https://bit.ly/415hvEZ>. Acesso em: 24 fev. 2025.

"POR dentro do C6: O banco que quer disputar o varejo de alta renda". Brazil Journal, 12 jul. 2019. Disponível em: <https://bit.ly/40MxAOy>. Acesso em: 24 fev. 2025.

"C6 rejeita a imagem de *fintech* e quer brigar com grandes bancos pelo cliente de alta renda". *O Estado de S. Paulo*, 21 ago. 2022. Disponível em: <https://bit.ly/3CBU9NP>. Acesso em: 24 fev. 2025.

"C6 Bank capta R$ 100 milhões com emissão de debêntures". Suno, 28 jan. 2020. Disponível em: <https://bit.ly/4gEnVzy>. Acesso em: 24 fev. 2025.

"C6 Bank registra prejuízo de R$ 186,903 milhões em 2019". Suno, 18 fev. 2020. Disponível em: <https://bit.ly/4gMQWZX>. Acesso em: 24 fev. 2025.

"JPMorganChase compra 40% do C6 Bank e deixa IPO da *fintech* mais distante". CNN Brasil, 28 jun. 2021. Disponível em: <https://bit.ly/416WwBq>. Acesso em: 24 fev. 2025.

"EM novo capítulo na guerra dos bancos digitais, JPMorgan compra 40% do C6 Bank por R$ 10 bi". *O Estado de S. Paulo*, 28 jun. 2021. Disponível em: <https://bit.ly/3Empd4v>. Acesso em: 24 fev. 2025.

"CADE dá aval para compra de 40% do C6 Bank pelo JPMorgan". CNN Brasil, 4 ago. 2021. Disponível em: <https://bit.ly/4hPwOXZ>. Acesso em: 24 fev. 2025.

"UM ano após entrada no C6, JPMorgan vai oferecer serviços a clientes brasileiros". *O Estado de S. Paulo*, 7 jun. 2022. Disponível em: <https://bit.ly/4hP3bWw>. Acesso em: 24 fev. 2025.

"APÓS concluir negócio com JPMorgan, C6 fecha site de notícias". *Veja*, 7 fev. 2022. Disponível em: <https://bit.ly/4hOlVpi>. Acesso em: 24 fev. 2025.

"JPMorganChase Takes 40% Stake in Brazil's C6 Bank". JPMorganChase, 28 jun. 2021. Disponível em: <https://bit.ly/4hILIiu>. Acesso em: 24 fev. 2025.

"BTG recruta Nelson Jobim como sócio". Brazil Journal, 26 jul. 2016. Disponível em: <https://bit.ly/4aMfgJT>. Acesso em: 24 fev. 2025.

"supremo arquiva investigação sobre banqueiro André Esteves". *O Globo*, 5 dez. 2018. Disponível em: <https://bit.ly/4hQsbgl>. Acesso em: 24 fev. 2025.

"stf corrige erro e arquiva inquérito contra André Esteves". Migalhas, 5 dez. 2018. Disponível em: <https://bit.ly/4hJvt4P>. Acesso em: 24 fev. 2025.

"stf referenda prisão do senador Delcídio do Amaral". Migalhas, 25 nov. 2015. Disponível em: <https://bit.ly/4hPMzOG>. Acesso em: 24 fev. 2025.

"btg Pactual vende Banco bsi ao efg International". *Exame*, 22 fev. 2016. Disponível em: <https://bit.ly/40MxFlk>. Acesso em: 24 fev. 2025.

"efg disputa com btg Pactual preço final de compra do bsi". *Exame*, 15 mar. 2017. Disponível em: <https://bit.ly/3WSVwOZ>. Acesso em: 24 fev. 2025.

"sócios do btg ganham mais de R$ 1 bi em acordo com a Generali". Brazil Journal, 12 jun. 2020. Disponível em: <https://bit.ly/4gqH3AO>. Acesso em: 24 fev. 2025.

"os principais pontos da delação de Delcídio do Amaral". *Época*, 15 mar. 2016. Disponível em: <https://bit.ly/4hrHeNA>. Acesso em: 24 fev. 2025.

"gilmar Mendes arquiva dois inquéritos da Lava Jato contra André Esteves". *Folha de S.Paulo*, 11 jan. 2021. Disponível em: <https://bit.ly/3WLc0sf>. Acesso em: 24 fev. 2025.

"gilmar Mendes tranca inquérito policial contra banqueiro André Esteves". *Conjur*, 21 out. 2021. Disponível em: <https://bit.ly/4hppYbS>. Acesso em: 24 fev. 2025.

"relator da Lava Jato no stf, Teori Zavascki morre aos 68 anos após queda de avião em Paraty". G1, 19 jan. 2017. Disponível em: <https://bit.ly/4hv3d6q>. Acesso em: 24 fev. 2025.

"dono de avião era sócio de empresário André Esteves, solto por Teori". *O Globo*, 21 jan. 2017. Disponível em: <https://bit.ly/3ErgC0y>. Acesso em: 24 fev. 2025.

"ministro Edson Fachin é sorteado novo relator da Lava Jato no stf". G1, 2 fev. 2017. Disponível em: <https://bit.ly/4htKEiI>. Acesso em: 24 fev. 2025.

"pf indicia nove executivos por gestão temerária na compra do banco de Silvio Santos". *Folha de S.Paulo*, 15 set. 2020. Disponível em: <https://bit.ly/4hoxp35>. Acesso em: 24 fev. 2025.

"caixa vende participação no Banco Pan para o btg Pactual por R$ 3,7 bilhões". *Folha de S.Paulo*, 6 abr. 2021. Disponível em: <https://bit.ly/4hqLKvF>. Acesso em: 24 fev. 2025.

"conclave diz que bc errou autorizando operação do PanAmericano". *Exame*, 20 abr. 2017. Disponível em: <https://bit.ly/40PQIuN>. Acesso em: 24 fev. 2025.

"juiz da Conclave quebra sigilo de André Esteves". *Época Negócios*, 19 abr. 2017. Disponível em: <https://bit.ly/4gqcwTG>. Acesso em: 24 fev. 2025.

"bc nega irregularidades na aprovação da compra do Banco Pan pela Caixa". *Folha de S.Paulo*, 20 abr. 2017. Disponível em: <https://bit.ly/4hHoz0x>. Acesso em: 24 fev. 2025.

"pf investiga compra de ações do Banco PanAmericano pela Caixapar". G1, 19 abr. 2017. Disponível em: <https://bit.ly/4hrnY2O>. Acesso em: 24 fev. 2025.

"pf investiga compra do Banco Pan pela Caixa Econômica e pelo btg Pactual". *Folha de S.Paulo*, 19 abr. 2017. Disponível em: <https://bit.ly/4gv9e1l>. Acesso em: 24 fev. 2025.

"EMÍLIO Odebrecht: Lula pediu ajuda de R$ 3 milhões à *CartaCapital*". UOL Economia, 14 abr. 2017. Disponível em: <https://bit.ly/4149uQt>. Acesso em: 24 fev. 2025.

"ANDRÉ Esteves coordenou a ajuda à *CartaCapital*". O Antagonista, 12 abr. 2017. Disponível em: <https://bit.ly/3CE49Gm>. Acesso em: 24 fev. 2025.

"CELSO de Mello suspende parte de investigação sobre André Esteves na Lava Jato". O Antagonista, 3 out. 2019. Disponível em: <https://bit.ly/4jRjnID>. Acesso em: 24 fev. 2025.

"AÇÃO de Esteves no STF ameaça apuração sobre informação privilegiada no BC". O Antagonista, 3 out. 2019. Disponível em: <https://bit.ly/3CuXGO1>. Acesso em: 24 fev. 2025.

"JOBIM e a 'torta búlgara'". O Antagonista, 3 out. 2019. Disponível em: <https://bit.ly/42Plerp>. Acesso em: 24 fev. 2025.

"JUIZ do Distrito Federal absolve Lula, André Esteves e mais cinco em processo sobre obstrução de Justiça". G1, 12 jul. 2018. Disponível em: <https://bit.ly/42LfwXz>. Acesso em: 24 fev. 2025.

"DEFESA de Esteves, absolvido em processo, diz que prisão inicial foi abusiva". *Folha de S.Paulo*, 13 jul. 2018. Disponível em: <https://bit.ly/4jLxAqB>. Acesso em: 24 fev. 2025.

"ANDRÉ Esteves volta ao grupo de controle do BTG Pactual". *Folha de S.Paulo*, 29 dez. 2018. Disponível em: <https://bit.ly/3ErgONk>. Acesso em: 24 fev. 2025.

"BC aprova volta de André Esteves ao grupo de controle do BTG Pactual". *Folha de S.Paulo*, 18 dez. 2019. Disponível em: <https://bit.ly/3EsTjUa>. Acesso em: 24 fev. 2025.

"DELAÇÃO de Palocci municia novo cerco da Lava Jato ao BTG de André Esteves". *El País*, 4 out. 2019. Disponível em: <https://bit.ly/4aMfuAJ>. Acesso em: 24 fev. 2025.

"DELEGADO da PF mostra que delação de Palocci foi inventada". Consultor Jurídico, 16 ago. 2020. Disponível em: <https://bit.ly/3EuA4tq>. Acesso em: 24 fev. 2025.

"PALOCCI assina delação com a Polícia Federal". *Gazeta do Povo*, 26 abr. 2018. Disponível em: <https://bit.ly/3Q5nL9v>. Acesso em: 24 fev. 2025.

"ANDRÉ Esteves, do BTG, diz que acusações de Palocci são 'tentativa de deixar o cárcere'". *Folha de S.Paulo*, 3 ago. 2018. Disponível em: <https://bit.ly/4aNvgLy>. Acesso em: 24 fev. 2025.

"EM delação, Palocci diz que bancos doaram R$ 50 milhões ao PT em troca de favores". *O Globo*, 19 jul. 2019. Disponível em: <https://bit.ly/4i6cdij>. Acesso em: 24 fev. 2025.

"DELAÇÃO de Antonio Palocci: Os 6 principais pontos das declarações do ex-ministro de Lula e Dilma". BBC News Brasil, 1 out. 2018. Disponível em: <https://bit.ly/3CGNou0>. Acesso em: 24 fev. 2025.

"PF usa delação de Palocci e faz buscas contra André Esteves, do BTG, e ex-Petrobras". *Folha de S.Paulo*, 23 ago. 2019. Disponível em: <https://bit.ly/3CJO4yN>. Acesso em: 24 fev. 2025.

"DELAÇÃO de Palocci sobre BTG e Lula não tem provas e foi baseada em notícias de jornais, diz PF". *Folha de S.Paulo*, 16 ago. 2020. Disponível em: <https://bit.ly/4hroy0u>. Acesso em: 24 fev. 2025.

"PF conclui que delação de Palocci não tem provas sobre Lula e BTG". *O Globo*, 17 ago. 2020. Disponível em: <https://bit.ly/3QeTAfP>. Acesso em: 24 fev. 2025.

"SEGUNDA Turma do STF determina retirada da delação de Palocci de ação contra ex-presidente Lula". G1, 4 ago. 2020. Disponível em: <https://bit.ly/3WMCOIY>. Acesso em: 24 fev. 2025.

"GILMAR Mendes anula buscas feitas com base em delação de Palocci". *Folha de S.Paulo*, 20 ago. 2020. Disponível em: <https://bit.ly/434JupR>. Acesso em: 24 fev. 2025.

"DELCÍDIO isenta André Esteves e assessor de culpa e diz que 'blefou'". *Veja*, 16 dez. 2015. Disponível em: <https://bit.ly/42NULKL>. Acesso em: 24 fev. 2025.

Páginas consultadas

"INQUÉRITO 4327". Supremo Tribunal Federal. Disponível em: <https://bit.ly/40RWH2i>. Acesso em: 24 fev. 2025.

"MEDIDA Provisória n. 608, de 2013". Congresso Nacional. Disponível em: <https://bit.ly/4guUQ9w>. Acesso em: 24 fev. 2025.

Documentos oficiais

"NOTICE to the Market". BTG Pactual, 2 dez. 2015. Disponível em: <https://bit.ly/40RWAUq>. Acesso em: 24 fev. 2025.

"AÇÃO Cautelar 4039". Supremo Tribunal Federal. Disponível em: <https://bit.ly/4140jzs>. Acesso em: 24 fev. 2025.

"EMBARGOS de declaração — Inquérito 4327". Supremo Tribunal Federal. Disponível em: <https://bit.ly/4hMjkw1>. Acesso em: 24 fev. 2025.

MEMORIAL jurídico enviado ao STF pela defesa de André Esteves. Disponível em: <https://bit.ly/4gKbuC2>. Acesso em: 24 fev. 2025.

REQUISIÇÃO de busca e apreensão. Ministério Público Federal. Disponível em: <https://bit.ly/3WLdYZF>. Acesso em: 24 fev. 2025.

PEDIDO da Procuradoria-Geral da República (PGR) para a prisão do senador Delcídio do Amaral. Ministério Público Federal. Disponível em: <https://bit.ly/3WPUZ0n>. Acesso em: 24 fev. 2025.

SENTENÇA da 10ª Vara Federal Criminal do Distrito Federal no processo contra Delcídio do Amaral e outros réus. 10ª Vara Federal Criminal. Disponível em: <https://bit.ly/42R61X3>. Acesso em: 24 fev. 2025.

"HOMOLOGAÇÃO de acordo de colaboração premiada pelo Supremo Tribunal Federal — Delcídio do Amaral". Ministério Público Federal. Disponível em: <https://bit.ly/4hQyQah>. Acesso em: 24 fev. 2025.

"TRANSCRIÇÃO completa — Oitiva Emílio Alves Odebrecht — 25/04/2019". Polícia Federal — Superintendência Regional no Paraná. Disponível em: <https://bit.ly/3Q6DVPE>. Acesso em: 24 fev. 2025.

"TRANSCRIÇÃO completa — Oitiva Marcelo Bahia Odebrecht — 18/09/2018". Polícia Federal — Superintendência Regional no Paraná. Disponível em: <https://bit.ly/416sFcH>. Acesso em: 24 fev. 2025.

"COMUNICADO ao Mercado". BTG Pactual, 24 ago. 2019. Disponível em: <https://bit.ly/4gxIZaT>. Acesso em: 24 fev. 2025.

"CONFERENCE Call de Roberto Saloutti". BTG Pactual. Disponível em: <https://bit.ly/4jKJdhx>. Acesso em: 24 fev. 2025.

"RELATÓRIO da PF — Colaboração premiada de Antonio Palocci". Polícia Federal — Superintendência Regional no Estado de São Paulo. Disponível em: <https://bit.ly/4k2OVvx>. Acesso em: 24 fev. 2025.

"Nona extensão na reclamação 36 542 Paraná". Supremo Tribunal Federal. Disponível em: <https://bit.ly/4aODh34>. Acesso em: 24 fev. 2025.

"RELATÓRIO completo — Ref. Denúncia Apócrifa — Possíveis ilícitos envolvendo Banco BTG Pactual". Polícia Federal — Superintendência Regional no Paraná. Disponível em: <https://bit.ly/4aR0PUX>. Acesso em: 24 fev. 2025.

"ANEXOS da colaboração premiada de Antonio Palocci". Polícia Federal. Disponível em: <https://bit.ly/4aO28DU>. Acesso em: 24 fev. 2025.

19. "O ANDRÉ É AMIGO DE TODO MUNDO"

Notícias

"BTG Pactual terá ex-ministro da Fazenda Eduardo Guardia como sócio e CEO da Asset". UOL Economia, 15 fev. 2019. Disponível em: <https://bit.ly/3CTaSMx>. Acesso em: 24 fev. 2025.

"BTG Pactual contrata Eduardo Guardia para presidir área de gestão de ativos". G1, 15 fev. 2019. Disponível em: <https://bit.ly/3WUacxd>. Acesso em: 24 fev. 2025.

"EDUARDO Guardia, ex-ministro da Fazenda e diretor do BTG, morre aos 56 anos". *O Globo*, 11 abr. 2022. Disponível em: <https://bit.ly/4gx8EjT>. Acesso em: 24 fev. 2025.

"BTG Pactual terá ex-ministro da Fazenda Eduardo Guardia como sócio e CEO da Asset". *Correio Braziliense*, 15 fev. 2019. Disponível em: <https://bit.ly/4jI7bdn>. Acesso em: 24 fev. 2025.

"GUARDIA, agora no BTG, defende reforma administrativa antes da tributária". *Folha de S.Paulo*, 15 out. 2019. Disponível em: <https://bit.ly/4hIf5BE>. Acesso em: 24 fev. 2025.

"MANSUETO Almeida deixou o governo de Paulo Guedes para trabalhar no BTG fundado por Guedes". The Intercept Brasil, 16 ago. 2020. Disponível em: <https://bit.ly/3EDHnyK>. Acesso em: 24 fev. 2025.

"MANSUETO Almeida será economista-chefe no BTG Pactual". *Folha de S.Paulo*, 10 ago. 2020. Disponível em: <https://bit.ly/4jUyrFm>. Acesso em: 24 fev. 2025.

"EXCLUSIVO: Mansueto Almeida vai para o BTG". Brazil Journal, 10 ago. 2020. Disponível em: <https://bit.ly/4jTBr4X>. Acesso em: 24 fev. 2025.

"O CUSTO milionário da quarentena de servidores". *Crusoé*, 23 fev. 2020. Disponível em: <https://bit.ly/4aRpokA>. Acesso em: 24 fev. 2025.

"ENEVA propõe incorporar a AES Tietê, criando gigante energético diversificado". Brazil Journal, 2 mar. 2020. Disponível em: <https://bit.ly/3CTb5PP>. Acesso em: 24 fev. 2025.

"BTG Pactual assume gestão e controle da V.tal e anuncia sua nova estrutura executiva". V.tal. Disponível em: <https://bit.ly/40NT25C>. Acesso em: 24 fev. 2025.

"AMOS Genish se torna sócio do BTG Pactual e vai comandar área digital". Suno, 29 maio 2019. Disponível em: <https://bit.ly/4aRpwAA>. Acesso em: 24 fev. 2025.

"BREAKING: Amos Genish vai liderar varejo digital do BTG". Brazil Journal, 28 maio 2019. Disponível em: <https://bit.ly/4hO2yMO>. Acesso em: 24 fev. 2025.

"BOLSONARO recria Ministério das Comunicações e coloca deputado Fábio Faria como ministro". G1, 10 jun. 2020. Disponível em: <https://bit.ly/4165Ky2>. Acesso em: 24 fev. 2025.

"NOMEAÇÃO de Fábio Faria é jogada mais arrojada de Bolsonaro na política". CNN Brasil, 11 jun. 2020. Disponível em: <https://bit.ly/4jOK8gX>. Acesso em: 24 fev. 2025.

"FÁBIO Faria pode ajudar BTG Pactual no mercado de rede neutra de telecomunicações". *Capital Digital*, 7 fev. 2023. Disponível em: <https://bit.ly/3QgEma8>. Acesso em: 24 fev. 2025.

"BTG Pactual contrata Fábio Faria, ex-ministro de Comunicações de Bolsonaro". Bloomberg Línea, 2 mar. 2023. Disponível em: <https://bit.ly/42Tgp0f>. Acesso em: 24 fev. 2025.

"FÁBIO Faria assume relações institucionais do BTG Pactual". Poder360, 3 mar. 2023. Disponível em: <https://bit.ly/4170bzg>. Acesso em: 24 fev. 2025.

"FÁBIO Faria autorizou empresa do BTG a captar R$ 2,5 bilhões um dia antes de sair do governo". Brasil de Fato, 3 mar. 2023. Disponível em: <https://bit.ly/4baX3WN>. Acesso em: 24 fev. 2025.

"PAULO Guedes, André Esteves e o doutor Freud". *O Globo*, 27 out. 2021. Disponível em: <https://bit.ly/4gxuZ0B>. Acesso em: 24 fev. 2025.

"DONO do BTG fala como influencia políticos e BC, e compara impeachment de Dilma a golpe de 64". *Folha de S.Paulo*, 25 out. 2021. Disponível em: <https://bit.ly/3EHcYQ5>. Acesso em: 24 fev. 2025.

"EXCLUSIVO: Vaza áudio do banqueiro André Esteves, que revela como ele influi na Câmara e no Banco Central (assista)". Brasil247, 24 out. 2021. Disponível em: <https://bit.ly/4gBHybt>. Acesso em: 24 fev. 2025.

"HADDAD vai a almoço com banqueiros e ouve pedido de 'previsibilidade'". *Folha de S.Paulo*, 25 nov. 2022. Disponível em: <https://bit.ly/418PAnp>. Acesso em: 24 fev. 2025.

"DONO do BTG tenta reduzir resistência do mercado a Haddad na Fazenda". *Folha de S.Paulo*, 7 dez. 2022. Disponível em: <https://bit.ly/4hRd85R>. Acesso em: 24 fev. 2025.

"CADE aprova compra da Gera Maranhão pela Eneva". Poder360, 21 nov. 2024. Disponível em: <https://bit.ly/4hvlwZ8>. Acesso em: 24 fev. 2025.

"ENEVA compra ativos do BTG Pactual e lança oferta de ações de R$ 4,2 bilhões". *Forbes*, 16 jul. 2024. Disponível em: <https://bit.ly/4jPvTIJ>. Acesso em: 24 fev. 2025.

"ENEVA informa aumento de participação do BTG Pactual, que agora detém 25,31% das ações ordinárias". *Cenário Energia*, 4 nov. 2024. Disponível em: <https://bit.ly/4hTyDmL>. Acesso em: 24 fev. 2025.

"ENEVA adquire ativos do BTG e se torna a maior geradora térmica do país". Eneva, 28 out. 2024. Disponível em: <https://bit.ly/4hRNfCV>. Acesso em: 24 fev. 2025.

"OI conclui venda da InfraCo por R$ 12,9 bilhões". InfoMoney, 1 out. 2021. Disponível em: <https://bit.ly/40RS08E>. Acesso em: 24 fev. 2025.

"OI conclui venda de controle da V.tal para BTG Pactual". *Teletime*, 10 jun. 2022. Disponível em: <https://bit.ly/4hFalNi>. Acesso em: 24 fev. 2025.

"BTG Pactual arremata controle de InfraCo da Oi por R$ 12,9 bilhões". *Teletime*, 7 jul. 2021. Disponível em: <https://bit.ly/3Q671Pr>. Acesso em: 24 fev. 2025.

"BTG Pactual assume controle da V.tal com Amos Genish como CEO". IT Forum, 13 jun. 2022. Disponível em: <https://bit.ly/4jMQTjo>. Acesso em: 24 fev. 2025.

"VAREJISTAS e seguradoras vão oferecer banda larga — essa é a nova aposta do BTG". Bloomberg Línea, 14 jun. 2022. Disponível em: <https://bit.ly/4aSu3mh>. Acesso em: 24 fev. 2025.

"V.TAL, do BTG, pode ficar com clientes de banda larga da Oi". *Money Report*, 22 abr. 2024. Disponível em: <https://bit.ly/3Q6KxxN>. Acesso em: 24 fev. 2025.

"V.TAL oferece R$ 5,68 bilhões pela Oi Fibra". Tele.Sintese, 25 set. 2024. Disponível em: <https://bit.ly/42RKOw9>. Acesso em: 24 fev. 2025.

"V.TAL compra clientes de fibra da Oi e vai ser dividida em três empresas". NeoFeed, 25 set. 2024. Disponível em: <https://bit.ly/4aPSHnv>. Acesso em: 24 fev. 2025.

"V.TAL traz Amos Genish de volta ao setor, com orçamento de R$ 30 bi". *Exame*, 13 jun. 2022. Disponível em: <https://bit.ly/4jODlnq>. Acesso em: 24 fev. 2025.

"CSN: Por que o mercado tem o coração de pedra para IPO da mineração". *Exame*, 14 out. 2020. Disponível em: <https://bit.ly/413U2E7>. Acesso em: 24 fev. 2025.

"BTG recruta Nelson Jobim como sócio". Brazil Journal, 26 jul. 2016. Disponível em: <https://bit.ly/4aMfgJT>. Acesso em: 24 fev. 2025.

"BTG anuncia que ex-ministro do STF Nelson Jobim virou sócio do banco". *Folha de S.Paulo*, 27 jul. 2016. Disponível em: <https://bit.ly/3WZBemU>. Acesso em: 24 fev. 2025.

"EX-SECRETÁRIO do Tesouro, Mansueto será sócio e economista-chefe do BTG". G1, 10 ago. 2020. Disponível em: <https://bit.ly/42IvAcJ>. Acesso em: 24 fev. 2025.

"TOFFOLI suspende julgamento de regra que obriga bancos a fornecer dados de clientes aos estados". *Exame*, 13 maio 2024. Disponível em: <https://bit.ly/3CHxmQA>. Acesso em: 24 fev. 2025.

"DONO do BTG se reúne a sós com Lula no Planalto". *O Globo*, 15 set. 2024. Disponível em: <https://bit.ly/40Wn8Eh>. Acesso em: 24 fev. 2025.

"BTG quer ajudar PMES a migrarem para o mercado livre". *Exame*. Disponível em: <https://bit.ly/3WZBnXu>. Acesso em: 24 fev. 2025.

"BTG Pactual fortalece presença no mercado energético nacional". Canal Energia, 20 jun. 2024. Disponível em: <https://bit.ly/4jWNjmQ>. Acesso em: 24 fev. 2025.

"BTG Pactual Asset Management capta US$ 860 mi para aplicar em ativos florestais". UOL Economia, 12 maio 2015. Disponível em: <https://bit.ly/4jRa23L>. Acesso em: 24 fev. 2025.

"COM US$ 500 mi, BTG avança em estratégia de restauro e foca no Cerrado". *Capital Reset*, 23 dez. 2024. Disponível em: <https://bit.ly/3WUK9pB>. Acesso em: 24 fev. 2025.

"BTG Pactual recebe R$ 280 milhões do IFC para projetos de reflorestamento". *Estadão*. 29 jul. 2024. Disponível em: <https://bit.ly/4b1b9K6>. Acesso em: 24 fev. 2025.

Páginas consultadas

"EDUARDO Guardia". IEPE/CDG. Disponível em: <https://bit.ly/4aOfwIc>. Acesso em: 24 fev. 2025.

"BIOGRAFIA de Mansueto Almeida". Suno. Disponível em: <https://bit.ly/3CN0h5U>. Acesso em: 24 fev. 2025.

"BTG Pactual Dívida Infra FIC-FI (BDIF11)". BTG Pactual Digital, 9 set. 2021. Disponível em: <https://bit.ly/3CKxpLv>. Acesso em: 24 fev. 2025.

"FÁBIO Salustino Mesquita de Faria (Fábio Faria)". Fundação José Augusto. Disponível em: <https://bit.ly/3CO6iiH>. Acesso em: 24 fev. 2025.

"SOBRE nós". TTG Brasil. Disponível em: <https://bit.ly/4hZKkIG>. Acesso em: 24 fev. 2025.

"WHO We Are". Timberland Investment Group. Disponível em: <https://bit.ly/3X0K4Rg>. Acesso em: 24 fev. 2025.

Documentos oficiais

"COMUNICADO ao Mercado". BTG Pactual, 26 jul. 2016. Disponível em: <https://bit.ly/3QcE0RX>. Acesso em: 24 fev. 2025.

"BTG Pactual Timberland Investment Group fornecerá 8 milhões de créditos de carbono à Microsoft". BTG Pactual. Disponível em: <https://bit.ly/4gIyJN0>. Acesso em: 24 fev. 2025.

20. "AQUI A GENTE NÃO PERSONALIZA"

Notícias

"OS 100 maiores bancos do Brasil". *Valor Econômico*, 8 nov. 2024. Disponível em: <https://bit.ly/4jS8PJt>. Acesso em: 24 fev. 2025.

"com base em ons e pns, btg supera Bradesco em valor de mercado, diz Trademap". *Valor Econômico*, 8 ago. 2023. Disponível em: <https://bit.ly/4guhrTI>. Acesso em: 25 fev. 2025.

"com xp e btg à frente, plataformas crescem e disputam dinheiro de investidor com grandes bancos". *O Estado de S. Paulo*, 14 jun. 2021. Disponível em: <https://bit.ly/3Qg0hOS>. Acesso em: 25 fev. 2025.

"o que será da Patagon?". *IstoÉ Dinheiro*, 6 mar. 2002. Disponível em: <https://bit.ly/413Un9R>. Acesso em: 25 fev. 2025.

"número de pessoas físicas cresce em 2024 e atinge marca de 19,4 milhões de investidores na B3". B3, 17 maio 2024. Disponível em: <https://bit.ly/4gB8YhD>. Acesso em: 25 fev. 2025.

"investimentos de brasileiros ultrapassam R$ 7,22 trilhões e avançam 11,5% em 2024". Anbima, 26 nov. 2024. Disponível em: <https://bit.ly/3WYxdPy>. Acesso em: 25 fev. 2025.

"btg lança plataforma digital para investimentos a partir de R$ 3000". *Folha de S.Paulo*, 29 nov. 2016. Disponível em: <https://bit.ly/4hZBQ3V>. Acesso em: 25 fev. 2025.

"btg dá a volta por cima após crise, cresce no varejo e quer 'esquecer' prisão de André Esteves". *O Estado de S. Paulo*, 13 mar. 2022. Disponível em: <https://bit.ly/42WsVfn>. Acesso em: 25 fev. 2025.

"bancos usam aplicativos para vender investimentos a clientes". *Folha de S.Paulo*, 5 fev. 2018. Disponível em: <https://bit.ly/4hBML42>. Acesso em: 25 fev. 2025.

"bancos médios ampliam plataforma digital para investimentos". *Folha de S.Paulo*, 30 jul. 2018. Disponível em: <https://bit.ly/4gF31jF>. Acesso em: 25 fev. 2025.

"xp deve processar btg por suposto uso de informação confidencial". *Valor Econômico*, 14 dez. 2018. Disponível em: <https://bit.ly/4b1DqQF>. Acesso em: 25 fev. 2025.

"xp e btg Pactual travam batalha na Justiça sobre concorrência desleal". *Folha de S.Paulo*, 19 dez. 2018. Disponível em: <https://bit.ly/4gEL2d8>. Acesso em: 25 fev. 2025.

"itaú Unibanco compra 49% da xp Investimentos". *O Globo*, 11 maio 2017. Disponível em: <https://bit.ly/4hw7dn0>. Acesso em: 25 fev. 2025.

"btg Pactual consegue derrubar liminar que proibia abordagem a agentes autônomos da xp". Seu Dinheiro, 8 abr. 2019. Disponível em: <https://bit.ly/42W3oTJ>. Acesso em: 25 fev. 2025.

"btg vai ao Cade contra a xp em disputa sobre agentes autônomos". *Folha de S.Paulo*, 23 jan. 2019. Disponível em: <https://bit.ly/4hEYIGu>. Acesso em: 25 fev. 2025.

"em novo capítulo de disputa judicial, btg processa xp e pede pelo menos R$ 50 milhões". *O Globo*, 29 mar. 2019. Disponível em: <https://bit.ly/41gGV2g>. Acesso em: 25 fev. 2025.

"btg tira da xp escritório de agentes autônomos com 40 mil clientes". *Folha de S.Paulo*, 15 jul. 2020. Disponível em: <https://bit.ly/3EPQwEs>. Acesso em: 25 fev. 2025.

"xp lança piloto de cartão de crédito para funcionários e agentes autônomos". *Folha de S.Paulo*, 20 jul. 2020. Disponível em: <https://bit.ly/3CTzh4F>. Acesso em: 25 fev. 2025.

"EQI + BTG — e o que muda para a XP". Brazil Journal, 16 jul. 2020. Disponível em: <https://bit.ly/3Qf65bz>. Acesso em: 25 fev. 2025.

"CORRETORAS travam guerra milionária por agentes autônomos e seus clientes". *O Globo*, 27 jan. 2019. Disponível em: <https://bit.ly/3Qk6ARA>. Acesso em: 25 fev. 2025.

"XP vs BTG: Qual corretora se saiu melhor no segundo trimestre". Investidor 10, 14 ago. 2024. Disponível em: <https://bit.ly/3X1OBDg>. Acesso em: 25 fev. 2025.

"XP se mantém líder entre assessorias, e BTG tem trunfo de modelo diversificado". *Valor Econômico*, 28 mar. 2023. Disponível em: <https://bit.ly/4jUwQ2v>. Acesso em: 25 fev. 2025.

"BTG Pactual compra corretora Necton por R$ 348 milhões". *Folha de S.Paulo*, 26 out. 2020. Disponível em: <https://bit.ly/4hXLSmh>. Acesso em: 25 fev. 2025.

"COMPETIÇÃO cria onda de fusões nas corretoras". *Folha de S.Paulo*, 20 dez. 2020. Disponível em: <https://bit.ly/42PiLxg>. Acesso em: 25 fev. 2025.

"BTG Pactual compra corretora Elite Investimentos". *Valor Investe*, 1 fev. 2022. Disponível em: <https://bit.ly/42UW5eZ>. Acesso em: 25 fev. 2025.

"BTG Pactual anuncia 8ª aquisição na área de investimentos e já tem novo alvo em mira". *O Estado de S. Paulo*, 3 maio 2021. Disponível em: <https://bit.ly/4aVHfad>. Acesso em: 25 fev. 2025.

"AQUISIÇÃO da Fator Corretora é novo atalho do BTG no varejo". *Valor Econômico*, 4 maio 2021. Disponível em: <https://bit.ly/3CEJZft>. Acesso em: 25 fev. 2025.

"BTG Pactual supera R$ 1,7 tri em ativos sob gestão apesar de mercado adverso". Bloomberg Línea, 14 ago. 2024. Disponível em: <https://bit.ly/42UyQBS>. Acesso em: 25 fev. 2025.

"BTG Pactual compra 80% da Ourinvest". *Exame*, 19 jul. 2019. Disponível em: <https://bit.ly/42RnNcF>. Acesso em: 25 fev. 2025.

"BTG conclui compra de fatia de 80% na Ourinvest". *Valor Investe*, 1 abr. 2020. Disponível em: <https://bit.ly/3XOI7Et>. Acesso em: 25 fev. 2025.

"BTG cria marca para atrair cliente entre digital e *wealth*". *Valor Econômico*, 2 dez. 2021. Disponível em: <https://bit.ly/4hRiHlr>. Acesso em: 25 fev. 2025.

"BTG abre escritório para clientes de alta renda em Ribeirão Preto (SP)". *Valor Econômico*, 4 out. 2022. Disponível em: <https://bit.ly/3CYHaWs>. Acesso em: 25 fev. 2025.

"BTG Pactual lança banco digital de varejo". *Folha de S.Paulo*, 14 set. 2020. Disponível em: <https://bit.ly/42X9a7w>. Acesso em: 25 fev. 2025.

"LANÇAMENTO do BTG teve sócios sem máscara". *Folha de S.Paulo*, 15 set. 2020. Disponível em: <https://bit.ly/430Mljz>. Acesso em: 25 fev. 2025.

"BTG Pactual entra no varejo bancário, com duas novas plataformas". *Valor Econômico*, 14 set. 2020. Disponível em: <https://bit.ly/3CLBy1T>. Acesso em: 25 fev. 2025.

"COM modelo de conta paga, BTG prevê varejo rentável em até 3 anos". *Valor Econômico*, 9 fev. 2021. Disponível em: <https://bit.ly/4gGGrXG>. Acesso em: 25 fev. 2025.

"em 3 anos, btg quer ter 4,5 milhões de contas no banco digital". *Valor Econômico*, 9 fev. 2021. Disponível em: <https://bit.ly/4gIyS2K>. Acesso em: 25 fev. 2025.

"btg Pactual levanta R$ 3 bilhões em *follow-on*". *Exame*, 8 jun. 2021. Disponível em: <https://bit.ly/40Z90df>. Acesso em: 25 fev. 2025.

"btg capta R$ 2,65 bilhões em oferta subsequente, diz fonte". *Valor Econômico*, 29 jun. 2020. Disponível em: <https://bit.ly/40WUToM>. Acesso em: 25 fev. 2025.

"brazil's Banco btg Pactual Prices *Follow-On* at 46 Reais per *Unit-Source*". Reuters, 11 jun. 2019. Disponível em: <https://bit.ly/4hzUsI1>. Acesso em: 25 fev. 2025.

"world's Best Investment Bank in the Emerging Markets 2019: btg Pactual". *Euromoney*, 10 jul. 2019. Disponível em: <https://bit.ly/40WWjzC>. Acesso em: 25 fev. 2025.

"cade aprova venda da Abril ao empresário Fábio Carvalho". *Folha de S.Paulo*, 8 jan. 2019. Disponível em: <https://bit.ly/3EOGlA3>. Acesso em: 25 fev. 2025.

"resistência de editoras ainda ameaça plano de recuperação da Abril". *Folha de S.Paulo*, 15 abr. 2019. Disponível em: <https://bit.ly/4hYZ7mE>. Acesso em: 25 fev. 2025.

"grupo Abril conclui venda para a Calvary Investimentos, de Fábio Carvalho". *Folha de S.Paulo*, 17 abr. 2019. Disponível em: <https://bit.ly/411IdNk>. Acesso em: 25 fev. 2025.

"*EXAME* é adquirida em leilão pelo btg Pactual por R$ 72 milhões". *Folha de S.Paulo*, 5 dez. 2019. Disponível em: <https://bit.ly/4jVqNuy>. Acesso em: 25 fev. 2025.

"*EXAME* se reinventa após compra do btg Pactual". *Propmark*, 27 mar. 2020. Disponível em: <https://bit.ly/40ZFUdB>. Acesso em: 25 fev. 2025.

"csn Mineração conclui ipo no Nível 2 da B3". B3, 18 fev. 2021. Disponível em: <https://bit.ly/41bTI6i>. Acesso em: 26 fev. 2025.

"csn: Por que o mercado tem o coração de pedra para ipo da mineração". *Exame*, 14 out. 2020. Disponível em: <https://bit.ly/413U2E7>. Acesso em: 26 fev. 2025.

"btg vence disputa por Julius Baer por R$ 615 milhões". *Valor Econômico*, 7 jan. 2025. Disponível em: <https://bit.ly/3CYJVHi>. Acesso em: 26 fev. 2025.

"renda fixa ajuda btg Pactual a ter lucro e receita recordes em 2024". Neofeed, 10 fev. 2025. Disponível em: <https://bit.ly/4gxo1J2>. Acesso em: 26 fev. 2025.

"bancos controlam o noticiário econômico no país". *piauí*, 6 out. 2023. Disponível em: <https://bit.ly/3X2KpDj>. Acesso em: 26 fev. 2025.

"bilionários 2024: Eduardo Saverin é o brasileiro mais rico de 2024". *Forbes*, 2 abr. 2024. Disponível em: <https://bit.ly/41d9MVn>. Acesso em: 26 fev. 2025.

"na disputa dos bancos, btg Pactual se consolida como segundo mais valioso do país". NeoFeed, 7 fev. 2024. Disponível em: <https://bit.ly/40CpKa4>. Acesso em: 26 fev. 2025.

"btg Pactual reporta mais um trimestre recorde, com lucro líquido de R$ 3,2 bilhões e receitas totais de R$ 6,4 bilhões". btg Pactual, 12 nov. 2024. Disponível em: <https://bit.ly/43evutJ>. Acesso em: 26 fev. 2025.

"em carta à rede, xp aponta as principais tendências para assessorias de investimentos". *Valor Econômico*, 14 jan. 2025. Disponível em: <https://bit.ly/4hF24cy>. Acesso em: 26 fev. 2025.

Documentos oficiais

"DIVULGAÇÃO de resultados: Quarto trimestre de 2024". BTG Pactual, 10 fev. 2025. Disponível em: <https://bit.ly/40WsbV3>. Acesso em: 26 fev. 2025.

"COMUNICADO ao mercado". Companhia Brasileira de Distribuição, 26 abr. 2021. Disponível em: <https://bit.ly/3Qgm74G>. Acesso em: 26 fev. 2025.

"COMUNICADO ao mercado". BTG Pactual, 26 out. 2020. Disponível em: <https://bit.ly/4gIYXyX>. Acesso em: 26 fev. 2025.

"FATO relevante". RI BTG Pactual, 29 jun. 2020. Disponível em: <https://bit.ly/40WNoOQ>. Acesso em: 26 fev. 2025.

"FATO relevante". RI BTG Pactual, 8 jun. 2021. Disponível em: <https://bit.ly/42Un9Li>. Acesso em: 26 fev. 2025.

"FATO relevante". RI BTG Pactual, 11 jun. 2019. Disponível em: <https://bit.ly/3Qi1tkY>. Acesso em: 26 fev. 2025.

"CSN Mineração — Prospecto preliminar da oferta pública de distribuição primária e secundária de ações ordinárias". B3. Disponível em: <https://bit.ly/4hHMpsP>. Acesso em: 26 fev. 2025.

EPÍLOGO: "ANDRÉ ESTEVES PRODUZIU UMA NOTÍCIA BOA"

Notícias

"SÓCIOS do BTG criam faculdade para formar líderes com expertise em tecnologia". *Valor Econômico*, 7 abr. 2021. Disponível em: <https://bit.ly/3CEz9Gl>. Acesso em: 26 fev. 2025.

"COM foco em inovação e empreendedorismo digital, Inteli quer se tornar o 'MIT brasileiro'". *Época Negócios*, 26 set. 2021. Disponível em: <https://bit.ly/4gOgnu8>. Acesso em: 26 fev. 2025.

"SÓCIOS do BTG lançam instituto tech inspirado em Stanford e no MIT". *Exame*, 7 abr. 2021. Disponível em: <https://bit.ly/3EC5VIF>. Acesso em: 26 fev. 2025.

"QUEM está doando milhões de reais ao Inteli, de André Esteves". Neofeed, 18 out. 2021. Disponível em: <https://bit.ly/3WZI4ZU>. Acesso em: 26 fev. 2025.

"ANDRÉ Esteves produziu uma boa notícia". *Folha de S.Paulo*, 16 jul. 2022. Disponível em: <https://bit.ly/3CPfmE1>. Acesso em: 26 fev. 2025.

"SEGMENTADO, Inteli inicia atividades letivas". *Revista Ensino Superior*, 14 abr. 2022. Disponível em: <https://bit.ly/3WWvWhZ>. Acesso em: 26 fev. 2025.

"UMA faculdade privada no campus da universidade pública". *Jornal do Campus*, 25 jun. 2024. Disponível em: <https://bit.ly/4b2aiZt >. Acesso em: 26 fev. 2025.

Páginas consultadas

"INTELI". Inteli. Disponível em: <https://bit.ly/3ExyVBa>. Acesso em: 26 fev. 2025.

CRÉDITOS DAS IMAGENS

Todos os esforços foram feitos para reconhecer os direitos autorais das imagens. A editora agradece qualquer informação relativa à autoria, titularidade e/ou outros dados, se comprometendo a incluí-los em edições futuras.

CAPA

Paulo Guedes: Vidal Cavalcante/ Folhapress
André Esteves: Paulo Liebert/ Estadão Conteúdo; Gabriel Rinaldi/ Redux Pictures/ Easy Mediabank
Roberto Sallouti: Tiago Queiroz/ Estadão Conteúdo
André Jakurski: Acervo BTG Pactual
Luiz Cezar Fernandes: Álvaro Motta/ Estadão Conteúdo

CADERNO DE IMAGENS

pp. 1 (acima e centro), 2 (centro e abaixo), 3 e 8: Acervo BTG Pactual
pp. 1 (abaixo), 4 e 5 (acima e centro): Acervo Luiz Cezar Fernandes
p. 2 (acima): Ariane Abdallah
p. 5 (abaixo): Chico Caruso
p. 6 (acima): Ana Carolina Fernandes/ Folhapress
p. 6 (centro e abaixo): DR

p. 7 (acima): Fernando Donasci/ Folhapress
p. 7 (centro): Claudio Belli/ Valor/ Agência O Globo
p. 7 (abaixo): Fábio Motta/ Estadão Conteúdo

ÍNDICE ONOMÁSTICO

3G Capital, 250

Abeid, José Elias, 53-4, 80, 101, 116-7
Abelita (tia e madrinha de André Esteves), 66
ABN (banco holandês), 164
Abril (editora), 334-5
Absoluto (fundo do Pactual), 192
Abu Dhabi, 241, 258
Accenture (antiga consultoria Arthur Andersen), 59
Aché, Guilherme, 93
Açúcar Guarani, 163
ADIC (Abu Dhabi Investment Council), 241
ADRS (American Depositary Receipts), 76
Advocacia-Geral da União, 75
AES Tietê (geradora de energia elétrica), 318
África, 264, 273, 287, 296, 306-7, 321
Agbami, campo produtivo de (Nigéria), 264
AGN Agroindustrial, 261
Agnelli, família, 241
Agnelli, Roger, 261
Akpo, campo produtivo de (Nigéria), 264
Alcan (produtora brasileira de alumínio), 48
Alcoa (produtora norte-americana de alumínio), 48
Alemanha, 12, 164n
ALL (América Latina Logística), 163
Almeida, Mansueto, 312
Almirante Barroso, avenida (Rio de Janeiro), 43, 88
Alphaville (SP), 121
Alvarez & Marsal (empresa de consultoria), 221, 252
Amaral, Delcídio do, 272-4, 281, 294, 302-3, 305
Amaral, Maria do Carmo Motta do, 26
Amauri, rua (São Paulo), 214, 220
Amazônia, 315, 321
Ambev (cervejaria), 15
América do Norte, 321
América do Sul, 321

América Latina, 9, 18, 38, 126, 163, 165-7, 177-8, 181-2, 186, 193, 198, 201, 203, 205, 210, 215, 229, 235-6, 241, 247, 253, 285, 320, 334, 339
Americanas, Lojas, 15, 103, 108
Amil (empresa de assistência médica), 163
Anbid (Associação Nacional dos Bancos de Investimento), 37, 40-1
Anbima (Associação Brasileira das Entidades dos Mercados Financeiro e de Capitais), 37n
Andima (Associação Nacional das Instituições do Mercado Financeiro), 37n
Angra 1 (usina nuclear), 32
Angra dos Reis (RJ), 155, 226
Antarctica (cervejaria), 15
Antiquarius (restaurante no Rio de Janeiro), 289
Antunes, Ricardo, 259
Arábia Saudita, 264, 314
Aracruz (fabricante de celulose), 74
Aragão, Caio, 46-7
Aragão, Murillo de, 313
Aras, Augusto, 315
Arida, Pérsio, 13, 52n, 99, 216-7, 223, 225, 247, 270, 276-8, 280, 285, 287, 290, 293, 298-9
Aris, Roberto, 221
Ásia, 17, 125-9, 133, 139-40, 166, 174, 177, 179, 191, 206, 231, 242, 247
Assembleia Nacional Constituinte (1988), 311
Assis, Oswaldo, 121, 148
Aster (rede de postos de combustível), 238
Auriemo, Zeco, 315

B&A Mineração (joint venture), 261
B2B (modelo "*business to business*"), 327-8, 333, 338
B2C (modelo "*business to consumer*"), 326, 333
B3 (Brasil, Bolsa, Balcão), 221, 312; *ver também* BM&F Bovespa (fusão entre a Bolsa de Mercadorias & Futuros e a Bolsa de Valores de São Paulo); Bovespa (Bolsa de Valores de São Paulo)
Bacha, Edmar, 39, 99
Bahamas, 145, 171-2, 182, 184
Bamerindus (banco), 303
Banamex (banco mexicano), 164
Banco Aliança, 31
Banco Central (BC) *ver* BC (Banco Central)
Banco Central da Suíça, 211
Banco Central das Bahamas, 171
Banco Central dos Estados Unidos *ver* Fed (Federal Reserve — Banco Central dos Estados Unidos)
Banco da Bahia *ver* BBM (antigo Banco da Bahia)
Banco de Crédito Nacional (BCN) *ver* BCN (Banco de Crédito Nacional)
Banco do Brasil (BB) *ver* BB (Banco do Brasil)
Banco FonteCindam, 143-5
Banco Francês e Brasileiro, 41
Banco Industrial de Campina Grande, 26-30
Banco Inter, 315, 333
Banco Marka, 143-6
Banco Mercantil, 172
Banco Mercantil de Minas Gerais, 30
Banco Mineiro do Oeste, 30
Banco Nacional, 109, 149
Banco Nacional da Habitação (BNH) *ver* BNH (Banco Nacional da Habitação)
Banco Pan, 250, 325
Banco PanAmericano, 243-5, 304, 325
Banco Real, 164
Banco Safra, 172, 335
Banco Sistema, 122-5, 133
Banco Societé Générale, 56
Baneb (Banco do Estado da Bahia), 123
Banerj (Banco do Estado do Rio de Janeiro), 123
Banespa (Banco do Estado de São Paulo), 164, 175

ÍNDICE ONOMÁSTICO

Bangu 8 (Cadeia Pública Pedrolino Werling de Oliveira — Rio de Janeiro), 281, 284, 286, 290, 293, 309, 342
Bangu Shopping (Rio de Janeiro), 282
Bank of America Merrill Lynch, 226
BankBoston, 143
Bannitz, Jorge, 58-9, 62, 70
Barbalho, Jader, 144
Barbassa, Almir, 255
Barbosa, Fábio, 244
Barros, Luiz Carlos Mendonça de, 55, 86
Barros Filho, Adhemar de, 108
Bartunek, Florian, 77, 92-3, 114, 138
Barueri (SP), 335
Barusco, Pedro, 266
Basileia, índice de, 302
Batista, Eike, 232-4, 257-61, 318
Batista, Joesley e Wesley (irmãos), 235
Batista, Pedro, 194
Bauhaus (escola arquitetônica alemã), 11
BB (Banco do Brasil), 25, 28-30, 33, 79, 149, 154, 201, 250, 263, 267, 325
BBA Creditanstalt (banco), 128; *ver também* Itaú BBA
BBM (antigo Banco da Bahia), 12-3
BBTG11 (*units* do BTG Pactual), 248
BC (Banco Central), 25, 27-30, 34, 40, 42, 49-50, 52, 55, 74n, 109, 135, 141-5, 149, 154, 172, 182, 184, 198, 216, 221, 227, 243-5, 262, 277, 290, 298, 313, 322, 331
BCN (Banco de Crédito Nacional), 109, 118, 120-3, 244
Beatles, The (banda), 96, 106
Belluzzo, Luiz Gonzaga, 100, 304
Belo Horizonte (BH), 26
Benchimol, Guilherme, 324, 327-8, 330
Benetton (marca de roupas), 15, 111
Bermudas, ilhas, 250
Bermudes, Sergio, 137
Berto, Marcus, 259
Besser Partners (assessoria de investimentos), 301
Bettamio, Alexandre, 197
BFRE (Brazilian Finance & Real Estate), 241
Bianco, Bruno, 312-3
Bíblia, 21
BID (Banco Interamericano de Desenvolvimento), 317
Bilbao Vizcaya (BBV, banco espanhol), 120
Bilyk, Paulo, 16, 44, 90-2, 112, 114, 117, 129, 134-5, 139, 147
Birmann 29 (edifício em São Paulo), 159
Biscuit, Le (varejista), 249
Bisgaier, Jonathan, 231
Blackberries (smartphone), 170, 216
BlackRock (gestora), 210
Blankfein, Lloyd, 165, 167
Bloomberg (empresa de informações financeiras), 257, 275
BM&F (Bolsa de Mercadorias & Futuros), 56, 107, 171, 321
BM&F Bovespa (fusão entre a Bolsa de Mercadorias & Futuros e a Bolsa de Valores de São Paulo), 221-2, 287, 291
BMA (escritório de advocacia), 136
BNDES (Banco Nacional de Desenvolvimento Econômico e Social), 189, 216, 235, 245-6, 263, 266-7, 277
BNDESPar (BNDES Participações), 246
BNH (Banco Nacional da Habitação), 48, 88
BNP Paribas (banco francês), 207
Bolsa de Commodities de Nova York, 56
Bolsa de Valores brasileira, 175, 247
Bolsa de Valores de Londres, 207
Bolsa de Valores do Rio de Janeiro, 33, 56-8, 60, 158
Bolsa de Valores dos Estados Unidos, 76
Bolsa y Renta (corretora colombiana), 236
Bolsas de Valores asiáticas, 126
Bolsas de Valores globais, 126, 128, 139, 142-3
Bolsonaro, Jair, 40, 312, 315
Bonchristiano, Antonio, 249

Borges, Adriano, 337
Boston (EUA), 77, 90, 242
Botafogo (bairro do Rio de Janeiro), 156
Botucatu (SP), 20
Bovespa (Bolsa de Valores de São Paulo), 43, 56-8, 107, 126, 158, 162-3, 221, 312; *ver também* B3 (Brasil, Bolsa, Balcão); BM&F Bovespa (fusão entre a Bolsa de Mercadorias & Futuros e a Bolsa de Valores de São Paulo)
Bozano (banco), 14, 40, 84, 149
BR Distribuidora, 268-9, 273; *ver também* Petrobras
BR Properties (gestora de imóveis), 239-40
Bracher, Fernão Carlos Botelho, 128
Bradesco, 14, 23, 26, 48, 54, 78, 110, 120, 123, 135-8, 164-5, 172, 201, 244, 247, 250, 252, 255-6, 267, 292, 335, 339
Bradesco BBI, 229
Bragança, Luiz Augusto de, 144-5
Bragança, Sérgio, 144
Brahma (cervejaria), 15, 103
Brandão, Chiquinho, 275, 290
Brandão, Lázaro, 244
Brasbunker (atual Bravante, serviços marítimos), 241
Brasil Pharma (rede de drogarias do BTG Pactual), 240-1, 252, 278
Brasília (DF), 50, 182, 262, 265, 272-3, 276, 290, 304, 310-1, 313-4, 317
Brasilinvest, grupo, 153
Bresser-Pereira, Luiz Carlos, 47
BRF (empresa de alimentos), 190
Brigadeiro Faria Lima, avenida (São Paulo), 10, 153, 158-9, 214, 221, 239, 275, 279, 315, 322
Brigadeiro Luís Antônio, avenida (São Paulo), 23
Bromfman, Renato, 9, 14, 36-8, 41-2, 46, 50, 73-4, 112-5, 117, 123, 129
Brookfield (controladora de empreendimento), 240

Brooklin (bairro de São Paulo), 21, 158
Bruxelas (Bélgica), 91
BTF II (fundo de recuperação de ativos florestais), 321
BTG Pactual (banco), 10, 17-8, 20, 51, 219-24, 226-64, 266-71, 273-8, 280, 282, 285, 287-9, 291-301, 303-8, 310-3, 316-42; *ver também* Pactual (banco)
BTG Pactual Advisors, 332-3
BTG Pactual Timberland Investment Group (TIG) *ver* TIG (BTG Pactual Timberland Investment Group)
BTG Participations (holding), 287
BTG, significados da sigla, 219-20
Bueno, Antonio Carlos, 244
Bumlai, José Carlos, 273, 296-7, 302, 305
Bumlai, Maurício, 302, 305
Burck, William, 295
Burle Marx, Roberto, 11, 17, 116

C6 Bank (banco digital), 301-2
Cacciola, Salvatore, 145-6
Cade (Conselho Administrativo de Defesa Econômica), 249, 329
Caixa Econômica Estadual de São Paulo, 20, 22-3
Caixa Econômica Federal, 85, 243, 245, 256, 259, 263, 267
CaixaPar (Caixa Econômica Federal Participações), 304
Câmara de Comércio Brasil-Estados Unidos, 263
Câmara de Comércio Internacional, 246
Câmara dos Deputados, 143-4, 262, 287-8, 315-6
Câmara, Alexandre, 213, 333-4
Camargo, Sebastião, 55
Camargo Corrêa (construtora), 55
Cambuhy (empresa de investimentos da família Moreira Salles), 260, 318
Camburi (SP), 226
Campos, bacia de (RJ-ES), 255

ÍNDICE ONOMÁSTICO

Canadá, 12, 77, 92, 164n, 256, 320
Cardoso, Fernando Henrique (FHC), 39, 99, 125, 141, 149, 154, 274, 312
Cardoso, Mariana, 148, 170, 195, 226, 311
Caribe, 226
Carlyle, grupo, 242
Carneiro, Paulo, 258
Carrefour, 245-6
"Carta ao Povo Brasileiro" (Lula, 2002), 153-4
CartaCapital (revista), 304-5
Carvalho, Fábio, 221, 252, 334-5
Carvalho, Gilberto, 200
Carvalho, Lucilene, 10, 214
Casa Branca (Washington, D.C.), 296
Casa Civil, 200, 262
Casa&Vídeo (varejista), 334
Casas, Arthur, 332
Casino (grupo de varejo francês), 245-6
Castello Branco, Roberto, 38
Castro, Antônio Carlos de Almeida (Kakay), 272, 274, 276, 286, 294
Cayman, ilhas, 195, 253
CCF (banco francês), 159
CCR (empresa de concessão de infraestrutura), 162-3
CCRR (fabricante de autoadesivos), 241
CDESS (Conselho de Desenvolvimento Econômico Social Sustentável), 262
Cecília, Fernandes, 11, 15, 134
Celfin Capital (corretora chilena), 236
Centauro (rede de varejo esportivo), 249
Centro Empresarial Mourisco (Rio de Janeiro), 156
Cérebro Eletrônico (computador), 24
Cerj (Companhia de Eletricidade do Rio de Janeiro), 150
Cerrado, bioma do, 321
Cerveró, Nestor, 269, 272-4, 280-1, 294-6, 302-3
Cesp (Companhia Energética de São Paulo), 193

Cetip (Central de Custódia e Liquidação Financeira de Títulos Privados), 34, 56, 221, 229, 312
CFR (Council on Foreign Relations), 242, 287, 314
Chagas, Edmo, 194
Charles Schwab (corretora americana), 325, 330
Chase (banco), 94
Cheney, Dick, 153
Chicago (EUA), 52, 238
Chicago Boys (economistas formados na Universidade de Chicago), 52
Chile, 169, 236, 287, 321
China, 177, 241, 264, 314
Chinese walls (barreiras de comunicação no mercado financeiro), 52, 160, 193, 233
CIC (China Investment Corporation), 241
Cidade de Deus (complexo de prédios do Bradesco em Osasco), 24
Citi Private Bank, 164, 242
Citibank, 57, 143, 149, 332
Claro (empresa de telecomunicações), 320
Clinton, Bill, 263
Club Paulistano, 22
Código de Processo Penal Brasileiro, 306
Código Penal Brasileiro, 284
COE (Certificado de Operações Estruturadas), 326
Cohn, Gary, 165, 167, 196, 213
Cole, Christopher, 167
Collor de Mello, Fernando, 71-4, 76-9, 88, 98, 269, 296
Colômbia, 236, 287
Complexo Aché Cultural (São Paulo), 159
Complexo Penitenciário de Gericinó *ver* Bangu 8 (Cadeia Pública Pedrolino Werling de Oliveira — Rio de Janeiro)
Conclave (operação da Polícia Federal, 2017), 304
Conde, família, 109
Conde, Pedro, 109, 120-3

Congresso Nacional, 145, 313, 316; *ver também* Câmara dos Deputados; Senado
Conselho Monetário Nacional, 77, 123
Conservação Internacional (Conservation International, ONG), 200-1, 287, 314
Constellation (gestora), 138
Coomex (empresa de energia), 322
Coopercitrus (cooperativa agrícola), 81
Copacabana (bairro do Rio de Janeiro), 270
Coreia do Sul, 126, 255
Corporate Lending e Business Banking (operações do BTG Pactual), 334
Correios, 335
Corumbá (MS), 296
Cosan (empresa de combustíveis), 235, 315
Costa, Ana Cristina, 230
Costa e Silva, Artur da, 27
Coutinho, João Úrsulo Ribeiro, 31
Coutinho, Luciano, 246
CPI dos Bancos (1999), 144-5
CPMF (Contribuição Provisória sobre Movimentação Financeira), 272
CPPIB (fundo de pensão canadense), 320
Credibanco, 36-7, 41-2, 112
Credireal (Banco de Crédito Real de Minas Gerais), 120
Credit Suisse, 127, 163, 165, 176, 222-3, 229
Creditanstalt (banco austríaco), 128
Crefisul (banco), 109
Cruz, Tania Santos da, 60, 62-7, 289
CSN Mineração, 337
CTM Citrus (produtora de suco de laranja), 15, 111
Cunha, Camilla Dytz da, 288
Cunha, Eduardo, 262, 287-8, 296, 303
Curitiba (PR), 41, 265, 306-7
Custódio, Juliano, 329
CVM (Comissão de Valores Mobiliários), 33, 172, 330

D'Anna, Elio, 130
D-0 (operação de adiantamento de recursos a receber), 57
Daher, Marcelo, 307
Dantas, Bruno, 313
Dantas, Daniel, 103, 149-50
Dantas, João, 94, 247
Dean Witter (corretora americana), 325
Défense, La (centro financeiro de Paris), 160
Delaware (EUA), 172
Delfim Netto, Antônio, 30, 153, 304
Departamento de Justiça da Suíça, 224
Departamento de Justiça dos Estados Unidos, 268
Deutsche Bank, 325
Development Fund Warehouse (fundo de investimentos do BTG Pactual), 304
Dias, Luciano, 313
Dillon Read Capital Management (*hedge fund* do UBS), 202
Diniz, Abílio, 245-7
Diniz, família, 246
Dirceu, José, 153
docklands (centros financeiros de Londres), 160
"Don't Let Me Be Misunderstood" (canção), 66
Donnici, Vicente, 279
Dow Jones, índice, 202
Dresdner (banco alemão), 12
Drogasil (rede de drogarias), 240
DuPont (empresa), 74
Duque, Bruno, 271-2, 276, 282
Dynamo (banco), 103-4

... *E o vento levou* (filme), 115
Eberle, Pedro, 103
EBX (grupo X), 257-60
Economist, The (revista), 235
EDP (Electricidade de Portugal), 150
Efeito Tequila (crise econômica do México, 1994), 106-7

ÍNDICE ONOMÁSTICO

Egina, campo de (Nigéria), 264
EIG Global Energy Partners (fundo americano), 259
Electra (aviões), 82
Eletrobras, 85
Elite (corretora), 331
Embratel, 175
Enersul (Empresa Energética de Mato Grosso do Sul), 149
Eneva (empresa de energia, antiga MPX), 259-60, 318-9
Época Negócios (revista), 226
EQI Investimentos, 329
Ersa (Empresa de Investimento em Energias Renováveis), 241
Escelsa (Espírito Santo Centrais Elétricas S.A.), 149-50
Escola Americana (Rio de Janeiro), 31
escola dos deuses, A (D'Anna), 130*n*
Escola Naval (Rio de Janeiro), 67
Escritório Levy (corretora), 30
Espanha, 274, 340
Espírito Santo, 149, 255
Estados Unidos, 19, 33, 36, 49, 56, 76-7, 89, 93-4, 141, 143, 146, 153, 164*n*, 168, 170, 174, 177, 179, 194, 202, 204, 209, 220, 224, 231, 234, 237, 247, 250, 263, 268, 284, 314, 318, 321, 325, 340, 342
Estapar (rede de estacionamentos), 238-9
Estáter (empresa de consultoria), 245
Esteves, Alcides, 64-5
Esteves, André, 9-10, 12-3, 18, 20, 42, 59-71, 77-9, 81-7, 94, 102, 112, 114, 117-20, 123-9, 132-40, 142-7, 151, 154-8, 160, 163-7, 174-6, 179-84, 186-8, 192, 198-228, 230, 232-5, 237-8, 241-2, 244, 247-50, 252, 254-5, 257-8, 260-3, 265, 267-307, 309-18, 320, 322, 324, 327-8, 330-9, 341-4
Esteves, Fernanda, 205
Esteves, Henrique, 205
Esteves, Lilian Marques, 82, 86, 133, 205, 242, 262, 270, 272, 274, 289

Esteves, Pedro, 205
Esteves Hall (Harvard Business School), 242
Estier, Antoine, 206, 213, 217
Estre Ambiental (empresa de gerenciamento de resíduos), 241
Eternity Funding (fundo para investidores institucionais), 87
Eurasia Group (empresa de consultoria), 278
Europa, 19, 177, 191, 202, 205, 207-8, 231, 247, 321, 340, 342
Europa, avenida (São Paulo), 332
Evans, Donald, 153
Exame (revista), 334-9
Exército brasileiro, 32

Fachin, Edson, 304
Faculdade de Direito da USP, 93
FAFS (fundos de aplicação financeira), 78-9
Fainziliber, Marcio, 54-5, 101, 105-6, 108, 111, 117
Falcon 50 (avião), 274
Faria, Fábio, 312-3, 315
Faria Lima (centro financeiro de São Paulo) *ver* Brigadeiro Faria Lima, avenida (São Paulo)
Faria Lima Financial Center (edifício em São Paulo), 159
Farmais (rede de drogarias), 240
Faros (corretora), 330
Fath, John, 206, 213
Fator (corretora), 331, 333
Fazenda Cristo Rei (MS), 296
Fazenda Marambaia (RJ), 11-3, 17, 105, 115-6, 134, 185
FDS (Fundo de Desenvolvimento Social), 78
Fed (Federal Reserve — Banco Central dos Estados Unidos), 141, 206, 217, 223
Felce, Andy, 206, 213
Fernandes, André, 334

Fernandes, Luiz Cezar, 9-18, 20-46, 48, 50, 53-5, 58, 77, 80-2, 86, 88-95, 97, 101-2, 105, 108-25, 129-39, 143-4, 146-51, 185-6, 226, 237, 263, 341, 344
Ferreira, Alcides, 275
Ferreira, Diogo, 274, 305
Ferreira, Gabriel Jorge, 244
Ferreira, João Rique, 27
Ferreira, Newton Rique, 27
FGC (Fundo Garantidor de Créditos), 243-4, 271, 288-9
FGV (Fundação Getúlio Vargas), 38-9, 73, 80, 86, 94, 153, 192
Fibra (banco), 159
FIC (Fundo de Investimento em Cotas), 78-9
Fidelity Investments, 325
Figueira Rubaiyat, A (restaurante em São Paulo), 196
Figueiredo, João, 40
Financial Institution Group, 167
Financial Times (jornal), 279
Fiorellini, Marcelo, 296
Fiorucci (marca de roupas), 15, 111
FIP Sondas (fundo de investimento), 256
FIS Privatbank (banco de Luxemburgo), 340
Fisher, Robert, 200
Flamengo (bairro do Rio de Janeiro), 17, 66
Fletcher School of Law and Diplomacy (Universidade Tufts), 90
Flora, Marcelo, 301, 325-7, 331
Flow Corretora, 229
FMI (Fundo Monetário Internacional), 36, 38, 40, 47, 140, 198
Folha de S.Paulo (jornal), 159, 343
Fonseca, Carlos, 213, 219-23, 238-40, 249-50, 255, 260, 266, 275, 301
Ford (montadora), 79
Ford, Harrison, 200
Foreign Affairs (revista), 242
Forte Mar Empreendimentos (empresa), 304

Fórum Econômico Mundial de Davos (Suíça), 242, 314
Foster, Graça, 261, 306
Fraga, Armínio, 143-4
França, 164n, 287
Franco, Guilherme Arinos Barroso, 32
Franco, Gustavo, 99, 142
Franco, Itamar, 98-9
Fraser, Jane, 242
Freitas Valle, Tom, 85-6
Frutesp, 81
FSB (agência de comunicação corporativa), 275, 290
Funaro, Dilson, 47
Funcef (fundo de pensão), 255
Fundação Bradesco, 164; *ver também* Bradesco
Fundação Centros (fundo de pensão do Banco Central), 149
Fundação Cesgranrio, 61
Fundação Getulio Vargas (FGV) *ver* FGV (Fundação Getúlio Vargas)
"Fundo Jô" (fundo do Pactual), 192
Future Investment Initiative (Arábia Saudita), 314
Future Leaders (2021), 316

G7 (Grupo dos Sete), 164, 287, 289; *ver também países específicos*
Galeão, aeroporto do (Rio de Janeiro), 63-4
Galeazzi, Claudio, 249
Galípolo, Gabriel, 331
Gama (sociedade de propósito específico do BTG Pactual), 245
Gap (marca de roupas), 200
Garantia (banco), 9, 14-5, 32-5, 37-8, 42-4, 51, 54, 58, 86, 88, 103, 107-9, 118, 127, 143, 157-9, 165, 174, 223
García, Alan, 287
Garcia, Luis Claudio, 139
Garnero, Mario, 153
Gaspari, Elio, 343

Gattass, Gustavo, 193-5, 232-3, 254, 256
Gaviria, Cesar, 287
Gazeta Mercantil (jornal), 70, 121
Geisel, Ernesto, 40
GEMM (Global Emerging Markets and Macro Fund), 217
Genish, Amos, 320
Genro, Tarso, 200
Gentil, Adolfo, 32
Geração Futuro (gestora), 229
GIC (Government of Singapore Investment Corporation), 210, 241, 292, 320
GlobeNet (empresa de telecomunicações), 249, 319
Globo, O (jornal), 10, 288-9
Globo, Rede, 49, 51n, 270
GloboNews (canal de TV), 281
GM (montadora), 79
Goes, Rodrigo, 232, 338
Goldman Sachs (banco), 31, 33-4, 42-3, 105, 152, 163, 165-71, 173-6, 178, 180-2, 187, 237, 326, 331-2
Gonçalves, Álvaro, 108
Gonçalves, Luiz Antônio, 145
Gonçalves, Marco, 223
Gontijo, Daniela, 96
Google, 159, 240
Gorman, James P., 242
Gouveia, Ana Marta, 170
GP Investimentos, 248-9
GPA (Grupo Pão de Açúcar), 245-8, 294
Greenlees, Roderick, 226
Grendene (empresa de calçados), 163
Gropius, Walter, 11
Grupo Genial, 229
GS Pactual (projeto de fusão com o Goldman Sachs), 166, 168-9
GTD Participações, 149
Guanaes, Nizan, 219
Guardia, Eduardo, 312
Guedes, Paulo, 9, 14, 16, 36-43, 45-6, 50-3, 55, 70, 72-5, 77, 80, 83-4, 86, 89, 92, 96-7, 99-102, 106, 109-10, 112-4, 117, 121-3, 128, 131-2, 135-8, 140, 151, 186, 198, 216, 312
GVT (empresa de telecomunicações), 320

Habimorad, Maíra, 343
Haddad, Fernando, 316
Hallack, Marcelo, 238, 249
Haller, Jürg, 191, 215
Hannud, Artur, 322
Hélio Pellegrino, avenida (São Paulo), 159
Hermann, Emmanuel, 94, 148, 217, 219
Hertz (locadora de automóveis), 15, 111
Hípica Santo Amaro (São Paulo), 344
Hong Kong, 125, 220, 236
Horta, Alessandro, 157, 180, 183, 191, 228
Horta, Rafael, 238
Hospital Brasil (Santo André), 239
Hospital São Luiz (Rio de Janeiro), 239
Hotel Emiliano (São Paulo), 175-6, 304
Hotel Fasano Boa Vista (SP), 315
Hotel Royal Tulip (Brasília), 273
Hotel Sofitel (Rio de Janeiro), 270
Hrinak, Donna, 153

Ibmec (Instituto Brasileiro de Mercado de Capitais), 39, 86
Icatu (banco), 14, 101, 103, 128, 149, 157
Iéltsin, Boris, 139
IGP-M (Índice Geral de Preços do Mercado), 73-4
Igreja católica, 20-1
IMD (International Institute for Management Development, Suíça), 41
Impa (Instituto de Matemática Pura Aplicada), 39
Indonésia, 126, 177
InfoMoney (empresa de informações financeiras), 336
ING Bank, 159
ING Direct (banco), 325
Inglaterra, 255; *ver também* Reino Unido
Instagram, 310
Instituto Brasileiro do Café, 66

Instituto Ideia, 338
Intel (empresa de tecnologia), 200
Inteli (Instituto de Tecnologia e Liderança do BTG Pactual), 342-3
Intelig (empresa de telecomunicações), 175
Intercept Brasil, The (site), 267
Ipanema (bairro do Rio de Janeiro), 270
IPD Digital (empresa), 338
IPT (Instituto de Pesquisas Tecnológicas), 342
Irã, 264
Irlanda, 216
Isolani, Roberto, 206, 213
Israel, 52n, 98n
ITA (Instituto Tecnológico de Aeronáutica), 121
Itaim Bibi (bairro de São Paulo), 214, 220, 240
Itália, 145, 164n, 217, 226, 265
Itaú, 14, 41n, 58, 78, 110, 118-9, 123, 128, 160, 164, 172, 201, 216, 220, 226, 250, 260, 267, 292, 328-9, 335, 339
Itaú BBA, 159, 164, 229
Itaú Unibanco, 327, 339; *ver também* Unibanco
Itautec (fabricante de computadores), 58
Iven S.A. (holding), 149

Jacobs, Steve, 175-9, 181, 196, 211-2, 218, 224-5
Jaguatirica *ver* Silva, José Carlos Ramos da (Jaguatirica)
Jakurski, André, 9, 14, 16, 40-2, 45-7, 50, 52-4, 69-70, 73, 76-7, 84-8, 91-2, 95, 97, 100-2, 109-10, 112-4, 117, 121-3, 126, 128, 131-2, 135-6, 138, 186, 192
Janot, Rodrigo, 273
Japão, 93, 164n
Jardim, Lauro, 156, 289-90
JBS (empresa de alimentos), 163, 235
Jenkins, Huw, 175-9, 183-6, 202-3, 205, 207, 216-8, 247, 287

JGP (Jakurski e Guedes Partners), 136, 138
JHSF, Grupo, 315
JK (edifícios em São Paulo), 239-40
Jobim, Nelson, 274, 305, 311, 327
Jorge, Fernanda, 185, 271-2, 279, 282, 333
Jornal do Brasil, 57, 100, 120
Jornal Nacional (telejornal), 49
JPMorgan (banco), 33-4, 80, 94n, 143, 159, 163, 302, 317
Julio (tio de André Esteves), 66
Julius Baer (banco), 340

Kakay *ver* Castro, Antônio Carlos de Almeida (Kakay)
Kalim, Marcelo, 13, 148, 157, 160, 166-7, 192, 205, 209, 213, 225-6, 247, 270, 274-5, 280, 285, 287, 289, 293, 298-302
Kensington (bairro de Londres), 211
Keynes, John Maynard, 51
Kheirallah, Marco, 183
King's College (Londres), 94
Kobayashi, Ricardo, 194
KPMG (empresa de auditoria), 296
Kubitschek, Juscelino, 29, 239

Lacerda, Ricardo, 166-7
Lacta (fabricante de chocolates), 108-9
Lafarge (produtora de cimento), 74
Lago, Natasha do, 274, 276
Landau, Elena, 40
Lansing, Gerrity, 320-1
Lara Resende, André, 86, 99
Latinpart Investimentos, 14-6, 111, 115, 133-4, 136
Lava Jato, Operação, 265-8, 272-4, 276, 279-81, 286-7, 294, 297, 304, 306
Leader (rede varejista), 248-9, 252-3
LeaderCard (subsidiária de cartões), 252
Leblon (bairro do Rio de Janeiro), 283
Legion Holdings (sociedade de investimentos), 221, 252

ÍNDICE ONOMÁSTICO

Lehman Brothers (banco), 163, 215, 217, 220-1, 223, 252
Leite, Ricardo, 304, 306
Lemann, Jorge Paulo, 9, 31-3, 35, 38, 42, 44, 88, 103, 138, 174, 200, 209, 211, 248, 250, 344
Lemgruber, Antônio Carlos, 38
Lewandowski, Ricardo, 274
Libra (corretora), 31
Líder Mais Admirado do Ano, prêmio de (2011-2), 305
Liechti, Martin, 174-6
Limeira (SP), 111
Lincoln, Abraham, 284
LinkedIn, 310, 326
Lira, Arthur, 315-6
Lisboa (Portugal), 340
Lloyds (banco), 159
LLX (detentora do Porto de Açu), 258-9
Londres (Inglaterra), 91, 94, 116, 160, 166, 175, 203-7, 211-2, 214, 216-8, 220, 225, 235-6, 247, 262, 264, 287
Lopes, Francisco (Chico), 142-5
Louis Dreyfus (multinacional), 81
Loyo, Eduardo, 198-9, 216, 226, 278, 280
LTCM (Long-Term Capital Management), 141
Lucena, Sergio, 38
Lugano (Suíça), 275, 331
Lula da Silva, Luiz Inácio, 152-4, 162, 179, 191, 200, 254-5, 262-3, 273-4, 287, 296, 302, 304-5, 311, 316, 331
Lupatech (fabricante de válvulas industriais), 194-5
Lutterbach, Hersias, 32
Luxemburgo, 340
Lyon Capital, 253

Macedo, Edson, 16, 134, 138
Macrométrica (empresa de consultoria), 144
Madri (Espanha), 340
Madureira (bairro do Rio de Janeiro), 26

Maksoud Plaza, hotel (São Paulo), 15, 134
Malan, Pedro, 99, 142
Maletz, Mark, 295
Maluf, Paulo, 152, 159
Malzoni, Paulo, 240
Manabi (mineradora), 259
Mansur, Ricardo, 108-9
Mantega, Guido, 153, 200, 262
Mãos Limpas, Operação (Itália, 1990), 265
Mappin (varejista), 109
Mariani, família, 12
Mariani, Pedro Henrique, 13
Marinha Mercante, 67
Marinho, José Roberto, 270
Marlim, campo de (bacia de Campos), 255
Martin, David, 206, 213
Martinez, Antônio Beltran, 128
Martins, Roberto, 249
Marvio (primo de André Esteves), 66
Marx, Ivan Cláudio, 305
Mastercard (cartões), 250
Matão (SP), 111
Mato Grosso do Sul, 149, 296
Matrix (banco), 14, 85-6, 128, 143
MaxBlue (parceria digital entre Deutsche Bank e Banco do Brasil), 325
Mazzola, Renato, 317
McKinsey & Company (empresa de consultoria), 295
Médici, Emílio Garrastazu, 30
Meirelles, Henrique, 154, 182, 200, 262
Mello, Zélia Cardoso de, 71-3
Mendes, Gilmar, 303, 306-7
Mendonça, Duda, 152
Menin, Rubens, 315
Meninópolis (escola em São Paulo), 21
Mercadante, Aloizio, 143, 145, 153
Merrill Lynch (banco), 226, 229, 338
Mesbla (varejista), 108-9
Messem Investimentos, 330
Metropolitana (construtora), 32
México, 38, 76, 106-7, 126-7, 164, 166, 201, 262

Miami (EUA), 168, 274, 331-2
Milanese, Daniela, 275
Milken Institute (EUA), 314
Mimica, Renato, 338
Minas Gerais, 27, 30, 120
Ministério da Economia/Fazenda, 25, 30, 40, 47, 49n, 71-2, 99-100, 142, 154, 200, 262, 312, 316
Ministério das Comunicações, 312, 315
Ministério Público Federal (MPF), 265-6, 273, 305-6
Miranda (MS), 296
MIT (Massachusetts Institute of Technology), 99, 216, 223, 290, 342
Mitsubishi (montadora), 239
Moll, Jorge, 292
Moll, Paulo, 292
Mônaco, 145
Monte Bravo (corretora), 330
Monteiro, Cláudio "Nescau", 321-2
Monteiro, Roberto, 258
Montreal (Canadá), 92
Moore, Gordon, 200
Moraes, Alexandre de, 313
Moraes, Luis Antonio, 304
Moreira Salles, família, 318
Moreira Salles, Pedro, 260, 318
Moreira Salles, Walter, 296, 318
Morgan Stanley (banco), 163, 176, 221, 242, 325, 331-2, 337
Moritz, Roberto, 86
Moro, Sergio, 265
MPX *ver* Eneva (empresa de energia, antiga MPX)
MRV (construtora), 315
Mubadala (fundo soberano de Abu Dhabi), 258
Musk, Elon, 315
Müssnich, Chico, 136-7, 147, 170-1, 185
Mutual (projeto de DTVM), 42; *ver também* Pactual (distribuidora de valores mobiliários)

MY (banco nova-iorquino da família Safra), 340

Nahas, Naji, 56-8, 158
Naouri, Jean-Charles, 246
Nassif, Luis, 171-3
Natura (empresa de cosméticos), 162-3, 167
NCE (Núcleo de Computação Eletrônica, UFRJ), 61
Necton (corretora), 331
"Nescau" *ver* Monteiro, Cláudio "Nescau"
Network Partners (operações com câmbio), 327
Nigéria, 264
Nóbrega, Maílson da, 47, 153
Nogueira, Ciro, 313
Nordeste brasileiro, 304
Norte, mar do (Europa), 255
Noruega, 255
Nova York (EUA), 53, 56, 77, 80, 85-6, 90, 93-4, 116, 166, 169-70, 173, 180, 196, 200, 206, 213, 217-8, 220, 228, 235-6, 259, 262, 287, 295, 321, 338, 340
Nove de Julho, avenida (São Paulo), 301
Novo Mercado (segmento da Bovespa/B3), 163, 189
NTK Solutions (atual PayGo), 301
Nubank (banco digital), 300, 325-6, 333

O2 Investimentos, 331
OAB (Ordem dos Advogados do Brasil), 284
Odebrecht (construtora), 304
Odebrecht, Emílio, 304
Odebrecht, Marcelo, 305
OGX (petroleira), 232-4, 257-9, 261
Ohtake, Ruy, 159
Oi (empresa de telecomunicações), 249-50, 319-20
Oliveira, Eduardo, 198
Oliveira, James, 94, 148, 160, 166, 187-8, 213, 287
Oliveira, Karen, 188

ÍNDICE ONOMÁSTICO

Oliveira, Paulo Fernando, 148, 157, 183, 228
Ometto, Rubens, 235, 315
Ontario Teachers (fundo de pensão canadense), 241
onu (Organização das Nações Unidas), 90
Opep (Organização dos Países Exportadores de Petróleo), 264
Operação Urbana Faria Lima (São Paulo, anos 1990), 159
Operador (banco), 32
Opportunity (banco), 103-4, 149-50, 157
Órama (corretora), 333
Oriente Médio, 242, 247, 256
Original (banco digital), 300
Osasco (SP), 24
Osorio, José Mario, 148, 156
Ospel, Marcel, 180, 202, 208-10
Ourinvest (banco), 332
Overprint (fabricante de embalagens), 15, 111

PAC (Programa de Aceleração do Crescimento — governo Lula), 191
Pactual (banco), 9-17, 20, 55-8, 61, 68-9, 74-81, 83-7, 89-96, 98-9, 102-28, 130, 132-51, 154-7, 159-60, 163-73, 175-98, 200, 202, 204-5, 210-3, 215-6, 219, 221-2, 224-8, 230-1, 237-8, 263, 271, 280, 297, 301, 312, 324, 334; *ver também* BTG Pactual (banco)
Pactual (distribuidora de valores mobiliários), 9, 42-3, 45-55, 158
Pactual, origem do nome, 42, 344
Pactual High Yield (fundo de renda fixa), 160
Pactual Varejo (projeto), 110
Paes, Eduardo, 263
Paes, Guilherme, 94, 112-3, 148, 183, 213, 226, 263, 287, 337
PagSeguro, 241
PaineWebber (corretora de valores), 177

Palácio do Planalto (Brasília), 200, 262, 316
Palocci, Antonio, 154, 200, 306-7
Pão de Açúcar (Rio de Janeiro), 17
Pão de Açúcar, Grupo *ver* GPA (Grupo Pão de Açúcar)
Paraná, 239
Paraty (RJ), 304
Parcel (consórcio), 149
Paris (França), 160
Patagon (banco digital argentino), 325
Pátio Victor Malzoni (edifício em São Paulo), 240
Paulista, avenida, 23, 80, 158, 244
PCP (Pactual Capital Partners), 156-7, 166, 183, 191, 227, 238; *ver também* UBS Pactual Asset Management Company
Pedro, José Luiz Acar, 244
Península (holding da família Diniz), 246
Pentiti, Operação (fase da Lava Jato), 306-7
PepsiCo, 108
Perdigão (empresa de alimentos), 189-90
Pereira, José Olympio, 223
Pérez Companc (grupo argentino), 149
Perspectivas Econômicas 2016 (seminário), 270
Pertence, Sepúlveda, 274
Peru, 236, 287
Pessoa, Rogério, 196-7, 213
Pestana, Enéas, 294
Petrobras, 56, 149, 154, 194, 235, 241, 254-6, 261, 263-9, 272-3, 287, 296, 302, 306-7; *ver também* BR Distribuidora
Petrópolis (RJ), 11
Petros (fundo de pensão da Petrobras), 149, 255
Petrovida (holding petrolífera), 307
PGN (Parnaíba Gás Natural), 260
Philip Morris (empresa norte-americana), 108
PIB (Produto Interno Bruto), 32, 52n, 76, 140, 162, 278

Pinheiro, Marcos, 53-4, 70, 80, 86, 101, 116-7
Pinheiros (bairro de São Paulo), 158-9
Pini, Guilherme, 331-3
Pinto, Edemir, 291
Planner (corretora), 331
Plano Brasil Novo (Plano Collor, 1990), 71
Plano Bresser (1987), 47
Plano Cruzado (1986), 47, 51-2
Plano Real (1994), 99-100, 103-4, 106-7, 116, 216, 277
Plano Verão (1989), 47, 51
Plass, Eduardo, 14-6, 55, 71, 74, 86, 92, 97, 101, 114, 123-4, 126, 129, 133-9, 143, 145-7, 150-1, 155-6, 186-7
Plural Capital (gestora), 228
PMDB (Partido do Movimento Democrático Brasileiro), 264-5, 311
POBT (Pactual Overseas Bank & Trust), 145, 171-2, 182, 184
Polícia Federal (PF), 145, 265, 270, 275-6, 279, 281, 293, 304, 306-7
Polônia, 108
Poor, Ted, 87, 101-2
Porto, Antônio Carlos Canto (Totó), 13, 121-2, 124-5, 148, 213, 216, 287, 304
Porto do Açu (São João da Barra, RJ), 257-9, 261
Porto Seguro (seguradora), 163
Portugal, 150, 340
Posto da Torre (posto de gasolina em Brasília), 265
Pracownik, Claudio, 93
Presídio Ary Franco (Rio de Janeiro), 281
Previ (fundo de pensão do BB), 149, 255
PricewaterhouseCoopers (PwC, empresa de auditoria), 184
Procuradoria-Geral da República (PGR), 273, 281, 294, 296, 303, 315
Projeto Rondon (iniciativa governamental), 66
PSDB (Partido da Social Democracia Brasileira), 264-5, 311

PT (Partido dos Trabalhadores), 143, 152-4, 263-4, 266, 306
PUC-Rio (Pontifícia Universidade Católica do Rio de Janeiro), 39-41, 58, 61, 77, 198

Qatar, 246
Quantitative Easing (ativos dos setores público e privado), 223
Quinn Emanuel Urquhart & Sullivan (escritório de advocacia), 295-6
Quintella, Guto, 261-3

Ramos, Eduardo de Souza, 239
Ramos, Pedro Paulo Leoni (PP), 269
Ráo, Sônia, 274, 276, 305
Rapoport, Iuri, 93-4, 167, 185, 282
Realengo (bairro do Rio de Janeiro), 282
Receita Federal, 184
Rede D'Or (hospitais), 239, 292
Regions Timberland Group (gestora de ativos florestais do Regions Bank), 321
Regir (linha de financiamento), 48
Reino Unido, 164n, 174; *ver também* Inglaterra; Londres
Remy, Paulo, 239, 253
República do Chile, avenida (Rio de Janeiro), 88
Restoration Fund, The (fundo para recuperação de biomas), 321
Rhodia (empresa), 74
Ribeiro, Edson, 272, 274, 281, 294, 305
Ribeiro, Luciane, 94, 148, 170, 225
Ribeiro, Marcelo, 337
Ribeiro Coutinho, família, 31
Ribeiro Neto, João Emílio, 58-9, 61-2, 68, 70, 88
Riechert, Rodolfo, 148, 198, 213, 228
Rio de Janeiro (RJ), 13, 15, 17, 25-6, 30-3, 39, 41, 43, 55-6, 58-60, 62-3, 67, 80-2, 88, 92, 115-6, 118, 123-4, 134, 150, 156, 158, 185, 189, 192, 201, 216, 220,

ÍNDICE ONOMÁSTICO

239, 257, 263, 270-2, 277, 281-2, 289, 294-5
Rio de Janeiro, estado do, 255
Rio-Niterói, ponte, 32
Rocha, Bruno, 103
Rockefeller, Nelson, 296
Rodrigues, Diogo Ferreira, 274
Rohner, Marcel, 202-3, 207
Romanche Investment Corporation LLC, 172
Roque Santeiro (telenovela), 51
Rothschild, família, 241
Roubini, Nouriel, 217
Rousseff, Dilma, 193, 200, 246, 255, 262, 305
Rubenstein, David M., 242
Rui Barbosa, avenida (Rio de Janeiro), 66
Rússia, 128, 139, 319

Sabesp, 163
Sadia (empresa de alimentos), 189-90
Safra, família, 305, 340
Safra, Joseph, 340
Safra, Moise Yacoub, 340
Saint Paul Escola de Negócios, 338
Salies, Joffre, 223
Sallouti, Roberto, 13, 94, 124-5, 148, 160, 166, 209, 213, 225, 247, 263, 270, 275, 277, 279-80, 286-9, 293, 295, 298-9, 301, 310, 320, 327, 342
Salomon Brothers (banco), 325
Sanches, Neuza, 279
Santa Esmeralda (grupo musical), 66
Santa Inês (raça de ovelhas), 13
Santa Rita do Passa Quatro (SP), 20
Santander, 40n, 164, 175, 229, 240, 244, 248, 250, 255-6, 267, 325-6, 335
Santiago, Carlos, 268-9
Santo André (SP), 239
Santos, Abeliz Maciel dos, 60, 63, 65-7
Santos, Carlos Henrique dos, 156
Santos, Renato, 10, 13, 148, 183, 213, 226, 263, 287

Santos, Silvio, 243-4, 325
São Conrado (bairro do Rio de Janeiro), 43
São João da Barra (RJ), 257
São Paulo (SP), 10, 15, 21-2, 25-6, 30, 32-3, 41, 55, 58, 63, 66, 80-2, 86, 92, 94, 107, 118, 121, 123-4, 126, 134, 152-3, 155, 158, 165-6, 175, 185, 189, 192, 196, 198, 201, 214, 216, 220-1, 226, 233, 239-40, 244, 252, 262, 271-2, 292, 294-5, 301, 312, 315, 331-2, 342, 344
Sarkozy, Nicolás, 287
Sarney, José, 39, 47, 53, 55, 73, 100
Sayão, Gilberto, 86-7, 101-2, 114, 123, 126, 133, 135-6, 138, 140, 142-3, 151, 154-7, 165-7, 175-6, 180-3, 186-8, 191, 210, 214-5, 227-8, 230, 238
Schwartz, André, 228
Scotiabank (banco canadense), 12
Secches, Nildemar, 189-90
Secretaria de Telecomunicações, 313
Selic (Sistema Especial de Liquidação e Custódia), 34-5, 47, 199
Seligmann, Peter, 200
Seller (rede varejista), 252
Senado, 144-5, 273-4, 304
Serfaty, Marcelo, 16, 86, 93, 112, 114, 117, 123, 126, 133-6, 138, 143, 146, 150-2, 154
Serra, José, 99
Sete Brasil (estatal de sondas petrolíferas), 254-6, 260-1, 266-7, 287, 296
Sete de Setembro, rua (Rio de Janeiro), 43
Setubal, Roberto, 118-20, 122, 160
Shell (multinacional petrolífera), 235, 268-9
Shopping Iguatemi (São Paulo), 158
Sicupira, Beto, 35, 108, 248, 250
Siderbrás, 85
Silva, José Carlos Ramos da (Jaguatirica), 31-2
Silvio Santos, Grupo, 325
Simonsen, Mário Henrique, 40, 49n, 84, 149

Singapura, 177, 210, 255, 292, 320
Singer, Paul, 100
Sistel (fundo de pensão da Telebras), 149
Skadden (escritório de advocacia), 231
Smith Barney (corretora americana), 325, 332
Soros, George, 53, 85, 143
SPB (Sistema de Pagamentos Brasileiro), 28n
St. Barth (Caribe), 226
Stallone, Rogério, 271, 333
Standard Bank, 222
Steinbruch, Benjamin, 337
STF (Supremo Tribunal Federal), 274, 303-4, 306, 311, 313-5
STR (Sistema de Transferência de Reservas), 28n
Stone (empresa de meios de pagamento), 250
Street, André, 250
Suíça, 41, 112, 168, 174-5, 178-9, 191, 194-5, 199, 206-9, 224, 243, 275, 285, 293, 314, 331
Sumoc (Superintendência da Moeda e do Crédito), 25
Supremo Tribunal Federal *ver* STF (Supremo Tribunal Federal)
Suzano (fabricante de celulose), 74
Suzano Petroquímica, 235
Swiss Bank Corporation, 174-5; *ver também* UBS (banco suíço)

Tápias, Alcides, 48
Tata (grupo indiano), 242
TCU (Tribunal de Contas da União), 265, 313
TDA (Títulos da Dívida Agrária), 85
TDE (Título de Desenvolvimento Econômico), 78
Teba (Indústrias Têxteis Barbero), 15, 111
Tebet, Simone, 40
Telebras, 76, 149
Telecom Italia, 320

Telefónica Brasil, 320
Telegram, 294
Telles, Marcel, 33-5, 248
Temer, Michel, 312
Tesouro Nacional, 29-30, 34, 312, 316
Thompson, Pedro, 337
Thunderbird School of Global Management (EUA), 93
TIG (BTG Pactual Timberland Investment Group), 320-1
Tigre (fabricante de materiais hidráulicos), 112, 114
Tijuca (bairro do Rio de Janeiro), 26, 61, 68
Tim (empresa de telecomunicações), 175
Times Square (Nova York), 180
Toffoli, Dias, 313, 315
Togo, 258
Tok&Stok (varejista de móveis), 249
Tombini, Alexandre, 243
Toronto (Canadá), 77
Torre Faria Lima (edifício em São Paulo), 159
Totó *ver* Porto, Antônio Carlos Canto (Totó)
Trabuco, Luiz Carlos, 244
Transamazônica (rodovia), 32
TTG Brasil Investimentos Florestais, 320

UBS (banco suíço), 163, 174-89, 191-200, 202-5, 207-17, 219, 222, 224-8, 230, 232, 234, 237-8, 267, 285
UBS Pactual Asset Management Company, 79, 181-2, 191, 194, 197-9, 201-3, 210, 213-5, 224, 226-7, 231; *ver também* PCP (Pactual Capital Partners)
Ucrânia, 319
União Soviética, 139; *ver também* Rússia
Unibanco, 40-1, 53-4, 78; *ver também* Itaú Unibanco
Universidade da Pensilvânia, 94
Universidade de Chicago, 39, 52, 92
Universidade de Oxford, 216, 290, 299

ÍNDICE ONOMÁSTICO

Universidade de Princeton, 198, 290
Universidade de São Paulo (USP), 93, 100, 121, 290, 342-3
Universidade do Estado do Rio de Janeiro (Uerj), 62
Universidade Federal de Minas Gerais (UFMG), 39
Universidade Federal do Rio de Janeiro (UFRJ), 59, 61, 68, 94, 100
Universidade Harvard, 31, 41, 92, 99, 242-3, 295
Universidade Tufts, 90
Universidade Yale, 99
Uribe, Álvaro, 287
Uruguai, 321

V.tal (empresa de telecomunicações), 312-3, 319-20
Vale do Rio Doce (mineradora), 56-7
Vale do Silício (Califórnia), 342
Vale S.A. (mineradora), 261
Valenti, Graziella, 337
Valia (fundo de pensão), 255
VaR (*value at risk*), 167
Vargas, Getúlio, 32
Varig (Viação Aérea Rio-Grandense), 82
Varoli, Corrado, 165-7
Vaza Jato, escândalo da (2019), 267
Veja (revista), 145, 156
Vélez, David, 326
Venezuela, 250
Ventura Corporate Towers (edifícios no Rio de Janeiro), 239-40
Vésper (distribuidora de valores), 32, 175
Via Brasil (rede de postos de combustível), 238

Viana, Luiz Francisco Novelli, 14*n*
Vianna, Patricia, 197-8, 226
Vilela, José Miguel, 213, 238, 320
Vinci Partners (gestora), 227, 230
Visa (cartões), 250
VisaNet, 229
Vita, José, 80-1, 83, 189-90, 194-5
Volkswagen (montadora), 343
Votorantim (banco), 240

Wall Street (Nova York), 92
Wal-Mart, 200
Walton, Rob, 200
War (jogo de tabuleiro), 86
Washington (EUA), 36-7, 42, 198
Weg Participações, 190
WestHem Industrial, 14, 111; *ver também* Latinpart Investimentos
Wharton School (Universidade da Pensilvânia), 94
Wilkes (holding controladora do GPA), 246
Witseed (empresa de ensino B2B), 338
WTorre (empreiteira), 239-40
Wuffli, Peter, 174, 185, 204

Xavier, Rodrigo, 93, 148, 151, 157, 166-7, 180, 197, 205, 209, 213, 215, 226-9
Xerox (empresa norte-americana), 46
XP Investimentos, 324-5, 327-31, 335-6

Youssef, Alberto, 268-9, 273, 296, 303

Zagury, Daniel, 213
Zavascki, Teori, 274, 280-1, 286, 294-5, 297, 304
Zitelmann, José, 191-2, 226
Zurique (Suíça), 179, 201, 215

TIPOLOGIA Miller e Akzidenz
DIAGRAMAÇÃO acomte
PAPEL Pólen, Suzano S.A.
IMPRESSÃO Gráfica Bartira, maio de 2025

A marca FSC® é a garantia de que a madeira utilizada na fabricação do papel deste livro provém de florestas que foram gerenciadas de maneira ambientalmente correta, socialmente justa e economicamente viável, além de outras fontes de origem controlada.